한국 전통 도덕교육론

한국 전통 도덕교육론

강 봉 수 지음

한국학술정보(주)

책머리에

이 책은 "조선전기 도학적 덕교육론 연구"라는 필자의 박사학위논문 (한국학중앙연구원 한국학대학원, 2000. 2)을 저술의 형태로 바꾼 것이 다. 자만이겠지만, 한국 전통의 도덕교육 방법론의 한 전형을 연구한 것이라 여겨 책명을 『한국 전통 도덕교육론』이라 붙였다. 앞으로 해 나갈 숙제까지 미리 포함하여 붙인 책명이다.

사실 필자는 이전에 학위논문을 해체하여, 각 장을 개별 논문으로 수정·보완하고 새로운 논문을 추가하여, 논문 묶음집 형식의 단행본, 『유교 도덕교육론』(서울: 원미사, 2001)을 출간한 적이 있다. 그런데 하나의 완연한 체제로 구성되었던 논문을 해체하여 개별 논문으로 재 구성하다보니, 학위논문 작성 시에 불가피하게 논지를 축약하거나 뺄 수밖에 없었던 부분들을 수정하고 보완하는 장점이 있었지만, 동시에 학위논문에서 가졌던 문제의식과 논지의 일관성이 흐려지는 단점도 드 러났다. 이로 인해 책을 내놓고도 마음 한 구석에는 조그만 아쉬움이 늘 자리 잡고 있었다.

그러나 당시로서는 솔직히 내게 여력이 없었다. 기존의 글을 정리하 고 출간하는 것보다 새로운 논문을 쓰고 발표하는 것이 더 중요한 숙 제였기 때문이다. 이제는 비교적 안정된 생활 속에서 공부하고 글을 쓸 수 있는 행운을 갖게 되었고, 기존의 글에 대해서도 다시 돌아볼 수 있는 약간의 여유가 생겼다. 한국학술정보(주)의 권고는 그동안 마 음 한 구석의 아쉬움을 떨쳐버릴 수 있는 결정적 계기가 되었다. 이번 기회에 논문을 다시 가다듬을까하고 고민도 하였지만, 당시에 치열했 던 순간들을 간직하고 떠올리며 새로운 공부의 밑거름으로 삼고자 그 냥 원래 원고를 넘기기로 하였다. 대신 최근에 쓴 한 편의 논문을 보론으로 추가하여 문제의식이 여전히 살아 있음을 보여드리는 것으로 독자 여러분께 양해를 구하고자 한다.

추가하는 보론과 관련하여 남겨두고 싶은 사연이 한 가지 있다. 이 글은 살아생전 늘 '평범한 돌'(平巖)을 자처하시던 故李啓鶴 선생님을 위하여 작성한 것이다. 스스로는 평범한 돌이었는지 모르나 필자에게는 석사과정 때부터 결코 넘볼 수 없는 커다란 바위였던 분이다. 그를 중심으로 창설된 한국인격교육학회의 학회지 창간집을 내기 위하여 논문을 내라는 요구를 받고 이 글을 급하게 썼다. 마감 전날 밤을 새며 글을 겨우 마치고 원고를 전송하고는 집으로 돌아왔다. 잠자리에서 뒤척이고 있는데 요란한 전화벨소리가 청천벽력과도 같은 소식을 전하는 것이었다. 이럴 수가!! 그가 운명하다니⋯⋯그때 난 정말이지 선생님이 너무 미웠다.

늦게나마 학위논문을 다시 책으로 엮어내는 마당에 고마운 인사를 드려야 할 분들이 많지만, 이 책만큼은 故이계학 선생님과 필자의 학위논문을 만들어주시고 유명을 달리한 故조남국, 故정병련 세 분 선생님께 바치려 한다. 아울러 삼가 세 분 영령의 명복을 빈다. 끝으로, 산뜻한 책을 엮어주신 한국학술정보(주) 관계자 분들께 깊이 감사드린다.

2006년 3월 30일
아랫골에서 강 봉 수

차 례

제2부 보　론

옛 圖書類에 함의된 덕성교육의 두 가지 접근법
－「行實圖」類書와 『聖學十圖』를 중심으로 －

제1부
조선전기 도학적 덕교육론

제1장 서 론

1. 문제 제기

이 연구는 유교사상을 도덕교육론의 관점에서 탐색해 보려는 관심에서 출발하고 있다. 특히 이 글은 주자학을 정치와 교육의 실천이념으로 삼고자 했던 조선조 유학자들의 知的・實踐的 고뇌의 일단을 도덕교육론과 관련하여 탐구해 보려 한다. 연구자의 이러한 관심은 오늘날 도덕교육과 관련하여 '패러다임의 이동'이라 할 만한 '인격교육적 접근' 혹은 '덕교육적 접근'의 재등장에 힘 있는 바 크다. 도덕교육에 대한 인격교육적 접근은 그동안 우리에게 잊혀져 왔던 덕과 인격의 함양, 전통과 역사의 중요성, 공동체의 복원 등과 같은 매우 유용한 교육적 개념들을 부활시켜 주고 있다. 이를 통해 同이론은 기존까지 지배적 패러다임이 되어왔던 자유주의적 도덕교육론의 문제점을 해소하는 동시에, '도덕성' 혹은 '도덕적 인격'에 대한 개념적 지평의 확대를 도모하고 도덕교육에 대한 통합적 접근의 가능성을 열어놓고 있는 것이다.

도덕교육에 대한 기존의 패러다임은 자유주의 전통의 이른바 '원리 중심의 윤리'에 기반을 둔 것이었다. 칸트의 형식주의 윤리설에 기반을 둔 콜버그類이 발달론적 도덕교육론자들이 그들이다.[1] 근대적 자유주의 인간관에 기초를 두고 있는 그들은 인간의 도덕성이 보편적 과정을 거쳐 단계적으로 발달한다는 전제하에, 도덕교육을 통해 이것의 '발

---

1) 도덕교육에 대한 인지발달론적 접근을 주도하여온 콜버그(L. Kohlberg)를 비롯한 인지적・반성적 접근을 주장하는 윌슨(J. S. Wilson), 스크리븐(M. Scriven), 가치명료화론자인 라스(L. Rath)와 사이몬(S. B. Simon), 법리적 모형론(Jurisprudential Model)자인 올리버(D. Oliver)와 쉐이버(J. Shaver), 가치분석모형을 주장하는 쿰즈(J. Coombs)와 뮥스(M. Meux), 그리고 차드윅(J. Chadwick) 등은 대표적인 학자들이라 할 수 있다.

달'(moral development)을 자극해 주어야 한다고 주장한다. 요컨대 그
들이 주장하는 도덕교육이란, 도덕적 상황에 처한 학습자가 관련된 도
덕규칙이나 원리를 성찰하여 정확한 판단을 내릴 수 있도록 도덕적 사
고 및 판단능력을 길러주는 것이다. 이러한 점에서, 그들은 학습자들에
게 선조로부터 물려받은 도덕적 행위전통으로서의 德目이나 규범 등을
가르치는 것은 맹목적이며, 또한 도덕적 습관을 형성시키려는 그런 교
육은 '주입'(indoctrination)과 다른 것이 아니라고 본다. 따라서 학습자
들에게 가르칠 것은 사회의 규범이나 관례와 같은 행위전통이 아니라,
보편적이고 객관적인 도덕적 규칙이나 원리라는 것이다.

원리 중심의 도덕교육론은 대체로 교육의 방법론상으로 '인지적 접
근'과 연결된다. 한마디로 도덕교육에 대한 인지적 접근이란, 소수의
도덕원리를 바탕으로 도덕적 문제 해결의 과정과 절차 및 그에 필요한
능력을 함양하기 위하여 도덕규범에 대한 지적 이해와 도덕적 사고·
판단 능력의 육성에 중점을 두는 접근법이기 때문이다. 이러한 도덕교
육의 접근은 일면 타당성을 가지고 있다고 말할 수 있다. 그러나 도덕
적 규칙과 원리에 대한 지적 이해와 사고·판단 능력의 함양만으로 과
연 건전한 도덕적 인격의 육성이 달성되는 것으로 볼 수 있을지는 의
문이 아닐 수 없다.

도덕교육에 대한 새로운 패러다임으로서의 인격교육적 접근은 바로
이러한 의문에서 출발하고 있다. 1980년대 중반 이후 미국에서 일련의
학자들에 의해 주도되고 있는 인격교육론에 의하면,[2] '도덕성' 혹은

---

2) 인격교육의 부활을 주도해온 학자들로는 베넷(W. Bennett), 위인(E.
Wynne), 프리차드(I. Pritchard), 킬패트릭(W. Kilpatrick), 리코나(T.
Lickona), 라이언(K. Ryan), 레밍(J. S. Leming) 등을 들 수 있다. 그리고 단
체로는 미국 인격교육 연구소(American Institute for Character Education)
가 그 중추적인 역할을 수행해 왔다고 한다. 추병완, 「인격교육 이론의 이해」,
『도덕교육의 이해』(서울: 백의, 1999), 151~152쪽. 그리고 미국의 도덕교육
의 최근 동향에 대해서는 추병완, 「미국 도덕교육의 최근 동향」, 서울대학교
대학원 국민윤리교육과, 『社會와 思想』 제13집(1994), 179~200쪽 참조. 그리

'도덕적 인격'이란 도덕규범에 대한 지적 이해와 사고·판단 능력 이상
의 것으로 구성되는 것이다. 이를테면 인격교육론의 대표 주자 중의
한 사람인 리코나(Thomas Lickona)에 의하면, 도덕성은 도덕적 인지,
도덕적 느낌, 도덕적 행위를 포함하는 개념이며, 따라서 훌륭한 인격이
란 선을 아는 것, 선을 바라는 마음, 선을 행하는 것, 즉 사고의 습관,
심정의 습관, 행동의 습관으로 구성된다는 것이다.3) 그리고 그들은 이
러한 인격의 구성요소와 특성을 드러내기 위한 이론적 근거로 아리스
토텔레스적 전통의 德 개념에 주목한다. 아리스토텔레스에게 있어 덕
이란 원리 중심의 윤리론자들이 비난하듯 이른바 '덕목 보따리'가 아니
다. 덕이란 도덕적으로 탁월한 품성, 즉 도덕적으로 훌륭한 것, 뛰어나
서 칭찬 받을 만한 것으로서, 인간을 善하게 하며 그 자신의 일을 잘
하게 하는 성향 내지 성품을 뜻한다.4) 따라서 有德한 사람은 하나 혹
은 몇 개의 편향된 덕목들을 발달시킨 자가 아니라, 여러 가지 덕들을
충실하고도 조화롭게 발달시킴으로써 통합된 도덕적 성향, 즉 선에 대
해 알고, 느끼고 의욕하며, 행동하는 성향을 지니는 것이다. 이러한 맥
락에서 인격교육론자들은 도덕적 인격의 특성을 덕의 관점에서 파악하
고, 인격교육은 곧 덕을 기르고 계발하는 문제로 본다. 이처럼 도덕성

고 도덕교육을 인격교육으로 파악하고 인격교육의 실체에 대해 논술하고 있
는 한국의 대표적인 저술로는 李啓鶴, 『人格敎育論』(서울: 星苑社, 1991)을
들 수 있다.

3) 리코나의 훌륭한 인격의 구성요소를 좀 더 자세히 보면, 첫째 인격의 인지
적 측면으로 ① 도덕적 인식 ② 도덕적 가치 인식 ③ 관점 채택 ④ 도덕적
추론 ⑤ 의사 결정 ⑥ 자기에 대한 지식, 둘째 인격의 정의적 측면으로 ①
양심 ② 자긍심 ③ 감정이입 ④ 선을 사랑하기 ⑤ 자기 통제 ⑥ 겸양, 셋째
인격의 행동적 측면으로 ① 수행 능력 ② 의지 ③ 습관 등을 들고 있다.
Thomas Lickona, *Education for Character: How our Schools Can Teach
Respect and Responsibility*(New York: Bantam Books, 1991), pp.53~62.

4) Aristoteles, *The Nichomachean Ethics*. 이에 대해서는 柳柄烈, 「道德敎育의
目標로서의 '道德的 人格'에 관한 硏究」, 『도덕윤리과교육』 제7호(한국도덕
윤리과교육학회, 1996. 7), 256쪽에서 재인용.

을 덕 중심으로 파악하고, 도덕교육을 덕으로 구성되는 인격의 함양으
로 보는 관점을 도덕교육에 대한 '덕교육적 접근'이라 한다.[5]

　도덕교육에 대한 덕교육적 접근에 찬동하면서 공동체의 '위대한 전통'
을 가르쳐야 한다고 주장하는 이들이 있다. 아직 도덕교육론으로 온전히
정립된 것은 아니지만[6] 최근의 공동체주의자들이 그들이다.[7] 예컨대
공동체주의의 대표 주자인 맥킨타이어(A. MacIntyre)에 의하면, 인간은
결코 공동체로부터 분리된 추상적 개인으로 존재할 수 없으며, 오직 공
동체의 삶 속에서만 개인의 정체성을 획득할 수 있다.[8] 그런데 원리 중
심의 자유주의적 도덕교육론자들이 가정하는 인간관은 '독립된 개인'으
로서, 그들은 구체적인 역사적·사회적·정치적 상황으로부터 추상화되
어 있는 '원자적 자아'이다. 그렇기 때문에 도덕교육에 있어서도 자율성,
합리성 등과 같은 개인의 존엄성 측면에만 지나치게 집착한 나머지 '내
용' 없는 '형식'의 도덕교육으로 일관해 왔고, 그 반대의 축이라 할 수 있

---

5) 인격교육과 덕교육에 대한 자세한 설명을 하고 있는 단행본으로는 정세구
　외 편역, 『인격교육과 덕교육』(서울: 배영사, 1995)을 들 수 있다. '도덕적
　인격'의 구성요소를 리코나 등의 관점을 보완, 재구성해 보이면서 인격교육
　과 덕교육의 관계를 설명하고 있는 간략한 연구로는 柳柄烈, 「道德教育의
　目標로서의 '道德的 人格'에 관한 硏究」, 위 책, 252～279쪽 참조.

6) 공동체주의자들의 핵심적 주장과 논점을 바탕으로, 그것이 함의하고 있는
　도덕교육의 기본원리와 실제 문제를 발전적으로 탐구하고 있는 연구로는
　H. Haste, Communitarianism and the social construction of morality,
　Journal of Moral Education, 25(1) (1996), pp.47～56; 추병완, 「공동체주
　의적 도덕교육론」, 진교훈 외 공저, 『윤리학과 윤리교육』(서울: 경문사,
　1997), 367～396쪽; 유병열, 「공동체주의 도덕교육론 연구」(서울교육대학교
　초등교육연구소 연구보고서, 1999), 3～48쪽 참조.

7) 공동체주의의 대표적인 학자로는 샌들(M. Sandel), 맥킨타이어(A.
　Macintyre), 테일러(C. Taylor), 웅거(R. M. Unger), 월처(M. Walzer), 바
　버(B. Barber), 셀즈닉(P. Selznick), 에치오니(A. Etzioni) 등을 들 수 있
　다. 이들의 윤리학적 관점에 대한 소개는 심성보, 『교육윤리학입문』(서울:
　내일을 여는 책, 1995), 117～242쪽 참조.

8) Alasdair Macintyre, After Virtue, 2nd ed. (Notre Dame: University of
　Notre Dame Press, 1984), pp.11～22.

는 인간 존재의 사회적 본질 및 공동체, 공동체의 위대한 전통으로서의 규범이나 덕목과 같은 '내용'들을 간과하여 왔다는 것이다. 이러한 관점에서 그들은 공동체의 위대한 전통들을 가르칠 것을 주장하고 있다. 그리고 다음 세대에게 공동체의 위대한 전통을 교육하는 것은 맹목적인 '주입'과는 다른 것이며, 전통에 기초한 합리성을 찾아서 교육하는 이른바 '도덕적 사회화'(moral socialization)인 것이다.

그들의 주장에 따르면, 덕은 본질적으로 사회적 산물이지 개인의 이성이나 숙고로부터 나오는 것이 아니다. 덕의 본질적 구성요소의 하나가 善을 아는 것이라 할 때, 개인의 이성으로부터 나온 도덕규준은 善을 보장하지 못한다. 우리가 도덕적으로 추구해야 할 善이 무엇인지를 알려주고 사회의 구성원들로 하여금 공통된 善의 개념을 지니게 해 주는 원천은 공동체에 있는 것이다. 따라서 공동체야말로 그러한 善이 무엇인지를 알려줄 뿐만 아니라 덕이 함양될 수 있는 실질적인 장소라 할 수 있다. 그리고 여기서 善이란 자유주의자들에서처럼 추상적인 도덕원리가 아니라, 공동체에 근거를 둔 모종의 구체적인 도덕원리라 할 수 있다. 따라서 도덕교육은 공동체의 행위전통을 교육하는 '내용'의 도덕교육과 더불어, 전통에 기초한 도덕원리를 찾아 교육하는 '형식'의 도덕교육이 공히 다루어져야 할 것이다. 왜냐하면 인격의 본질로서의 덕성은 전통에 기초한 다양한 덕들의 습득으로 이루지는 것이기는 하지만, 덕성의 완성자로서 有德한 사람은 몇 개의 편향된 덕복늘을 발달시킨 자가 아니라 덕들을 조화롭게 발달시킴으로써 통합된 도덕적 성향을 지닌 자이기 때문이다. 따라서 有德한 사람은 공동체에 근거한 모종의 도덕원리에 입각하여 善을 규정하고 이를 토대로 선을 알고, 느끼고 의욕을 가지며, 행동하는 성향을 지진 자이다. 이것이 인격교육론자나 공동체주의자들이 주장하는 도덕교육에 대한 '덕교육적 접근'인 것이다.

이상의 도덕교육이론에 대한 최근의 경향에 귀 기울일 때, 우리의

전통적 도덕교육의 방법론을 담고 있는 유교적 도덕교육론을 고찰해
보는 것은 매우 가치 있는 일이라 생각한다. 우리의 위대한 전통인 유
교적 도덕교육론은 처음부터 '도덕교육에서의 내용과 형식'을 모두 강
조함은 물론, 최근에 등장하고 있는 인격교육, 덕교육론과 공동체주의
도덕교육론까지 아우르는 통합적인 인격교육론이요 덕교육론으로 판단
되기 때문이다. 지금까지 우리는 유교의 도덕교육론이라 하면 덕목과
행위 중심의 교육론으로만 인식하여 왔다. 이러한 인식을 지니게 하는
데는 기존의 연구결과도 큰 영향을 미쳤다고 본다. 이를테면 鄭在傑과
김대용의 연구는 대표적인 것이다.[9] 그들은 조선시대 교육론의 한 형
태로 '教化'에 주목하면서, 그것은 사회의 윤리규범을 백성들에게 수동
적으로 내면화시키기 위한 교육이라고 보았던 것이다. 마찬가지로 유
교적 도덕교육론을 덕목 중심의 교육론으로 전제하면서, 최근에는 우
리의 전통적인 덕목 중심의 교육론과 서양 현대의 원리 중심의 교육론
을 현대 한국적 상황에 맞도록 유기적으로 결합하는 통합적 도덕교육
론을 주장하는 연구도 나와 주목된다.[10] 그러나 연구자는 유교적 도덕
교육론을 무조건 덕목과 행위 중심의 교육론으로만 볼 것이 아니라 원
리와 형식의 관점에서도 해석될 소지가 있다고 본다. 즉 유교적 도덕
교육론은 '도덕교육에서의 형식과 내용'을 모두 강조하고 있는 '인격교
육론' 혹은 '덕교육론'으로 본다.[11] 특히 선진유가와 달리 신유학, 즉

---

9) 鄭在傑, 「朝鮮前期 教化研究: 성종·중종(1469~1544)년간을 중심으로」(서
   울대학교 대학원 박사학위논문, 1989); 김대용, 『조선 초기 교육의 사회사
   적 연구』(서울: 한울아카데미, 1994).

10) 목영해, 「퇴계와 칸트 도덕관의 교육론적 탐구」(부산대학교 대학원 박사학
    위논문, 1994).

11) 조선시대의 도덕교육론을 직접적으로 다룬 것은 아니지만, 연구자와 비슷
    한 관점에서 유교적 도덕교육론을 탐색한 연구결과들이 나오고 있어 주목
    된다. 이를테면, 서은숙, 「孔孟思想에 나타난 德性涵養에 關한 研究」(서울
    대학교 대학원 박사학위논문, 1998); 오석종, 「〈小學〉의 德教育論 研究」
    (서울대학교 대학원 박사학위논문, 1999). 서은숙은 孔孟思想에 나타난 도

주자학과 조선조의 道學은 세계와 인간의 도덕질서를 합리적으로 설명
하는 고도의 형이상학적 개념 틀(理氣論)을 가지고 있었던 것이다. 원
리와 형식의 관점에서 해석하는 것이 가능하다면, 유교적 덕교육론은
처음부터 '내용'의 도덕성과 '형식'의 도덕성을 모두 중시하는 통합적
도덕교육론으로 볼 수 있을 것이다.

　그리고 이렇게 읽는 것이 성공적일 수 있다면, 그동안 이론적 근거
가 미약한 가운데 전통적 덕과 인격함양 교육을 해 온 우리의 도덕교
육 현장에 중요한 이론적 논거를 제시할 수 있을 것이다. 현실적으로
우리의 도덕교육 현장에는 시민윤리적 도덕관과 함께 유교윤리설에 바
탕을 둔 도덕관이 강하게 남아 있다. 그럼에도 불구하고 도덕교육을
뒷받침하는 이론적 논거는 다분히 기존의 인지적 접근이 지배적인 패
러다임으로 작용하고 있다. 그래서 유교윤리설에 바탕을 둔 덕과 인격
교육은 그 이론적 논거가 미약한 가운데 이루어지고 있는 형편이다.
위에서 본 인격교육과 덕교육론의 등장이 새로운 이론적 논거로 거론
되고 있지만, 공동체주의자들의 주장에 귀 기울일 때 그것은 역시 공
동체적 전통이 다른 서양이론의 맹목적 수용이라는 비난에서 벗어날
수 없다. 따라서 일찍이 우리의 조상들이 추구하였던 인격교육과 덕교
육론에 대해 탐구해 보는 것은, 도덕교육에 대한 우리의 주체성과 정
체성을 확립해 가는 의미 있는 작업이기도 한 것이다.

　덕교육론을 덕성함양이라 보면서 크게 知的 領域과 行動的 領域으로 나누
어, 지적 영역의 교육은 道德的 知識 習得(人間의 道理 理解와 知的 技能
習得)을 목표로 하며, 행동적 영역의 교육은 道德習慣培養(基本德目習慣
化), 道德感情培養(性情純化), 道德行爲訓練(存養省察과 力行)을 목표로
한다고 보고 있다. 그리고 오석종은 『小學』에 나타난 덕성교육의 제반 원
리들에 대해 분석하고 있다.

2. 연구목적

이상의 문제의식을 바탕으로, 이 연구는 우리의 위대한 전통인 유교사상, 특히 조선시대의 유학을 도덕교육적 관점에서 탐색하여 그것이 한국적 전통의 인격교육 혹은 덕교육론임을 밝히는 데 그 목적을 둔다. 그러나 이를 위해 조선시대 도덕교육의 전 과정을 다룰 수는 없는 노릇이다. 따라서 이 연구는 조선시대에 있어서 주자학을 수용하여 조선조의 덕교육론이 이론적으로나 실제적으로 정형화된 시기로 판단되는 中宗代에 주목하고자 한다.

孔孟思想에 연원을 둔 주자학은 인간의 도덕질서뿐만 아니라 우주질서까지도 윤리적으로 해석하려는 고도의 도덕형이상학적 체계를 갖춘 실천철학이다. 그래서 주자학을 '性命理學' 혹은 '修己治人之學'이라 한다. 전자는 주자학이 갖는 고도의 도덕형이상학(性理學)적 측면을 부각시켜 지칭한 것이고, 후자는 유학전통의 강한 실천지향적 측면을 부각시켜 지칭한 것이라 할 수 있다. 그리고 이처럼 고도의 형이상학적 체계를 갖춘 실천철학이라는 점에서 주자학을 '道學'이라고도 별칭한다. 물론 여기서 주자학의 별칭으로서의 '道學'은, 時代와 人物에 따라서 多義的으로 해석되어온 용어이긴 하지만, 일단 그것은 성리학에 근거하여 인륜의 道를 밝히고 이를 바탕으로 모든 인간관계에 있어서 인륜을 실천하는 修己治人의 行道를 뜻한다고 할 수 있다. 이를테면, 栗谷은 도학을 格致하여 善을 밝히고 誠正하여 몸을 닦는 '格致明善 誠正修身'의 학문이라 하면서, 그 功效로는 몸에 쌓일 때는 天德이 되고 정치에 베풀면 王道가 된다는 점을 들었다. 이러한 점에서 도학자(眞儒)는 遯士가 아니며 출사해서는 일시에 道를 행하여 백성을 태평하게 하고 물러나서는 만세에 가르침을 전하여 학자를 큰 잠에서 깨어나게 하는 사람이라 하였다. 결국 도학이란 성리학을 明知하여 篤行하는 修己

治人의 학문으로, 먼저 개인의 도덕적 품성과 지도자적 자질을 함양하여, 이를 바탕으로 사회에 나아가서는 백성들을 잘 다스리고 교육한다는 것이다. 따라서 도학에서는 정치와 더불어 교육의 문제가 매우 중요한 과제로 떠오르는 것이다.

조선조는 이러한 주자학의 道學的 측면을 수용하여 정치와 교육의 실천이념으로 삼고자 했던 것이다. 그러나 선초부터 주자학을 수용하였다 하더라도, 그것이 실제로 정치와 교육을 이끌어가는 실천적 도학이념으로 현실화되는 데는 여러 우여곡절을 겪는 등 상당한 유보기간이 있었던 것으로 이해된다. 여기서 말하는 우여곡절이란, 15세기 중엽부터 16세기 중엽에 이르기까지 약 1세기 동안 신왕조 개창 초기의 정치과정을 격동 속에 몰아넣었던 일련의 사건, 즉 世祖의 王位簒奪事件(1455)을 비롯해서 戊午(1498)·甲子(1504)·己卯(1519)·乙巳(1545) 등의 이른바 四大士禍를 지칭한다. 이러한 정치적 격동을 겪는 과정에서 儒者들은 집단적인 희생을 치르면서 君王을 비롯한 정치주체의 自己規律問題를 날카롭게 의식하게 되었고, 그 결과로 그들은 체제운영 전반의 문제를 주자학적 사유체계를 준거로 삼아 自覺的으로 다루는 이른바 道學的 準據의 기틀을 세우게 되었던 것이다. 그리고 이와 같은 사정과 더불어 그동안에 상당한 수준으로 진흥을 보게 된 嶺南·畿湖의 兩大 私學을 중심으로 學界에서도 주자학적 사상체계에 대한 심층적 이해가 이루어시게 됨으로써, 16세기 후반 宣祖代 이후부터는 체제운영 전반의 문제가 學理的으로는 물론 現實的으로도 이러한 道學的 準據에 따라 전개되는 특징을 지니게 되었던 것이다.

약 1세기에 걸친 이러한 정치사적 격동기에 있어서 특히 中宗代는 세기적 전환점에 위치하고 있었다. 세기적 전환점에서 중종대는 최초로 사림들에 의한 도학적 개혁운동이 강도 높게 추진된 시기였다. 제도개혁을 통해 舊弊를 일신하고, 왕정운영의 道學化를 통해 왕도정치의 기틀을 마련하며, 향촌의 교화를 통해 도학적 사회질서의 구현을 적극적으로 추진했던 시기였다. 趙光祖, 金安國 등 중종대 사림의 공통된 정치이념인 '至治'는 덕치와 예치에 의한 왕도정치의 표어였다. 그리고 그것은 현실적으로는 중대한 경제적 변동을 겪던 16세기 초 조선사회에서 경제적인 이득을 독차지하려는 훈구세력을 비판하며 사회 전체의 공익이 우선되어야 마땅하다는 시각에서 일련의 근본적인 개혁을 실현하려고 했던 정치이념이기도 하였다.

이 시기에 추진된 도학적 개혁운동은 두 가지 측면을 지니고 있었다. 하나는 적극적인 개혁을 주장하는 측의 입장이다. 이들은 전통적 인습과 舊弊의 革袪 노력으로 나타났는데, 이는 올바른 명분의 회복운동과 표리관계를 이루면서 추진되었다. 소릉복위, 무오·갑자사화의 피해자 복권, 신씨복위 등이 그것이다. 그리고 이러한 개혁운동의 교육적 측면과 관련해서는, 왕정운영의 도학화를 위해 〈經筵〉이나 〈諫諍〉을 통해 군왕에 대한 도학교육을 강화하는 것과, 도학을 관료의 자질로 강조하여 科擧에 도학의 요소를 도입하는 등 臣僚들의 도학교육을 강화해 나갔다. 한편, 적극론자들이 제도개혁을 지향하는 것과는 달리, 분위기와 여건의 조성을 통하여 향촌무대를 중심으로 도학적 윤리질서의 수립을 꾀하려는 노력이 실용주의적 성향을 띤 온건파 인물들에게서 나타났다. 이들은 時弊의 개선을 통해 민생의 안정을 도모해 나가는 한편, 朱文公家禮·三綱行實·二倫行實의 보급, 小學교육의 장려, 鄕約의 보급, 鄕校교육의 강화 등에 더욱 많은 관심과 실천력을 보여 주었다. 이처럼 중종대 사림의 입장은 크게 두 계열로 나눌 수 있다. 전자를 대표하는 사람은 靜菴 趙光祖(1482~1519)이고, 후자를 대표하는 사람은 慕齋 金安國(1478~1543)이라 할 것이다.

이상에서 보듯이, 중종대에 추진된 개혁운동은 제도개혁이라는 것에 못지않게 도학교육을 통한 개혁운동이 강도 높게 이루어진 시기라 할 수 있다. 따라서 이때 추진되었던 도학적 교육운동을 도덕교육론적 관점에서 읽어 낼 수 있다면, 우리의 전통적 덕교육의 이론을 정초할 수 있을 것이라 기대된다. 이 연구의 궁극적인 목적은 바로 여기에 있다. 이를 위해 이 연구에서는 중종대 도학적 교육운동의 두 계열을 대표했던 인물로 판단되는 조광조와 김안국의 사상과 실천을 집중적으로 분석하기로 한다. 그러나 필요할 경우 동시대의 다른 사림들의 관점도 아울러 고찰할 것이다.

3. 연구의 중점과 방법

우리의 도덕교육 이론은 우리의 공동체적 전통 속에서 찾아야 마땅하다. 이러한 관점에서, 이 연구는 주자학을 정치와 교육의 실천이념으로 삼고자 했던 조선전기 특히 중종대 道學者들의 知的·實踐的 고뇌의 일단을 도덕교육론과 관련지어 탐구해 보려는 데 근본 목적을 두고 있다. 이제 이 연구에서 구명하고자 하는 중점적 문제들을 구체적으로 제시해 두기로 한다.

첫째, 도학적 도덕교육론은 근본적으로 '도덕교육에서의 形式과 內容'을 모두 강조하고 있는 통합적인 덕교육론이고 인격교육론임을 밝힌다. 이러한 점에서 필자는 논제의 제목을 '道學的 德敎育論'이라 한 것이다. 도학적 덕교육론에서는 교육을 〈小學敎育의 단계〉와 〈大學敎育의 단계〉로 구분하여, 전자의 단계에서는 기존의 일상적 규범과 덕에 대한 도덕적 훈련과 사회화에 해당하는 교육을, 그리고 후자의 단계에서는 도덕의 원리를 궁구(窮理)하면서 개인의 인격완성을 위한 교육을 받는 것으로 주장하는 듯 하다. 이것이 사실이라면, 도학적 덕교육론은 '내용'의 도덕성과 '형식'의 도덕성을 모두 중시하는 통합적 도덕교육론이라 할 수 있을 것이다.

둘째, 도학적 덕교육론은 단계적인 교육을 통해 궁극적으로 有德한 인격인(聖人)의 육성을 목표로 하거니와, 각 단계에서 이루어지는 교육은 나름대로의 교육목표와 도덕적 인간상, 그리고 교육대상을 설정하여 접근하고 있는 독자적인 기획임과 동시에 연속적 기획임을 밝힌다. 즉, 소학단계의 덕교육론이 유소년들에게 도덕적 문화전통으로 입문시키는 것을 목표로 하는 교육이라면, 대학단계의 덕교육론은 소학단계의 교육을 마친 자들에게 人倫의 궁극적 원리를 터득케 함으로써 全德을 소유한 인격자로 육성하는 것을 목표로 하는 교육으로 보인다.

셋째, 따라서 각 단계의 교육론은 나름대로의 특징적인 교육과정으로 운영되며, 교육과정의 달성에 적절한 교수기법과 교사의 역할이 부여되고 있음을 밝힌다. 소학의 교육단계에서는 도덕적 문화전통을 典範化한 교재들로 교육과정이 구성될 것이다. 교수기법으로는 훨씬 더 학생들에게 다가서서 체험실천을 강조하고 설득하고 감화를 주고 모범을 보여주는 기법들이 동원될 것이다. 교사의 역할도 직접적이다. 교재가 도덕실천의 典範이라면, 교사는 먼저 그것을 습득하여 실천하고 있는 典型이다. 다음으로, 대학의 교육단계에서는 人倫의 궁극적 원리를 밝히는 기술과 형식을 담고 있는 經學 중심으로 교육과정이 편성될 것이다. 지적 토론이 중시되고 비판적 사고능력의 함양을 위한 교수기법 등이 중시될 것이다. 교재와 교사의 역할은 간접적이다. 교재는 지식을 전달하는 매체라기보다는 지적 토론을 위한 자료일 가능성이 높다. 그리고 교사는 그 지적 토론을 이끌어 가는 보조자의 역할에 국한될 것이다.

이상의 연구문제에 대하여 구명한 것을 바탕으로 우리의 전통을 토대로 한 도학적 덕교육의 이론을 정립하는 데 있어서 기본적으로 사용될 연구 방법은 文獻分析이다. 분석대상이 될 문헌자료로는 조광조와 김안국을 비롯한 중종대 사림들의 文集, 그들의 발언과 주장이 담긴 朝鮮王朝實錄(특히 중종실록)이 가장 기본적인 자료가 될 것이다. 아울러 관련된 유교의 각종 經典과 性理書들은 물론, 중종대 사림들의 활동상을 간접적으로 알려주는 練藜室記述 등의 관련 기사들이 검토될 것이다. 물론 도학사상가들이 교육에 대한 독립적인 저술이나 이론을

체계적으로 밝혀 놓은 적은 없다. 따라서 우리는 그들이 남긴 저술이
나 발언들을 중심으로 하여 도학사상 속에 숨겨진 도덕교육적 의미를
분석적으로 찾아내고, 오늘의 관점에서 교육이론의 구성요소들, 이를테
면 교육목적과 목표, 교육과정과 교육내용, 교육방법과 교수기법 등에
따라 체계적으로 분류하고 종합적으로 정리해 나갈 수밖에 없다.

　이러한 관점에서 우선, 2장에서는 조선전기 도학적 덕교육론의 연원
과 과제를 탐구한다. 덕교육에 대한 유가이론적 관점을 간략히 짚어보면
서, 성리학에서의 덕교육론을 주자의 관점을 중심으로 검토할 것이다.
조선조 도학의 연원이 주자학임은 말할 것도 없기 때문이다. 여기서 검
토된 덕교육론의 기본적 관점들은 이후 조선전기 도학적 덕교육론을 탐
구하는 준거틀이 될 것이다. 3장에서는 조선전기 도학적 덕교육론의 사
상적 기초를 도학적 인간관, 경세관, 교육관을 중심으로 고찰한다. 4장과
5장에서는 본 연구의 가장 중심부분이 될 도학적 덕교육의 이론과 실제
를 탐구하게 될 것이다. 먼저 4장에서는 덕교육의 목표와 대상을 검토하
고, 5장에서는 덕교육의 교육과정 및 교수방법을 고찰할 것이다. 6장의
결론에서는 이상의 논의를 요약하고 그 한계를 짚어보는 한편, 현재의
도덕교육 현장과 관련하여 시사점을 제언하고자 한다.

제2장 조선전기 도학적 덕교육론의
연원과 과제

조선전기 덕교육론의 사상적 연원은 말할 것도 없이 朱子의 교육사상일 것이다. 선초부터 朱子學을 수용하여 정치와 교육의 실천이념으로 삼았기 때문이다. 그러나 주자학을 수용하였다 하더라도, 그것이 실제로 정치와 교육을 이끌어 가는 실천적 이념으로 현실화되는 데는 상당한 동안의 유보기간이 있었던 것으로 이해된다. 또한 주자학의 수용이전부터도 유교사상이 정치와 교육의 근간을 이루고 있었던 것도 사실이다. 그런데 조선조의 주자학 수용이 以前시대와 다른 점은, 그것이전면적인 것이라는 데 있다. 말하자면, 이전시대에 있어서 유교가 정치와 교육의 이념으로 작용했다고 하더라도 그것은 백성들의 전면적 생활을 이끌어 가는 실천이념은 아니었다. 그러나 조선조는 이전의 생활철학인 불교를 해체하고 그것을 주자학으로 대체하여 정치와 교육은물론 백성들의 전면적 실천이념으로 심어가고자 했던 것이다.

따라서 조선조는 초기부터 주자학의 이념에 바탕을 둔 강력한 교육정책이 필요했던 것이라 할 수 있다. 물론 강력한 교육정책도 어느 정도국가기틀이 수립되는 世宗朝부터 본격화된 것이 아닐까 한다. 그러나 그것은 엄격한 의미에서 주자학 내지 주자의 교육사상을 분명하게 이해한바탕 위에서 이루어진 것은 아니라고 본다. 조선조의 유학자들이 나름대로 성리학의 덕교육론을 이해한 바탕 위에서 교육을 실천하기 시작한것은 적어도 成宗代 이후가 아닐까 한다. 이는 士林派의 등장과도 무관하지 않거니와, 이때부터 주자학에 대한 이해도 본격적으로 이루어지기시작하였다고 볼 수 있기 때문이다. 물론 여기까지는 세종대의 교육정책이 큰 영향을 주었을 것이다. 그 기간동안 조선의 유자들은 集賢殿에서 혹은 山林에서 점차 들어오는 性理書들을 접하면서 초보적이나마 주자학에 대한 본격적인 탐색도 시작했을 것으로 볼 수 있다. 그 결과가 성종대부터 반영되기 시작한 것이고, 中宗代에 이르러 본격적으로 정치와 교육 현실에 적용을 시도했던 것으로 판단된다.

이 장에서는, 이상과 같은 맥락에서 주자학과 그에 근거한 덕교육론을 수용하여 조선전기 도학적 덕교육의 정형화된 담론으로 구체화해 가는 과정을 짚어보기로 한다. 이를 위해 우선적으로 성리학의 덕교육론에 대한 이해가 선행되어야 하리라 여겨진다. 조선전기 도학적 덕교육론의 사상적 연원이 주자학에 있는 한, 성리학적 덕교육론은 조선전기의 덕교육에 대한 담론형성의 〈準據 틀〉에 해당할 것이기 때문이다.

1. 도학적 덕교육론의 사상적 연원

1) 덕교육의 유가이론적 전통

성리학의 덕교육론을 살펴보기 전에 유가이론적 전통을 간략히 짚고 넘어가기로 한다. 유교적 덕교육에 대한 기본적 관점은 사실 선진유가에서 이미 제기되었고, 주자학은 그 전통을 이어받아 통합적 덕교육론을 정초한 것으로 판단되기 때문이다. 따라서 이하에서는 도덕교육에 대한 공자·맹자·순자의 관점을 간략히 대비시키면서 살펴보기로 한다.

도덕교육의 학문적 배경이 도덕성의 근원과 본질을 탐구하는 도덕철학에 있다고 볼 때, 우선적으로 이에 대한 선진유가적 관점을 확인해야 할 것이다. 유가의 경우는 도덕성의 근원을 설명하는 방식을 우주론 및 인성론과 결부시키고 있다는 데 그 특징이 있는 것 같다. 어떤 이는 인간의 본성을 善으로 보려하며, 이 善함을 근거로 하여 도덕성의 내재적 근원을 주장한다. 또 어떤 이는 인간의 본성이 惡으로 흐를 가능성이 더 많다고 보면서 개인 밖에서 도덕성의 근원을 찾고 惡한 본성을 사회화시켜 나아가야 한다고 여긴다. 여기서 전자를 대표하는 자가 孟子이고, 후자를 대표하는 이가 荀子임은 주지의 사실이다. 이처럼 도덕성의 근원을 바라보는 관점의 차이가 교육방법의 철학을 결정하는 것처럼 보인다.

그런데 유가이론을 처음으로 체계화한 인물이었던 공자는 인성론과 관련하여 명확한 관점 없이 修身 여하에 따라서 善할 수도 惡할 수도 있는 것으로 보고 있다. 공자가 性을 언급한 유일한 표현으로 "본성은 서로 가까우나 습관으로 멀어진다"(性相近, 習相遠)는 언표를 연구자는 그의 경험적 관찰로 읽는다. 여기서 性이란 태어날 때 타고난 소박한 素質 이상 이하도 아니다.[12] 따라서 素質의 계발 여부는 전적으로 후천적 교육에 달린 것이라고 보는 게 공자의 관점이다. 어떤 점에서 인간의 본성에 대한 이러한 공자의 관점이 맹자와 순자로 하여금 유교에 대한 새로운 해석체계를 수립할 수 있도록 하는 토대를 제공했다고도 볼 수 있다.

말할 것도 없이 유교도덕의 주요 덕목들의 범주는 仁義禮智와 孝悌忠信 등이다. 그러나 이들 덕목들 중에서도 대표성을 갖는 것은 仁과 禮이다. 공자는 德의 완성 혹은 德을 대표하는 용어로 仁을 제시했다. 『論語』 속에서 仁의 의미는 두 가지다. 하나는 여러 덕목 중의 하나인 狹義의 仁이고, 다른 하나는 공자가 새롭게 정립한 廣義의 仁이다. 협의의 仁은 전통적 의미인 사랑(仁愛) 혹은 사랑의 두터움(仁厚)이다. 그러나 광의의 仁은 모든 德의 총칭으로서의 全德으로, 그것은 도덕의 제일원리이고 도덕실천의 내적 근거가 된다.[13] 이 全德을 터득한 사람

---

12) 이러한 관점에서 공자사상을 보고 있는 대표적인 연구로는 金勝惠, 『原始儒敎』(서울: 民音社, 1990), 79~145쪽 참조. 기존연구들이 대체로 공자를 性善論者로 취급하고 있다는 점에서 金勝惠의 관점은 연구자의 주목을 끈다.

13) 牟宗三에 의하면, "仁은 일체의 덕목을 초월하면서 일체의 덕목을 포괄하는 것이며, 모든 덕성의 근원이요 도덕 창조의 궁극적 근원이다. 그러므로 仁은 全德(완전한 이상적 덕성)이다"라고 하여 필자의 견해를 뒷받침하고

은 도덕의 주체자가 되어 規範을 입법하고 집행할 수 있는 능력의 소
유자이다. 한편, 공자는 도덕의 내적 근거로서의 全德인 仁에 대비되는
외적인 규범의 총칭으로서 禮를 제시했다. 禮의 의미는 시대에 따라
달랐지만, 대체로 그것은 종교적 의례를 포함하여 제도, 의식, 법 등의
외면적 형식을 총칭하는 것이었다. 공자는 이러한 의미의 禮 개념을
수용한 것으로 볼 수 있거니와, 禮란 윤리학적으로 말하면, '삶의 도덕
적 제도'14)로서의 規範을 뜻한다고 볼 수 있다. 공자 자신이 禮의 모범
자로서 제자들을 교육하였고, 周의 예교질서를 복원하고자 노력하였다.
   공자에게 있어 仁과 禮는 서로 불가분의 관계를 갖는다. 仁은 禮라
는 절도 및 규범의 본질이 되며 그 본질이 없고서는 표준으로서의 禮
가 존립할 근거가 없다. 그리고 仁 역시 禮라는 형식적 규범을 무시하

있다. 牟宗三, 『心體與性體(二)』(臺北: 學生書局, 1969), 223쪽: 陳立夫도
仁을 모든 덕(全德)의 명칭이라 보고 있다. 陳立夫, 『中國哲學의 人間學的
理解』, 鄭仁在 옮김(서울: 民知社, 1980), 77~78쪽: 蒙培元은 이 仁을 '道
德理性'이라 부르고 있다. 蒙培元, 『中國 心性論』, 李尙鮮譯(서울: 法仁文
化社, 1996), 61쪽.

14) 이는 서양 윤리학자 프랑케나(W. K. Frankena)에 의해 주장된 것으로,
삶의 도덕적 제도(the moral institution of life)라는 의미로서의 도덕은 사
회적인 특성을 가지고 있다. 즉, 도덕이란 개인이 자신의 지침으로 발견해
내거나 고안해 낸 것이 아니라 적어도 한 측면에 있어서는 사회적인 과업
(a social enterprise)이다. 우리의 언어, 국가 혹은 사회와도 같이 도덕은
개인에 앞서 존재하고 있으며 개인이 그 속으로 유입되어 다소간에 그 참
여자가 되는 것으로 개인의 死後에도 존속하게 된다. 이러한 도덕은 광범
하게 인간의 행위양식을 규제하고 있어 인간의 관계를 규율하는 제도라는
의미에서 사회적이다. 그리고 또한 도덕은 그 기원이나 구속력 그리고 그
기능에 있어서도 대체로 사회적인 것이다. 도덕은 개인이 처음으로 마주
치는 것으로서 개인이나 소규모 집단을 규제하기 위한 전체 사회의 수단
이 된다. 그것은 처음에는 개인이나 집단들 밖에 존재하는 것으로서 그들
에게 요구를 행하여 오는 것이다. 이와 같이 도덕은 일차적으로 사회적
질서를 유지하고 인간관계를 규제하기 위한 사회적 도구 또는 규율체계로
생각할 수 있다는 것이다. William K. Frankena, *Ethics*(Englewood Cliffs,
New Jersey: Prentice Hall, Inc., 1973), p.6.

고서는 밖으로 실현될 수가 없다. 그러나 맹자와 순자는 이 중 어느 한 쪽을 더 강조하고 있다. 맹자는 禮까지도 내면적인 德으로 해석하여 仁에 포함시킬 정도다. 공자에게 있어서 仁은 많은 시행착오를 겪으면서 터득해 나감으로써 가능한 것이다. 공자도 "하늘이 나에게 德을 주셨으니"(『論語』, 述而篇: 22)라고 하여, 仁의 내재성을 함의하고 있지만 명확한 것은 아니었다. 오히려 仁이라는 것은 인간 스스로 인간에게 부여한 使命과 같은 것이었다. 그래서 부단한 노력과 수양을 통하여 體認하여야만 하는 것이다. 그러나 맹자는 四德의 내재성을 명확히 하고, 盡心할 때 그 本性은 자각되고 본성을 자각하면 天을 알 수 있다고 하고 있다.15) 天은 성실(誠) 그 자체(離婁上: 12)로서 모든 인간에게 도덕성을 부여하는 보편적 도덕원리이며 궁극적 실체이다. 맹자에게 있어 天은 敬畏의 대상이라기보다 형이상학적 실체이다.16) 물론 이러한 관점은 子思를 이은 관점이지만,17) 人格天에서 형이상학적 혹은 윤리적 天으로의 변화는 도덕의 근원이 외부나 神에 있지 않고 인간의 內部에 자리 잡고 있음을 알리는 경종이다. 따라서 인간은 天이 부여한 仁義禮智의 덕이 내 마음에 함장되어 있음을 盡心을 통해 자각하고 그 본래의 도덕적 선함을 보존하고 확충해 나아가야 하는 것이다. 이렇게 四德을 보존하여 충실히 擴充해 나아가다 보면 全德이고 도덕의 제일원리인 仁과 天을 동시에 豁然貫通하게 되는 것이다.

그러나 순자에게 있어서 天이란 물리적 자연현상에 지나지 않는다.18) 天이 만물을 생성했으며 인간 또한 天으로부터 생명을 획득했지만, 天의 작용은 여기까지이다. 태어난 것에 질서를 부여하는 것은 인

---

15) 『孟子』, 「盡心上」, "孟子曰, 盡其心者, 知其性也, 知其性, 則知天矣."
16) 牟宗三, 『中國哲學의 特質』, 宋恒龍譯, (서울: 同和出版社, 1983), 66~67쪽 참조.
17) 『中庸』, "天命之謂性, 率性之謂道, 修道之謂敎."
18) 『荀子』, 「天論」, "不爲而成, 不求而得, 夫是之謂天職.: 列星隨旋, 日月遞炤, 四時代御, 陰陽大化, 風雨博施."

간의 작용이자 人僞인 禮이다.[19] 순자에 있어서 禮란 사람으로서 마땅
히 지켜야 할 도덕규범이요, 궁정에서의 儀式절차요, 더 나아가 사회제
도와 법률의 기능까지 포함하는 객관적 사회규범이다. 특히 순자가 禮
개념을 사회적인 틀 또는 제도적 표현으로까지 확대시키고 있다는 점
에서 그것은 사회윤리이다.[20] 그리고 이러한 의미의 禮란 현실적인 차
원에서 당시의 등급 내지 계급제도 및 그 전체 윤리관계로서, 이것은
사람이 사람으로 되는 것을 결정하는 사회적인 근원이다.[21] 따라서 개
인들은 사회의 규범을 제대로 내면화함으로써 비로소 사회의 일원으로
서 도덕생활의 실천자가 될 수 있다.

공자·맹자·순자, 이들 세 사람은 공통적으로 교육에 거는 기대가
크고 그것을 강조하고 있다. 맹자는 도덕성이 개인 內在的이라 보기
때문에 이 善함의 端緒를 확충하면 된다. 이 善의 端緒를 확충하면 德
이 되는 것이다. 全德으로서 仁은 도덕의 제일원리로써 그것을 소유한
개인의 德性이다. 이 덕성을 터득한 사람은 도덕원리에 입각하여 規範
을 입법하고 집행할 수 있는 도덕주체가 될 수 있다. 그런데 이 덕성
의 성숙과 완성은 전적으로 자신에게 달린 것이지 남이 가르쳐 준다고
해서 달성될 수 있는 것이 아니다. 이것을 가르칠 수 있다고 생각하는
것 자체가 지적 오만이고 자율성의 침해라고 생각된다. 굳이 가르칠
수 있다는 표현을 쓴다면 그것은 '全德'이 있음을 理解시킬 수 있을 뿐
이다. 따라서 교육의 객체인 학생들의 자율성을 존중하는 이러한 교육
은 직접적이기보다 간접적인 방법이다. 지적 토론이 중시되고 비판적
사고능력의 함양을 위한 교수기법 등이 중시된다. 교과와 교사의 역할
도 간접적이다. 교과는 지식을 전달하는 매체라기보다는 지적 토론을

---

19) 『荀子』, 「王制」. "天地者, 生之始也; 禮義者, 治之始也."
20) 순자의 예사상을 사회윤리학적 시각에서 분석하고 있는 대표적인 연구로
    는 權美淑, 「荀子 禮治思想의 社會倫理學的 硏究」(한국정신문화연구원 한
    국학대학원 박사학위논문, 1997) 참조.
21) 蒙培元, 『中國 心性論』, 앞의 책, 165쪽.

위한 자료일 뿐이다. 그리고 교사의 역할은 그 지적 토론을 이끌어 가는 補助者의 역할에 국한된다. 그래서 맹자의 교육은 助長[22]하여 싹을 키우기는커녕 말라죽게 하는 것이 아니라, '제때에 비가 내려 化하는 것'[23]과 같은 것이다.

한편, 순자는 도덕성을 인간 外在的이라 보기 때문에 밖의 규범을 개인들에게 내면화시켜야 할 것으로 본다. 개인들은 사회의 규범을 제대로 내면화했을 때 비로소 사회의 일원으로서 도덕생활의 실천자가 될 수 있다. 도덕의 실천은 외부로만 드러나는 것이기에 반드시 내적인 덕성과 일치하지 않을 수도 있다. 실천된 행위가 옳은 것인지 아닌지를 떠나서 사회규범을 벗어나지 않는 한 그는 규범의 실천자이다. 이러한 측면에서 교육을 생각한다면 그것은 한마디로 사회화 과정이라 할 수 있다. 즉, 교육은 인간의 자연적 본성을 사회화시켜 사회에 적응할 수 있는 인간, 사회가 요구하는 인간을 길러내는 데에 그 의의가 있는 것이다. 학생들의 자율성 침해는 교육이라는 이름으로 정당화될 수 있다. 따라서 이러한 교육은 간접적이기보다는 직접적인 방법에 의

---

22) 『孟子』, 「公孫丑上」. "宋人, 閔其苗之不長而揠之者. 芒芒然歸, 謂其人曰, 今日病矣, 予助苗長矣. 其子趨而往視之, 苗則槁矣. 天下之不助苗長者寡矣. 以爲無益而舍之者, 不耘苗者也. 助之長者, 揠苗者也. 非徒無益, 而又害之." 여기서 '助長'은 訓練, 强制, 促求의 개념과 같이 개인의 밖에서 이끌고 자극하는 의미와 상통한다. 이러한 개념은 인간의 自發性이나 意圖를 거의 허용하지 않는다. 맹자는 바로 이처럼 자발성이나 의도를 존중하지 않는 교육은 옳지 못하다고 보는 것이다. 외부에서 助長하는 것은 싹을 뽑아버리는 것과 같다.

23) 『孟子』, 「盡心上」. "孟子曰, 君子之所以敎者五. 有如時雨化之者, 有成德者, 有達財者, 有答問者, 有私淑艾者, 此五者, 君子之所以敎也." 여기서 교사의 교육방법이 학생의 흥미, 소질, 재능에 따라 달라짐을 볼 수 있다. '제때에 비가 내려 化하는 것과 같다'함은 학생이 마음의 보존과 배양을 가뭄에 비가 오기를 갈망하듯 하다가, 이에 응해 교사의 가르침이 알맞은 제때의 비로 내려 교육적 효과를 거두는 것이다. 교사의 가르침은 학생이 이미 갖추고 있는 선천적 도덕성, 내적 재능, 물음, 착한 마음 등의 바탕에 의거하여 이를 이끌어주고 완성해 주는 것이다.

해 이루어질 수밖에 없다. 습관[24]과 전통이 강조되고 설득하고 감화를 주고 모범을 보여주는 기법들이 동원된다. 교재와 교사의 역할도 직접적이다. 교재는 도덕실천의 典範이고,[25] 교사는 먼저 그것을 습득하여 실천하고 있는 典型이다. 그래서 순자는 "氣를 다스리고 心을 수양하는 방법은 禮에 의거하는 만큼 빠른 길이 없고, 훌륭한 스승을 얻어 교훈을 받는 것만큼 요긴한 일이 없다."(修身篇: 4)고 말한다.[26]

맹자의 관점은 학생들 개개인이 소유하고 있는 도덕적 성향을 발달시켜 주는 것이고, 순자의 관점은 자라나는 학생들에게 기존의 사회규범을 내면화시켜 주어야 한다는 것이다. 그런데 공자는 이상의 두 가지 교육기획, 즉 '발달'과 '사회화'의 상호조화를 꿈꾸고 있다. 공자가 현실적으로 그리고 우선적으로 실천했던 교육은 규범의 내면화이다. 孔門의 교육과정에서 대부분을 차지하는 것은 詩, 書, 禮, 樂 등이었다는 사실이 그것을 알려준다.[27] 이것은 문화적 유산이고 삶의 도덕적 제도이기에 직접적인 방법(敎化)에 의해 교육이 가능하다. 그리고 규범의 내면화를 넘어설 때 仁도 터득되어 간다.[28] 규범의 내면화 과정이 下學의 단계라면,

---

24) 순자에게 있어 '습관을 쌓음(僞積)'은 자연에서 문화로 이행하는 가장 중요한 방법이다. 『荀子』, 「儒效篇」. "性也者, 吾所不能爲也, 然而可化也. 情也者, 非吾所有也, 然而可爲也. 注錯習俗, 所以化性也, 幷一而不二, 所以成積也. 習俗移志, 安久移質, 幷一而不二, 則通於神明, 參於天地矣."

25) 순자는 유교 전통 속에 五經의 개념을 처음으로 확립한 사람이기도 하다. 그만큼 그는 교육과정으로서 교과서를 중시했음을 알려주는 반증이다.

26) 스승은 전통의 해석자이고 전통의 전달자이다. 나아가 스승은 단순히 지식과 가치를 전달하는 데 그치는 것이 아니라 학습자의 학문과 도덕성의 발달이 보편적 가치에 부합하느냐 아니냐를 가늠해 주는 합리적인 교육적 권위를 지닌다.

27) 성균관대 교재편찬위, 『儒學原論』(성균관대학교출판부, 1982), 198쪽.

28) 공자에게서도 도덕의 제일원리로서의 仁은 직접적으로 가르쳐서 터득될 수 있는 것이 아니다. 각자가 수많은 시행착오와 단계를 거치면서 스스로 터득해 나아갈 수밖에 없다. 인간성이 완성정도에 따라 仁은 각자에게 體認되는 것이며, 공자도 마흔이나 오십이 넘어서면서 터득하였다고 실토하고 있다(爲政篇: 4). 仁을 體認함에서 교사가 도울 수 있는 것은 어디까

仁의 터득은 上達의 단계에 해당한다. 이것이 '아래로 人間의 일을 배우
면서 위로 天理를 통달한다'는 '下學而上達'의 정확한 뜻이라고 본다. 이
러한 공자의 '下學而上達'의 관점은 '관습의 도덕을 지나 원리의 도덕으
로 나아간다'는 현대 도덕교육론자인 피터스(R. S. Peters)를 떠올리게
한다. 피터스는 여러 심리학적, 경험론적 연구결과를 토대로 하여 인간
의 도덕발달 단계상 아동의 시기에는 합리적 혹은 원리적 도덕성을 위
한 교육이 부적절하다고 주장하고 있다.[29] 오히려 합리적 도덕성은 전
통과 관습적 도덕성의 내면화를 토대로 할 때 이루어질 수 있을 것이라
고 주장한다.[30] 그리하여 그는 "습관과 전통(Habit and Tradition)의 마
당을 통해 이성의 궁전(the Palace of Reason)에 들어갈 수 있고, 또 들
어가야만 한다."고 말한다.[31]

   그러나 공자나 피터스의 '관습의 도덕을 지나 합리적 도덕으로 나아

   지나 간접적인 방법을 통해서이다. 그래서 『논어』에서 仁이란 언어로 다
   표현할 수 없는 그 무엇을 가리키는 상징어처럼 나타난다. 공자는 仁에
   대한 정의를 내리기보다는 각자의 삶 속에서 찾을 수 있다는 것을 알려주
   어 제자에게 仁을 획득하고자 하는 열의를 심어 주려 할 뿐이다. 그래서
   공자는 仁에 관하여 묻는 제자들에게 각자의 정도에 따라 그때그때 仁의
   다른 면을 말해 주었고(因材施敎), 仁을 터득한 聖人보다는 터득하려고
   노력하는 사람으로서의 君子像을 제시하여 제자들의 분발을 촉구하였다.

29) "합리적이고 지적이고 상당한 정도의 자발성을 가지고 행위하는 그러한
   인간을 개발하는 것이 바람직하다고 말할 때, 그러나 아동 발달의 엄연한
   사실은, 아동의 발달이 이루어지는 이 수년간의 대부분의 시기에 그들은
   이러한 '형식의 삶을 가지는 것'(합리적 원리적 도덕성을 지칭함: 연구자)
   이 불가능할 뿐만 아니라 이 같은 삶의 형식을 전달하는 적절한 방식에도
   둔감하다는 점이 밝혀지고 있다." R. S. Peters, *Moral Development and
   Moral Education*(Gorge Allen & Unwin Ltd., 1981), 이를 우리말로 번역
   한 南宮達華 譯, 『道德發達과 道德敎育』(서울: 文音社, 1998 제1판 제2쇄),
   73쪽 참조.
30) 그래서 피터스는 "내가 말한 기본 도덕규칙과 관련된 건전한 도덕적 습관
   의 형성은 합리적 도덕성의 필요조건이라고 말해도 좋을 것이다."라고 한
   다. R. S. Peters, 남궁달화 역, 같은 책, 74쪽.
31) R. S. Peters, 남궁달화 역, 같은 책, 70쪽.

간다'는 주장은 경험적으로 입증될 수 있다 하더라도, 여전히 개념적 (논리적)으로는 양립될 수 없는 것처럼 보인다.[32] 왜냐하면 발달과 사회화는 전혀 다른 假定과 論理 위에 서 있기 때문이다. 그런 점에서 맹자와 순자에게는 논리적 모순이 없다. 그러나 맹자와 순자는 경험과 현실을 모두 설명할 수 없는 단점을 지닌다. 경험과 현실을 설명할 수 없는 理論도 더 이상 이론으로서 설득력을 가질 수 없게 되지만, 전혀 상반된 가정 위에 세워진 두 논리체계를 억지로 짜 맞추는 것은 모순이다. 현실을 모두 설명하면서 논리적 모순을 극복할 수 있는 방안은 없는가? 일단 현실을 모두 설명할 수 있기 위해서는 공자의 발달과 사회화를 조화하는 관점이 유용하다. 그러나 두 교육기획을 조화시키기 위해서는 서로 다른 가정과 논리 때문에 생길 수밖에 없는 논리적 모순을 해소할 수 있어야 할 것이다. 그것은 어떻게 가능할까?

발달과 사회화를 조화시킴으로써 오는 논리적 모순을 극복하기 위해서는, 그것들이 각각 前提하고 있는 假定보다 한 걸음 더 뒤로 물러나서, 두 교육론의 공통적 기반이 될 수 있는 보다 더 抽象的이고 包括的인 論理的 假定이 수립될 수 있어야 한다. 말하자면, 이 논리적 가정은 두 교육론의 조화에 의미를 부여하고 포괄적인 설명을 가능하게 하는 보다 抽象的인 原理가 되어야 할 것이다. 이것의 가능성을 연구자는 朱子의 도덕교육론에서 찾을 수 있다고 본다.

朱子는 교육을 〈小學敎育의 단계〉와 〈大學敎育의 단계〉로 나누어, 8세가 되면 임금과 공경대부로부터 서민의 자제에 이르기까지 모두 小學에 들어가 일상생활의 실천적 규범을 배우고,[33] 15세가 되면 人君의 태자와 여러 왕자, 공경대부와 선비들의 아들과 일반국민의 우수한 자

---

32) 피터스도 "특별한 발달유형의 습관 때문에 합리적 도덕성과 양립할 수 없는 인상을 줄 수 있다."고 하면서 그럴 가능성이 있음을 인정하고 있다. R. S. Peters, 남궁달화 역, 같은 책, 74쪽.

33) 『大學』, 「大學章句序」, "人生八歲 則自王公以下 至於庶人子弟 皆入小學而 敎之以灑掃應對進退之節 禮樂射御書數之文."

식들까지 모두 대학에 입학시켜 窮理·正心·修己·治人의 道를 배운
다[34]라 하고 있다. 여기서 〈소학교육의 단계〉는 기존의 일상적 사회규
범에 대한 도덕적 훈련과 사회화에 해당하는 교육단계이고, 〈대학교육
의 단계〉는 도덕의 원리를 궁구하면서 개인의 주체적 자아확립을 위한
교육단계인 것이다. 그런데 朱子는 이처럼 교육의 단계를 설정하며 발
달과 사회화의 조화를 포괄적으로 설명하기 위하여 宇宙와 삶에 관한
근본적 원리로서의 理와 氣, 性과 情 등의 개념을 사용하여 道德形而
上學을 정초하고 있는 것이다.

2) 성리학의 덕교육론

(1) 덕교육론의 성리학적 근거

사람의 본성이 善하다면 왜 惡이 발생하는가? 왜 선한 본성이 함정
에 빠지고 마는가? 맹자는 이에 대해 物慾 때문이라고 했다. 그렇다면
物慾은 왜 생겨나는가? 바로 이 물욕의 근원지에 대해서 맹자는 잘 몰
랐던 것이라고 주자는 생각했다. 그래서 결국 맹자는 性善을 말했지만
그것은 性의 本源處만을 말한 것으로 또 다른 性인, 즉 물욕의 근원지
인 氣質之性이 있음을 몰랐기 때문에 경험적 性의 다양성을 두루 설명
할 수 없었다.[35] 그러면 순자는 어떠한가? 순자는 단지 좋지 못한 쪽
의 性만을 보고 사람의 본성을 惡하다고 보았다.[36] 순자는 아예 性을
모르는 자라는 게 주자의 판단이다. 그래서 性이 무엇인지도 모르는
순자보다는 차라리 性三品說을 주장했던 韓退之가 더 설득력 있다고

---

34) 『大學』, 「大學章句序」. "及其十有五年 則自天子之元子衆 以至公卿大夫元士
之適者 與凡民俊秀 皆入大學 而敎之以窮理正心修己治人之道."
35) 『朱子語類』, 卷 4. 「性理 1」. "孟子說性善, 他只見得大本處, 未說得氣質之性
細碎處."
36) 『朱子語類』, 卷 4. 「性理 1」. "荀子只見得不好人底性, 便說做惡."

주자는 말한다. 물론 性의 다양성으로 말한다면 한퇴지의 성삼품설도 설득력이 없기는 마찬가지이다.[37]

맹자와 순자, 그리고 한퇴지를 포함하여 모두 性을 설명하는 논리로 부족하다면 어떡해야 하는가? 이에 대한 결론은 간단하다. 각각의 장점을 절충하는 것이다. 주자는 이것을 程頤의 말을 빌려서 "性을 논하면서 氣를 논하지 않으면 갖추어지지 않고, 氣를 논하면서 性을 논하지 않으면 명확하지 않으니, 이 둘을 갈라놓는 것은 옳지 않다."[38]고 주장하고 있다. 그것도 性과 氣를 동시에 말해야지 따로따로 구분해서는 안 된다. 그렇게 해야 경험을 두루 망라 하는 설명력을 가질 수 있다. 그러나 이것만으로는 아직 부족하다. 性과 氣를 동시에 말하면 경험을 설명하는 틀은 될지언정 진리를 담은 이론 틀은 될 수 없다. 왜 이 둘을 동시에 말해야만 하는지에 대한 정당화가 이루어져야 하는 것이다. 둘을 동시에 말해도 전혀 논리적 모순이 없는 보다 차원 높은 논리적 가정 내지 추상적 원리가 수립될 수 있어야 한다. 주자가 형이상학적 개념들을 동원할 수밖에 없었던 이유가 바로 여기에 있는 것이다. 인용에서 性은 理, 즉 本然之性을 가리키고 氣는 氣質之性을 가리킨다. 인간의 이상과 현실로서의 본연지성과 기질지성, 인간은 왜 현실로서의 기질지성을 억누르고 본연지성을 회복해야 하는가, 그리고 그 방법은 무엇인가 등을 포괄적으로 제시하고 그것을 정당화하기 위하여 주자는 理氣論을 구상하게 되었던 것이다.

주지하듯이, 주자의 성리학은 우주와 세계의 出成論과 存在論을 담고 있는 거대 패러다임이다. 그러나 이것을 자연학으로 읽어서는 곤란하다.

---

37) 『朱子語類』, 卷 4, 「性理 1」. "如退之說三品等, 皆是論氣質之性, 說得儘好. 只是不可不說破箇氣質之性, 却只是做性說時, 便不可. 如三品之說, 便分將來, 何止三品? 數千百可也."

38) 『朱子語類』, 卷 4, 「性理 1」. "程子云, 論性不論氣, 不備. 論氣不論性, 不明. 二之則不是. 所以發明千古聖賢未盡之意, 甚爲有功. 大抵此理有未分曉處, 秦漢以來傳記所載, 只是說夢."

자연학으로 읽다보면 어느 순간부터 주자의 이해는 꼬이게 되어 있다.[39) 세계의 탄생과 존재원리의 탐구는 어디까지나 인간학을 정초하기 위한 주자 나름의 불가피한 선택이었다고 본다. 성리학의 본질은 도덕형이상학이다. 이제, 주자가 도덕형이상학을 어떻게 정초하고 있는지 그 내력을 그가 사용한 핵심개념들의 연관을 중심으로 간략히 짚어 본다.

주자가 사용한 핵심개념이란 말할 것도 없이 理와 氣이다. 그에 의하면, 이 우주에는 理도 있고 氣도 있다. 理는 形而上의 道로써 만물을 생성하는 근본이요, 氣는 形而下의 器로써 만물을 생성하는 도구이다. 따라서 인간과 만물은 모두 이 근본으로서의 理와 도구로서의 氣가 만나게 됨으로써 탄생한다.[40) 理는 情意도 計度도 造作도 없는 속성을 지녔고, 氣는 凝結造作할 수 있는 것이다. 그러나 氣가 응취하는 곳에는 항상 理가 있다.[41) 그래서 理는 氣의 원리이다. 원리의 理는 무색무취하지만, 활동성의 氣는 淸濁厚薄의 속성을 지녔다. 어느 것이 먼저랄 것도 없이 활동성의 氣에는 理가 따르고 理는 氣에 원리를 제공하여 세상은 탄생한다. 理가 어떤 속성의 氣에 원리를 제공할 것인지는 우연이지만, 그것이 세상의 다양성을 결정한다. 치우치고(偏) 막힌(塞) 氣와 만나면 동식물이 되고, 바르고(正) 뚫린(通) 氣와 만나면 인간이 된다는 식이다.[42) 이렇게 하여 세상의 존재들은 결정되었다.

理氣의 만남은 존재들의 본성(性)까지도 결정하게 마련이다. 理가

---

39) 이를 명확히 설파하여 논술하고 있는 대표적인 연구로는 한형조, 「朱熹에서 정약용에로의 철학적 사유의 전환」(한국정신문화연구원 한국학대학원 박사논문, 1992) 참조.

40) 『朱子大全』, 卷 58, 「答黃道夫書」. "天地之間, 有理有氣. 理也者, 形而上之道也, 生物之本也. 氣也者, 形而下之器也, 生物之具也. 是以人物之生, 必稟此理, 然後有性, 必稟此氣, 然後有形."

41) 『朱子語類』, 卷 1, 「理氣上」. "蓋氣則能凝結造作, 理却無情意, 無計度, 無造作. 只此氣凝聚處, 理便在其中."

42) 『朱子語類』, 卷 4, 「性理 1」. "自一氣言之, 則人物皆受是氣而生, 自精粗而言, 則人得其氣之正且通者, 物得其偏且塞者."

氣와 만나 존재를 이룰 때 性이 된다. 性이 곧 理이다(性卽理). 이렇게 하여 인간과 동식물은 탄생과 함께 각자 부여받은 理를 健順五常의 德으로 삼게 되는데 이것이 곧 본성이다.[43] 그러나 존재들의 본성에 대한 자각능력은 역시 어떤 속성의 氣와 만나느냐에 달렸다. 치우치고 막힌 氣로 탄생한 동식물에게는 도덕적 자각능력이 거의 없거나 있어도 미미하다. 바르고 뚫린 氣로 탄생한 인간은 도덕적 자각능력이 뛰어나 지각하지 못하는 것이 없고 해나가지 못하는 것이 없다.[44] 이처럼 동식물과 인간 사이의 도덕적 자각능력과 관련한 존재의 위상은 엄청나게 차이가 있기에 더 이상 인간 외의 性에 대해서는 거론하지 말기로 하자.[45] 어쨌든 인간의 性은 비록 氣와 함께 있지만 독자적 속성을 결코 잃지 않고 내재된 도덕성으로서의 역할을 수행한다.[46] 이것이 맹자의 性善에 대한 주자의 해석이다.

그러나 엄격히 말하면 理氣가 만나 형성된 인간의 性은 本然之性이 아니라 氣質之性이다. 본연지성은 理氣가 만나기 전 理의 도덕적 순수성을 염두에 두고, 理氣가 만나 기질지성을 형성하더라도 계속하여 내재된 도덕성으로 역할 한다는 점을 강조하기 위해 채택된 용어라 본다. 본연지성은 善함 그 자체이고 仁義禮智의 德이다. 四德 중에서도 주자는 〈仁〉을 性卽理의 德으로, 四德을 포괄하는 全德으로 보고 있다. 이것은 孔孟을 이은 관점이겠지만, 주자는 그 점을 〈仁說〉에서 명쾌하

---

43) 『中庸章句』. "性卽理也. 天以陰陽五行化生萬物, 氣以成形而理亦賦焉, 猶命令也. 於是人物之生, 因各得所賦之理, 以爲健順五常之德, 所謂性也."

44) 『朱子語類』, 권 4, 「性理 1」. "物之間有知者, 不過只通得一路, 如鳥之知孝, 獺之知祭, 犬但能守禦, 牛但能耕而已. 人則無不知, 無不能." 인용에서 보듯, 주자가 동물들의 도덕적 자각능력을 인정하고 있는 것은 흥미로운 일이다.

45) 주자도 제자가 생명이 없는 붓에도 仁義가 있느냐는 질문에 대해 극히 미소하니 굳이 찾으려 애쓸 필요가 없다고 답하고 있다. 『朱子語類』, 권 4, 「性理 1」. "又問, 筆上如何分仁義. 曰, 小小底. 不消恁地分仁義."

46) 『朱子大全』, 卷 46, 「答劉叔文 第2書」. "未有此氣, 已有此性. 氣有不存, 性卽常在. 雖其方在氣中, 然氣自氣, 性自性, 亦自不相夾雜."

게 정리하고 있다. '心之德으로서의 仁'개념이 바로 그것이다.47) 仁의
의미는 두 가지다. 하나는 '愛之理로서의 仁'이고, 또 다른 하나는 '心
之德으로서의 仁'이다. 전자는 仁의 전통적 의미인 사랑(仁愛) 혹은 사
랑의 두터움(仁厚)의 뜻으로 그것은 仁義禮智의 四德 속의 협의의 仁
개념이다. 후자는 全德으로서의 광의의 仁 개념이다. 이 全德으로서의
仁은 나머지 모든 德들을 포괄하는 德으로써, 말하자면 도덕의 제일원
리이고 도덕실천의 내적 근거라 할 수 있다.48) 仁이 體가 되어 나머지
德을 이루게 하고, 四德은 구체적인 도덕상황에서 사랑(仁)의 원리를
바탕으로 하여 상황을 파악하고(智), 적절한(義) 규범(禮)을 입법한다.

  全德으로서의 仁을 터득한 사람은 도덕의 주체자가 되어 規範을 입
법하고 집행할 수 있는 능력의 소유자가 되니,49) 그가 곧 聖人이다. 그
러나 불행하게도 가장 청명하고 뚫린 氣를 받고 태어난 성인과 같은
生知之者가 아닌 한 仁을 터득해 내기가 쉽지 않은 일이다. 氣質이 性
의 표출을 가리고 있기 때문이다. 주자는 氣로 인하여 性의 표출의 어
려움을 여러 가지 구상적 이미지로 표현하고 있다. 이를테면, 性이란
재에 덮인 불씨, 흐린 물에 잠긴 구술과 같다는 식이다.50) 따라서 性의

---

47) 주자의 〈仁說〉에 대한 자세한 고찰은, 林宗鎭, 「朱子의 〈仁說〉 硏究」, 『泰
   東古典硏究』 第10輯(한림대학교 부설 태동고전연구소, 1993), 869~872쪽
   참조.
48) 『朱子大全』, 卷 67, 「仁說」. "蓋天地之心, 其德有四, 曰元亨利貞, 而元無不
   統. 其運行焉, 則爲春夏秋冬之序, 而春生之氣無所不通. 故人之爲心, 其德亦
   有四, 曰仁義禮智, 而仁無不包. 其發用焉, 則爲愛恭宜別, 而惻隱之心無所不
   貫. 故論天地之心者, 則曰乾元坤元, 則四德之體用不待悉數而足. 論人心之妙
   者, 則曰仁人心也, 則四德之體用亦不待遍擧而該."
49) 『朱子大全』, 卷 67, 「仁說」. "蓋仁之爲道, 乃天地生物之心, 卽物而在. 情之
   未發而此體已具, 情之旣發而其用不窮. 誠能體而存之, 則衆善之源, 百行之本,
   莫不在是."
50) 한형조의 논문에서 빌려왔다. 그는 『朱子語類』 4권의 분석을 통해 氣가 性
   (理)을 가려버리고 있음을 보여주는 여러 가지 구상적 이미지들에 대해
   정리하고 있다. 그것을 옮겨보면, ① 틈새에 스머드는 빛, ② 거울에 비치
   는 빛, ③ 물에 비치는 빛, ④ 그릇에 담긴 물, ⑤ 구름, 안개에 가린 해,

표출을 온전하게 하고 仁의 터득을 완성해 나가기 위해서는 혼탁한 氣質을 교정하고 순화시키는 공부나 교육이 필요한 것이라 할 수 있다. 기질의 순화 정도에 따라 점차적으로 덕성이 함양되고 본성이 회복되어 간다. 이러한 점에서 볼 때, 주자에게 있어 본연지성은 공부나 교육의 궁극적 목표를 적시하고 있고, 기질지성은 공부나 교육의 출발점이라 할 것이다.

기질지성을 교정하고 본연지성을 회복하는 길은 우선적으로 德目이나 규범을 내면화하는 것에서부터 시작되어야 한다. 이것이 格物致知 이전에 涵養·實踐되어야 한다는 〈小學교육의 단계〉이다.[51] 규범을 내면화하는 소학의 단계가 끝나고 〈大學교육의 단계〉에 오면 그동안 맹목적으로 수용해 온 규범에 대한 반성적 성찰이 이루어진다. 格物의 단계가 그것이다.[52] 格物이란 사물의 理를 궁구하는 것으로, 현대적 의미에서 도덕행위의 원리와 근거를 밝히는 것이라 할 수 있다. 이러한 반성적 성찰이 계속될 때 어느 순간에 豁然貫通하는 致知의 단계에 다다르게 된다. 이때가 全德으로서의 仁을 터득하게 됨으로써 性理와 天理가 합일하는 순간이다. 以下에서 볼 주자의 덕교육론은 이러한 관점을 체계적으로 정리한 것이다.

(2) 小學단계의 덕교육론

주자의 덕교육론의 궁극적 목적은 人倫을 밝히는(明人倫) 데에 있

달, ⑥ 재에 덮인 불씨, ⑦ 흐린 물에 잠긴 구슬, ⑧ 흐리고 맑은 차이를 보이는 물, ⑨ 물 위에 뜬 달 등이다. 한형조, 앞의 논문, 71쪽.

51) 『朱子大全』, 卷 42, 「答吳晦叔」(제9서). "蓋古人之教, 自其孩幼, 而教之以孝悌誠敬之實, 及其少長, 而博之以詩書禮樂之文, 皆所以使之卽夫一事一物之間, 各有以知其義理之所在, 而致涵養踐履之功也."

52) 『朱子大全』, 卷 42, 「答吳晦叔」(제9서). "及其十五, 成童學於大學, 則其灑掃應對之間, 禮樂射御之際, 所以涵養踐履者, 略已小成矣. 於是不離乎此, 而教之以格物以致其知焉."

다. 그리고 明人倫을 통해 달성하고자 하는 교육목표는 聖人이다. 이를
위한 단계적 교육프로그램으로 주자는 小學－大學階梯說을 설정하고
있는 것이다. 따라서 소학교육의 단계가 인륜의 기초를 다지는 데 있
다면, 대학교육의 단계는 인륜의 궁극적 원리를 밝히는 데 있다고 할
수 있다.

① 三代가 융성했을 때에 그 法이 점점 갖추어졌으니, 그러한 뒤에
   王宮과 國都로부터 閭巷에 이르기까지 學校가 있지 않은 곳이
   없어, 사람이 태어난 지 8세가 되면 王公으로부터 庶人의 子弟
   에 이르기까지 모두 小學에 들어가서 물 뿌리고 쓸며, 응하고
   대답하며, 나아가고 물러가는 예절과 禮·樂·射·御·書·數의
   글을 가르치고,

② 15세에 이르면 天子의 元子·衆子로부터 公·卿·大夫·元士의
   嫡子와 모든 백성의 俊秀한 者에 이르기까지 모두 大學에 들어
   가서 이치(理)를 궁구하고 마음을 바르게 하며 몸을 닦고 사람
   을 다스리는 道를 가르쳤으니, 이것이 학교의 가르침에 크고 작
   은 節次가 구분된 이유이다.[53]

먼저, 인륜의 기초를 다져나가기 위해 설정된 小學[54]敎育의 단계는,

---

53) 『大學』, 「大學章句序」, "三代之隆, 其法寖備, 然後王宮國都以及閭巷, 莫不有
   學. 人生八歲, 則自王公以下, 至於庶人之子弟, 皆入小學, 而敎之以灑掃應對
   進退之節, 禮樂射御書數之文. 及其十有五年, 則自天子之元子衆子, 以至公卿
   大夫元士之適(嫡)子, 與凡民之俊秀, 皆入大學. 而敎之以窮理正心修己治人之
   道, 此又學校之敎, 大小之節, 所以分也." 비슷한 내용이 語類에서도 보인다.
   『朱子語類』, 卷 7, 「小學」. "古者初年入小學, 只是敎之以事, 如禮樂射御書數
   及孝弟忠信之事. 自十六七入大學然後, 敎之以理, 如致知格物及所以爲忠信孝
   弟者. 小學是直理會那事, 大學是窮究那理因甚恁地. 小學者學其事, 大學者學
   其小學所學之事之所以. 小學是事, 如事君事父事兄處友等事, 只是敎他依此規
   矩去, 大學是發明此事之理."

54) 여기서 우선적으로 지적해 두어야 할 것은 '小學'이 갖는 의미의 다양성에
   대한 것이다. 朴連鎬에 의하면, 이 小學이란 말은 네 가지 의미가 있고, 어

미성숙한 개인이 사회의 문화적 전통에 처음 입문하게 되는 단계로써, 윤리적 행위규범의 실천을 위한 교육(敎之以事)을 통하여 개인의 도덕적 품성을 함양하는 것을 목표로 한다.

교육대상은 8세부터 15~17세까지의 유소년들이다. 1187년(淳熙 14)에 주자의 주관 아래 편찬된 『小學』은 바로 이들을 대상으로 하여 만들어진 책이다. 여기서 주자가 생각한 교육은 사회의 최저층에 자리한 유소년들에게 폭넓은 기초교육을 실시한다는 것이었다. 그러나 『小學』을 통한 교육의 대상이 반드시 유소년들에게만 있었던 것이 아니라는 사실에 유의하여야 한다. '學不躐等'의 원칙이 그것을 알려준다. '학불엽 등'이란 "배울 때는 공부의 차례를 뛰어넘지 않는다"는 원칙이다.[55] 주자에 의하면, 옛날에는 小學의 敎法이 있어 나이에 맞게 교육을 받을 수가 있었다. 그런데 그 교법이 끊어진 지 오래되어 이제는 사람들

느 것이나 大學이란 말과 쌍을 이뤄서 사용되어 왔다고 한다. 첫째 의미는, 중국 古代에 존재했다는 學校를 가리킨다. 그 문헌적 근거는 『禮記』의 王制篇이며, 夏·殷·周의 세 고대 왕조가 각각 학교를 설립했고 일찍이 孟子가 주장한 이래 전근대시기의 중국학자들은 고대에 小學·大學이라 부를 수 있는 두 종류의 學校가 존재했었다는 점에 의심을 보내지 않는다. 小學의 두 번째 의미는, 바로 위의 학교에서 가르치고 배웠다는 內容을 가리킨다. 셋째 의미는, 漢字의 形象·訓詁·音韻 등을 연구하는 文字學을 가리키는데, 이 용법은 漢代에 이르러 성립하였다. 예컨대 『漢書』 藝文志의 '小學十家'에 수록된 책들은 다 훈고서들이라 한다. 小學의 넷째 의미는, 朱子의 助言을 받아 劉淸之가 편찬한 『小學』이라는 책을 가리킨다. 朴連鎬, 「조선시대 禮敎에서 『小學』과 『家禮』의 위치」, 한국정신문화연구원 연구과제 중간보고용 발표자료(1999년 7월 20일), 4쪽. 이상의 네 가지 의미 중에서 일단 이 소절에서 小學은 첫째와 둘째의 의미, 즉 學校를 지칭하고 그 학교에서 배우는 內容을 의미하는 것으로 이해해야 한다. 따라서 小學교육에서는 일상생활의 현실적 규범(孝悌忠信)의 내면화와 그것을 실천하는 구체적인 방법(事)을 배우는 교육의 단계라 하겠다. 그리고 뒤에서 보겠지만, 소학교육단계에서의 핵심교과가 『小學』인 것은 사실이나 반드시 그것이 소학단계의 교과만은 아니다. 주자는 대학교육의 단계에서도 『小學』공부의 중요성을 이야기하고 있기 때문이다. 뒤따르는 논의 참조.
55) 『小學』, 「總論」, "不如此, 則是躐等, 終不得成也."

대부분이 小學공부를 제대로 하지 못하고 나이를 넘긴 경우가 많다는 것이다. 이 경우 나이에 상관없이 소학공부를 해야 한다는 것이 주자의 생각이다.56)

주자는 學不躐等의 원칙을 어겨 바로 大學공부를 하게 되면 순서를 잃게 되어 '扞格不勝之患'(거슬려 감당하지 못하는 근심)57)이 생겨나고 根本이 안서 종국에는 道에 이르지 못할 것이라고 경고한다. 그러나 한편, 나이 들어 뒤늦게 소학공부를 하는 것도 또 다른 '扞格不勝之患'이 생겨날 수 있다. 전자가 순서를 잃음으로 인한 대학공부의 어려움에서 비롯되는 근심이라면, 후자는 오히려 나이 들어 소학공부의 쉬움과 따분함에서 오는 근심일 것이다. 그래서 주자는 공부의 절차와 조목은 보완이 가능하다고 보고, 일찍이 程頤가 말한 敬을 견지함으로써 소학공부의 결여를 보충하면서 동시에 대학공부도 할 수 있다고 하고 있다.

한편, 교육의 대상은 당시 현실적으로 제도교육에 접근하기 어려웠던 일반백성들도 포함된다고 할 수 있다. 소학교육의 대상으로 庶人의 子弟까지 포함하고 있음은 이미 본 바와 같다. 나이를 넘어선 사람 중에 소학공부를 하지 않은 사람은 사대부들도 많았겠지만, 일반백성들이 훨씬 더 많았을 것이다. 사대부들은 소학공부의 缺失을 대학공부에서 보완하면 되겠지만, 일반백성은 그것이 더욱 어려웠을 것이고 따라서 그들은 나이가 들어서도 계속 교화의 대상으로 남아 있어야 했던 것이 아닌가 생각한다.

소학교육 단계의 교육과정에서는, 일상생활의 일을 처리하는 방법(灑掃・應對・進退之節)과 실용적 지식이 포함된 기본 교양으로서 六

---

56) 『小學』, 「總論」. "古人於小學, 自能言便有教, 一歲有一歲工夫, 至二十來歲, 聖賢資質, 已自有三分了, 大學, 只出治光彩. 而今都蹉過了, 不能更轉去做, 只據而今地頭, 便箚住立定脚跟做去. 如三十歲覺悟, 便從三十歲立定脚跟做去, 便年八九十歲覺悟, 亦當據現在箚住做去."

57) 『小學』, 「小學書題」. "而必使其講而習之於幼穉之時, 欲其習而智長, 化與心成, 而無扞格不勝之患也."

藝(禮·樂·射·御·書·數)를 배운다. 그리고 도덕교육과 관련해서는 孝·悌·忠·信의 덕목과 愛親·敬長·隆師·親友의 道를 배운다. 이러한 교육과정은 모두 일상생활의 실천적 행위(事)를 위한 현실적 도덕규범이라 할 수 있다. 소학교육 단계의 가장 기본적인 교재는 역시 『小學』이다.58) 『小學』은 內篇과 外篇으로 구성되어 있는데, 내편에서는 유교경전에서 인용한 기본적인 원칙들을 기술하고 있으며, 외편에서는 역대 史書와 문학작품들에서 가려 뽑은 구체적인 예들을 제시하고 있다. 내편은 '가르침을 세움'(立敎), '바람직한 인간관계를 밝힘'(明倫), '몸가짐을 경건하게 추스름'(敬身)이라는 세 부분으로 나뉘어 있다.59)

현실 규범의 내면화를 목표로 하는 소학단계의 교육에서 주자가 중요시했던 교수방법은 첫째 실천 위주의 교육, 둘째 모범을 통한 교육, 셋째 교육적 환경 중시 등이라고 생각하여 진다.

우선, 소학단계의 교육내용들은 실천을 통해서 진리가 확인되는 것들이라 할 수 있다. 주자는 立志를 하기 이전에 소학에서의 함양·성취에 의해 근본을 세울 수 있으며, 이러한 공부가 없이 사려와 지식으로써만 道를 구하려고 하는 것은 설사 깨달음을 얻는다 하더라도 실천과는 유리된 공허한 것이라고 하였다.60) 소학공부를 통하여 형성되는 성현의 자질은 말하자면 "습관에 의해 도야된 心性"이며, 이 습관과 함께 지혜가 함께 자라며, 기질의 변화와 더불어 인격의 완성에 이르

---

58) 주자가 소학단계의 학습을 위하여 『小學』 이전에 편찬한 책으로 그의 나이 34세 때 편찬한 『論語訓蒙口義』가 있다고 한다. 그러나 이 책은 『論語』를 이해하기 쉽게 하는 데 그 내용이 국한되어 있으므로 동몽교육의 중요한 내용을 전부 포괄할 수 없는 것이었다. 朴連鎬, 「朱子學의 根本培養說과 朝鮮前期의 〈小學〉教育」, 『淸溪史學』 2(淸溪史學會, 1985. 12), 94~95쪽 참조.

59) 『小學』의 내용에 대한 자세한 분석은 韓寬一, 「朝鮮前期 〈小學〉教育 硏究」(중앙대학교 대학원 박사논문, 1992) 참조.

60) 『性理大全』, 卷 43, 「總論爲學之方」 및 『朱子大全』, 卷 42, 「答吳晦叔」(제9서) 참조.

게 된다는 것이다(習與智長, 化與心成). 이러한 실천을 위하여 요구되는 태도가 居敬인 것이다. 敬의 태도는 도덕적으로 행동하고자 하는 意志를 함양하는 것으로써, 그것은 밖으로 구체화된 행동은 아닐지라도 마음속의 행동이라 할 수 있는 것이다.

敬이란 마음을 한 군데 집중하여 잡념을 버리는 일, 즉 主一無適과 마음을 가지런히 하고 엄숙하게 하는 것을 의미하는 整齊嚴肅인 것이다. 『小學』에서는 主一無適의 내용으로 心術之要와 飮食之節을 들고 있으며, 整齊嚴肅의 내용으로는 威儀之則과 衣服之制를 소개하고 있다.

배우는 사람이 良心과 道心을 소유하려면 항상 귀로 聖人의 道理를 듣고 마음속으로 그것을 명심하여 德行을 실천해야 한다.[61] 덕행을 실행하지 않으면, 사욕에 물들어 마음이 卑陋하게 된다. 그러므로 私慾을 극복하고 禮로 돌아가는 것이 중요하다. 몸가짐을 가지런히 하고 嚴肅히 해야만(整齊嚴肅), 마음이 한 곳에 집중된다(主一無適).[62] 이런 마음을 기르려면 禮가 아니면 보거나 듣거나 말하거나 행동하지 않는 것이다.[63] 사사로운 일에 얽매이지 않으면, 禮에 어긋나는 행위를 하지 않게 된다. 禮가 아니면 보거나 듣거나 말하거나 행동하지 않는 것은 모두 마음에서 비롯된 것으로 外面으로 표현되어야 한다. 그러므로 外面을 제어하는 것이 마음을 기르는 방법(敬身)이라고 할 수 있다.

둘째, 모범을 통한 교육이다. 『小學』의 外篇은 嘉言과 善行 두 편으로 이루어져 있는데, 前代의 傳記를 참고하고 비교적 최근에 보고들은 見聞을 모아 그중에서 교훈이 될만한 말과 모범적인 행실을 취택하여 만든 것이라고 篇頭에 쓰고 있다.[64] 이 외편을 시대별로 분류하면 宋代의 것이 嘉言은 86.6%, 善行은 38.3%를 차지하고 있으며, 다시 嘉言

---

61) 『小學』,「敬身」. "聖人之道 入乎耳, 存乎心, 蘊之爲德行, 行之爲事業, 彼以文辭而已者陋矣."

62) 『小學』,「敬身」. "只整齊嚴肅則心便一, 一則自無非僻之于."

63) 『小學』,「敬身」. "孔子曰, 非禮勿視, 非禮勿聽, 非禮勿言, 非禮勿動."

64) 『小學』,「外篇」. "歷傳記, 接見聞, 述嘉言, 紀善行, 爲小學外篇."

을 인물에 따라 집계하면 程顥·程頤 兄弟를 비롯하여 張載·司馬光·呂氏童蒙訓의 것이 절대 다수를 차지하고 있다고 한다.65) 이것은 성리학의 관점을 연 二程子를 비롯하여 北宋의 사대부들에 대한 주자의 경모를 보여주는 것이라 하겠다. 어쨌든 『小學』은 아동들이 前人들의 교훈적인 말과 모범적인 행동으로부터 자극과 격려를 받도록 배려했던 것이다.66) 또한 일반백성들에 대한 교육에 있어서도 선행을 널리 알리고 표창하는 것도 그들을 본받도록 하는 교육적 노력의 일환으로 볼 수 있을 것이다.

끝으로, 교사의 역할과 관련하여, 소학단계에서의 교사는 전통의 안내자이고 실천가이며 모범자이다. 아동이 文에 눈을 뜨도록 이끄는 교사를 '訓蒙之師'라 하였다. 교사는 아동을 文의 精華라고 할 수 있는 성현의 가르침으로 인도하는 안내자로서의 역할을 수행하였다. 이것을 위해 교사는 교육에 필요한 환경을 적극적으로 조성하게 된다. 교사가 학습을 강제하기 위해 아동에게 매를 사용하는 것도 이 때문이다.67) 주자 자신도 도서관을 건립하거나 사람들의 모범이 될만한 지방의 선현들을 모시는 祠堂을 세우기도 했으며, 오랫동안 일반인들의 생활 속에서 중시되지 않았던 의례 절차를 학생과 부하 관원들에게 가르쳤다고 한다.68)

안내자이고 모범자로서 소학단계의 교사는 그야말로 전통과 규범을 대표하는 權威의 상징이었다. 그것은 『소학』의 侍先生之禮를 통해서도 간접적으로 확인할 수 있다. 君師父는 一體이므로 임금과 선생, 그리고 부모를 한결같이 섬겨야 한다. 아버지는 날 낳으시고, 선생은 날 가르

---

65) 李樹健, 「朝鮮時代 「小學」敎育에 대하여」, 『嶺南大論文集』 제2집(대구: 영남대 출판부, 1969), 253~255쪽.

66) 박연호, 앞의 논문, 100~101쪽.

67) 최봉영, 「조선시대 儒學敎育과 '敎學'의 의미」, 『敎育史學硏究』 제8집(1998), 9쪽.

68) 드 배리 지음, 『중국의 '자유' 전통』, 표정훈 옮김(서울: 이산, 1998), 75쪽.

치시고, 임금은 먹여 주신다. 아버지가 아니면 태어나지 못하고, 먹여
주지 않으면 자라지 못하고, 가르쳐 주지 않으면 알지 못하니, 먹여 줌
과 가르쳐 줌은 낳아 줌과 같다. 그러므로 그들을 똑같이 섬기기를 죽
음에 이르도록 한다.69) 선생을 따라갈 때는 길을 건너가 남과 말하지
않으며, 길에서 선생을 만나면 종종 걸음으로 가서 바로 선 다음 두
손을 마주 잡고 인사한다. 선생이 말씀하시면 대답하고, 말씀하지 않으
시면 종종 걸음으로 물러난다.70) 선생의 冊이나 琴 앞에 있을 때는 꿇
어앉아서 옮겨 놓아 조심하여 넘어가지 않는다. 앉기를 반드시 편안히
하며, 안색을 바르게 하며, 장자가 언급하지 않으면 다른 말을 꺼내어
끼어들지 않는다. 자신의 용모를 바르게 하며, 듣기를 반드시 공손히
하며, 남의 말을 제 말로 삼지 말며, 부화뇌동하지 말고, 반드시 옛날
것을 본받아 선왕의 법도를 말해야 한다.71) 선생을 모시고 앉았을 때
에 선생이 물으시되 그 물음이 끝나면 대답하며, 학업을 청할 때에는
일어나고, 터득하지 못한 이치를 다시 물을 때는 일어나서 공경하게
묻는다.72) 이처럼 공손하게 선생을 모시는 것이 인간의 道理라고 믿었
다. 그러므로 선생은 유교적 교양을 가지고 인품이 고결한 권위의 상
징이어야 했다. 학생은 항상 부모를 섬기는 것처럼 선생을 섬겨야 하
며, 모르는 것이 있으면 질문을 통해서 익혀야 한다.73)

---

69) 『小學』, 「明倫」. "民生於三, 事之如一, 父生之, 師教之, 君食之. 非父不生,
    非食不長, 非教不知, 生之族也. 故一事之, 唯其所在則致死焉."
70) 『小學』, 「明倫」. "從於先生, 不越路而與人言, 遭先生於道, 趨而進, 正立拱手.
    先生與之言則對, 不與之言則趨而退."
71) 『小學』, 「明倫」. "先生書策琴瑟, 在前, 坐而遷之, 戒勿越. 坐必安, 執爾顔,
    長者不及, 毋儳言. 正爾容, 聽必恭, 毋勦說, 毋雷同, 必則古昔稱先王."
72) 『小學』, 「明倫」. "坐於先生, 先生問焉, 終則對, 請業則起, 請益則起."
73) 韓寬一, 「朝鮮前期의 〈小學〉教育 研究」(중앙대 대학원 박사논문, 1992), 81쪽.

(3) 대학단계의 덕교육론

小學敎育의 단계가 미성숙한 개인이 사회의 문화적 전통에 처음 입문하게 되는 단계로써 윤리적 행위규범의 실천을 위한 교육(敎之以事)을 통하여 개인의 도덕적 품성을 함양하는 것을 목표로 하고 있다면, 大學敎育의 단계는 이들 도덕규범의 이론적 근거를 탐색(窮理)하는 교육(敎之以理)을 주로 하여 인륜의 궁극적 원리, 즉 全德인 仁을 터득케 하는 것을 목표로 하고 있다.

소학교육의 단계를 마친 15~17세의 사람들은 대학교육의 단계로 나아가게 된다. 주자는 대학의 입학대상을 人君의 태자와 왕자, 공경대부와 선비들이라 하였다. 그리고 당시 사회제도상 현실적으로 얼마나 가능했을지는 모르나 일반백성의 준수한 자제들까지 대학입학의 대상자로 포함시키고 있음도 보았다.

그러나 반드시 소학교육의 단계를 마친 자들만이 대학교육 단계의 공부를 하는 것은 아니다. 앞에서 보았듯이, 옛날에는 小學의 敎法이 있어 나이에 맞게 교육을 받을 수가 있었으나, 이제는 그 교법이 끊어짐으로 인해 많은 사람들이 소학공부를 하지 못하고 나이를 넘긴 사람들이 많기 때문이다. 그러나 '學不躐等'의 원칙에 의해 대학공부로 나아가기 위해서는 나이가 들더라도 반드시 소학공부를 해야 한다. 따라서 결국 소학공부를 못하고 나이가 든 자들은 소학공부와 대학공부를 동시에 겸해야 하는 것이다. 그러나 나이가 들어 소학공부를 하려 할 때 '扞格不勝之患'이 생길 우려가 있다. 이 '거슬려 감당하지 못하는 근심'을 없애면서 소학공부의 결핍을 보완해 주는 방법으로 주자는 居敬공부를 들고 있다. 敬은 '마음의 主宰'이며 모든 인간적인 노력의 바탕이 되는 뿌리이다. 敬에 의해 小學에서 본원을 함양할 수 있으므로 聖學의 시초를 가능하게 하며, 大學에서 격물궁리를 통하여 알게 된 것을 敬이 아니면 지킬 수 없기 때문에 聖學의 결실을 가능하게 해준다.

결국 居敬은 소학공부에서나 대학공부에서나 지켜야 할 공부방법의 원리와도 같은 것이라 할 수 있다.

'學不獵等'의 원칙에 의해 소학공부를 못한 사람은 대학공부에서 그것을 먼저 보충해야 한다는 주자의 견해에서 볼 때, 『小學』은 반드시 소학단계에서만의 교과는 아님을 알 수 있다. 나이가 들어 소학공부를 하려 할 때 생길 우려가 있는 '扞格不勝之患'을 없애면서 소학공부의 결핍을 보완해 주는 방법으로 居敬공부를 들고 있는 것으로 보아, 나이가 들어 하는 『小學』공부는 책 속의 일용규범들을 공부하라는 것이기보다는 그런 것을 실천하려는 의지, 마음공부로서의 居敬의 자세를 공부하라는 것으로 볼 수 있다. 결국 『소학』은 교육대상에 따라 달리 읽힐 수 있는 것으로 볼 수 있다. 즉 소학교육에서는 일상규범을 내면화하는 교화서로, 대학교육에서는 마음의 근본을 배양하는 居敬의 수신서로 볼 수 있다. 뒤에서 보겠지만 조선시대 유자들이 사대부들 자신은 물론 군왕에게까지도 『소학』공부를 강조하는 것은 이러한 맥락에서 이해해야 할 것이다. 어쨌든 이러한 『소학』공부가 끝나면 본격적인 대학단계의 공부에 입문하게 된다.

大學敎育 단계의 교육과정은 도덕규범의 이론적 근거를 탐색(窮理)하여 인륜의 궁극적 원리, 즉 全德(仁)을 터득할 수 있도록 하는 것들로 구성된다. 주자가 1179년(淳熙 6)에 쓴 「白鹿洞書院揭示」는 대학단계의 교육이 어떠해야 하는가를 잘 알려수는 글이라고 생각한다.

부모와 자식 사이의 애정(親), 임금과 신하 사이의 의로움(義), 남편과 아내 사이의 마땅한 구별(別), 연장자와 연소자 사이의 위계 서열(序), 친구 사이의 신뢰(信). 이 다섯 가지 항목은 상고시대의 聖王 堯와 舜이 司徒인 契에게 선포하도록 엄숙하게 명령한 사항들이다. 학문을 하고자 하는 이들이 진정 배워야 할 것은 바로 이 다섯 가지 가르침뿐이니, 이런 배움의 바람직한 절차에는 다음과 같은 다섯 가지 항목이 있다. "넓게 배우고(博學), 절실하게 묻

고(審問), 신중하게 사색하고(愼思), 밝게 분별하고(明辨), 독실하
게 실천한다(篤行)." 이상이 학문을 하는 올바른 순서이니, 배우고,
묻고, 사색하고, 분별하는 것이 참된 이치(理)를 철저하게 파고드
는 올바른 방법인 것이다.74)

여기서도 小學에서와 마찬가지로 배움의 시작과 끝은 明人倫이라 하
고 있다. 그러나 이러한 下學공부에 머물러 上達공부가 무시된다면 일
상에서 인간의 도덕적 실천은 맹목으로 흐르기 쉽다. 따라서 이제부터
는 人倫을 배우되 그것의 이치(理)를 철저하게 파고들어야 한다는 것
이다. 그리고 이치를 철저하게 파고들려면 넓게 배우고, 절실하게 묻고,
신중하게 사색하고, 밝게 분별하고, 독실하게 실천해야 하는 것이다.
'넓게 배우라'는 것이 교육과정의 윤곽을 알려주는 것이라면, 이하는
그 교육과정에 접근하는 공부방법을 의미하는 것이 될 것이다.
  '폭넓은 배움'의 커리큘럼이 무엇인지 주자는 그의 또 다른 글인 「學校
貢擧私議」에서 알려주고 있다. 여기에 따르면, 주자의 커리큘럼에는 경서
로서는 『易經』, 『書經』, 『詩經』 이외에 『周禮』, 『儀禮』, 『大戴禮』, 『小戴禮』,
『春秋』三傳(公羊傳・穀梁傳・左傳), 『大學』, 『論語』, 『中庸』, 『孟子』 등이
포함되어 있다. 유교 경서 외에도 주자는 송대의 주요한 사상가들의 저작
을 중시했고, 荀子, 揚雄, 王充, 韓非子, 老子, 莊子 등과 같이 유학자들에
의해 이단시되던 사상가들의 저작들까지도 포함시켰다. 또한 주자는 당
대의 문제들을 이해하기 위해서는 역사서들을 읽는 것이 필요하다고 역
설하였다. 이에 따라 그는 『春秋左傳』, 『國語』, 『史記』, 『漢書』, 『後漢書』,
『三國志』, 『新・舊唐書』, 『五代史』, 『資治通鑑』 등을 커리큘럼에 포함시
켰다. 이 밖에도 제도나 지리 등의 실용학문을 배울 수 있는 책으로, 杜佑

---

74) 『朱子大全』, 卷 74, 「白鹿洞書院揭示」. "父子有親, 君臣有義, 夫婦有別, 長
幼有序, 朋友有信. 右五敎之目. 堯舜使契爲司徒, 敷五敎, 卽此是也. 學者學
此易已. 而其所以學之序, 亦有五焉. 其別如左. 博學之, 審問之, 愼思之, 明
辨之, 篤行之. 右爲學之序. 學問思辨思者所以窮理也."

가 쓴 『通典』과 같은 백과전서류의 책도 추가하였다.[75]

이상의 커리큘럼으로서의 문헌목록을 볼 때, 주자가 얼마나 '폭넓은 배움'을 강조했는지 짐작이 간다. 그러나 이상의 문헌들을 완전하게 익힌 학자들은 결코 많지 않았을 것이다. 주자 자신도 이 문헌들을 한꺼번에 전부 익히기는 도저히 불가능하다는 것을 인정하고, 3년을 한 단위로 차례차례 연구해야 한다고 말하고 있다. 그가 보기에는 배움의 대상에서 제외되는 문헌이란 원칙적으로 없었다. 주자는 "士大夫가 익히지 않아야 하는 경서란 있을 수 없다. 사대부가 연구하지 않아야 하는 역사서란 있을 수 없다. 그런 책들 가운데 작금의 시대에 적용되지 못할 것은 하나도 없다."[76]고 말하고 있다. 그러나 주자가 이렇게 말하는 의도는 이상의 문헌들을 완전히 숙독해야 한다는 데 있다고 보이지 않는다. 그것은 오히려 현금의 문제를 해결하기 위한 참고도서가 아닐까 한다. 왜냐하면 폭넓은 독서를 하는 근본적인 목적은 어디까지나 인륜의 원리(理)를 터득케 하는 데 있었기 때문이다. 이러한 관점이 옳다면, 이상의 모든 문헌목록은 理의 터득을 위한 참고자료이고 토론자료일 뿐이다. 그러기에 주자는 이상의 교육과정에 접근하기 위한 개론적, 방법론적 절차는 물론이고 학문의 궁극적 지향처를 알리기 위해 스스로 편한 『近思錄』과 『大學』을 어느 책보다도 중요하게 여겼던 것이다.

우선, 『대학』은 궁극적으로 학문연구의 목적이 어디 있는가를 제시해 주고 있는 책이다. 『대학』의 내용은 '三綱領'과 '八條目'으로 요약할 수 있는데, '3강령'은 학문의 궁극적 지향처를, '8조목'은 그것을 달성하는 구체적인 방법론적 원리를 담고 있다고 할 수 있다. 학문의 궁극적 지향처로서 3강령이란, 말할 것도 없이 "밝은 덕을 밝혀(明明德), 백성

---

75) 『朱子大全』, 卷 69, 「學校貢擧私議」. 드 배리 지음, 표정훈 옮김, 앞의 책, 89쪽.

76) 『朱子大全』, 卷 69, 「學校貢擧私議」. "則士無不通之經, 無不習之史, 皆可爲當世之用矣."

을 새롭게 하고(新民), 궁극적으로 지극한 선에 이른다(至於至善)"는 것이다. 그리고 그것을 달성하는 방법론적 원리로서 8조목이란, "사물의 이치가 이른 뒤에 앎이 지극해지고(格物而后知至), 앎이 지극해진 뒤에 뜻이 성실해지고(知至而后意誠), 뜻이 성실해진 뒤에 마음이 바루어지고(意誠而后心正), 마음이 바루어진 뒤에 몸이 닦아지고(心正而后身修), 몸이 닦아진 뒤에 집안이 가지런해지고(身修而后家齊), 집이 가지런한 뒤에 나라가 다스려지고(家齊而后國治), 나라가 다스려진 뒤에 천하가 태평해진다(國治而后天下平)."는 것을 말한다. 여기서 格物·致知·誠意·正心·修身은 개인의 덕을 밝히는 明明德의 방법적 원리라고 한다면, 齊家·治國·平天下는 新民과 止於至善의 방법적 원리라고 할 것이다. 결국 『대학』이 담고 있는 학문의 궁극적 지향처는 修己治人의 行道에 있다고 할 수 있다.

『근사록』은 이른바 북송의 道統을 밝힌 周子(주렴계), 二程子(정이·정호), 張子(장횡거)의 말을 채록한 것으로, 성리학을 배우는 초학자를 위하여 주자가 그의 동료인 呂祖謙과 함께 펴낸 것이다. 주자가 "수신의 대법은 『소학』에 있고, 의리의 정밀하고 미묘함은 『근사록』에 있다."[77]고 할 정도로, 『근사록』은 性理學에 들어서는 개론서인 것이다. 『근사록』의 '近思'는 『論語』에서 빌려온 것이다. 『논어』의 자장 편에 보면, "널리 배우되 뜻을 독실히 하고(博學而篤志) 간절히 묻되 가까운 것부터 생각하면(切問而近思) 仁은 저절로 그 가운데 있다."는 구절이 나온다. 이에 대해 주자는 "박학·독지·절문·근사의 四者는, 즉 學·問·思·辨에 관한 일이다. 이 四者에 종사한다면 마음이 밖으로 달려 나가지 않고, 내 손에 있는 바가 저절로 성숙해질 것이다. 때문에 仁이 그 가운데에 있다고 한 것"이라고 註를 달고 있다.[78] 이처

---

77) 『小學』, 「總論」. "修身大法, 小學書備矣, 義理精微, 近思錄詳之."
78) 『論語集註』, 「子張篇」. "子夏曰, 博學而篤志, 切問而近思, 仁在其中矣." 이에 대한 주자의 註: "四者, 皆學問思辨之事耳, 未及乎力行而爲仁也. 然從事

럼 『근사록』은 학문에 들어서는 기초적 방법을 알리고 있다.

事物에 대한 格物과 學·問·思·辨은 사물의 理를 궁구하는 방법적 원리와 절차이다. 理를 궁구하는 것은 궁극적으로 致知에 이르는 데 있다. 치지에 이르렀을 때 비로소 全德인 仁을 터득하게 된다. 치지에 이르러 仁을 터득하게 되는 데는 많은 사물의 理를 궁구하는 과정 중에 '豁然貫通'하는 시점이 있어야만 가능하다. 그런데 이 '활연관통'하는 것은 전적으로 理를 궁구하는 개인 자신에게 달려 있는 것이라 볼 수 있다. 따라서 궁극적인 仁을 터득하게 하는 데 있어서 내가 아닌 남이나 교육의 역할은 미약할 수밖에 없다. 仁은 개인이 터득한 도덕에 관한 내적 안목이다. 활연관통은 일종의 내적 안목의 비약적 성숙이라 볼 수 있다. 그러기에 공자나 맹자도 仁의 교육은 직접적이기보다는 간접적인 방법에 의할 수밖에 없다고 보았다. 주자도 이러한 孔孟의 관점을 이어받고 있다고 할 수 있다. 우선, 道의 터득에 대한 스스로 얻음, 즉 '自得'을 강조함이 그것이다.

넓게 배운(博學) 뒤에 비로소 자기 자신 앞에 나타나 있는 모든 사물의 이치(理)를 파악할 수 있다. 이에 따라 그렇게 체득한 이치(理)를 자세히 살피고 궁리할 수 있으며, 의문을 해결하기 위해 그것을 비교·검토할 수도 있게 된다. 어떤 사람이 절실하고 주의깊게 사물을 탐구할 때, 그의 스승과 동료들은 성의를 다해 그와 협력하며 서로 도움을 주고받아야 한다. 그 결과 그는 비로소 진정으로 사색하기 시작할 것이다. 이렇게 신중하게 사색하면, 이제 그의 생각에서 불순한 것들이 사라져 생각이 맑고 세련되게 될 것이다. 그래야만 스스로 얻을 수 있는 그 무엇이 자기 안에 있게(有所自得) 되는 것이다. 그는 이제 자신이 스스로 얻은 것들을 밝고 명료하게 분별(明辨)할 수 있게 된다. 명료하게 분별되면, 잘못이 없는 판단을 내릴 수 있게 된다. 그리하여 이제 그는 모든 의혹을 떨쳐

於此, 則心不外馳, 而所存自熟. 故仁在其中矣."

버리고 의연히 자신의 생각을 행동으로 옮길 수 있게 된다. 독실하
게 실천하면, 배우고, 탐구하고, 사색하고, 분별함으로써 그가 얻은
모든 것들이 구체적인 형태로 현실 속에서 펼쳐질 것이다. 그것들
은 이제 더 이상 공허한 말로 남아 있는 일이 없다.[79]

인용은 學·問·思·辨을 통해서 自得의 경지로 가는 과정과 그 결
과를 표현하고 있다. 널리 배우는 목적은 이치(理)를 궁구하기 위한
것이다. 이 배움의 과정에서 스승과 동료들이 서로 도움을 주고받는
것이 중요하다. 이러한 과정을 통해서 개인은 스스로 이치를 自得해
나갈 수 있다. 自得하게 되면 도덕적 상황에 대한 스스로의 진단과 행
위 결정을 할 수 있고 의연하게 실천적 행동으로 옮길 수 있다.

활연관통과 仁의 터득이 궁극적으로 自得에 의할 수밖에 없기에, 교
육의 역할은 간접적일 수밖에 없다. 교사가 그것을 강요한다 해서 될
성격의 것이 아니다. 교육과 교사의 역할은 어디까지나 理의 궁구를
촉구하고 여러 가지 방법과 자료를 제공하는 정도에 그칠 수밖에 없
다. 교사의 역할은 수업의 동료이고 보조자이다. 즉, 대학의 단계에서
교육은 스승과 제자가 더불어 노닐며 공부하는 형태로 가르치고 배우
게 된다. 이때부터 교사는 학생들을 이끄는 것이 아니라 함께 나아가
는 사람으로서 가르치며 동시에 배우는 '敎學相長'의 위치에 있게 된다.
이러한 스승을 '傳道之師'라고 말한다.[80] 다음으로, 교수기법상으로도
자발성에 입각한 계발식 교육, 개성을 존중하는 개별화 교수－학습, 토
론식 수업 등이 강조된다. 주자도 「백록동서원게시」에서 이러한 점을
강조하고 있다.

---

79) 『中庸或問』. "學之博然後備事物之理, 故能參伍之以得所疑而有問, 問之審然
後以盡師友之情, 故能反復之以發其端而可思. 思之謹, 則精而不雜, 故能有所
自得而可以施其辨, 辨之明, 則斷而不差, 故能無所疑惑而可以見於行. 行之篤,
則凡所學問思辨而得之者, 又皆必踐其實而不爲空言矣."

80) 최봉영, 「조선시대 儒學敎育과 '敎學'의 의미」, 앞의 논문, 10쪽.

　　내가 보건대, 옛 성현들께서 사람들에게 학문을 하라고 가르치신 것에는 다만 한 가지 뜻이 있었던 것이니, 사람들이 토론과 학습을 통해 도덕원리의 의미를 이해함으로써 각자 자기 수양을 도모하고, 그런 이후에 그 결과가 타인들에게까지 미쳐야 한다고 생각하신 것이다. 성현들께서는 사람들이 다만 명성이나 관직을 획득하기 위한 수단으로 經書를 암기하고 詩文을 짓기를 바라지 않으셨던 것이다. 그런데 오늘날 학문을 한다는 사람들은 그런 성현들의 뜻을 너무도 분명하게 거스르고 있다. (중략) 만일 참된 道理를 추구하는 절실함을 깨닫고, 그런 추구에 전력을 기울여야 할 책임이 자기 자신에게 있다는 것을 인정한다면, 사람이 마땅히 따라야 할 규범과 禁令을 타인이 나에게 부과해 주기를 기다릴 필요가 전혀 없다. 근래에 학교에서는 배움과 관련한 여러 규칙이 제정되고 있으며, 이에 따라 학생들은 피상적이고 얕은 교육을 받고 있기가 일쑤인데, 그런 금령과 규칙을 통해 가르치는 따위의 방식은 옛 사람들의 방식과 어긋난다.[81]

　　인용에서 보듯이, 주자는 교육의 자발성을 매우 강조하고 있다. 그리고 교육하는 교수기법상의 방법은 사람과 사람 사이의 대화와 토론이라는 것이다. 즉 학문은 논의를 통해 진전되거니와, 그것도 학생들이 묻고 교사가 그에 답하는 일방적인 문답형식이 아니라, 학생들 상호간의 철저한 토론형식으로 이루어져야 한다는 것이다. 엄밀하고 진지한 지적 탐구와 올바른 판단은, 공평한 입장에서 서로 의견을 주고받음으로써 온전히 이루어진다. 그 결과 학생들은 자신의 정신을 스스로 다잡고, 각자의 생각과 행동에 대해 개인적인 책임을 지는 자세를 지니게 되는 것이다.

---

81) 『朱子大全』, 卷 74, 「白鹿洞書院揭示」, "熹竊觀古昔聖賢所以敎人爲學之意, 莫非使之講明義理, 以修其身, 然後推以及人. 非徒欲其務記覽, 爲詞章, 以釣聲名取利祿而已也. 今人之爲學者, 則旣反是矣. (中略) 苟知其理之當然而責其身以必然, 則不規矩禁防之具, 豈待他人設之而後有所持循哉! 近世於學有規, 其待學者爲已淺矣, 而其爲法, 又未必古人之意也."

이와 같은 원리가 군주의 교육에서도 적용되었다.[82] 군주교육은 다른 사람들과의 대화와 토론 속에서 자기 스스로를 교육시킨다는 성격을 지니고 있었다. 이른바 講學과 經筵이 그것이다. 효종 황제에게 올린 긴 상주문에서 주자는 황제의 첫 번째 요건이 바로 講學이라고 지적한다. "천하의 모든 일들이 황제 폐하 한 분에 뿌리를 두고 있으며, 황제 폐하 한 분의 몸을 다스리심은 바로 폐하의 마음에 뿌리를 두고 있습니다. 만일 군주의 마음이 올바르다면 천하의 모든 일들이 올바르게 돌아갈 것입니다."[83] 이렇게 되기 위해서는 황제가 어떤 결정을 내리기 전에 모든 문제와 쟁점 사안들에 관해 철저히 토론하여, 사안과 문제들이 내포하고 있는 선과 악의 경향성들을 분명하게 밝히는 것보다 더 좋은 방법이 없다는 것이다. 바로 經筵은 신료인 경연관이 황제를 대상으로 講學하고 함께 토론을 하는 마당이었다.

2. 도학적 덕교육의 이론적·실천적 과제

1) '道學'의 개념과 도학적 덕교육

이상에서 보았듯이, 孔孟思想에 연원을 둔 주자학은 인간의 도덕질서뿐만 아니라 우주질서까지도 윤리적으로 해석하려는 고도의 도덕형이상학적 체계를 갖춘 실천철학이다. 그래서 주자학을 '性命理學'이라 하거니와, 이것은 우주론과 존재론에서 심성론과 수양론으로 이어지는 고도의 도덕형이상학적 측면을 부각시켜 지칭한 것이라 할 수 있다. 또한 유학은 전통적으로 '修己治人之學'이라고도 하는 데,[84] 이것은 먼

---

82) 드 배리 지음, 표정훈 옮김, 앞의 책, 85~86쪽.

83) 『朱子大全』, 卷 12, 「乙酉擬上封事」. "臣聞天下之事, 其本在於一人, 而一人之身, 其主在於一心. 故人主之心一正, 則天下之事無有不正."

84) 修己治人이란 용어의 출처는, 본래 孔子가 "修己而安百姓"이라 하였고, 『中

저 개인의 도덕적 품성과 지도자적 자질을 함양하여, 이를 바탕으로
사회에 나아가서는 백성들을 잘 다스리고 교화한다는 것으로, 유학의
실천지향적 측면을 부각시켜 지칭한 것이라 할 수 있다. 이처럼 고도
의 도덕형이상학적 체계를 갖춘 실천철학이라는 점에서 주자학을 '道
學'이라고도 별칭한다. 그러나 이 점에 대해서는 부연설명이 필요하리
라 본다.

먼저, 주자 자신이 道學이라는 명칭을 사용한 적은 없는 것 같다.85)
다만 주자는 堯舜 이후에 면면히 계승되어 오던 '道統'이 孟子 이후로
끊어져 버렸음을 애석해 하고 있다.86) 그러나 다행스럽게도 옛 聖賢들
의 책은 남아 있어, 거의 천여 년이라는 세월을 뛰어 넘었지만 비로소
宋代에 와서 程顥·程頤 두 선생이 나와 잊혀진 道를 되살리기 시작하
였고, 주자 자신도 또한 여기에 동참하려는 것이 학문연구의 주된 목
적이라는 것이다.87) 사실 道統論의 관점에서 道學의 의미를 주자에 앞
서 주장했던 사람은 唐代의 유학자인 韓愈(768~824)다. 그는 맹자에
이르러 道統이 끊어졌는데, 자신이야말로 유일하게 유가의 전통을 이
어받고 있다고 자처하였다. 그러면서 그는 도교·불교 등 이단의 학설
을 배척하고 孔孟儒學의 회복을 강력하게 주장하고 있다.88) 어쩌면 주

庸』에서는 "成己成物"이라 했으며, 『大學』에서는 "修齊而治平"이라 하다가,
주자가 비로소 "功於修己治人之實也"라 한 데서 비롯된 것이다. 李乙浩, "茶
山實學의 洙泗學的 構造", 『實學思想의 探究』(서울: 玄岩社, 1974), 282~284
쪽 참조.
85) 「大學章句」에서 "如切如磋者, 道學也."라고 해서 道學이란 표현이 보이지
만, 이것은 학문적 분류를 의미하지 않고 '학문을 말한다'는 뜻이다. 鄭炳
連, 「靜庵의 道學倡明과 至治의 理念」, 『儒敎思想硏究』 제2집(儒敎學會,
1987), 203쪽 및 206쪽.
86) 『中庸』, 「中庸章句序」. "中庸何爲而作也, 子思子憂道學之失其傳而作也, 蓋
自上古聖神繼天立極, 而道統之傳有自來矣."
87) 『中庸』, 「中庸章句序」 참조.
88) 『韓昌黎集』, 「元道論」: 미우라 도우사꾸 지음, 강봉수 외 옮김, 『중국윤리
사상사』(서울: 원미사, 1997), 372쪽.

자는 이러한 한유의 문제의식을 이어받았다고 할 수 있을 것이다.

　道學이라는 명칭이 학문적 계열로 정착된 것은 宋代인 것 같다.[89] 중국의 正史로서 二十五史 가운데 하나인 『宋史』의 列傳에서는 송대 유학자들의 간략한 전기를 소개하면서, 「道學傳」(권 427~430)과 「儒林傳」(권 431~438)이라는 두 개의 영역으로 분류하고 있다. 바로 이 점에서 '도학'이 독특한 학풍의 명칭인 것을 확인할 수 있다.[90] 「道學傳」에 의하면, 도학이란 五帝와 三王의 聖人으로부터 시작되고 孔子・曾子・子思・孟子를 경유하여 宋代의 濂洛關閩[91]에 이르기까지 聖賢들이 理念으로 삼았던 道에 관한 학문이라 하고 있다.[92] 그러나 여기서

──────────

89) 黃公偉는 道學의 發生由來에 대해 다음과 같이 말하고 있다. 첫째, 唐宋代에는 三敎가 竝行되었는데 儒者는 『大學』과 『中庸』의 원시적 性命道德說을 계승하여 心性의 大用을 말하였고, 佛道는 각기 그 趣旨에 근본하여 자연을 말하였다. 때문에 이른바 儒學과 道學이 두 갈래로 나누어졌다. 둘째, 道學이라는 명칭은 마침내 宋代에 출현하였는데 南宋의 葉適은 「小人이 忠良한 사람을 해치려고 할 때 대개 指目하는 것이 있는데, 근래 道學이라는 이름을 창도한 것은 陳丙이 주창하였고 陳賈가 호응하였다」고 말하였다. 셋째, 따라서 원나라 사람 托克托이 『宋史』를 撰할 때 「儒林傳」과 「道學傳」을 나누었다. 넷째, 청나라의 江藩도 「宋儒가 道統을 말하기 시작하여 二程의 心法이 공맹에 직접 접속된다」고 말하였다. 이로부터 心性과 事功이 둘로 나뉘어 儒林과 道學이 확연히 두 길로 나뉘었다. 다섯째, 그러나 이는 儒家의 正統學說을 계승하는 쪽은 儒學이며 老佛이 섞여 있는 쪽은 道學이 되는 類派의 不同을 설명한 데 지나지 않는다. 黃公偉, 『宋明淸理學體系論史』, 정병련, 앞의 논문, 202~203쪽에서 재인용.

90) 금장태, 「道學의 체계」, 『한국유학의 탐구』(서울대학교 출판부, 1999), 44쪽. 그리고 『宋史』, 「道學傳」의 서문에는 '三代에는 政敎・仕官・講習 百姓 日用이 모르는 사이에 모두 道로 말미암았기 때문에 특별히 道學이라고 붙일 필요가 없었고, 그 명칭이 없었다'고 하여 道學의 명칭이 송대에 와서 비롯되었음을 간접적으로 알려주고 있다. 정병련, 앞의 논문, 24쪽.

91) 「道學傳」 속에는 우리가 흔히 '宋朝 6賢'이라 일컫는 周敦頤・程顥・程頤・張載・邵雍・朱熹와, 程子・朱子의 문인들을 포함하여 24명을 수록하고 있다. 금장태, 앞의 논문, 44쪽; 정병련, 앞의 논문, 200쪽 참조.

92) 道學의 명칭과 발생 유래에 대한 간략하면서도 세심한 고찰은 鄭炳連의 위 논문, 200~207쪽을 참조. 정병련은 그 고찰을 토대로 道學을 다음과 같이 규정하고 있다. ① 道學은 五三聖人의 道이다. ② 道統은 계속 이어

도 道統에 대해서 말하고 있을 뿐, 정작 성현들이 이념으로 삼았던 道
에 대한 학문이 무엇인지에 대해서는 구체적이지 못하다.

그렇다면 여기서 孟子 이후로 끊어져 버렸고 송대의 성현들이 되살리
려 했던 '道의 정신' 혹은 '道의 학문'이란 무엇인가? 먼저 주자는 「中庸
章句序」에서 그 道의 정신이 "人心은 위태롭고 道心은 은미하니, 精히
하고 한결같이 하여 진실로 그 中을 잡아라."[93]라는 『서경』, 「대우모」의
열여섯 글자에 표현되어 있다고 파악한다.[94] 즉, 道學의 道統論은 이 열
여섯 글자의 정신을 올바로 전하는가 아닌가 하는 기준에 의해 설정된
다는 것이 주자의 판단이었다. 이러한 관점에서 주자는 도통의 계보를
三皇五帝로부터 孔子·子思로 이어지고 마지막으로 孟子가 그것을 이었
다는 것이다. 특히 道의 전승사에 있어서 맹자의 공적은 異端의 공격에
대항하여 성인의 道를 보위한 것이었다.[95] 그러나 맹자 이후 성현의 道
는 혼미해지고 중국 문화는 혼란으로 접어들었다. 제자백가 및 도교를
비롯한 중국적 사유 내부의 異端과 불교라고 하는 강력한 외래 종교의

져 孔孟으로부터 濂洛關閩에까지 이어온 것으로 道學은 그러한 道統을 기
반으로 하는 학문이다. ③ 道學은 傳統儒學과는 달리 특히 心的 體驗과
實踐으로 얻어진 학문을 말한다. ④ 儒學은 道德性命論으로부터 自然을
보는 반면, 道學은(특히 道敎·佛敎的 측면에서) 自然에서 발달하여 人生
을 관찰하는 학문이라고 할 수 있다. ⑤ 道學의 명칭은, 三代에는 이상세
계이었기 때문에 따로 이름이 없었으나 송대에 와서 비로소 하나의 用語
로 고정되었다. ⑥ 心性과 事功으로 道學과 儒學을 구분할 수도 있다. ⑦
道學은 天人合一觀을 母胎로하여 物理와 精神을 내포한 학문이다. ⑧ 道
學을 朱子는 道統의 의미와 같이 사용하기도 하였다. ⑨ 儒學이나 道學은
모두 經典을 기반으로 하고 있으며 儒學外에 따라 道學이 있는 것이 아니
다. ⑩ 道學은 格致明善과 誠正修身이 그 학문적 내용으로 구성될 수 있
다. (중략) ⑭ 道學은 爲己之學이며 궁극적으로는 治人에 이르는 양 측면
을 지니고 있다. 정병련의 논문, 206쪽.

93) 『中庸』, 「中庸章句序」, "人心惟危, 道心惟微, 唯精唯一, 允執厥中."

94) 『中庸』, 「中庸章句序」; 이용주, 「朱熹 道統論의 形成과 思想的 課題」, 『退
溪學報』 제101집(사단법인 퇴계학연구원, 1999년 3월), 154~155쪽.

95) 이용주, 위의 글, 155~156쪽.

異端이 중국 문화를 지배하게 되었던 것이다. 도통의 正統이라는 관점에
서 訓詁學 및 詞章學的 경향의 漢唐儒學도 이단의 범주에 들었다. 따라
서 맹자 이래로 끊긴 道를 되살린다는 것은, 모든 이단의 설을 극복하고
다시 五經四書 중심의 孔孟儒學을 회복하자는 것이라 할 수 있다.[96]

　　그러면 「대우모」에 표현되어 있는 '道의 정신'과 공맹유학의 본질은
무엇인가? 그것은 "인간의 본성이 善함을 자각하여 선한 본성대로 살
고자 부단히 노력하라."는 『中庸』의 첫 구절[97]과 다르지 않다. 人心은
形氣의 私에서 나온 것이고, 道心은 性命에 근원한 것이다. 上智도 人
心을 가지고 있고, 下愚도 道心을 가지고 있다. 그러나 관건은 本心을
자각하고 그것을 지켜낼 수 있느냐에 달렸다. 본심을 잃지 않고 부단
히 노력하여 道心으로 갖출 때 人心을 극복할 수 있게 되고 행동함에
항상 過不及 없이 中을 유지할 수 있게 되는 것이다. 古來의 聖王이나
聖賢들은 모두 道心을 회복하여 자신은 물론 사회를 위해서까지 道를
실현해 온 사람들이다.[98] 요컨대, 공맹유학의 본질은 修己治人의 行道
에 있다. 선한 본성에 근거하여 도심을 회복하고, 나아가 사회적 실천
을 행함에 있어서는 도심에 근거하여 과불급 없이 道에 的中하는 경세
를 폄이 修己治人의 行道이다. 그리고 주자를 비롯한 송대의 성현들은
이러한 점을 더 명확히 하기 위하여 性命理學을 정초하였던 것이다.
그래서 주자학은 道學으로 별칭되거니와, 도학이란 성리학에 근거하여
인륜의 道를 밝히고 이를 바탕으로 모든 인간관계에 있어서 인륜을 실
천하는, 이른바 修己治人의 行道를 밝히는 학문이라고 할 수 있다.[99]

---

96) 금장태, 「道學의 체계」, 앞의 책, 48쪽.
97) 『中庸』, 「中庸章句」, "天命之謂性, 率性之謂道, 修道之謂敎."
98) 『中庸』, 「中庸章句序」 참조.
99) 금장태는 도학의 학문적 구성체계에 대하여 다음과 같이 규정하고 있다.
　　첫째, 도학은 四書 중심의 經學을 존립기반으로 하고 있다. 둘째, 도학의
　　신념체계로서 '正統論'을 들 수 있다. 셋째, 도학의 가치관을 정립시키는
　　신념으로서 '義理論'을 볼 수 있다. 넷째, 도학의 세계관을 철학적 이론으

조선조의 道學을 倡明했다는 조광조는[100] "임금은 唐虞三代에 이르
고자 한다고 하여도 반드시 당우삼대의 치적에 이르는 것은 아니다.
그러나 이와 같이 뜻을 세우고 格致·誠正에 힘쓴다면 점차로 성현의
경지와 요순의 치적에 이르게 된다."[101]고 하여, 堯舜의 道를 목표로
格物致知와 誠意正心의 공부를 핵심으로 하는 道學의 뜻을 밝히고 있
다. 또한 栗谷도 조광조와 비슷하게, 道學을 格致하여 善을 밝히고 誠
正하여 몸을 닦는 '格致明善 誠正修身'의 학문이라 하면서, 그 功效가
몸에 쌓일 때는 天德이 되고 정치에 베풀면 王道가 된다. 이러한 점에
서 道學者(眞儒)는 遁士가 아니며 출사해서는 일시에 道를 행하여 백
성을 태평하게 하고 물러나서는 만세에 가르침을 전하여 학자를 큰 잠
에서 깨어나게 하는 사람이라고 하였다.[102]

결국 도학이란 성리학을 명지하여 독행하는 修己治人의 학문으로, 먼
저 개인의 도덕적 품성과 지도자적 자질을 함양하여, 이를 바탕으로 사
회에 나아가서는 백성들을 잘 다스리고 교육한다는 것이다. 따라서 도학

로 제시하는 '性理學'이 있다. 다섯째, 도학적 인식론으로서 '格物致知論'이
있고, 인식과 실천의 관계 문제로서 '知行先後論'이 있다. 여섯째, 수양론으
로서 '爲學論' '독서론'이 있고, 심성의 수양방법으로 '存養省察論', '誠敬論'
이 있다. 일곱째, 하나의 행동이론으로 '禮學'이 있다. 여덟째, '經世論'은
도학에서 제기하는 사회·정치론이다. 금장태, 「도학의 체계」, 앞의 책, 4
7~55쪽 참조.

100) 정병련, 앞의 글, 204~205쪽 참조.

101) 『靜菴集』, 卷 3, 「試讀官時啓 6」. "人主, 以唐虞三代爲期, 未必卽至唐虞三
代之治. 然立志如此, 而用功於格致誠正, 則漸至於聖賢之域·堯舜之治矣."

102) 『栗谷全書』, 「東湖問答」,〈論東方道學不行〉. "夫所謂眞儒者, 進則行道於一
時, 使斯民有熙皥之樂, 退則垂敎於萬世, 使學者得大寐之醒." 또 율곡에 의
하면, 모든 인간관계에서 최선을 다하여 인륜을 실천하면 이것이 곧 도
학이라 한다. 성리학이 인륜의 도리에 대하여 이론적으로 그럴 수밖에
없는 근거의 추구로 定義될 때, 도학은 그럴 수밖에 없는 근거의 추구가
실제 인간관계에서 진실되게 실천되는 人倫, 즉 성리학을 명지하여 독행
하는 의미이다. 조남국, 『율곡의 삶과 철학, 그리고 경제윤리』(서울: 교
육과학사, 1997), 143쪽.

에서는 〈개인의 人格完成〉과 〈理想社會의 실현〉이라는 두 목표가 중요한 과제로 등장하게 마련이다. 그러기에 도학에서는 정치와 더불어 교육의 문제가 매우 중요한 과제로 부각되는 것이다. 여기에서 도학이념의 교육적 실천을 우리는 '道學的 德敎育'이라 부를 수 있을 것이다.

인간의 본성은 누구나 善하다. 그러나 性理는 氣質에 가려 있다. 사람마다 품부 받은 氣의 淸濁과 正偏에 따라 가려진 정도가 다르겠지만, 그 性理의 빛이란 현실적으로 氣質의 교정을 거쳐 앞으로 달성해야 할 선험적 이념이다. 이러한 이론적 관점에 기초하여, 주자는 氣質矯正의 정도에 맞추어 적용할 수 있는 단계적인 덕교육론을 정초하였다. 기존의 일상적 규범의 내면화를 목표로 하여 인륜의 기초를 다지는 소학교육의 단계와, 내면화한 규범에 대한 반성적 성찰을 바탕으로 자율적 도덕원리의 확립을 목표로 하는 대학교육의 단계가 그것이다. 정상적인 교육의 단계를 거칠 때, 누구나 기질을 교정하여 본성의 이념을 달성할 수 있는 것으로 주장되고 있다. 이것이 앞 절에서 보았던 주자가 정초했던 도학적 덕교육론의 요점이다.

조선조는 이러한 道學과 덕교육론을 수용하여 정치와 교육의 실천이념으로 삼고자 하였다. 따라서 조선조의 유자들에게 있어서도 도학의 궁극적 지향처인 修己治人의 行道, 즉 〈개인의 인격완성〉과 〈이상사회의 실현〉이라는 두 목표는 핵심적인 실천이념으로 작용하였다. 그러나 이러한 도학이념을 현실 사회에서 경험적으로 실현해 나간다는 것은 말처럼 쉬운 일이 아니었다. 주자의 도학이념과 덕교육론을 조선조 유자들 나름대로 이해하게 되는 것은 여러 우여곡절을 거치는 긴 유보기간을 필요로 하였던 것이다. 이하에서는 이러한 사정을 성리학의 덕교육론에 유의하면서 추적해 본다. 그리고 중종대 사림들에 의해 비로소 주자의 도학이 자각적으로 인지되고 그에 기초한 덕교육의 과제가 무엇이었는지를 검토한다.

2) 도학적 덕교육에 대한 담론의 형성과정

억불숭유정책을 표방하면서 개창된 조선조가 이른바 경국대전체제로 집약되는 유교국가체제의 법제적 기반을 구축하는 한편으로 체제운영의 이념적 지표로서 주자학에 바탕을 둔 도학정치의 실현에 역점을 두게 되었음은 주지의 사실이다.[103] 그러나 이러한 조선조의 유교국가체제가 그 이념적 지향에 상응하는 방향으로 운영되기에는 당시의 현실적 여건이 여러 가지 측면에서 미비 되어 있었다. 무엇보다도 체제운영에 참여하는 정치주체들 간에 도학정치의 이념이 자각적으로 원용될 수 있는 통합적 가치정향으로 정착되어 있지 못했기 때문이다. 조선조 개창기에는 佛敎나 巫俗 등 주자학적 정통에 배치되는 가치정향이 사회적으로 혼재 하고 있었을 뿐만 아니라, 지식사회의 儒學風 역시 예컨대 漢唐儒學과 같은 功利的 요소들이 주류를 이루고 있었으며, 게다가 주자학을 숭상하는 儒者들 간에 있어서도 조선조의 개창문제를 둘러싸고 이른바 革命論과 綱常論으로 대립하여 갈등양상을 나타내고 있었기 때문이다. 다만, 이 시기에 도학적 덕교육의 측면과 관련하여 제기되고 있는 담론은 이단의 배제를 위한 억불숭유정책과 그 테두리 안에서 유교적 실천윤리에 대한 敎化를 국가 정책적으로 추진해 나가야 한다는 주장이다.

이를테면, 鄭道傳은 불교의 空學에 대비시켜 성리학을 '옛 사람이 덕을 밝히고 백성을 새롭게 했던 실학'(古人明德新民之實學)으로 인식하면서, '實學'인 성리학이야말로 여말 이래의 사회적 모순과 위기를 극복하고 새 왕조의 기틀을 세우는 실제적인 학문으로 보고 있다.[104] 이

---

103) 姜光植, 「朝鮮朝 儒敎政治文化의 社會化와 變容에 관한 體系的 硏究」, 『한국의 정치와 경제』 제2집(한국정신문화연구원, 1992.7), 148쪽.

104) 전락희, 「체제개창기의 개혁사상」, 강광식 외 공저, 『조선시대 개혁사상연구』(한국정신문화연구원, 1998), 40쪽. 太宗에서 世祖代까지 官僚 儒學者들을 중심으로 한 조선 초기 儒學思想의 특징에 대한 전반적 고찰은

러한 관점에서 그들은 또한 사회질서를 유교적인 것으로 바꿔나가기 위한 敎化정책에도 깊은 관심을 기울였다. "풍속은 국가의 원기요, 교화는 국가의 급무이니 교화가 이루어지면 풍속이 후해지고 국가가 다스려진다."[105]고 할 정도로 교화는 治道의 요체로 부각되고 있었다. 그리하여 太祖는 즉위하자마자 전국에 학교를 세우도록 下命하였으며, 太宗에 와서는 成均館과 四部學堂, 그리고 鄕校 등의 관학체제가 어느 정도 기틀을 잡게 되었다. 이들 학교교육 차원에서 도덕교육과 관련하여 주목할 것은 역시 『小學』의 교육이다. 이를테면, 權近(1352~1402)이 興學하는 방도를 건의하기 위해 태종에게 제출한 「勸學事目」에서, 그는 "小學은 人倫과 世道에 절실한 것"이라 하면서 모든 공부에 앞서 이를 먼저 해야 할 것임을 주장하고 있다.[106] 그래서 『小學』은 모든 학교의 기초적 교육과정으로 등록된다.[107] 한편, 사회교화 차원에서도 조선 초의 정치주체들은 주자가 異端으로 배척했던 불교와 도교뿐만 아니라 민간에서 유행된 陰祀 등을 통제해 나가는 한편, 郡縣마다 社稷壇을, 鄕里마다 里社를 세워 국가의 社稷祭를 향리에까지 확대 실시코자 하였다. 그리고 里社를 통하여 농업사회의 전통적인 祭神風習과 타협하면서 향촌의 사회질서를 확립하고, 유교윤리의 보급에도 적극적으로 노력하였다.[108] 특히 이들은 국가의 기강인 윤리체제의 확립을

金弘炅, 「朝鮮初期 儒學思想에 관한 硏究: 太宗~世祖代 官僚儒學者를 중심으로」(성균관대학교 대학원 박사학위논문, 1993. 4) 참조.

105) 『태종실록』, 권 19, 태종 10년 4월 갑진. "風俗國家之元氣, 敎化國家之急務, 敎化修則風俗厚, 而國家治矣."

106) 『태종실록』, 권 13, 태종 7년 3월 무인. "小學之書, 切於人倫世道爲甚大. 今之學者, 皆莫之習甚不可也."

107) 조선 초기의 成均館과 鄕校의 교육과정은 『小學』 외에 四書와 五經이 중심 교과를 이루었다. 그리고 四部學堂에서는 『孝經』, 『小學』, 四書, 『文公家禮』 등을 중점적으로 가르쳤다. 池富一, 「元·明 交替期 朱子學의 東傳과 朝鮮初의 鄕村敎化」(경희대학교 대학원 박사학위논문, 1992), 68쪽 참조.

108) 韓㳓劤, 「朝鮮王朝初期에 있어서의 儒敎理念의 實踐과 信仰·宗敎」, 『韓國史論』 3(1976), 166쪽.

위해 『朱子家禮』의 실천과 家廟의 설치를 적극 권장하고 있다.

그러나 선초부터 시작된 以上의 노력들이 별로 실효를 거두지는 못한 것 같다. 世宗代까지도 민간에는 불교의 숭배가 여전하였고, 민간생활에서도 道敎와 巫覡의 요소가 里社制로 대표되는 유교질서와 대립하고 있었다. 따라서 세종은 도학적인 통치이념의 확립과 안정된 守成체제를 확립하기 위해 문물·제도의 정비를 서두르게 되었으며, 이를 위해 集賢殿을 설치하여 제반 학문을 연구하게 하였다.[109] 그리하여 주자학에 대한 연구와 儒家經典의 편찬과 간행은 집현전의 주도하에 진행되면서 도학적 통치이념의 기준이 설정되어 갔다. 특히 이러한 점과 관련하여 주목되는 것은 지금까지 革命論과 綱常論으로 대립되어 오던 정치주체들 간의 갈등적 정치정향이 도학적인 방향으로 수렴되는 계기가 마련되었다는 점이다. 즉, 세종대에는 革命論的 名分을 중시하는 『龍飛御天歌』와 더불어 節義派의 忠節을 예찬하는 『三綱行實圖』를 편찬함으로써 綱常論 내지 節義派의 가치정향을 正論으로 公式化하는 정책적 조치를 취했던 것이다.[110] 그리고 도학의 철학적 인식론적 기초가 되는 성리학에 대한 연구도 초보적이나 본격화되었다고 할 수 있다. 『四書大全』·『五經大全』 이외에, 宋儒 129家의 說을 종합한 주자학의 이론서로서 『性理大全』이 유입된 것도 세종대에 비로소 이루어졌기 때문이다.[111] 그리하여 世宗年間에는 『性理大全』이 『小學』·『孝經』·『四書·五經』·『朱子家禮』·『近思錄』 등과 더불어 成均館, 四部學堂은 물론 지방 鄕校의 교과과정에도 편입되었다.[112]

---

109) 金恒洙, 「16세기 士林의 性理學 理解: 書籍의 刊行·編纂을 중심으로」, 『韓國史論』 7(1981), 125쪽.
110) 강광식, 「조선조 유교정치문화의 사회화와 변용에 관한 연구」, 앞의 책, 149쪽.
111) 崔桂花, 「朝鮮前期 儒敎書의 輸入과 普及」(한국정신문화연구원 한국학대학원 석사논문, 1997), 13~18쪽 참조.
112) 李成茂, 「朱子學이 14·15세기 韓國敎育·科學制度에 미친 影響」, 『韓國史學』 4(1983), 374쪽.

그러나 『성리대전』이 몇 번에 걸쳐 수입되고 대대적인 간행이 각 道에서 이루어졌으나, 아직까지 이 책을 완전히 理解하지는 못하였던 것 같다.113) 따라서 집현전의 학자들도 주자학의 이해를 大全類의 註解를 통하여 피상적으로 고찰하는 데 그쳤을 것으로 짐작된다.114) 어쩌면 아직도 주자학을 본격적으로 연구할 수 있는 사회적 분위기가 덜 성숙했던 것이라 볼 수 있다. 조선왕조는 겨우 守成期에 접어들고 있었기 때문이다. 이 시기를 대표하는 학자였던 梁誠之(1415~1482)조차도 성리학을 '有用之學', '經濟實用'으로 이해하고 있었던 것이다.115)

그럼에도 불구하고 도학적 덕교육과 관련하여 세종대의 교화정책은 특히 주목된다. 세종대에도 우선 이전부터 권고되어 왔던 학교차원의 『小學』교육과, 사회교화 차원의 『朱子家禮』의 실천과 家廟·里社制의 이행 등을 강력하게 추진하였다. 그리고 향촌의 교화를 위해 주자가 고안한 社倉法이 실시되기도 하였다. 특이한 점은 祖廟로서의 檀君致祭를 국가 주도하에 시행함으로써 백성들에게 國家意識을 심으려 했다는 점이다.116) 세종은 이와 함께 백성들에게 유교적 실천윤리를 보급하기 위하여 孝子·順孫·義夫·節婦 등을 포상하였으며 『孝行錄』과 『三綱行實圖』를 편찬 보급하였다.117) 특히 중앙집권적인 왕조체제를 굳건히 확립하고자 하는 守成期에 있어서 三綱倫理의 보급은 가장 중요한 교화사업이었을 것이다. 주지하듯이, 三綱은 '君爲臣綱', '父爲子綱', '夫爲婦綱'으로서 인간의 地位

---

113) 당시 經筵을 담당했던 集賢殿의 학자조차도 『성리대전』의 精微한 뜻을 이해하지 못하였다고 한다. 金恒洙, 「16세기 士林의 性理學 理解」, 앞의 논문, 127쪽.

114) 金恒洙, 「16세기 經書諺解의 思想史的 考察」, 『奎章閣』 10(1987), 18쪽.

115) 『訥齋集』, 「御製題(李秉模 撰)」 및 凡例 참조: 전락희, 앞의 논문, 63쪽에서 재인용.

116) 이 점은 사회화적 덕교육론이 내세우는 '國籍 있는 교육'의 슬로건과 다르지 않다고 본다. 자세한 설명은 뒤에서 보게 될 것이다.

117) 河宇鳳, 「世宗代 儒敎倫理 普及에 대하여: 〈孝行錄〉과 〈三綱行實圖〉를 중심으로」, 『全北史學』 제7집(1983. 11), 20~22쪽.

를 綱으로 구분하는 縱的인 윤리질서를 함의하고 있기 때문이다.[118] 이러한 점에서 『三綱行實圖』는 세종의 깊은 관심하에 간행·보급되기에 이르렀다. 세종의 이에 대한 관심이 어느 정도였는가는 『三綱行實圖』序의 기록을 보면 알 수 있다.

> 天下의 達道 다섯에서 三綱이 그 으뜸에 해당하니, 이는 진실로 經綸의 큰 법이며 온갖 敎化의 本源이다. (중략) 三代의 政治는 모두 人倫을 밝히는 것이었는데, 後世에는 교화가 침체되어 백성들이 親睦하지 않아서 君臣·父子·夫婦의 큰 인륜이 모두 타고난 本性이라는 것을 몰라 항상 薄한 데로 흐른다. 그러나 때로는 탁월한 행실과 높은 절개를 지켜 세속에 휩쓸리지 아니하여 사람의 耳目을 聳動시키는 자가 또한 많다. 나는 그 특이한 자를 뽑아서 그림을 그리고 讚을 짓게 하여 서울과 지방에 반포하고자 하니, 이렇게 되면 어리석은 夫와 婦가 보고 느끼어 興起할 것인 즉 이것도 백성을 교화시키고 풍속을 이루는 한 가지 방법이다.[119]

그리고 『三綱行實圖』의 편찬 목적에 대해서는 다음과 같이 綱常을 세우고 世道를 유지하는 것을 근본 목적으로 한다고 밝히고 있다.

---

118) 三綱의 용어는 漢代의 유학사인 董仲舒의 『春秋繁露』에 처음으로 나오고, 오늘날 우리가 말하는 삼강과 그 내용은 後漢 章帝(76~88)시대에 班固 (29~90)가 당시의 여러 도덕관을 모아 편찬한 『白虎通義』에서 나온다. 정인재, 「도덕성 회복을 위한 동양철학의 한 시론: 인륜의 현대적 해석을 중심으로」, 황경식·정인재 외, 『한국사회의 도덕적 위기극복을 위한 철학적 처방』(한국정신문화연구원, 1993), 141~146쪽 참조.

119) 『三綱行實圖』, 「三綱行實圖序」; 『세종실록』, 권 56, 세종 14년 6월 병신. "天下之達道五, 而三綱居其首. 實經綸之大法, 而萬化之本源也. (中略) 三代之治, 皆所以明人倫也, 後世敎化陵夷, 百姓不親, 君臣父子夫婦之大倫, 率皆昧於所性, 而常失於薄. 間有卓行高節不爲習俗 所移, 而聳人觀聽者亦多. 予欲使取其特異者, 作爲圖讚, 頒諸中外. 庶幾愚婦愚夫, 皆得易以觀感吏興起, 則亦化民成俗之一道也."

지금 우리 主上殿下께서는 聖神한 자질로 君師의 道를 다하여 功德이 이루어지고 정치가 안정되어, 온갖 일이 모두 베풀어졌는데, 綱常을 붙들어 세우고 世道를 유지하는 것으로써 근본을 삼아 무릇 名教에 관계되는 것이면 모두 講究하고 商量해서 드러내어 常典을 삼지 않은 것이 없으니, 몸소 실행하고 마음으로 체득한 뒤에 백성들을 教化시키는 것이 이미 지극하게 되었다. 그런데도 오히려 興起시키는 방법에 미진함이 있을까 염려하여 이에 이 책을 만들어 민간에 널리 반포해서 어진 자나 어리석은 자, 귀한 자나 천한 자, 어린 자나 부녀자를 막론하고 모두 즐겨 보고 익히 들어 그 그림을 구경하고는 그 모습을 상상하며, 그 詩를 읊조리고는 그 情을 체득하게 하여 모두 부러워하고 사모하여 근면하고 격려하지 않는 사람이 없어서 그 同然한 善心을 感發시키어 자기가 마땅히 해야 할 職分을 다하게 되었으니, 대개 帝王이 典常을 도타이 하고 教化를 펴던 뜻과 똑 같지만 條理는 더욱 정밀하다.[120]

두 인용문은 이 책의 편찬에 대한 세종의 관심을 엿보게 하는 것 이외에도, 여러 가지 점을 알려주고 있다. 첫째, 인용에서 "三代의 정치는 모두 人倫을 밝히는 것"이었고 "몸소 실행하고 마음으로 체득한 뒤에 백성들을 교화"함에서 보듯이, 세종은 도학이념과 그것의 구현을 위한 교육적 방안의 중요성에 대해 명확히 인식하고 있었다는 점이다. 둘째, 책의 편찬 목적은 綱常을 세우고 世道를 유지하기 위한 방안의 하나다. 이 점은 以前과 별 차이가 없는 것처럼 보이지만, 세종이 도학이념을 명확히 인식한 바탕에서 나온 것이라는 점에서 볼 때 이전과는

---

120) 『三綱行實圖』序 및 『세종실록』권 56, 세종 14년 6월 병신. "我主上殿下, 以神聖之資, 盡君師之道, 功成治定, 萬目畢張, 而以扶植綱常, 維持世道爲本, 凡有關於名教者, 無不講究商確著爲彝典, 所以化民於躬行心得之餘者, 旣極其至. 猶慮興起之方, 有所未盡, 乃爲此書廣布民間, 使無賢愚貴賤孩童婦女, 皆有以樂觀而習聞, 披玩其圖以相形容, 諷詠其詩以體情性, 莫不歆羨嘆慕勸勉激勵, 以感發其同然之善心, 而盡其職分之當爲矣. 蓋與帝王敦典敷教之義同一, 揆而條理有加密焉."

그 의미가 달리 해석되어야 할 것이다. 셋째, 책의 보급 및 독자층은 일반백성 모두를 대상으로 포함하고 있다. 이 점은 以前과 비교할 때, 선초의 여러 교화정책은 주로 사대부층을 대상으로 하였다면, 세종대에 와서는 그 교화의 대상범위가 일반백성으로까지 넓어졌음을 의미하는 것이 아닌가 생각된다.[121] 이 점은 『三綱行實圖』의 諺解本을 내려했던 것에서도 알 수 있다.[122] 넷째, 특히 책의 편집방식은 주목을 끄는데, 그 내용구성에 있어 그림과 詩와 讚을 넣었다는 것이다. 이러한 편집방식의 효과에 대하여 藝文大提學 鄭招는 "하물며 친히 그 형용을 보고 그 사적을 읊고 稱嘆함에 있어서리까? 감동함은 반드시 깊을 것이며 그 분발하는 것은 반드시 빠를 것이다."[123]하였고, 또한 左議政 孟思誠도 "무릇 눈으로 보는 자는 누가 마음이 감동하지 아니하겠는가? 거의 감격하여 薰陶됨을 볼 것이고 마침내 鼓舞되어 착하게 변하는 데 이를 것이다."[124]라 하고 있다. 두 사람이 주장하듯, 이러한 책의 편집방식은 교수기법상으로 해석할 때, 주자가 소학단계의 교육에서 주장했던 설득과 감화를 중심으로 하는 사회화적 덕교육의 전형적

---

121) 이에 대해서는 다른 견해도 있다. 즉 金勳埴은 『三綱行實圖』의 보급대상 및 독자층을 사대부층으로 보고 있다. 金勳埴, 「中宗代 〈警民編〉 보급의 고찰」, 『李載龒博士還曆紀念 韓國史學論叢』(서울: 한울, 1990)을 참조.

122) 세종은 세종 26년 2월에 鄭昌孫에게 "내가 만일 『삼강행실』을 諺譯하여 民間에 퍼진다면 愚夫愚婦들이 다 알기 쉽고 忠臣·孝子·烈女들이 반드시 輩出될 것이다."라고 하자, 정창손은 "『삼강생실』을 반포한 뒤에도 충신·효자·열녀들이 더 많이 배출된 것을 보지 못했습니다. 사람들이 行하지 않는 것은 다만 사람의 資質 여하에 달려 있으니, 어찌 반드시 諺文으로 해석한 다음에야 사람들이 본받겠습니까."라고 답하였다. 이에 세종은 "이런 말이 어찌 선비로서 이치를 아는 말이겠느냐, 매우 쓸데없는 俗儒들이다."라고 말하고 있다. 『세종실록』, 권 103, 세종 26년 2월 경자. 결국 『삼강행실도』는 성종대에 언해되었다.

123) 『三綱行實圖』 跋; 『세종실록』, 권 59, 세종 15년 2월 무신. "何況親見形容詠嘆其事乎, 其感之也必深, 其興之也必速矣."

124) 『三綱行實圖』, 「進三綱行實圖箋」. "凡諸寓目, 孰不竦心. 庶見感激而薰陶, 終鼓舞於於變."

인 교수방법에 속한다고 할 수 있다. 그리고 또 한 가지 주목해야 할
것은 『三綱行實圖』는 '탁월한 행실과 높은 절개를 지켜 세속에 휩쓸리
지 않고 사람의 耳目을 聳動시켰던 특이한 자를 뽑아서' 편집한 도덕
교과서이다. 따라서 이 책에 나온 인물들은 모두가 도덕적 영웅이고
모범자이다. 그래서 학습자들은 책에 나오는 도덕적 영웅과 모범을 접
하면서 "모두 부러워하고 사모하여 勸勉하고 激勸하지 않는 사람이 없
어서 그 同然한 善心을 감발시키어 자기가 마땅히 해야 할 직분을 다
하게" 될 것이다.

이상에서 보듯, 선초부터 세종대까지의 도학적 덕교육 담론은 조선
조 개창에 참여하여온 관료유학자들을 중심으로 불교나 무속 등 비도
학적인 요소를 배제하며 유교적 실천윤리를 정착시키려는 교화정책이
국가적 차원에서 강력하게 주장되고 실천되어 왔다고 볼 수 있다. 따
라서 이러한 선초의 교화정책은 주자의 덕교육론에 유의할 때, 대체로
그가 소학단계의 덕교육론에서 주장했던 사회화적 덕교육을 근거로 삼
은 것이라 할 수 있을 것이다. 물론 『小學』교육이 강조되고 『近思錄』
과 『性理大全』 등의 性理書가 들어와 經筵에서 講論되고, 성균관의 교
육과정으로 四書五經, 性理大全 등이 포함되기도 하였지만 아직 성리
학에 대한 이해수준은 매우 피상적이었던 것이다. 이를테면, 성균관은
性命義理를 밝히는 곳이라기보다는 출세의 수단인 과거시험을 준비하
는 장소였다. 그리고 과거제도도 講經이 아니라 製述이었기 때문에 당
시의 학생들은 經典硏究보다는 先儒들이 지은 文章들을 暗記하는 데만
급급하였던 것이다.[125] 이러한 사정에는 革命을 통해 새로운 왕조를
개창하고 지배체제를 만들어가야 하는 시대적 상황이 크게 작용한 것
이라 하겠다. 그리하여 관료유학자들은 〈性命論〉과 〈理氣論〉을 본령으
로 하는 性命理學을 오히려 '實學', '有用之學'으로 이해함으로써, 부국

---

125) 『세종실록』, 권 55, 세종 14년 3월 신미; 지부일, 앞의 논문, 83쪽.

강병의 治人을 위주로 하는 漢唐儒學의 연장선상에서 성리학을 이해할
수밖에 없었던 것이다. 그러기에 그들은 성리학의 이론구성에서 가장
末枝라 할 수 있는 『朱子家禮』와 같은 유교적 禮制를 무엇보다 먼저
들여오고, 漢나라의 체제윤리였던 三綱思想을 백성들에게 교화하고자
하였던 것이다.

그러나 도학이념에 대한 나름대로의 자각을 바탕으로 강력한 교화정
책을 추진하던 세종이 승하하면서, 도학적 덕교육론은 새로운 시험대
에 들어서게 되었다. 세종이 승하하고 문약한 문종과 단종, 그리고 세
조의 왕위찬탈로 이어지면서 지배 관료층의 도덕적 부패가 더욱 가열
되기에 이르렀기 때문이다. 조선의 건국과정에 참여한 麗末의 신흥사
대부들은 누대에 걸쳐 왕조의 官人 가문으로 세습적 지위를 누리면서
勳臣・戚臣으로 발돋움하고 경제적으로는 권력에 의지한 대지주로 성
장하고 있었다. 그리고 특히 勳戚系列은 世祖의 찬위에 협조하여 功臣
으로서 정치적 실권을 장악함으로써, 고위관직을 독차지하였을 뿐 아
니라 경제적으로도 방대한 토지와 노비를 소유하게 되었다. 이처럼 정
치적・경제적 실권을 향유하고 있었으므로 그들은 자연히 보수적인 성
향을 띠어갔고, 특히 온갖 비리적 수단을 동원해서 私利를 취하였던
것이다.126) 이제, 이러한 제반 사회 및 도덕 현실의 상황을 혁신해야
하는 일은 세조를 이어 왕위를 계승한 成宗에게 남겨진 과제일 수밖에
없었다.

훈척세력의 비대와 비리를 막기 위하여 성종이 취했던 혁신적 조치
가 바로 士林派의 등용이었다. 성종대에 진출한 士林의 대부분은 吉再
(1353~1419)의 학풍을 이은 영남출신의 사람들이었다. 우선 吉再는
不事二君의 節義를 지켰던 李穡・鄭夢周의 문인으로, 그 역시 역성혁
명을 통한 조선의 건국에 반대하였고, 조선건국 이후에 定宗의 출사권

---

126) 邊太燮, 『韓國史通論』 改訂版(서울: 三英社, 1989), 320~323쪽 참조.

유에도 응하지 않음으로써 이후 金淑子·金宗直·金宏弼로 이어지는
사림파의 정신적 지주였다. 그러나 정몽주는 피살되고 길재 등은 산림
에 묻혀버림으로 해서 정통적 도학이념은 계승될 수 없었던 것이다.
그러다가 세종에 의해 절의파의 강상론이 도학적 가치정향으로 재평가
되고, 성종이 정몽주·길재 등의 道統을 이은 사림파를 등용함으로써
본격적인 조선조의 도학정치가 시작될 수 있었던 것이다.

사림파는 金宗直이 출사한 것을 계기로 하여 그의 제자들인 金宏
弼·鄭汝昌·金馹孫 등이 그 뒤를 이음으로써 중앙정계에 하나의 정치
세력을 형성하게 되었다. 그리하여 그들은 주로 言官職을 차지하여 성
리학적 義理論과 名分論을 바탕으로 훈척세력의 비리행위를 신랄하게
비판하는 한편, 정치주체들의 修己를 통한 도덕성 회복을 강력히 촉구
하여 나갔다. 이러한 가운데 새로운 도학적 덕교육 담론도 제기되기
시작한 것이다. 이를테면, 金宏弼은 자칭 '小學童子'라 할 정도로 성리
학의 입문서로서 『小學』을 재평가하였고, 이를 바탕으로 窮理공부로
나아가야 한다는 '下學而上達'의 점진적 방법을 제시함으로써 주자의
덕교육론에 대한 어느 정도의 이해를 처음으로 보여주었다.[127] 이러한
관점에서 사림파들은 정치주체들의 修己를 강조하는 한편, 일반백성들
을 대상으로 한 교화정책도 꾸준히 진행하였다. 성종대의 교화정책은
세종대를 이어 『三綱行實圖』를 축소 개편하여 간행하고 그 언해본을
간행하여 보급하는 한편, 지방의 사림을 중심으로 鄕射禮와 鄕飮酒禮
를 실시하고 留鄕所復立運動을 전개하기도 하였다.[128] 그러나 사림파
들에 의한 강력한 개혁정치와 훈척세력에 대한 공격은 양자 간에 심각

---

127) 김굉필의 교육사상에 대해서는 孫仁銖, 「寒暄堂先生의 敎育思想」, 裵宗
    鎬·姜周鎭 編著, 『寒暄堂의 生涯와 思想』(한원당선생기념사업회, 1980),
    125~201쪽 참조.

128) 유향소 복립운동에 대한 자세한 고찰은 李泰鎭, 「士林派의 留鄕所 復立運
    動(下)」 『震檀學報』 35(1973); 朴翼煥 『朝鮮鄕村自治社會史: 留鄕所와
    鄕規, 鄕村自治規約을 중심으로』(서울: 三英社, 1995) 참조.

한 대결양상을 초래하였고 결국 훈척세력에 의한 士禍로 이어지고 말
았다.

두 차례에 걸친 士禍(戊午·甲子)의 경험과 연산군의 폭정 그리고
성리학에 대한 이해의 심화는, 反正을 통해 권좌에 오른 中宗代에 와
서 以前과는 다른 새로운 도학적 덕교육에 대한 담론이 형성될 수 있
는 계기로 작용하였다.

3) 사림의 道學理念과 덕교육적 과제

史草가 빌미가 되어 일어난 무오사화는 이제 막 꽃피기 시작한 사림
의 학풍에 많은 영향을 미쳤다. 대부분이 사람들이 성리학을 꺼려하고
그것을 禍胎로 인식하게 되었던 것이다. 그러나 그것은 그리 오래가지
않았다. 사화 이후 연산군의 폭정이 권력의 대립을 훈구파 대 사림파
에서 궁중파 대 신료파로 돌려놓게 하였고, 이어진 갑자사화는 도학적
이념이 派를 가리지 않고 더욱 정당성을 얻게 하는 계기로 작용하였
다. 중종반정은 예고된 것이나 다름없었다.

그러나 중종반정을 주도한 靖國功臣들은 전통적 훈구세력이었기에,
학정은 끝났지만 정치의 주도권은 다시 그들에게 돌아가고 말았다. 겨
우 19세의 나이로 등극한 중종은 공신세력에 휘말려 들 수밖에 없었
다. 왕권회복의 기회를 노리던 중종은 즉위 10년에 와서야 드디어 훈
구세력을 견제할 세력으로 신진 사림세력을 끌어들일 수 있었다. 무
오·갑자사화로 예봉이 꺾여버린 성종대 이후의 도학이념을 본격적으
로 현실의 장에서 구현하는 일이야말로 새롭게 등장한 신진 사림세력
에게 맡겨진 과제였다. 그래서 그들은 이전의 영남사림보다 더욱 급진
적이고 체계적으로 개혁정치를 주도해 나갔던 것이다.

중종대 사림들이 내걸었던 도학적 개혁이념은 한마디로 〈至治主義〉
였다. 『예기』, 「예운」 편의 이른바 〈至治〉 또는 〈大同〉이라는 유교적

표현으로 집약되는 요순시대가 과연 실재하였는지는 논란의 여지가 있
지만, 그것의 실재와는 별도로 그에 대한 지향은 유교정치사상의 핵심
적 요소가 되어 왔다. 맹자의 왕도론은 유교적 방안의 표본이었다. 군
주는 사심이 아닌 여민동락의 공심을 가져야 하고, 井田과 世祿이야말
로 그 제도적 표현이라는 내용이었다. 세록은 군주를 보필하여 더불어
다스릴 신료에 대한 취지이고, 정전은 전제와 세제의 측면에서 피치자
의 생활을 직접 배려하는 취지였다. 그 뒤로 유교정치사상은 군주를
비롯한 치자의 멸사봉공을 확보하기 위한 측면과 피치자인 백성의 생
활을 안정시키기 위한 제도의 개발 내지 보완이라는 측면으로 나뉘어
진전되었다. 특히 전자의 측면에서 진전이 두드러졌던바 성리학은 그
절정이었고, 나아가 그것은 실천에 대한 강조를 통해 도학을 자처하게
되었다.129) 우리가 보았듯이, 그것은 맹자를 이은 정주학에 의해 완성
된 것이었다. 따라서 조광조·김안국 등 이들 신진 사림세력들이 이끌
었던 至治主義的 개혁운동의 사상적 기반은 학문과 정치의 일치를 통
해 이른바 〈內聖外王〉의 유교적 이상을 실현하자는 도학사상에 두고
있는 것이라 할 수 있다. 이러한 사정에서 신진 사림들이 추진하고자
했던 개혁적 과제는 크게 두 가지로 볼 수 있는 바, 〈왕정운영의 도학
화〉와 〈사회질서의 도학화〉가 그것이다.

먼저 〈왕정운영의 도학화〉와 관련해서도 두 가지 과제가 주목되었
다. 하나는 비도학적 제도들의 개혁이다. 이것은 올바른 정통적 명분의
회복운동과 표리관계를 이루면서 추진되는데, 소릉복위, 무오·갑자사
화의 피해자 복권, 신씨복위, 위훈삭제 등이 그것이다. 또 다른 하나는
도학의 연마를 治者의 조건으로 확립하는 것이다. 즉 그들은 훌륭한
군주와 신료의 만남이야말로 至治를 이루는 관건으로 보면서 군주의
聖君的 자질의 연마와 신료의 賢相的 자질의 함양을 가장 중요한 과제

---

129) 강광식, 「체제 정비·난숙기의 개혁사상」, 『조선시대 개혁사상 연구』, 앞
     의 책, 93~94쪽 참조.

로 인식하였다. 이를 위해 그들은 經筵이나 諫諍을 통해 군주에 대한
도학교육을 강화하는 한편, 과거시험에 도학적 요소를 도입하고 산림
에 묻혀 있는 현인을 서용하는 현량과의 설치를 주장해 나갔다. 다음
으로 〈사회질서의 도학화〉와 관련해서도 크게 두 가지 과제가 주목되
는 바, 하나는 수취의 개선을 통한 민생의 안정을 도모하는 것이고, 다
른 하나는 백성들에 대한 도학적 실천윤리를 확립해 나가는 것이다.
특히 후자를 위해 그들은 朱文公家禮・三綱行實・二倫行實의 보급, 小
學교육의 장려, 鄕約의 보급, 鄕校교육의 강화 등에 보다 많은 관심과
실천력을 보여주었다.

　이상과 같은 신진 사림들의 개혁적 과제들에서도 특히 우리는 교육
적 과제에 주목할 것이다. 개혁적 과제 해결을 위해 그들이 추진했던
교육운동에서 우리는 도학적 덕교육론을 입론해 낼 수 있을 것이라 기
대한다. 그 가능성을 주자의 입론에 비추어 간략히 보면, 그는 사회의
일상적 규범의 내면화를 목표로 하는 소학교육의 단계와, 일상적 규범
에 대한 반성적 성찰을 바탕으로 도덕실천의 근거와 원리를 궁구하는
대학교육의 단계로 구분한 바 있다. 교육대상이라는 측면에서 볼 때,
소학교육은 8세부터 15~17세까지의 유소년들이거나 소학교육을 못 받
고 나이를 넘긴 사대부 및 일반백성들이었다. 그리고 대학교육은 소학
교육을 끝내 군주, 태자와 왕자, 공경대부와 사대부들이 대상이었다.
이러한 주자의 입론을, 중종대 사림들의 교육적 과제에 비추어 볼 때,
〈왕정운영의 도학화〉를 위한 도학교육은 대학단계의 덕교육론이, 〈사
회질서의 도학화〉를 위한 도학적 교화는 소학단계의 덕교육론이 적용
될 가능성이 있는 것이다. 그러나 이것은 어디까지나 가능성이다. 이를
포함하여 좀 더 구체적으로 도학적 덕교육론을 입론해 내는 것이 이
논문의 핵심적 과제임은 두 말할 필요가 없다.

　그런데 〈왕정운영의 도학화〉와 〈사회질서의 도학화〉라는 두 가지 개
혁적 과제에 대해 중종대 신진사림들은 모두 같은 인식을 보여주면서

도, 구체적인 실천방법과 우선순위를 놓고는 적극적이고 급진적인 개
혁을 주장하는 입장과 실용주의적이고 온건적인 개혁을 주장하는 입장
이 있었다. 이를테면, 趙光祖·金淨·金絿·金湜 등은 전자의 입장을
대표하는 사람들로서, 이들 사림들은 중앙정치 무대를 중심으로 무엇
보다 〈왕정운영의 도학화〉를 더 우선적인 과제로 삼았다. 그들은 급진
적인 제도개혁을 추진하는 한편 현량과를 실시하고 위훈삭제를 통해
훈구파의 세력기반을 약화시키는 데 앞장서다가 훈구파와 첨예하게 대
립하게 되었고, 결국 기묘사화를 가져오는 빌미를 제공하고 말았다. 다
음으로 金安國·金正國 형제 등은 후자의 입장을 대표하는 사람들로
서, 이들은 급진적인 제도개혁을 지향하는 것과 달리, 분위기와 여건의
조성을 통하여 도학적 윤리질서의 수립을 우선으로 하는 〈사회질서의
도학화〉에 더 많은 노력을 기울였다.

특히 이들 중에서도 조광조와 김안국은 두 입장을 대표하는 인물로
평가된다.[130] 예나 지금이나 도학정치와 지치주의 그리고 己卯黨籍하
면 조광조를 떠올리지만 우리에게 김안국은 낯설다. 김안국이 낯설고
극적인 인상을 남기지 못한 데에는 기묘사화에서 살아남은 인물이었기
때문일 가능성이 높다. 『燃藜室記述』의 「기묘당적 김안국 편」에서는,
南溪의 주장을 빌려, 후학들에게 조광조는 주목된 반면에 김안국은 잊
혀져 버린 사유에 대해 다음과 같이 말하고 있다.

　　공(慕齋)이 驪州로 물러가 있는 동안 후학들을 가르쳐 儒學을
　　일으키는 것을 자기의 임무로 삼았으니 士林 사이에서 명망이 높
　　았다. 조정으로 돌아온 후에는 靜庵과 여러 어진 이들의 원통한 죄
　　명을 씻어 주어 착한 선비들이 크게 의지하였다. 그러나 얼마 되지

---

130) 김일환, 「모재 김안국의 정치활동: 중종조 사림파의 동향과 관련하여」(고
　　려대학교 대학원 석사학위논문, 1987. 12), 1~2쪽: 정대환, 「천명도와 조
　　선 성리학의 향방」, 한국사상사연구회 편저, 『조선 유학의 학파들』(서울:
　　예문서원, 1996), 93~94쪽 참조.

않아서 병으로 죽었다. 朝野가 모두 공의 덕과 학문을 사모하여 文廟從祀를 하자는 의논이 있었으나 李滉이 李彦迪, 金宏弼, 鄭汝昌, 趙光祖를 四賢이라 추존하면서부터 慕齋가 굴하여져서 이제는 선비들이 慕齋가 어떤 사람이란 것조차 거의 모르게 되었으니 개탄할 일이다.[131]

그리고 후학들이 조광조를 더 주목하게 한 데에는 奇大升의 道統論이 큰 영향을 미쳤다고 볼 수 있다. 즉 기대승이 조선유학의 도통을 鄭夢周 - 吉再 - 金淑子 - 金宗直 - 金宏弼 - 趙光祖 - 李彦迪 - 李滉으로 이어져 온 것으로 주장한 이후, 그것은 정설처럼 이해되어 왔던 것이다. 李滉의 四賢推尊과 기대승의 道統論이 후학들에게 결정적인 영향을 미쳤을 것임은 얼마든지 짐작할 수 있다. 적어도 두 사람은 조선철학사의 한 축인 主理論의 철학을 집대성한 것으로 평가되고 있기 때문이다. 그러나 이 점에 좀 더 초점을 두고 생각해 본다면, 이황과 기대승은 자신들이 서 있는 철학적, 실천적 입각점에 기준을 두어 先學을 평가한 것은 아닌가 하는 의문을 던질 수 있다. 李珥의 先學들에 대한 평가를 볼 때 그 의문은 어느 정도 타당성을 갖는다. 물론 李珥도 조광조와 이황의 道學的 관점에 대해 높이 평가하고 있다. 그러나 그는 이들보다 오히려 조선철학사의 主理論的 관점에서 비켜서 있던 徐敬德을 학문직으로 더 높이 평가하고 있다.[132] 주지하듯이 서경덕은 主氣論의 철학적 관점을 제시했고, 李珥는 어느 정도 그의 관점을 수용하

131) 『燃藜室記述』, 卷 8, 「中宗朝 己卯黨籍 金安國篇」, "公退居驪州, 敎授學徒, 以興起斯文, 爲己任士望甚重. 及還朝, 伸雪靜庵諸賢之寃, 大爲善類所依歸, 未久病卒. 朝野景仰凜凜, 有從祀文廟之議. 及李滉, 推尊李彦迪金宏弼鄭汝昌趙光祖, 爲四賢, 然後慕齋始屈, 今則士者, 幾不知慕齋爲何人, 可歎."(『南溪集』).

132) 『栗谷全書』, 卷 10, 「答成浩原」 참조; 이에 대한 자세한 고찰은 김형효, 「栗谷的 思惟의 이중성과 현상학적 비전」, 김형효·이기동 외 공저, 『율곡의 사상과 그 현대적 의미』(성남: 한국정신문화연구원, 1995), 특히 11~18쪽 참조.

여 상대적으로 氣를 강조하는 理氣論의 철학을 집대성했던 것이다. 그
러나 李珥의 김안국에 대한 직접적 평가는 없다. 대신 서경덕은 김안
국의 죽음을 애도하는 詩에서 그로부터 扇風을 은혜 받았음을 고백하
고 있다.133) 여기에서 金安國-徐敬德-李珥로 이어지는 새로운 道統
을 세울 수는 없다 하더라도, 위의 인용에서 南溪가 지적한 바처럼 김
안국에 대한 후학들의 평가는 온당하지 못하다.134) 이를테면, 후학인
李墍도 『松窩雜記』에서, "모재는 학문을 좋아하고 善을 즐겨하여 己卯
諸賢의 영수가 되었다. 평생토록 학문을 하는 데는 誠을 위주로 하고
處事에는 명백하고 솔직해서 소홀하고 간략하지 않았다."135)고 하여
김안국을 높이 평가하고 있기 때문이다. 남계와 이기의 평가가 틀리지
않음을 『중종실록』의 史臣도 보증해 주고 있다. 즉, 『중종실록』의 史臣
은 조광조와 김안국을 사림의 두 영수로 평하고 있다.

> 光祖는 소시에 金宏弼에게 수학하여 性理를 깊이 연구하고, 斯文
> 을 진작시키는 것을 자기의 임무로 삼으니, 학자들이 추대하여 士
> 林의 領袖가 되었다.136)

---

133) 『花潭集』, 卷 1, 「謝慕齋金相國惠扇」. 이에 대한 자세한 논의는 제3장 1절
　　 3항을 참조.

134) 김안국에 대한 후학들의 평가를 예시해 보면, 尹根壽는 "당시의 의론이
　　 모재가 善을 즐기고 선비를 사랑하며 典故에 널리 통했으나 학문의 공에
　　 이르러서는 그다지 공을 쌓지는 못하였다."고 하였고, 李彦迪은 "모재가
　　 博學하기는 하지만 存養의 공은 적었다."고 평하였다. 그리고 李植은 "돌
　　 아보건대 그가 박학하고 문장은 잘 짓기는 하였지만 '약을 지키는 공부
　　 (守約工夫)'는 적은 듯하다. 또 스스로 특이함을 표출하지는 않았기 때문
　　 에 후세의 의론이 靜菴의 心學의 正宗만은 못하다고 말하지만 기실은 모
　　 재는 세상에 드문 특이한 인물이다."라고 하였다. 李秉烋, 「慕齋 金安國
　　 과 改革政治」, 『碧史 李佑成 敎授 定年退職紀念論叢 民族史의 展開와 그
　　 文化』上(서울: 벽사 이우성 교수 정년퇴직 기념논총 간행위원회, 1990),
　　 495~496쪽에서 재인용.

135) 『慕齋集』(附錄上), 「松窩雜記」. "慕齋好學樂善, 爲己卯諸賢之領袖. 平生爲
　　 學以誠爲主, 處事端的不爲苟簡."

安國은 학문이 純正하고 문장이 雅健함이 한 때의 으뜸으로 일
컬어져 사람들이 다 그를 重하게 여겼다.[137]

따라서 이 연구에서는 조광조와 김안국을 각각 도학적 개혁운동의
두 선봉으로 인정하고,[138] 특히 두 사람의 사상과 실천을 중심으로 하

---

136) 『중종실록』, 권 12, 중종 5년 11월 정묘. "光祖小時受學於金宏弼, 以硏窮
性理, 振起斯文爲己任, 學者推爲士林領袖."

137) 『중종실록』, 권 12, 중종 5년 10월 을미. "安國所學純正, 文章雅健, 爲一時
稱首, 人皆重之."

138) 김안국(1478~1543)은 조광조(1482~1519)보다 연배가 몇 년 앞서고 벼슬
길에도 먼저 나갔다. 그는 24세(연산군 7년)에 생원시 장원, 진사시 제2인
으로 합격하였고, 2년 뒤에는 별시문과 제2인으로 급제하였다. 승문원 권
지부정자로 환로에 들어선 그는 연산군 10년 홍문관 부수찬을 거쳐 중종
반정 직후인 1년 9월에는 부교리에 승차해 있었다. 그러나 이때까지 조광
조는 김굉필의 문하에서 수학하는 학생이었던 것 같다. 김안국도 김굉필의
문하에서 공부하였다. 그러나 두 사람은 수학한 시기가 달랐는데, 김안국
은 1493~1497년(16~20세), 조광조는 1498~?년(17세~?)으로 서로 만날
기회는 없었다. 두 사람은 성균관의 선생과 학생으로서 처음으로 대면한
것 같다. 조광조는 중종 원년(1506)에서부터 중종 5년(1510) 사이에 성균
관에서 수학한 것으로 추정되며, 중종 5년 진사시에서 장원으로 급제한다.
진사시에 급제한 동년 11월 정묘의 실록기사에 처음으로 두 사람이 동시
에 등장한다. 이때 思政殿에서 講을 하여 司成 김안국은 『論語』를 강하여
'通'하다는 평을 받았고, 進士 조광조는 『中庸』을 강하여 '略'하다는 평을
받았다. 그리고 조광조가 환로의 길에 들어선 것은 성균관의 추천을 받아
造紙署 司紙에 제수되면서라 하겠다. 이를 계기로 그는 천거가 아닌 과거
를 통해 벼슬로 나아가는 정상적인 과정을 밟겠다고 다짐하고, 그해 가을
에 있었던 謁聖試에서 제2인을 함으로써 본격적인 宦路를 걷기 시작한다.
이때부터 조광조와 김안국은 다른 동료들과 더불어 至治의 道學과 개혁정
치를 주도해 나간다. 두 사람의 관록을 요약해 보면 다음과 같다. 먼저 김
안국의 관록을 중종대에 한하여 추려보면, 부교리-장령-사예-선산부사
-사예-내자부정-사성-판교-대사간-동부승지-경상도 관찰사-동지
중추부사-공조판서-우참찬-전라도 관찰사-(유배-환조)-동지성균관
사-전라도 관찰사-지중추부사-예조판서-우참찬-좌참찬-지중추부사
-좌참찬-대사헌-지중추부사-판중추부사-한성 판윤-좌참찬-우찬성
-병조판서-좌찬성-병조판서-판돈령부사-예조판서-지중추부사-판
중추부사 등이다. 다음으로 조광조의 관록을 추려보면, 참봉-선무랑-조

여 도학적 덕교육론을 입론해 보기로 한다.

3. 소 결

조선조는 초기부터 주자학을 수용하여 정치와 교육을 이끌어 가는 실천이념으로 삼고자 하였다. 주지하듯이 공맹사상에 연원을 둔 주자학은 인간의 도덕질서뿐만 아니라 우주질서까지도 윤리적으로 해석하려는 고도의 형이상학적 체계를 갖춘 실천철학이다. 이러한 점에서 주자학은 道學이라 별칭되거니와, 도학이란 성리학에 근거하여 인륜의 道를 밝히고 이를 바탕으로 모든 인간관계에 있어서 인륜을 실천하는, 이른바 修己治人의 行道를 밝히는 학문이라고 할 수 있다. 따라서 도학에서는 〈개인의 人格完成〉과 〈理想社會의 실현〉이라는 두 목표가 중요한 과제로 등장하게 마련이다. 그러기에 도학에서는 정치와 더불어 교육의 문제가 매우 중요한 과제로 떠오르게 되는 것이다. 도학이념의 교육적 실천이 곧 '도학적 덕교육'이다.

인간의 본성은 누구나 善하다. 그러나 性理는 氣質에 가려 있다. 사람마다 품부 받은 氣의 淸濁과 正偏에 따라 가려진 정도가 다르겠지만, 그 性理의 빛이란 현실적으로 氣質의 교정을 거쳐 앞으로 달성해야 할 선험적 이념이다. 이러한 이론적 관점에 기초하여, 주자는 氣質矯正의 정도에 맞추어 적용될 수 있는 단계적인 덕교육론을 정초하였다. 주자는 덕교육론의 궁극적 목적을 人倫을 밝히는 데 두고 있다. 그

지서 사지-성균관 전적·사헌부 감찰-사간원 좌정언-호조좌랑·예조좌랑·공조좌랑-홍문관 부수찬·수찬·경연검토관-응교-전한-부제학-승정원 동부승지-홍문관 부제학-사헌부 대사헌-원자보양관-동지중추부사-대사헌 등이다. 조광조가 중앙정부의 핵심적 권력에서 일을 했다면, 김안국은 비교적 권력의 핵심부서와는 거리가 있고, 특히 지방관찰사로 활동한 것이 주목된다. 이 점이 두 사람 간의 개혁노선과 방법론을 달리하게 되는 계기로 작용하였을 수도 있다.

리고 明人倫을 통해 달성하고자 하는 교육목표는 聖人이다. 이를 위한 단계적 교육프로그램으로 주자는 小學－大學階梯說을 설정하고 있다. 소학교육의 단계가 인륜의 기초를 다지는 데 있다면, 대학교육의 단계는 인륜의 궁극적 원리를 밝히는 데 있다. 즉 전자가 8~15세 사이의 미성숙한 유소년들을 대상으로 하여 사회의 문화적 전통에 입문시키는 단계로서 윤리적 행위규범의 실천을 위한 교육을 통하여 덕성의 함양을 목표로 한다면, 후자는 소학단계를 마친 자들을 대상으로 하여 이미 내면화된 도덕규범의 이론적 근거를 탐색(窮理)하는 교육을 주로 하여 인륜의 궁극적 원리, 즉 全德으로서의 仁을 터득케 하는 것을 목표로 한다. 이러한 정상적인 교육의 단계를 거칠 때, 누구나 기질을 교정하여 본성의 이념을 달성할 수 있는 것으로 가정되고 있다. 이것이 주자가 정초했던 도학적 덕교육론의 요점이다.

조선조는 이러한 道學과 덕교육론을 수용하여 정치와 교육의 실천이념으로 삼고자 하였다. 그러나 도학이념을 현실 사회에서 경험적으로 실현해 나간다는 것은 말처럼 쉬운 일이 아니었다. 주자학의 도학이념과 덕교육론을 조선조 유자들 나름대로 이해하게 되는 것은 여러 우여곡절을 거치는 긴 유보기간을 필요로 하였던 것이다. 우선, 억불숭유정책을 표방하면서 조선조가 개창되었지만, 아직 정치주체들 간에는 도학의 이념이 자각적으로 원용될 수 있는 통합적 가치정향이 정착되어 있지 못하였다. 그래서 선초에는 덕교육론과 관련해서도 이단의 배제를 위한 억불숭유정책과 그 테두리 안에서 유교적 실천윤리에 대한 교화를 국가 정책적으로 추진해 나가는 정도였다. 그러나 선초의 그러한 교화정책도 별로 실효를 거두지는 못하였다.

나름대로 도학에 대한 자각적 인식의 단초를 열게 된 것은 세종대에 와서 가능했다. 세종은 도학적인 정치이념의 확립과 守成체제의 기틀을 세우기 위해 문물제도의 정비를 서두르는 한편, 集賢殿을 설치하여 제반 학문을 연구하게 하였던 것이다. 이를 계기로 주자학에 대한 연구가 이루어지고 각종 유교경전이 편찬 간행될 수 있었다. 그리고 몇 안 되는 性理書가 들어오는 것도 이때부터였다. 이러한 배경을 바탕으로 세종대에는 덕교육에 대한 담론과 정책적 추진도 적극적인 측면이 있었다. 세종은 유교적 실천윤리를 보급하기 위하여 旌表政策을 시행하는 한편, 『孝行錄』과 『三綱行實圖』를 간행하여 보급하였다. 특히 『三綱行實圖』의 간행과 관련하여 논의되었던 덕교육적 담론과 보급정책은 이후 교화적 덕교육론의 이론적 실천적 전례를 남기는 것이었다. 그러나 아직까지도 도학적 자질이 정치주체들 사이에 함양되어 있지 못한 상황에서 군왕 혼자의 자각적 인식에 바탕을 둔 도학이념의 구현 노력은 근본적인 한계를 가질 수밖에 없었다.

도학이념에 대한 나름대로의 자각적인 인식을 바탕으로 강력한 교화정책을 추진하던 세종이 승하하면서, 도학적 덕교육론은 새로운 시험대에 들어서게 되었다. 세종이 승하하고 문약한 문종과 단종, 그리고 세조의 왕위찬탈로 이어지면서 지배 관료층의 도덕적 부패가 더욱 가열되기에 이르렀기 때문이다. 이제 제반 사회 및 도덕 현실의 상황을 혁신해야 하는 과제는 세조를 이어 왕위를 계승한 성종에게 남겨졌다. 훈척세력의 비대와 비리를 막기 위하여 성종이 취했던 혁신적 조치가 사림파의 등용이었다. 김종직을 비롯한 김굉필·정여창·김일손 등 이들 사림파들이야말로 정몽주·길재로 이어져온 道統을 이어 받으면서 도학적 자질을 갖춘 사람들이었다. 이들은 성종의 혁신적 조치에 힘입어 중앙정계에서 커다란 정치세력을 형성하게 되었고, 도학적 덕교육의 이론적·실천적 가능성도 타진하게 되었다. 이를테면, 김굉필은 자칭 '소학동자'라 할 정도로 『小學』을 도학의 입문서로 재평가하였고, 이를 바탕으로 窮理공부로 나아간다는 '下學而上達'의 점진적 방법을 제시함으로써 주자의 덕교육론에 대한 본격적인 이해를 처음으로 보여주었다. 이를 바탕으로 사림파들은 정치주체들의 도학적 修己를 강조하는 한편, 일반백성들을 대상으로 한 교화정책도 꾸준히 진행하였다.

그러나 사림파들에 의한 강력한 개혁정치와 훈척세력에 대한 공격은 양자 간에 엄청난 대결양상을 가져왔고 결국 훈척세력에 의한 士禍로 이어지고 말았다.

두 차례에 걸친 士禍(戊午·甲子)의 경험과 연산군의 폭정, 그리고 성리학에 대한 이해의 심화는, 反正을 통해 권좌에 오른 중종대에 와서 以前과는 다른 새로운 도학적 덕교육에 대한 담론이 형성될 수 있는 계기로 작용하였다. 士禍로 인해 예봉이 꺾여버렸던 사림들이 중종의 힘을 입어 재등장할 수 있었거니와, 조광조·김안국을 비롯한 이들 신진 사림세력들은 처음부터 도학적 개혁이념으로 至治主義를 내걸고 있었기 때문이다. 이들이 지치사회의 구현을 위해 추진하려 했던 개혁적 과제는 두 가지였다. 〈왕정운영의 도학화〉와 〈사회질서의 도학화〉가 그것이다. 이를 위해 그들은 강력하게 비도학적 제도를 개혁해 나가는 한편, 교육방안을 통한 도학적 개혁 과제의 실현에 적극적인 관심을 기울였다. 따라서 지치이념의 교육적 구현을 위한 도학적 덕교육의 문제도 그들에 의해 중요한 과제로 제기될 수 있었다. 이러한 점에서 조선전기 도학적 덕교육론이 이론적으로 정초될 가능성도 중종대의 사림들에 의해서 열렸다고 할 수 있다. 그러면 다음의 3장에서는 도학적 덕교육론이 정초될 수 있는 사상적 기반을 보다 구체적으로 고찰해 보기로 한다.

제3장 도학적 덕교육론의 사상적 기초

도덕교육의 학문적 배경은 무엇인가? 현재 우리 도덕교육의 학문적 배경에 대해서는 매우 다양한 의견이 제시되고 있다. 이를테면 최근의 「교육과정 해설」에 의하면, 도덕과의 학적 근거는 학제적(interdisciplinary)인 것이라고 전제하면서, 도덕교육의 '목표나 내용 면에서는 한국학, 철학, 특히 윤리학을 비롯한 규범 과학과, 정치학, 사회학을 비롯한 사회과학이 중심이 되고', 교육의 '지도방법이나 평가 면에서는 심리학과 교육학이 중심이 된다'고 하고 있다.[139] 그러나 이처럼 도덕과 교육의 학적 근거를 학제적인 것으로 보는 관점은 통합성이 떨어진다는 지적을 받아왔다. 그래서 최근에는 그 대안으로 '넓은 의미의 윤리학'과 '교육학'으로 보자는 의견도 있다.[140] 여기서 '넓은 의미의 윤리학'이란 기존의 개인 중심의 규범윤리학과 사회제도의 도덕성을 따지는 사회윤리학을 포함한 것을 의미한다. 이러한 관점이 반드시 합당한 것은 아니지만 학문이 미분화되었던 전통시대를 보는 데에는 유용할 것 같다. 따라서 이 장에서는 德교육론의 사상적 기초로서 중종대 道學의 특징을 인간관과 경세관, 그리고 교육관을 중심으로 고찰하고자 한다.[141]

---

139) 교육부, 『중학교 교육과정 해설(Ⅱ)』(1999), 182쪽. 그리고 도덕교육의 학제적 근거로서 교육부의 관점을 좀 더 체계적으로 연구한 단행본으로는 한국도덕윤리과교육학회, 『도덕·윤리 교과교육학 개론』(서울: 교육과학사, 1998) 참조.

140) 이에 대한 자세한 논의는 박병기·추병완 공저, 「도덕교육의 학문적 근거와 배경」, 『윤리학과 도덕교육』(서울: 인간사랑, 1996), 16~47쪽; 박병기, 「도덕과 교육의 가능성과 학적 근거」, 진교훈 외 공저, 『윤리학과 윤리교육』(서울: 경문사, 1997), 347~366쪽.

141) 유교의 경우 도덕성의 근원과 특징을 설명하는 방식을 人性論과 결부시키고 있다는 점에서 인간관을 고찰하는 것은 오늘날의 규범윤리학적 배경을 보는 것에 해당될 수 있다고 생각한다. 그리고 경세관은 어떻게 더

1. 인간본연의 究明과 기질변화론

1) 도덕적 능력의 보편성과 개별성

정통 유학적 관점에서 볼 때, 인간의 본성은 善한 것으로 가정되어 왔다. 그것을 설명하는 방식이 다를지언정 인간의 선한 본성에 대한 믿음은 항상 유지되어 왔다. 그러한 믿음의 출발선에 맹자가 있고, 이를 정통적 관점으로 자리매김한 것이 주자로 대표되는 정주학이요 도학이라 할 수 있다. 이러한 관점에서 순자의 성악설이나 동중서의 성삼품설 등은 유학의 정통에서 배제되는 것이다. 따라서 유학의 정통에서 볼 때 인간의 도덕적 능력은 차별 없이 보편성을 갖는 것이다.

맹자는 인간 본성의 선함이 태어날 때부터 本有하는 선천적인 것이라 설명하였다. 그러나 주자는 이러한 맹자의 관점이 인간의 도덕적 능력의 경험적 다양성을 모두 설명할 수 없다고 보면서, 인간 본성의 선과 경험적 性의 개별성을 설명하기 위해 理와 氣라는 철학적 개념을 채택하였다. 그래서 주자는 本然之性이라는 관점에서 인간은 누구나 선한 존재이지만, 氣質之性이라는 관점에서 보면 인간의 性이 다양할 수 있다는 관점을 제시하였다. 그리고 주자는 본연지성의 선함에 대한 강한 믿음을 바탕으로 누구나 기질을 순화시켜 그것을 회복할 수 있다는 교육적 관점을 제시하였다. 이 점에서 주자는 분명히 맹자 이래의 유학적 전통을 유지하고 있다.

그런데 경험적 性의 다양성을 설명하는 주자의 관점은 오해의 소지가 많다. 그것은 그 스스로가 부여했던 氣의 속성과 관련된다. 氣는 理와 함께 세계를 구성하는 한 축이었다. 세계와 모든 존재는 氣가 움직일 때에 理가 墮在함으로써 탄생하였다. 인간은 맑고(淸)·밝고(明)·

나은 윤리공동체를 만들어 갈 것인가와 관련되는 것이기에 오늘날의 사회윤리학적 관점과 어느 정도 부합된다고 본다.

균형이 잡혀 있는(中) 氣를 받았기 때문에 인간이 되었고, 동물과 다른 사물들은 흐리고(濁)·어둡고(暗)·치우친(偏) 氣를 받았기 때문에 동·식물이 되었다. 적어도 여기까지는 문제가 없어 보인다. 그런데 주자는 氣에 '도덕적 성질'까지 부여하고 말았던 것이다.[142] 氣의 昏·明과 淸·濁에 따라 도덕적 자각능력이 선천적으로 다르다는 것이 주자의 생각이다.[143] 이처럼 선천적으로 부여받는 氣의 昏明·淸濁에 의하여 도덕적 자각능력이 결정되는 것이라면, 앞에서 본 〈소학교육의 단계〉를 지나 〈대학교육의 단계〉로 나아간다는 주자의 교육적 관점은 달라져야 할 것이다. 즉, 上知·生知의 사람은 태어날 때부터 聖人이기에 외부적 교육은 의미가 없고 存心공부로 족할지 모른다. 반대로, 昏濁한 氣를 받고 태어난 困知의 사람에게는 많은 공부와 교육이 필요할 것이다. 이러한 논리에서 본다면 〈소학교육의 단계〉와 〈대학교육의 단계〉 구분은 그 의미가 달라질 수 있다. 生知의 사람들은 특별한 교육을 따로 거칠 필요 없이 스스로 存心공부만 하면 그만이다. 學知의 사람들은 나이에 관계없이 〈소학단계〉에서 월반하여 바로 〈대학단계〉의 교육을 받으면 될지 모른다. 반면, 困知의 사람들은 〈소학단계〉의 교육을 받다가 〈대학단계〉로는 넘어가 보지도 못할지 모른다. 나아가 이러한 관점은 교육을 신분과 이데올로기적 입장에서 이해하는 소지를 제공할 수도 있다. 이 경우 生知나 學知는 지배층으로 교육의 주체가 되고, 困知는 피지배층이고 교육의 객체로 인식될 수 있다. 따라서 이때 교육이란, 지배층의 이데올로기를 피지배층에게 맹목적으로 '주입'하는 이

---

142) 金永植, 「朱熹의 '氣' 槪念에 관한 몇 가지 考察」, 『民族文化硏究』 제19호 (고려대 민족문화연구소, 1986), 37쪽: 한영조, 「朱熹에서 정약용에로의 철학적 사유의 전환」, 앞의 논문, 63쪽.

143) 『朱子語類』, 卷 4, 「性理 1」, "然就人之所稟而言, 又有昏明淸濁之異, 故上知生知之資, 是氣淸明純粹, 而無一毫昏濁. 所以生知安行, 不待學而能, 如堯舜是也. 其次則亞於生知, 必學而後知, 必行而後至. 又其次者, 資稟旣偏, 又有所蔽, 須是痛加工夫, '人一己百, 人十己千.' 然後方能及亞於生知者."

데올로기 교육이 될 뿐이다. 이를테면, 조선시대의 〈敎化〉 개념이 현대
교육심리학적 개념인 '인독트리네이션'으로 해석되는 이유도 바로 그러
한 측면과 관련이 있다고 생각된다.

　실제로 조선 초기의 관인들은 民을 다분히 도덕적 능력의 열등자로
보고 지배윤리를 맹목적으로 주입해야 할 대상으로 보았던 것이 아닌
가 한다. 2장의 2절에서 우리는 이러한 점을 부분적으로 확인한 바 있
다. 또 한 연구에 의하면, 조선 초기에 관인층의 民에 대한 인식은 '도
덕 능력의 劣等者'로서 '無知之民' 혹은 '愚民'으로 표현되고 있다는 것
이다.[144) 그러기에 조선 초기 관인들의 교화의 개념에 대해서도 "위에
서 행하여 아랫사람이 본받게 되는 것을 風化라 하고, 훈훈하게 쪄여
점점 물들게 하는 것을 敎化라 한다."[145)고 했던 것이다. 이러한 점에
서 조선 초기의 교화를 "지배이념을 민의 의식과 관습에 뿌리를 내려
사회 전반적인 가치기준으로 정립하려는 교육적 노력"이라 보았던 한
연구는 틀린 것만이 아니라고 생각된다.[146) 또한 비슷한 관점에서 또
다른 연구는 조선전기의 교육을 지배층을 위한 '敎育'과 피지배층을 위
한 '敎化'로 정형화하고 있다. 그리하여 그는 두 교육활동 간의 차이점
을 우선 그 방법상으로, "지배계급을 위한 교육이 주로 講經, 즉 서적
을 중심으로 하여 이루어진다면, 일반서민들을 위한 교화는 구체적 사
물이나 사건을 보고 듣는 것을 중심으로 하여 이루어졌다."[147)고 전제
하면서, "지배계급을 위한 교육은 개인의 도야와 수양에 목적이 있었
지만, 교화의 경우 윤리규범의 수동적 내면화에 따른 저항의지의 소멸

---

144) 이 점은 앞의 『三綱行實圖』序의 인용에서도 확인된다. 조선 초기 관인층
　　의 民觀에 대한 연구는 李碩圭, 「朝鮮初期 官人層의 民에 대한 認識: 民
　　本思想과 관련하여」, 『歷史學報』 제151집(1996. 6), 35~69쪽 참조.
145) 『세종실록』, 권 119, 세종 30년 1월 을사. "上行下效謂之風, 薰蒸漸漬謂之化."
146) 김대용, 『조선 초기 교육의 사회사적 연구』(서울: 한울아카데미, 1994),
　　151쪽.
147) 鄭在傑, 「朝鮮前期 敎化 硏究: 성종·중종(1469~1544)년간을 중심으로」
　　(서울대학교 대학원 박사논문, 1989), 9쪽.

을 그 목적으로 하였다."[148]고 보고 있다.

이상과 같은 조선 초기 관인들의 民에 대한 인식과 교화의 개념이 주자학에 대한 잘못된 이해에서 비롯된 것인지는 단정할 수 없지만, 분명한 것은 주자의 관점에서부터 그런 오해의 소지는 있다는 점이다.[149] 그러나 民과 교화에 대한 조선 초기적 관점은 15세기까지로 한정하는 것이 좋다. 15세기까지 사림들의 주자학에 대한 이해는 아직 매우 초보적인 수준이었다. 즉, 당시 사림들의 도학에 대한 이해수준은 성리학의 고원하고 심오한 원리를 추구할 만한 수준에 이르지는 못하였고, 성리학적 도덕규범이나 주문공가례를 실천하는 것이 현실적인 학문의 목표였다고 할 수 있다. 그러나 두 차례에 걸친 사화와 연산군의 폭정은 오히려 지배이념으로서의 도학을 더욱 정당화해 주었고, 그만큼 학문적 깊이와 폭도 넓혀주는 계기로 작용하였다. 영남에 국한되었던 사림의 학문이 기호사림으로 확대되는 중종대에 오면 기존 훈구파들까지도 성리학에 대한 이해를 심화시키게 된다는 것이다.[150] 이 점을 증명하는 대표적인 사례가 중종 11년에 있었던 '三年喪'과 관련한 논쟁이다. 여기서는 중종 자신조차도 귀천을 가리지 않고 서인에 이르기까지 삼년상을 거행할 수 있다고 보았던 것이다.

> 전교하였다. (중략) 우리 나라는 예의의 나라로 비록 삼년상 제도가 있기는 하나 단지 사대부에게만 시행되고 군사와 서민에게는 시행되지 않는데, 사람이 타고난 본디 마음이 어찌 上下와 尊卑에 따라 다름이 있겠는가? 이러므로 삼년상은 천하의 공통된 상제로

---

148) 같은 논문, 같은 쪽.

149) 2장 1절에서 보았듯이, 주자는 동물에게도 도덕적 자각능력이 있음을 인정하고 있었다. 어떤 점에서 동물의 도덕적 자각능력은 인간보다도 나은 구석이 있다고도 보고 있다. 이를테면, 중국문명의 변방에서 인의예지의 가르침에 교화되지 못한 야만인들이 그들이다. 『朱子語類』, 卷 4, 「性理 1」, "到得夷狄, 便在人與禽獸之間, 所以終難改."

150) 李秉烋, 『朝鮮前期 畿湖士林派 研究』(서울: 일조각, 1984), 79쪽; 259쪽.

서, 천자로부터 서인에 이르기까지 모두 마땅히 거행해야 하는 법
이다.151)

이러한 중종의 전교에 대해 신료들도 찬동하고 있다. 다만 바로 시
행할 경우 사역을 기피하거나 사역을 빼먹는 자가 생각날 수 있다고
하면서 점진적으로 시행해 나가자는 입장과,152) 바로 시행하자는 적극
적 입장으로 나뉘고 있을 뿐이다.153) 어쨌든 이는 인간의 도덕적 능력
의 차별성에서 도덕적 능력의 보편성과 개별성을 인정하는 쪽으로의
인식변화를 알려주는 중요한 단서이다. 이러한 인식변화는 주자의 성
리학에 대한 어느 정도의 심화된 이해를 바탕으로 할 때 비로소 가능
한 것이었다.

이처럼 인간의 도덕적 능력의 보편성이 인정될 때, 교육도 현실적인
사회적 지위와 계급에 관계없이 가능한 것이 된다. 이 점과 관련하여
중종대의 노비였던 呂衡의 사례는 매우 주목된다.

151) 『중종실록』, 권 26, 중종 11년 11월 계미. "傳曰(中略) 我國禮義之邦, 雖
    有三年之喪, 只行於士大夫, 獨不行於軍士庶民, 人之秉彝良心, 何異於上下
    尊卑乎. 是故三年之喪天下之通, 喪自天子至於庶人, 皆當行之."
152) 예컨대 김응기는, "부모의 삼년상은 귀천이 없이 전일하여 아래로 서인에
    이르기까지 삼년상을 거행하려 하는 법이니, 성상의 하교가 지당하십니
    다. 다만 조례 · 나장 및 京外 공천들에게 준례로 삼년상을 거행하도록 한
    다면, 사역을 기피하거나 사역을 빼먹는 자가 이루 셀 수 없어, 마침내는
    사세가 반드시 거행할 수 없게 될 것입니다. 「대전」에 군사들도 삼년상을
    거행하기 원하는 자는 들어주게 되어 있으니, 이 법을 준행함이 합당합니
    다."라고 하여 점진적 시행을 주장하고 있다.
153) 예컨대 신용개는, "삼년상은 천하의 공통된 상제인데, 漢文帝가 상기를
    단축한 뒤로 상제가 크게 무너져 복구되지 못했습니다. 다만 三代 이후
    로는 詐僞가 더욱 심해져 효성 할 마음은 없이 다만 이것을 핑계 삼아
    사역을 기피하는 자들을 금할 수 없으므로, 부득이 임시변통으로 서인들
    의 백일 상제를 세운 것입니다. 그러나 상제는 지극히 중한 것이고 성상
    의 하교도 지극히 옳은 분부이시니, 우선 귀천을 막론하고 모두 삼년상
    을 거행하게 함이 합당합니다."고 하여 적극적 시행을 주장하고 있다.

　　시강관 奇遵이 아뢰기를, (중략) 安國이 영남에 있을 때 『小學』
으로써 一道를 교화해서 선비들이 科擧 외에 스스로 즐겁게 할 만
한 일이 있다고 많이들 말하고, (중략) 私奴인 呂衡이란 자도 『소
학』을 구독하고서 안국에게 上書해 말하기를 '義理는 天性에서 나
왔으니 父子 君臣의 道가 바루어진 연후에야만 天理가 바루어져서
人道가 바루어진다.'라고 하였으니, 奴僕들도 오히려 능히 이처럼
흥기하였는데 하물며 士君子일까요!154)

　　중종대에 道學을 실천하려 했던 신진 사림세력들의 인간에 대한 인
식은 유학 정통의 성선설에 근거한 도덕적 능력의 보편성과 현실적 性
의 개별성에 대해 믿어 의심치 않았던 것이다. 다만 그것을 설명하는
방식에 있어서 약간의 차이가 있었던 것으로 이해된다. 이를테면 조광
조는 주자의 主理的 관점을 부각시켜 도덕적 능력의 보편성을 강조하
려 하였다면, 김안국의 경우는 상대적으로 主氣的 관점에서 도덕적 능
력의 개별성을 강조하여 인간을 설명하려 했던 것으로 보인다. 이하에
서는 두 사람의 관점을 중심으로 도학적 인간관을 좀 더 구체적으로
보기로 한다.

2) 도덕적 본질과 기능의 중층성

　　사실 중종대의 사림들은 아직 학자이고 이론가들이기보다는 실천가
들이었다. 그러기에 그들은 체계적인 이론 틀을 세울 수도 없었고 그
럴 여가도 없었다. 이 점에서 조광조나 김안국도 예외는 아니다. 따라
서 그들에게서 이기론에 대한 명확한 관점을 찾아내기란 쉽지 않다.

---

154) 『慕齋集』, 「附錄」〈諸書撮錄: 國朝寶鑑〉. "侍講官 奇公遵曰, (中略) 金安
　　國 向在嶺南, 以小學敎一道, 正其趨向, 士多言 科擧之外, 自有樂地. (中略)
　　有私奴呂衡者, 求讀小學, 上書安國曰, 義理出於天理, 父子君臣之道明然後,
　　天理正而人道立矣. 僕隷之人, 猶能興起如此, 況士君子乎."

그럼에도 불구하고 그들이 어떤 측면에서 어떻게 이기론을 이해했는지를 검토해 보는 것은 중요하다. 그들이 이기론을 어떻게 이해했든 이미 당 시대에 있어서 이기론은 인간과 세상을 설명하고 실천을 정당화하는 일종의 '문법'(grammar)[155]과도 같았던 것이기 때문이다.

조광조는 29세(중종 5년, 1510)되던 봄에 進士시험에 장원으로 합격하였다. 이때 지은 賦가 「春賦」이다. 이 賦에서 그는 이기론적 세계관에 대한 사상적 흔적을 처음으로 표출하고 있는 듯 하다.[156] 여기서 조광조에 의하면, 세계를 主宰하고 만물을 낳는 始原이 곧 理라는 것이다. 세상은 理氣의 妙合에 의해 이루어지지만, 세상을 만드는 원인은 理에 있다. 주재하는 理는 세상의 원인일 뿐만 아니라, 세상만물이면 무엇이든지 따라야 할 보편법칙이다. 理라는 최고의 법칙이 있기 때문

---

155) 여기서 '文法'은 '문화'에 대한 기호학(semiotics)적 해석을 하는 이들에 의해 주장된 용어이다. 예컨대, 기어즈(Cliford Geertz)에 의하면, '문화'란 "한 사회의 구성원 모두에 의하여 공유되고 있으며, 구성원들이 실존(existence)에 대한 자신들의 지식과 입장을 교환, 유지, 발전시키기 위하여 그들 사이의 상호 관계와 상호 행위에 사용하는 의미의 체계(system of signification)"이다. 즉 그것은 사회관계나 상호작용이 사회 행위자들 사이에 동일한 가치체계의 존재를 전제로 성립되는 것이 아니라, 다만 서로가 서로를 이해하고 서로간의 행위들을 납득하는 데 사용하는 일종의 '의미의 코드'(code of signification)이고 '문법'(grammar)이다. Cliford Geertz, *The Interpretation of Cultures*(New York: Basic Books, 1973), p.89.

156) 『靜菴集』 卷 1, 「春賦」. 이 賦를 필요한 한도 내에서 인용해 두기로 한다. "① 惟陰陽之交變兮, 寓理氣之妙要. 理乘氣而相感兮, 元復元而不消. 紛四時之錯立兮, 各循序而昭昭. 惟春陽之生意兮, 獨天機之無窮. (中略) 理不掛於虛無兮, 賦形象而未渝. 羌鼓噓而苗萌兮, 渙生意之愉愉. (中略) ② 豈徒天道之有歸兮, 物遂性於冥冥. 玆天心之靡改兮, 固自然之生生. (中略) 嗟人生之所稟兮, 與四時而爲一. 豈安排之所致兮, 天與人其不錯. 具四性於初賦兮, 推自仁而爲三. 括衆善而無垠兮, 蘊至誠之常涵. 雖所發之眇綿兮, 廓四海之準則. (中略) ③ 何牛羊之日救兮, 汩喪仁而蔑貞. 泉涓涓而欲達兮, 被黃流而不淸. 上褻天之明命兮, 下慢人之倫紀. 甘下流而不悟兮, 羌衆惡之所委. 豈細行之不修兮, 乃本源之不藏. 昔顔子於尼父兮, 問求仁之至方. (中略) 勤四勿而操存兮, 方寸瑩無不春."

에 사계절의 순환과 교체 및 우주의 변화가 질서정연해진다. 나아가
理는 자연계의 보편원칙일 뿐만 아니라, 인간이 지켜야 될 최고의 도
덕법칙이기도 하다. 이처럼 자연학에서의 理의 우월성이 윤리학으로까
지 이어진다. 따라서 조광조에게 있어 理는 氣의 주재가 되고, 氣는 피
동적인 존재에 불과하다.

> 顔子(顔回)는 이미 '사심'(私)을 제거하였기에 理가 氣에 의하여
> 움직이는 바가 되지 않았다. 그래서 노여움을 옮기지 않았고, 과오를
> 두 번 범하지 않았다. 인하여 理氣의 나누어짐을 논하여 말한다면,
> 理가 주인(主)이 되고 氣는 理가 부리는 것이라고 해야 옳다.157)

흥미로운 사실은 인용에서 조광조가 '私心'을 '私氣'라 표현하고 있다
는 점이다.158) 아마도 이 말 뒤에는 '公氣'가 있음직하다. 私氣는 꺾어
야할 氣이며, 公氣는 性理가 主가 되는 不離의 氣로 유추가 가능할 것
이다.159) 顔子의 경우 義理는 항상 밝게 비치고 私氣는 항시 제거되었
기에 과오를 두 번 범하지 않을 수 있었다. 또 "인간의 감정은 모두
氣로 인해서 發出되기는 하지만 理에 합치하면 선하다."160)고 말하고
있다. 어쨌든 이렇게 하여 조광조는 理의 주재성을 바탕으로 한 자연
학(天道)과 윤리학(人道)의 일치를 확보하였다. 다시 「춘부」를 보자.

---

157) 같은 책, 卷 5, 「筵中記事 2」. "顔子克去已私, 理不爲氣所動. 故能不遷怒
不貳過. 因論理氣之分曰, 理爲主而氣爲理之所使, 則可矣."

158) 같은 책, 같은 곳. "顔子義理常昭晰, 私氣常消沮故能如此."

159) 柳正東, 「靜菴 哲學思想의 一考察」, 『靜菴硏究論叢』 趙光祖先生生誕五百
周紀念 國際學術大會 論文集(靜菴先生生誕五百周紀念事業會, 1982. 12.
31), 79쪽.

160) 『靜菴集』, 卷 5, 「筵中記事 2」. "大抵耳目口鼻聲色臭味之欲無非以氣而出
也, 使之合理則善矣."

어찌 다만 天道만이 돌아가겠는가? / 萬物도 冥冥中에 性品을
이루도다. 이에 天心이 변함이 없으니 / 진실로 자연의 生生하는
이치로다.(중략) 아아! 인생의 타고남이여 / 四時와 한 가지로 되
었으니. 어찌 按排해서 이룸이랴? / 하늘과 인간은 서로 다르지 않
다. 타고 날 처음에 四性을 具備해서 / 仁에서 미루어 셋(義·禮·
智)을 만들도다. 그지없이 衆善을 모아 두고 / 藹然한 至誠이 언제
나 잠겨 있다. 發한 것은 비록 細微하고 아득하나 / 四海에 가득차
는 準則이다.

　자연학의 理가 봄이라면, 윤리학의 理는 仁이다. 天理로서의 仁은 세
상에 존재하는 모든 것들이 다 따라야 할 절대적인 진리요 인류의 도
덕적 지침이다. 그러기에 仁으로부터 義·禮·智가 나오며 仁은 온갖
善을 포함한다. 따라서 어떤 일 어떤 사물도 道에서 벗어나는 것이 한
가지도 없다. 父子간의 윤리도 君臣 간의 구분도 모두 理에 있으며, 하
늘의 법이건 땅의 법이건 역시 귀착하는 바가 있다.[161] 요컨대. 조광조
가 말하는 理란 사물의 객관법칙으로서 자연의 條理가 아니다. 자연의
條理는 만물을 낳을 수 있는 그런 것이 아니기 때문이다. 조광조가 의
미하는 理는 만물을 낳을 수 있을 뿐만 아니라 만물을 통할하기도 하
는, 일체의 존재를 뛰어넘어 있는 天理인 것이다. 그러기에 理는 人事
의 道理로도 등록된다. 그래서 하늘과 인간 간에는 理를 바탕으로 유
기적 관계가 유지된다. 인사를 그르치면 하늘은 노하게 되어 있다.

　하늘과 사람 사이는 먼 것 같으면서도 사실은 가까운 것입니다.
하늘이 異變을 일으킴은 두 가지 뜻이 있는데 나라에 正道가 없어
서 危亡할 조짐이 이르려고 하는데도 昏迷하여 깨닫지 못하면 하
늘은 災變을 일으켜서 이것을 알려 주고, 또한 세상일이 점점 좋아

---

161) 같은 책, 卷 2, 「謁聖試策」. "事事物物無一不出於道. 而父子之倫, 君臣之
　　分, 皆各得其理, 天之經地之緯亦有所歸焉."

져서 至治를 이룰 수 있는 幾微가 있는데도 上下가 오히려 더디어 의심을 하여 進展을 아니할 때에는 역시 災殃을 일으켜서 깨우치게 하여 더욱 勤勉하게 하는 것입니다. 이러한 때를 당하여 上下가 만약 서로 사귀어 수양하고 더욱 힘쓰지 아니한다면 天心은 無常함이라 마침내 반드시 亡하고 말 따름인 것이니 두렵지 아니하겠습니까?[162]

하늘과 인간 사이가 이렇듯 가까운 것은, 바로 인간도 죽으면 天理와 합일되어 神이 되기 때문이다. 즉 "天地 사이에는 理와 氣가 있을 뿐이라, 사람이 태어날 적에는 氣를 타고나기 때문에 혹 잘못이 있지만, 죽으면 氣는 흩어지고 理만 남아 있어 至正한 神이 되는 것"[163]이라고 조광조는 말하고 있다. 이처럼 조광조에 있어 자연학(天道)과 윤리학(人道)은 모두 理로 歸一한다. 그는 인성론에서 사람의 성품은 天理를 체현하고 있기 때문에 '性'과 '理'는 똑같은 것이라고 생각하였다. 그러기에 "하늘은 사람과 같다", "하늘과 사람은 근본이 동일하다"고 말한다. 그런데 사람에게 道가 머무는 곳이 어딘가? 마음(心)이다.

道가 마음이 아니면 의지하여 설 바가 없고, 마음이 성실하지 않으면 또한 믿어서 행할 바가 없다.[164]

道 밖에 物이 없고, 마음(心) 밖에 事가 없다. 그래서 그 마음을 보존하여 그 道를 나오게 하면, 仁이 되어서 그 仁은 天之春에 이

---

162) 같은 책, 卷 3, 「檢討官時啓1」. "天人之間, 似遠而實邇. 天之變有二意, 邦國無道, 危亡將至, 迷而不悟, 則天降災異以譴告之. 又若時事漸好, 有可致至治之幾微, 而上下猶且遲疑, 不進則亦出災異, 使之警省加勉. 當此之時, 上下若不交修加勉, 則天心無常, 終必敗亡而已, 可不懼哉."

163) 『중종실록』, 권 32, 중종 13년 4월 계유. "天地之間, 理與氣而已, 人之生也以有氣, 故或有非事, 及其死則氣散, 而只有理本至正之神."

164) 『靜菴集』, 卷 2, 「謁聖試策」. "雖然道非心, 無所依而立, 心非誠 亦無所賴而行."

르고 萬物을 化育게 하며 또 義가 되어서 天之秋에 이르러 萬民을
의롭게 한다. 또한 禮와 智도 天道에 미치지 않음이 없어서, 仁義
禮智의 道가 세상에 서면 나라를 위하는 규모와 시설이 이에 덧붙
일 것이 있겠는가?[165]

    이른바 마음과 道는 그 관계에 있어서 '하나'(一)가 아닐 수 없
다. 그래서 千萬之事가 비록 다르다 할지라도, 道와 마음의 所以는
'하나'가 됨이니 天下에는 오직 한 가지 理致뿐이다.[166]

마음은 道가 머무는 곳이다. 道 밖에 物이 없고 마음 밖에 事가 없
다. 그래서 마음과 道는 '하나'이다. 그런데 道가 마음속에 머물고 마음
과 道가 '하나'인데 왜 惡이 생겨나는가? 다시 「춘부」에 의하면, 그것
은 仁을 잃어버리고, 하늘의 命令을 업신여기고, 인간의 倫紀를 태만히
하고, 下流를 즐기기 때문에 惡이 생겨나고 결국에는 道의 本源까지
잃게 된다는 것이다. 그렇다면 인간의 마음속에 道와 일치하지 않는
무엇이 있다는 말인가? 그것이 무엇인가? 氣稟이다. 조광조에 의하면,
"性에는 不善함이 없으나 氣稟은 일정하지 않다. 사람이 不善하게 되
는 것은 氣가 그렇게 하도록 시키기 때문"[167]이라는 것이다.
    무릇 사람은 天地의 中을 받아서 태어나므로 仁義禮智라는 德만 있
을 따름이다. 天理에 어찌 惡함이 있겠는가? 다만 氣稟에 얽매이기 때
문에 어그러짐이 생기는 것이다. 당장의 편안함에 빠져 나약해지는 것
은 仁의 어그러짐이요, 포악하고 사나운 것은 義의 어그러짐이요, 아첨
을 잘하고 지나치게 공손한 것은 禮의 어그러짐이요, 간교한 말로 속

---

165) 같은 책, 같은 곳. "道外無物 心外無事, 存其心 出其道 則爲仁, 而至於天
    之春 而仁育萬物, 爲義至於天之秋 而義正萬民, 禮智亦莫不極乎天, 而仁義
    禮智之道立乎天下 則爲國之規模設施 何有加於此耶."
166) 같은 책, 같은 곳. "所謂心所謂道者 未嘗不一於其間, 而千萬人事之雖殊 而
    其道心之所以爲一者, 天本一理而已."
167) 같은 책, 卷 5, 「筵中記事」. "性無不善而氣稟不齊. 人之爲不善, 氣之使然也."

이려 드는 것은 智의 어그러짐이다. 理는 잘 드러나지 않는데 氣는 어디서나 쉽게 드러나므로 善한 사람은 항상 적고 不善한 사람은 항상 많다.[168]

결국 사람의 성품에는 '本然之性'과 '氣質之性'이 있다. 道와 心이 일치되는 性이 天理로서의 '본연지성'이라면, 道와 心이 어그러지는 것은 氣稟에 의한 '기질지성'이다. 물론 이 중 본연지성이 인간의 본성이고, 기질지성은 후천적인 것이다. 인간은 처음부터 본연지성으로서의 선한 도덕성을 마음에 함장하여 태어났다. 그리고 도덕성의 본질을 구성하는 것은 자연에서의 봄에 대비되는 '仁'의 德이다. 이것이 주자가 말했던 '心之德으로서의 仁'이고, 그것은 全德으로써 도덕의 제일원리이고 도덕실천의 내적 근거이다. 이 점을 다시 확인한다. "仁이란 天地가 만물을 낳는 理致로서 끊임없이 낳고 낳아서 가장 간절한 것이다. 임금은 천하에 군림하여 한 나라를 다스리는 자이므로, 仁德을 체득하여 만물이 각각 그 본성을 얻게 한 뒤라야 천지에 동참할 수가 있는 것이다. 仁은 四德을 모두 다 포함하고 있으므로 仁道를 다 실행하게 되면 義·禮·智 세 가지는 자연 그 속에 다 있게 된다."[169] 도덕의 제일원리인 仁에 입각하여 四德이 갖추어진다. 즉, 仁이 體가 되어 나머지 德을 이루게 하고, 四德은 구체적인 도덕상황에서 사랑(仁)의 원리를 바탕으로 하여 상황을 파악하고(智), 적절한(義) 규범(禮)을 입법한다.

인간의 마음에 도덕성을 함장하고 있음을 입증하는 조광조적 용어가

---

168) 같은 책, 卷 4, 「經筵陣啓, 復拜副提學時啓 13」. "夫人受天地之中以生, 只有仁義禮智之德. 天理豈有惡哉? 但爲氣稟所拘, 故乃有差焉, 姑息懦弱仁之差也, 暴虐厲猛義之差也, 諂諛過恭禮之差也, 奸譎詭詐智之差也. 理惟微而氣易乘, 故善人常少而不善人常多."

169) 『중종실록』, 권 34, 13년 9월 임자. "仁者天地生物之理, 而生生不窮, 最爲親切. 人主君天下, 理一國, 而體仁於身, 使萬物各得其性, 然後可與天地參矣. 仁包四德, 故能盡仁道, 則禮義智三者, 皆在其中矣."

'心之靈妙'의 개념이다. 마음의 표출은 氣를 빌려야 가능하다. 본연지성의 표출은 理에 의해 통제되는 公氣를 빌려서 가능한 것으로 그것이 이른바 조광조가 말하는 '心之靈妙'의 개념이다. 그러나 기질지성은 私氣에 가려지기에 惡으로 흐를 가능성을 강하게 갖고 있다. 다음의 인용을 보자.

> 氣의 크기는 넓어서(浩然) 포괄하지 않는 바가 없고, 마음(心)의 신령스러움(靈)은 妙然하여 통하지 않는 바가 없다. (중략) 그러나 사람의 마음은 욕심이 있어 마음의 靈妙한 것이 침체되고 사사로운 감정에 사로잡혀 능히 유통하지 못하여서 天理가 어두워지고 氣 또한 막히어 天性과 人倫이 무너지고 萬物이 이루어지지 않는 것이다.170)

'氣之大浩然'은 맹자의 '浩然之氣'개념과 다르지 않다. 맹자를 보자.

> 감히 묻겠습니다. 무엇을 浩然之氣라 합니까? 맹자께서 대답하시기를 말하기가 어렵다. 그 氣됨이 지극히 크고 지극히 강하니, 정직함으로써 잘 기르고 해침이 없으면 天地 사이에 가득 차게 된다. 그 氣됨은 義와 道에 배합되어야 하는 것이니, 이것이 없으면 주리게 된다. 이 浩然之氣는 義를 모아서 생기는 것이지 義가 엄습하여 취해지는 것이 아니다. 행하고서 마음에 부족하게 여기는 바가 있으면 주리게 된다.171)

인용에 대해 程子는 "하늘과 인간은 하나다. 다시 분별할 수 없으니

---

170) 『靜菴集』, 卷 2, 「戒心箴」. "氣之大浩然 無所不包, 心之靈妙然 無所不通. (中略) 然人心有欲 所謂靈妙者 沈焉. 枯於情私 不能流通 天理晦冥 氣亦否屯. 彝倫斁而萬物不遂."

171) 『孟子集註』, 「公孫丑 上」. "敢問 何謂浩然之氣, 曰難言也. 其爲氣也, 至大至剛, 以直養而無害, 則塞于天地之間. 其爲氣也 配義與道, 無是餒也. 是集義所生者, 非義襲而取之也. 行有不慊於心, 則餒矣."

호연지기는 곧 나의 氣이다."[172]라고 註하고 있다. 그리고 이 氣는 人心의 裁制인 '義'와 天理의 自然인 '道'와 짝하는 것이다.[173] 말하자면, 호연지기는 자연의 道와 인간 내면의 義理가 서로 상호 삼투작용을 하면서 만들어지는 것이라 할 수 있다.[174] 이러한 '호연지기' 개념이 곧 조광조의 '心之靈妙'의 개념과 다른 것이 아니다. 한마디로 '心之靈妙'란, "私心이 없이 自然之道 또는 天道와 내 마음이 相好交應하는 歸一 현상을 뜻한다."[175]

그리고 天道와 나의 마음이 하나로 歸一되도록 하는 매개 개념이 誠이다. 즉, 誠이란 내 마음이 天道와 합일하고자 하는 것으로, 이것이『中庸』의 언표대로, '誠이란 하늘의 道요 誠되고자 하는 것은 사람의 道이기 때문이다.' 이를 좀 더 풀어보자. "誠은 물의 끝이요 처음이다. 誠이 아니면 物이 없다. 이런 까닭으로 君子는 誠을 귀하게 여긴다. 誠은 自己를 완성시킬 뿐만 아니라, 物을 완성시킨다. 自己의 완성은 仁이요, 物의 완성은 知다. 性의 德은 內外의 道를 합한다."[176] 이처럼 誠은 나(自己)와 자연(物)을 하나의 道로 합일시켜 주는 근거이다. 그러기에 조광조는 "道가 마음이 아니면 의지하여 설 바가 없고, 마음이 誠實하지 않으면 또한 믿어서 행할 바가 없다."고 말하는 것이다. 다음의 인용도 보자.

天地의 理致는 지극히 誠實해서 한 번 숨쉬는 사이라도 망녕됨이 없기 때문에 예로부터 지금에 이르기까지 한 물건도 誠實하지

---

172) 같은 책, 같은 곳의 程子註. "程子曰 天人一也. 更不分別, 浩然之氣 乃吾氣也."
173) 같은 책, 같은 곳의 朱子註. "義者 人心之裁制, 道者 天理之自然."
174) 이러한 관점에서 맹자의 浩然之氣 개념을 철학적으로 해석한 예로는 金炯孝,『孟子와 荀子의 哲學思想』(서울: 三知院, 1990), 103~108쪽 참조.
175) 金炯孝,「靜庵思想의 哲學的 硏究」,『東西哲學에 대한 主體的 記錄』(서울: 高麗苑, 1985), 114쪽.
176)『中庸』,「25章」. "誠者物之終始 不誠無物. 是故君子誠之爲貴. 誠者非自成己而已也 所謂成物也. 成己仁也 成物知也, 性之德也 合內外之道."

않은 것이 없고, 聖人의 마음도 또한 지극히 誠實해서 한 번 숨쉬
는 사이라도 망녕됨이 없으셨기 때문에 처음부터 끝까지 한 일도
誠實하지 아니함이 없었다.[177]

요컨대, 誠이란 天道와 나의 마음을 매개시켜 주는 고리이다. 그래서
결국 '마음의 靈妙'함이란 天道와 나의 마음, 그리고 誠實의 합일로서
달성되는 것으로 볼 수 있다. 이렇게 하여 조광조는 誠을 매개로 한
道와 心이 하나로 歸一하는 '道心靈妙'의 인간학을 상정하고 있다.

3) 기질변화의 推動的 기능

인간의 도덕적 본질은 善하다. 누구든지 인간이면 心之靈妙를 함장
하여 태어났다. 그러나 현실적으로 그것은 인간의 마음속에 기질과 함
께 동거하고 있다. 모든 마음의 표출은 氣를 빌려야 하고 私氣가 본질
을 가려 악을 잉태할 가능성에 항상 직면해 있다. 그래서 관건은 私氣
를 제거하며 기질을 순화하는 데 달렸다. 인간의 현실적 性의 다양성
과 개별성에 더 주목하면서 기질변화의 推動的 기능에 관심을 두고 있
는 이는 김안국인 것 같다.

김안국이 남긴 문집이나 기타 자료에서, 그의 주자학적 인식을 직접
적으로 드러내는 구절을 찾아내기는 조광조의 경우보다도 더욱 어려운
것 같다. 그러나 자신의 수양부족을 한탄하는 한 글에서 인성론의 일
단을 내비치고 있다. 「復性賦」가 그것이다.[178] 여기에서 우리는 간접적

---

177) 『靜菴集』, 卷 2, 「謁聖試策」. "天地之理至實, 而無一息之妄, 故自古之今, 無
　　一物之不實. 聖人之心亦至實, 而無一息之妄, 故自始至終, 無一事之不實."
178) 『慕齋集』, 卷 1, 「復性賦」. 이를 인용해 두기로 하면 다음과 같다. "塊余
　　質之純愚兮, 抱幽獨而靜處, 仰周孔之不謨兮, 雖顚沛其不去勤趨志之漫篤兮,
　　尙昧昧其迷方惕中胸而潛慮兮, 心猶豫而回惶憑精靈而上浮兮, 言取質乎虛惶
　　惟玄機之闔闢兮, 妙變化之不測存不息而黙運兮, 秉至公而播物何蓼蝪而不濟
　　兮, 紛智愚之區別眇余亦稟性兮, 動必循乎矩矱緊前修之格言兮, 謂堯舜其可

이나마 그의 이기론적 관점을 유추해 낼 수 있을 것 같다. 「復性賦」를 읽을 때, 우선 김안국이 세계를 어떻게 파악했는지를 짐작해 보기에는 언급이 너무나 소략하다. 太極이나 理, 氣 등 성리학적 용어는 보이지 않는다. 오히려 虛皇, 玄機 등의 용어는 도교적 용어에 가까워 보인다. 虛皇은 분명 도교의 神이다. 그리고 우리가 아는 한 노장적 냄새를 짙게 풍기며 '玄'을 우주의 본체로 파악한 학자는 前漢시대의 사상가인 揚雄이다. 그에 의하면, 玄은 시작과 끝도 없이 독립적으로 존재하는 본체로서 우주에 널려 있으며 어떠한 사물도 그것에서 벗어날 수 없다. 우주의 본체이기에 그것은 모든 만물을 낳으며 동시에 모든 만물을 지배하게 된다.[179] 사실 이러한 양웅의 玄본체론은 易사상의 모방이다. 말하자면 易에 대한 노장적 해석이라 할 수 있다.[180]

김안국은 周易에 밝았다고 한다.[181] 그가 주역을 공부하면서 양웅의 『太玄』을 읽었는지는 알 수 없다. 그러나 문집에서 漢・唐의 여러 학

及專精力而警策兮, 非高明爲不可求信聖道之云遠兮, 欲從之而未由悼余修之不逮兮, 豈古人之我欺炳皇鑑之昭昭兮, 指余以無私吾予愍汝愚兮, 來汝聰我辭理惟一原兮, 本無淸濁與厚薄稟靈厥初兮, 安有有餘與不足縱賦氣之或殊兮, 顧何與於元極爾心孔明兮, 欲熾而滅爾悤孔懿兮, 私勝而惡彼堯舜之盡性兮, 亦不外乎秉彝惟爾勉厥修兮, 盍反初而遂之矯爾之偏兮, 儼爾之思盡爾孝悌兮, 謹爾規儀爾德日進兮, 毋中道畫求則得之兮, 吾未見力不足也苟一念之不差兮, 將聖賢而同域聞至命而無疑兮, 悟前志之鄙也忽反顧而內省兮, 道非遠而在邇也, 勞潛心而有得兮, 授往哲而爲則寧力盡而成弊兮, 庶胸膺無歉."

179) 揚雄, 『太玄』: 도우사꾸 지음, 강봉수・박재주・김성룡 옮김, 『중국윤리사상사』(서울: 원미사, 1997), 318쪽에서 재인용.

180) 도우사꾸 지음, 강봉수 외 옮김, 위 책, 같은 쪽.

181) 『중종실록』, 제16권, 중종 7년 9월 丙子의 기록에는 "經筵堂上이 아뢰기를 『易經』을 進講할 사람은 한이 있는데, 김안국이 彌中을 호송하는 일 때문에 나가게 되었습니다. 지금은 화친이 이미 결정되었으니, 김안국을 꼭 보낼 것 없이 다른 사람을 대신 보냄이 어떠하리까?' 하니, '그러 하라'고 전교하였다."고 전하고 있다. 그리고 『慕齋集』의 序에서 朴世采는 "(慕齋선생은) 周易에 깊은 연구가 있어 仁宗께서는 두 번씩이나 賓師의 소임을 다시 맡기를 청하였다."고 기록하고 있다.

자들을 거명하고 있지만 유독 양웅에 대해서는 언급이 없다. 이를테면 김안국이 한당의 학자들 중 특히 높이 평가하며 거명하는 이는 董仲舒와 韓愈이다. 그러나 이 두 사람을 높이 평가한 것은 어디까지나 '三代의 道를 挽回하고 異端의 陋를 排斥하여' 道統을 이은 것과 관련된다. 여기서 '異端의 陋'란 말할 것도 없이 노장과 불교의 설이다. 실제로 김안국은 조정에서 이단의 배척을 여러 차례에 걸쳐 강력하게 진언하고 있다.

　김안국의 관점이 노장이나 양웅류가 아니라면 '玄機'를 어떻게 읽어야 할까? 徐敬德이라면 바로 '氣'로 읽었을지도 모른다. 서경덕은 중종 14년 31세의 나이에 현량과의 설치와 더불어 천거된 바 있거니와, 기묘사화 이후 20여 년의 세월이 흐른 후에 복직된 김안국은 또 한번 서경덕의 서용을 추천하였다. 그러나 두 번 모두 서경덕은 벼슬길을 마다하였지만, 이러한 인연으로 서경덕은 김안국이 죽자 「慕齋 金相國의 惠扇에 謝함」이라는 詩를 남기고 있다.182) 이 시에 대한 註에서 서경덕은 扇을 道(理)로, 風을 氣로 해석하면서 風과 氣가 자신이라면 扇과 道가 김안국임을 은유하고 있다. 그러나 여기서의 은유를 煽이 風을, 道가 氣를 通御하는 理의 先在나 優越로 읽어서는 곤란하다. 오히려 김안국을 煽과 道로 은유하고 있는 것은, 서경덕 자신이 입론한 理氣論의 관점이 김안국에게서 시사 받았음을 비유한 것이라 봄이 더 가깝다. 우리가 서경덕을 이해하는 한, 어디까지나 理란 氣의 작용에 따르는 條理뿐이다. 따라서 氣의 작용은 외부의 다른 힘에 의해서가 아니라(氣外無理),183) 氣의 機 즉 機가 스스로 그러한 것이다(自能爾, 機

---

182) 『花潭集』, 卷 1, 「謝慕齋金相國惠扇」, "尺淸颸寄草堂, 據梧揮處味偏長. 誰知一本當頭貫, 便見千枝自幹張. 形軋氣來能鼓吹, 有藏虛底忽通凉. 不須拂灑塵埃撲, 竹杖相將雲水鄕. 不擇茅齋與廟當, 淸風隨處解吹長. 德和濟物兼玄白, 道大從人請翕張. 顧我無能驅暑濕, 賴渠還得引秋凉. 丈夫要濯群生熱, 當把冷颸播帝鄕."

183) 『花潭集』, 卷 2, 「理氣說」, "氣外無理. 理者氣之宰也. 所謂宰, 非自外來而

自爾).184) 이러한 서경덕의 관점에 따르면 '玄機'는 氣의 自能爾, 機自爾로 해석될 수 있을 것처럼 보인다. 그러나 인용된 김안국의 글은 서경덕의 이기론이 확립되기 이전의 글이다.185) 따라서 김안국의 관점이 서경덕과 비슷하다고 단언할 수는 없다. 그러나 태극을 氣로 보는 서경덕의 관점을 따르면 뒤따르는 心性論이 해석되지 않는다.

한편, 理의 주재성을 드러내기 위하여 조광조가 강조했던 天道와 人道가 하나로 歸一되는 尊理의 관점도 김안국에서는 약한 것 같다. 오히려 김안국은 天과 인간 사이에는 완전히 하나로 귀일할 수만은 없는, 즉 '입벌림'이 존재하는 것으로 보는 듯 하다. 김안국은 그가 낸 策文의 出題에서, "天과 人의 理致는 微妙한 것이니 聖人이 아니면 어찌 그것을 천명할까? 天時의 祥瑞와 災殃은 반드시 人事에 得宜와 過失의 應報에서 유래하는 것이다. 「書經」 洪範의 庶徵에서 각기 다 소속이 있으니 과연 다 일일이 밝게 徵驗해서 착오가 없는가? 京房 劉向의 說도 또한 논의할 만한 것인가? 治世에는 災가 많고 亂世에는 災가 없는 것도 있는 것은 문득 이 무슨 理致인가?"186)라고 하여 天과 인간 사이의 '입벌림'을 암시적으로 보여주고 있기 때문이다. 또한 김안국은 후학인 鄭之雲(1509~1561, 호 秋巒)의 「天命圖說」에서 주장했던 '四端發於理, 七情發於氣'의 관점에 대해서도 단정적인 논평을 유보하고 있다.187) 말할 것도 없이 정지운의 說은 퇴계에 의해 수정되지만 理의

　　宰之, 指其氣之用事, 能不失所以然之正者而謂之宰."

184) 『花潭集』, 卷 2, 「原理氣」. "攸爾躍 忽然闢, 孰使之乎. 自能爾, 亦自不得不爾. 是謂理之時也. (中略) 不能無動靜無闔闢, 其何故哉. 機自爾也."

185) 김안국은 1478년에 태어나 1543년에 돌아갔고, 서경덕은 1489년에 태어나 1546년에 돌아갔다. 서경덕이 자신의 理氣說을 확립한 때는 그가 죽기 2년 전 56세(1544년)에 병중에서 쓴 4편의 논문(「原理氣」, 「理氣說」, 「太虛說」, 「鬼神死生論」)에서이다. 이때 김안국은 이미 죽고 없었다.

186) 『慕齋集』, 卷 10, 「雜著, 策題」. "天人之理微矣. 非聖人孰得以明之. 祅祥之應, 未嘗不由於人事之得失. 洪範庶徵休咎, 各有所屬果皆一一昭驗, 而無有差麥乎. 京房劉向之說, 抑有可議者乎. 治世多災, 亂世反無者有之, 抑何理耶."

작용성을 강조하는 관점이다. 논평의 유보는 적어도 찬성과는 거리가 있는 것이 아닌가 한다. 차마 후학이 고민 끝에 수립한 이론적 관점에 단도직입적인 논평을 할 수가 없었던 것으로 이해된다. 이러한 점들로 볼 때, 김안국은 조광조나 서경덕보다는 주자의 관점을 충실히 따르고 있는 것으로 추정된다. 그의 심성론을 보면 이 점은 분명해 진다. 논의의 편의상 「復性賦」의 해당 부분을 인용한다.

어찌하여 智愚의 구분은 이렇게 紛紛하는가? 微細하나마 나 또
한 稟性을 지녔거늘, 動止는 반드시 規矩에 맞추고 있는데, 그런데

---

187) 退溪의 「天命圖說」後敍에 보면 다음과 같은 기록이 보인다. 「滉은 출사한 후로 한양의 서성문 내에서 살았다. 하루는 姪子 蕎가 「天命圖」란 책을 가지고 와서 그에게 보여주었다. 그 圖와 說이 많이 잘못되었기에 出處를 물으니 그것이 靜而(정지운의 字)에게서 나왔다는 것을 알고, 사람을 시켜 靜而에게 本圖를 구해보고 또 靜而를 만나 본 뒤에 수차례나 왕복하였다. 滉이 정이에게 말하기를 "이 圖와 蕎가 전하는 것이 같지 않으니 어쩐 일인가!" 하니, 정이가 말하기를 "전에 慕齋와 思齋 두 선생 문하에서 배울 때 그 緖論을 듣고, 性理는 微妙해서 闡明하기가 어려워 朱子의 說을 취하고 諸說을 참고해서 一圖를 작성하여 慕齋선생에게 질정을 구하니 선생은 망령되다고 배척하시지는 않았다. 書床에 두고 여러 날 동안을 깊이 생각하시기에 그 圖의 잘못된 점을 물으니 연구하지 않고는 가볍게 대답할 수 없다고 하시고 혹 학자가 오면 보이며 말씀하시고 또 물어보기도 하셨다. 思齋선생도 또한 웃음 짓지 못하고, 이것을 양 선생께서는 미치도록 簡明하게 그 뜻을 밝히는 데 정진한 그 天命圖는 전하지 못했다. 그런데 불의에 당시 同門인 제생들이 이것을 謄寫해서 士友간에 전한 것이다. 그 후에 나는 그 잘못을 自覺하고 고칠 것이 또한 많았다. 이러한 까닭에 前後가 달라서 아직도 定本이 없다."라고 하였다. 滉은 말하기를 "양 선생이 是非를 輕議하지 못한 까닭은 반드시 깊은 뜻이 있었을 것이니 금일에 있어서 우리들이 講學하다가 未安한 곳이 있다고 깨달으면 또 어찌 구차하게 擁護해서 마침내 그 是非를 분변하지 않아서 되겠는가! 하물며 士友들이 전하면서 모두 양 선생의 是正을 거쳤다고 하였으나 이렇게 差誤가 있음을 면치 못한다면, 그것이 師門에 누가 됨이 또한 크지 않겠는가!" 鄭靜而가 말하기를 "이것이 진실로 내가 자나 깨나 근심인데 어찌 감히 虛心하게 聽從하지 않겠는가!" 云云하였다.」 『慕齋集』, 「附錄下」〈退溪文集所載〉.

지금까지 배워 온 格言은, 사람마다 堯舜도 될 수 있다 않았던가!
精力을 다하고 아무리 채찍을 하여도, 高明한 바탕 없이는 미칠 수
가 없구나. 참으로 聖人의 길은 멀고멀어, 좇아가려도 어찌지를 못
하겠다. 아깝게도 나의 공부가 未及한 것이겠지. 古人들이 어찌 나
를 속였겠는가? 하느님의 보살핌은 昭昭하시니, 사심 없이 나에게
가르쳐 주옵소서. 그러자꾸나! 너의 어리석음이 하도 민망하구나!
오라! 여기로와 나의 말을 들어보렴. 理致는 하나이니, 본디 淸濁
과 厚薄이 없는 것이거늘. 性品을 稟受할 그 마당에, 어떻게 남고
모자람이 있었겠는가? 비록 氣質만은 혹 다를 수 있어도, 어떻게
本質이야 다르겠는가? 너의 마음은 본디 무척 밝았으나, 慾心이 성
하여 커진 것이오, 너의 德性은 퍽 아름다웠으나, 私心이 많아서
나빠진 것이란다. 저들 堯舜이 天性을 다한 것도, 모두가 稟受 그
대로를 다한 것뿐이니라.

性은 하늘의 명령에 의하여 인간과 만물에 부여된 理이다. 인간과
만물 속에 性은 비록 氣와 함께 있지만 독자적 속성을 결코 잃지 않고
내재된 도덕성으로서의 역할을 수행한다. 이것이 本然之性이다. 淸濁도
厚薄도 없는 본연지성은 모든 만물에 稟賦될 때 남음도 모자람도 없
다. 이 점에서 일단 김안국은 인간의 도덕적 능력의 보편성은 확보하
고 있다. 그러나 현실적으로 본연지성은 없고 氣質之性만이 있다. 본연
지성은 기질지성에 의해 가려 있다. 그리고 기질지성은 청탁과 후박이
있고, 남음과 모자람이 있다. 이것에 의해 도덕적 능력의 다양성이 결
정된다. 치우치고(偏) 막힌(塞) 氣를 받으면 동식물이 되고, 바르고
(正) 뚫린(通) 氣를 받으면 인간이 된다. 그래서 동식물에게는 도덕적
능력이 거의 없고, 인간은 도덕적 능력이 뛰어나다. 그러나 인간 내에
서도 청명하고 순수한 氣를 받으면 堯舜과 같은 上知와 生知가 되지
만, 氣의 淸明度에서 멀어질수록 學知, 困知로 나뉘어진다. 이것이 주
자의 관점이고 김안국은 주자를 그대로 따르면서 도덕적 능력의 다양

성과 개별성을 확보하고 있다.

그런데 선험적 본연지성은 무척 밝았으나, 慾心과 邪心인 기질지성이 본연지성의 이념을 구현할 수 없도록 가리고 있다. 그런데 본연지성은 기질을 빌리지 않고서는 스스로 자신의 이념을 구현할 수 없다. 따라서 본연지성이 자신의 이념을 제대로 구현토록 하려면 기질을 교정하여야 한다(矯氣質). 기질을 교정한다는 것은 아래의 인용처럼 塘水의 淸明함을 보존하는 것이라기보다는 밖에서 活水를 공급하는 것과 같다.

> 사람의 心體는 본래 塘水와 같이 淸明해서 가히 形象을 비추어 볼 수 있다. 그러므로 能히 汚物을 씻어낼 수도 있는 것이다. 天理의 流行에 따라 萬事를 고찰한다면 반드시 그 마땅한 바에 부응할 수 있을 터인데, 그러하지 못하는 것은 옛날에 있던 病을 맑게 고치려 하지 아니하고 私慾에 빠지기 때문이다. 또한 塘水가 비록 淸明해도 그의 源流에 活水가 들어오지 않고 진흙과 찌꺼기로 混濁해 진다면, 어찌 그의 本然한 淸性을 가지고서 物影을 비추어 볼 수가 있겠는가?[188]

저수지의 맑은 물도 活水가 통하면서 흐르지 않으면 진흙과 찌꺼기가 혼탁하고 썩게 된다. 선험적 본연지성의 이념도 신선한 바람이 불어와 정화(心淸)되지 않는다면 사악한 기질에 막혀 악으로 흐를 가능성이 농후하다. 따라서 기질을 교정한다는 것은 신선한 바람으로 마음을 정화하는 공부다.

> 무릇 心은 一身의 주인이고 神은 一心의 주재자이다. 따라서 神淸하면 心淸하고 心淸하면 氣淸하고 氣淸하면 身淸하고 身淸하면

---

188) 『慕齋集』, 卷 11, 「陽智縣重修東軒記」, "人之心體, 本如塘水之淸明, 可以鑑象. (中略) 故能滌淪染汚. 流行天理, 照察萬事, 應得其當, 其不能然, 而有向者之病者, 澄養之不加, 而慾汨之耳. 亦如塘水雖淸, 然源無活水之來, 而泥滓日渾濁, 則安得恒其本然之淸, 而能鑑物乎."

百骸가 調和되고 四官이 快適하게 된다. 이로써 眞元을 攝養하면 족히 生을 연장하여 壽를 더하게 될 것이고, 이로써 處事에 接物하면 족히 酬應이 마땅함을 얻게 될 것이니, 이것이 모두 淸神한 효과인 것이다. 그러나 神이 淸하게 되는 所以는 대개 境이 淸함에서 因由하고, 境이 淸함은 山水와 風月이 淸함에서 由來하는 것이니, 山水와 風月이 이 堂에 도움됨이 多大하지 않은가!189)

기질을 정화시켜 마음과 정신(心神)을 맑게 해주는 것은 신선한 바람(山水와 風月)이다. 밖의 신선한 바람이 나의 마음과 삼투작용을 하며 기질은 정화된다. 그런데 기질을 교정하는 마음의 공부(心淸)는 일순간에 이루어지는 것이라기보다는 기나긴 求道의 과정이다. 다시 「復性賦」를 보자.

너 이제 공부에 힘쓰고자 한다면, 어찌하여 本性을 회복하여 발전시키지 않느뇨? 너의 편벽됨을 바루고, 너의 생각을 바르게 하며, 너의 孝悌를 다하고, 너의 행동을 삼가, 너의 덕성을 진전시키되, 中途에서 멈추지 말지어다. 구하면 얻게 되나니, 나는 아직껏 力不足한 자를 보지 못했노라. 참으로 털끝 만한 생각도 錯誤가 없으면, 앞으로 聖賢의 경지에 이르겠지. 거룩한 가르침은 의심의 여지가 없도다. 나의 전날의 비열함만 후회스러울 뿐. 홀연히 돌아보고 반성해 보니, 道란 멀지 않고 가까운 곳에 있는 것. 홀로 沈潛하자니 소득이 있는 것 같구나. 往哲을 돌아보고 본을 받아야지. 차라리 힘이 다하여 쓰러질지언정, 끝까지 가슴에 담고 거스르지 않겠노라.

---

189) 같은 책, 권 11, 「淸神堂記」. "夫心者一身之主, 而神者一心之宰也. 故神淸則心淸, 心淸則氣淸, 氣淸則身淸, 身淸則百骸和調, 四官開適. 以之攝養眞元, 足以廷生而引玲, 以之接物處事, 足以格應而曲當, 皆淸神之效也. 然神之所以淸, 盖由於境之淸, 境之淸由於山水風月之淸, 山水風月之爲助於是堂者, 不旣多乎."

편벽된 기질을 바루고 생각을 바르게 하며, 孝悌를 다하고 행동을 삼가면서 덕성을 진전시켜 나가야 한다. 중도에서 멈춰서는 안 되며 털끝만한 생각도 착오가 없어야 가능하다. 이럴 때 道란 멀리 있지 않고 가까운 곳에 있음을 알게 된다.

여기서 道란 앞의 '신선한 바람'과 다르지 않다고 본다. 혹시나 '신선한 바람'이라 하여 서경덕이 보는 것처럼 그것을 '자연으로 돌아가라'는 명제로 읽어서는 곤란하다. 신선한 바람으로서의 道란 인간을 인간답게 하는 윤리와 도덕적 가치에 다름 아니다. 이점에서 분명히 김안국과 서경덕은 길을 달리한다. 서경덕이 자연철학자라면, 김안국은 사회철학자라 여길 만하다. 김안국이 생각하는 道란, 한마디로 人倫과 飮食 등 日用하는 일의 사이에 있는 人倫의 道에 다름 아니기 때문이다. 인용을 통해 확인한다.

> 나는 들으니 옛날에 학문하는 자는 학교에서 무리 지어 거처하면서 師友들간에서 조석으로 강습한 것이 모든 日用하는 人倫의 중에서 孝悌忠信의 道를 행함에 불과한 것이니 聖經과 賢傳의 本旨를 탐구해서 자신이 체득하기에 진실하고 근면하여 모두가 성실히 힘써서 篤行하는 것이지 外的으로 他求하는 생각은 있지 않았다. 그 학문의 극치는 또한 천지고금의 변천을 窮理하고 道德性命의 이치를 연구해서 六藝의 文과 詞章의 빛남에 이르기까지 모두 통달하여 鄕土에 처해서는 족히 風俗을 향기롭게 다스려 社에서 모범이 되고 經世에 나아가서 족히 王化를 보필해서 민생을 편하도록 구제해야만 하니 학문하는 道로 말미암아서 그의 실력을 얻는 그 效果는 이러한 것이다.[190]

---

190) 같은 책, 권 11, 「公州鄕校重修記」. "竊聞古之爲學者, 群處乎庠序, 昕夕講習於師友之間者, 皆不出乎彛倫日用之中, 孝悌忠信之道, 究尋聖經賢傳之旨, 而體之于身, 慥慥勉勉, 無非篤行務實之事, 未嘗有篤外他求之念. 其學之極, 則又能窮天地古今之變, 盡道德性命之理, 以至六藝之文, 詞翰之華, 無不曲暢而旁通處, 而在鄕則足以陶薰風俗, 而範表黨閭, 出而經世則足以黼黻王化,

이상의 인용에서 보듯, 김안국이 생각하는 道는 고원한 곳에 있는 理想이 아니다. 현실 생활 속에 토대를 두고 日用 간에 필요로 하는 모든 것들이다. 日用의 道는 윤리학적으로 볼 때 '반성의 도덕'이라기보다는 '관습의 도덕'에 가깝다. 이를 현대 윤리학자인 프랑케나(W.K.Frankena)는 '삶의 도덕적 제도'(the moral institution of life)라 하고 있다.[191] 도덕이란 개인이 자신의 지침으로 발견해 내거나 고안해 낸 것이 아니라 적어도 한 측면에 있어서는 사회적인 과업이다. 이러한 도덕은 광범하게 인간의 행위양식을 규제하고 있어 인간의 관계를 규율하는 제도이고 규범이라는 의미에서 사회적이다. 어쨌든 본연지성의 회복이란 우선적으로 사회의 규범을 나의 마음속에 내면화함에 다름 아니다. 천지고금의 변천을 窮理하고 도덕성명의 이치를 연구하는 것은 그 다음의 일이다. 여기에서 우리는 김안국의 교육관도 주자의 관점을 따를 것이란 점도 짐작해 낼 수 있다. 일용의 도를 내면화하고 이를 바탕으로 반성의 과정을 거칠 때 비로소 德性은 함양된다.

그리고 궁극적으로 덕성함양을 위한 마음공부라는 점에서, 그 방법도 어느 한 가지에만 얽매일 필요는 없다. 六藝의 文과 詞章의 學도 道를 터득함에 필요하다. 필요하다면 異端의 說도 무조건 배격할 것만은 아니다. 예컨대, 일상의 倫理를 외면하는 측면이 있지만 불교도 마음의 공부를 위한다는 점에서는 유교와 크게 다르지 않다. 즉, 불교는 '윤리를 외면하고 언어를 환상적으로 하여 인간을 고무해서 虛僞로 행하게' 하는 것은 죄인 것이지만, '무릇 마음을 존양해서 널리 세상을 利로 구제하며 애물하며 권선하고 금악하는 것'과[192] '청심하며 욕심을

　　　而康濟斯世, 由學之之道, 得其實而爲效若此也."

191) William K. Frankena, *Ethics*, 앞의 책, p.6.

192) 『慕齋集』, 권 11, 「普達院記」. "儒常排釋, 道不同也. 其外倫理幻言語, 鼓人
　　　衆而趨於虛僞, 固釋者之罪也. 若夫存心, 普濟利世愛物勸善而禁惡者, 則未
　　　嘗不與儒者同, 其可例以爲不同並斥而不與之乎. (中略) 噫師之用心, 不亦勤
　　　矣乎. 其積誠仁愛, 汲汲於利物, 惟在縉紳間, 不易多見, 況在窮賤而能焉, 寧

단절하고 자애로 넓히고 증오를 버리며 그 본연지선을 구해서 언제나 세상에 유익하게 하려는 것'193)은 불교의 道나 儒敎의 道나 모두 동일한 것이다. 그런데 유자들은 불교를 맹목적으로 이단시만 한다. '詩書를 외우고 儒名을 훔쳐서 家門을 빛내고 膏粱珍味를 먹고 조정에서 食祿을 받는데 붉은 官服을 입으며 포식하고 편안하게 사는 자'들이나, '세인이 이욕에 빠져서 義理를 잊고 자기만을 위해서 남을 해치고 스스로 汚濁한 苦惱의 中으로 빠져서 自覺하지 못하는 자'들보다는 차라리 生民의 아픔을 달래주는 불교도들이 더 낫다는 것이 김안국의 생각이다.

김안국은 분명히 도학자이다. 그래서 그는 불교를 포함한 이단을 배척했다. 그러나 그는 조광조와 같이 尊理만을 고수하는 원칙론자는 아닌 것 같다. 선험적 道理를 추종하면서도 그의 한 쪽 발은 경험적 實理를 겨냥하는 실학적 관점에 걸치고 있는 것으로 보인다. 윤리 도덕의 존재의 의의는 자기만의 이익을 챙기는 것을 금하고 사회의 공익을 위하는 데 있다. 김안국에서 우리는 유교적 日用의 道가 성리학적으로 내면적 정신의 것이기에 추앙되어야 할 것이라기보다는 사회적으로 효용을 가져오고 공익을 가져오기에 더 중요시되어야 할 것임을 느끼게 한다.

不起敬而獎之乎. 其可以緇流異道而忽之乎. 彼誦詩書竊儒名, 長閭閻飮膏粱, 食祿于朝紳, 其朱而施其紫飽腹而安居者, 果何自而致此而一朝佩符擁節爲榮. 又拯邈不以生民休戚, 動念泛然而來泛然而去甚者, 嚼其膏而沒其血侮, 不得寧其生焉, 果何心哉."

193) 같은 책, 권 11, 「贈六禪上人序」. "浮屠者喜徒學士大夫, 求詩文以自重, 學士大夫亦常樂與之語者何也. 儒與釋道不同, 大本岐矣. 然其淸心而斷欲, 廣慈愛而絶忮娟, 以求其本然之善, 而常欲利濟於物者, 則未嘗不與儒者同, 而視夫世之沉利而忌義徇己, 而害物以自陷於汚穢, 苦惱之中而不自覺者, 固不可同曰語矣. 其樂與之語, 而或假以文辭似無足異者, 盖嘗攷古之名公鉅儒高人聞士, 無不與之酬接. 雖以韓昌黎之衛道, 不撓亦所借許, 豈落箄下石, 世交飜覆厭此之不足恃, 而抑反有取於彼也."

이상에서, 우리는 조광조와 김안국을 예로 들어 인간의 도덕적 능력의 보편성과 개별성을 설명하는 방식을 보았다. 理는 인간에 내재된 도덕성이다. 이 점에서 조광조나 김안국은 같은 생각을 지니고 있고, 따라서 인간의 도덕적 능력의 보편성은 확보되고 있다. 그러나 내재된 도덕성으로서의 理와 개별적 性의 다양성을 설명하는 방식에 있어서 조광조는 主理的 관점에서, 김안국은 상대적으로 主氣的 관점에서 설명하고 있다. 이 설명방식의 차이를 우리는 어떻게 이해하면 좋을까? 먼저, 주자에 있어서 在理上看과 在物上看의 구도를 설정했던 의미가 무엇이었던가? 재리상간은 본연지성의 理가 선험적으로 존재함을 알리기 위한 것이었다면, 재물상간은 현실 사회 속에서 인간들의 도덕적 능력의 다양성과 개별성을 강조하기 위한 것이었다. 이러한 주자의 의도를 존중하여 조광조와 김안국을 해석한다면, 조광조의 주리적 관점은 도덕적 능력의 보편성을 더 강조하려 했던 것이고, 김안국의 주기적 관점은 도덕적 능력의 다양성과 개별성을 강조하려 했던 것으로 볼 수 있다. 그리고 이 점을 앞으로 우리가 집중적으로 논의할 교육과 관련하여 해석해 본다면, 조광조의 관점은 공부나 교육을 통해 궁극적으로 도달해야 할 목표를 강조한 것으로, 김안국은 그 목표에 도달하기 위한 공부나 교육의 출발점을 강조한 것으로 이해할 수 있을 것 같다. 조광조의 私氣(私心)나 김안국의 氣質은 제거의 대상이거나 순화의 대상이다. 따라서 공부나 교육은 기질을 교정하고 순화하는 것에서부터 시작되어야 한다. 이를 위해서는 밖에 있는 '활수'나 '신선한 바람', 즉 日用之道로서의 덕목과 규범으로 私氣를 밀쳐내고 氣質을 순화시켜 나가야 한다. 私氣의 제거나 氣質의 순화 정도에 따라 본연지성으로서의 '心之靈妙'는 드러나게 되는 것이라 할 수 있다. 그리고 심지영묘가 궁극적으로 格物窮理를 통해 天道와 합일하는 순간 '豁然貫通'함이 일어나고, 그 지점이 바로 道心靈妙의 理를 터득하여 공부나 교육이 끝나는 곳이다.

2. 교육의 사상적 근거와 지치주의의 실현

1) 도학적 윤리공동체의 구현

중종대 신진사림들은 인간의 도덕적 능력의 보편성과 개별성에 대한 강한 믿음을 바탕으로 도학적 윤리공동체를 구현하는 데 모든 노력을 기울였다. 도학적 윤리공동체의 구현이란, 도학이념에 기초한 堯舜의 이상정치를 당 시대에 실현하고자 하는 것에 다름 아니었다. 무오·갑자의 양대 사화를 거치는 동안 사림세력의 기세는 크게 꺾이게 되었지만, 公道의 실현이라는 그들의 이념적 지향에 대한 사회적 반향은 훈척세력의 비행이 심화될수록 증폭되는 양상을 보이게 되었다. 그리하여 그들의 세력권이 영남지방에 국한되어 있던 것이 연산군의 학정을 거치면서 기호지방에까지 확산되는 추세를 보이게 되었고, 이를 배경으로 사림세력은 중종반정 이후 10년만에 조광조를 필두로 다시 중앙정계에 진출하게 됨으로써 이상정치 실현을 위한 개혁운동이 본격화될 수 있었다.

율곡에 의할 때, 조광조는 도학정치의 창도자로 지칭되거니와, 그가 경연석상에서 자주 제기하였다는 이른바 〈崇道學, 正人心, 法聖賢, 興至治〉는[194] 도학적 윤리공동체를 구현하기 위한 개혁운동의 이념적 지표와도 같은 것이었다. 또한 율곡은 조광조의 짧은 일생과 불과 4년 동안에 걸친 관직생활을 통하여 이루고자 했던 과제와 업적을 네 가지 주제로 집약시키고 있다. 즉, '임금의 마음을 바로 잡는 것'(格君心), '왕도정치를 세상에 펴는 것'(陳王政), '의로움이 실현되는 길을 여는 것'(闢義路), '利欲이 분출하는 것을 막는 것'(塞利源)이 그것이다.

이에 대해 금장태의 설명을 빌려 좀 더 구체적으로 보기로 한다.[195]

---

194) 『栗谷全書』, 卷 28, 「經筵日記」 참조.
195) 금장태, 「선비정신과 이상정치: 靜菴 趙光祖의 至治主義」, 『한국유학의

먼저 '임금의 마음을 바로 잡는다'는 과제는 욕망에 따라 그릇되게 흐르기 쉬운 임금의 마음을 바로잡기 위해 군왕에게 諫言하는 선비의 역할을 제시한 것이다. 도학의 정치원리는, 곧 정치의 모든 사업이 임금의 마음 하나에서 나오는 것이라 보고, 선비는 도학의 이념에 따라 임금의 한 마음을 바로잡는 역할을 담당한다는 체계로 제시되고 있는 것이다. 다음으로 '왕도정치를 세상에 편다'는 것은 이미 도학의 이상정치를 王道정치로 확인하는 것이다. 王道는 覇道에 상반된 개념으로 힘에 의한 정치가 아니라 德에 의한 정치요 그것은 德治이며 仁政이다. 조광조는 자신의 임금을 堯舜같은 聖王이 되게 하고, 자신의 시대 백성을 요순시대의 백성이 되게 하는 것을 이상정치의 목표로 밝히고 있다.[196] 그것은 복고적 과거지향의 이상론이 아니라 현실에서 이상의 실현을 추구하는 도학정치의 신념을 보여주고 있는 것이다.[197]

그 다음으로 '의로움이 실현되는 길을 연다'는 것은 선비정신의 기준이 되는 의리를 사회에 실현하고자 하는 것이다. 조광조는 의로움을 실현하기 위해서는 바른 언론이 나올 수 있는 길을 넓혀야 한다는 '언로를 여는 일'(開張言路)을 중시하고 있다. 또한 그는 언로가 소통하는가 막혔는가에 따라 王道가 베풀어질 수 있는지 여부도 결정되는 것이라 본다. 곧 언로가 막히면 올바른 말을 앞에서 하지 못하고 뒤에서 하게 되므로 사회가 혼란에 빠지고 멸망하기에 이르는 것이라 보았다. 나아가 '利欲이 분출하는 근원을 막는다'는 것은 의로운 길을 여는 것과 표리관계를 이루고 있다. 의로움이 실현되면 사사로운 이익을 추구하는 욕망이

탐구』(서울대학교 출판부, 1999), 81~82쪽 참조.

196) 鄭炳連, 「靜庵의 道學倡明과 至治의 理念」, 『儒敎思想硏究』 第2輯(儒敎學會, 1987), 13쪽.

197) 금장태, 위 책, 81쪽. 이에 대해 안병무는 "앞을 향한 理想主義가 아닌 뒤(過去)를 향한 理想主義의 일면을 지니고 있는 復古主義"라 하고 있으나, 정병련은 "復古는 墨守나 再現이라고 할 수는 없기 때문에 未來志向的 復古主義"라 하고 있다. 정병련, 위 글, 13~14쪽 참조.

견제될 것이지만 의로움이 막히면 이익을 추구하는 욕망이 분출하여 불의가 온 사회에 퍼지게 되는 것이기 때문이다. 그가 기묘사화로 인하여 투옥되었을 때 옥중에서도 한 사람의 선비로서 자신이 추구하던 바는 오직 "이익을 추구하는 욕망의 근원을 막아서 나라의 명맥을 영원하도록 하고자 한 것일 뿐이다."라고 주장하는 것도 사사로운 이익의 추구가 불의를 불러일으키고 불의가 나라를 병들게 하는 악순환의 고리를 이루고 있는 것임을 깊이 통찰하였기 때문이다.[198]

이처럼 이상정치를 통한 도학적 윤리공동체를 구현하기 위한 사림들의 과제는 요컨대 〈왕정운영의 도학화〉와 〈사회질서의 도학화〉로 집약될 수 있거니와, 이를 위해 조광조를 비롯한 중종대 사림들은 강도 높은 개혁운동을 전개하였던 것이다. 그 구체적인 예가 賢哲君主論에 입각한 賢良科의 설치를 주장하는 한편, 小學普及運動과 鄕約普及運動을 추진한 일이다. 먼저 전자와 관련해서는 왕도정치의 실현을 위해 군왕에게도 성인의 경지에 이를 수 있도록 수기의 실천을 요구하는 한편으로 군왕을 옳게 보필할 신료를 등용하는 방도로서 현량과의 설치를 주장하였다. 이것은 곧 왕정체제 운영의 전 과정을 도학화함으로써 사림세력의 정치적 입지를 강화하려는 것과도 무관하지 않았다. 이때 훈척세력을 논박하는 학리적 근거가 주자학의 道學的 公道論에 바탕을 둔 이른바 〈君子小人之辨〉의 논리였다.

사화의 정치적 격돌이 연속되는 과정에서 사림세력이 일관하여 정치적 무기로 사용하게 된 〈군자소인지변〉의 논리는 송대에 구양수와 주자가 당시의 정파정치현상과 관련하여 제기한 이른바 〈君子有朋論〉과 〈引君爲黨說〉에 전거를 둔 것이었다.[199] 구양수는 朋과 黨을 구분하여 공도의 실현을 주로 추구하는 〈군자의 당〉과 사리사욕을 탐하는 〈소인

---

198) 금장태, 위 책, 82쪽.
199) 강광식, 「체제 정비·난숙기의 개혁사상」, 『조선시대 개혁사상 연구』, 앞의 책, 89~90쪽 참조.

의 당〉으로 대별, 전자를 〈眞朋〉, 후자를 〈僞朋〉이라고 규정하고, 이러한 분별을 바탕으로 "군주가 진붕의 승세를 유지한다면 정치가 저절로 이끌어질 수 있다."고 주장하였다.[200] 그리고 주자 역시 구양수의 이러한 〈군자유붕론〉에 입각하여 "붕당이 있는 것을 염려할 것이 아니라 그 붕당이 〈군자의 당〉이라면 승상도 그 당에 들기를 주저하지 말아야 하며 나아가 군왕도 그 당이 되도록 승상이 이끌어야 한다."는 이른바 〈引君爲黨說〉을 제기한 바 있다.[201] 사림세력이 〈군자소인지변〉의 논리는 바로 이와 같은 구양수와 주자의 〈군자유붕론〉·〈인군위당설〉에 근거를 둔 것이었다.

신진 사림들은 훈척세력을 '탐욕스런 소인배' 또는 '속물'로 규정하여 신랄하게 비판을 가하는 한편, 군왕에게도 〈進君子 退小人〉의 用人策을 진언해 나갔다. 예컨대 그들은 군왕의 임무가 군자와 소인을 변별하는 데 있다고 전제하고, 군자를 純用하지 못하고 同收並用하는 경우에는 邪正이 서로 뒤섞이고 忠言과 讒說이 함께 분분하여 소인이 발호하도록 함으로써 나라를 난망케 할 것이라는 논지를 제기하였다.[202] 그리고 훈척세력들에 의해 저질러진 전통적 명분의 회복운동의 연장선상에서 소릉복위, 무오·갑자사화의 피해자 복권, 신씨복위, 위훈삭제 등 급진적 제도개혁을 추진하는 한편, 산림에 묻혀 있는 군자를 서용하자는 취지의 현량과의 설치를 주장해 나갔다.

〈왕정운영의 도학화〉를 위하여 이상과 같은 개혁운동이 추진되는 한편, 도학이념의 사회적 확산을 목표로 한 〈사회질서의 도학화〉를 위하여 소학 보급운동과 향약 보급운동이 추진되었다. 중종 13년에 『소학』 1,300부가 간행되고 『소학언해』가 나오게 된 것은 이러한 사정을 반영

200) 『宋史』, 卷 319, 「列傳」第18, 歐陽脩條.

201) 『朱子大全』, 卷 28 「與留丞相書」 참조.

202) 『중종실록』, 권 30, 중종 12년 10월 을축,〈홍문관 부제학 金淨 등의 疏〉: 중종 12년 10월 임신,〈부찬찬 奇遵의 疏〉: 중종 13년 6월 경오,〈홍문관 부제학 趙光祖의 疏〉 등 참조.

하는 것이었다. 그리고 "小學中一事"에 지나지 않는 향약 보급운동이
이 시기에 사림세력에 의해서 강력히 추진된 것은 유향소가 훈척세력
의 장악 속에 있었던 당시의 사정에 비추어 중요한 의미를 갖는 것이
었다. 향약은 유향소 복립운동에서의 주요 의례형식인 鄕射禮·鄕飮酒
禮와 유사한 향촌교화 기능을 가지고 있다. 따라서 사림세력은 그들의
이념적 지향과 무관해진 유향소를 향약보급으로 대체하여 향촌질서를
개편하고 그것을 바탕으로 훈척세력의 장악하에 있는 향촌의 세력기반
을 탈환하자는 의미가 있었기 때문이다.[203] 소학교육의 장려, 향약의
보급 이외에도 사림세력들은 주문공가례·삼강행실·이륜행실의 보급,
향교교육의 강화 등 사회교화적 운동을 강력하게 실천해 나갔다.

  그러나 이상과 같은 사림세력들의 개혁운동은 훈척세력의 민감한 반
응을 불러일으킬 수밖에 없는 일이었다. 그들은 조광조를 비롯한 사림
세력들을 붕당으로 지목하면서 〈朋黨不忠論〉의 논리로 대적코자 하였
다. 〈붕당불충론〉은 이른바 『大明律』의 奸黨條에 근거를 둔 것으로서,
그것은 신료들 임의로 〈작당〉하는 행위 그 자체를 〈불충〉으로 규정하
여 죄악시하는 전통적인 붕당관을 적용한 것이었다. 『경국대전』에 의
하면 이른바 "用大明律"이라 하여 刑律의 운용에 대명률을 준용할 것
을 규정하고 있거니와, 훈척세력은 사림세력의 집단적인 정치활동을
방어하기 위한 방편으로 바로 이러한 〈붕당불충론〉을 원용하게 되었던
것이다. 사림세력의 향약 보급운동이나 위훈삭제와 같은 급진적인 개
혁 추진은 훈척세력과의 극한 대결양상을 가져왔고, 결국 훈척세력의
논리대로 사림세력은 붕당으로 지목되어 기묘사화로 인한 화를 입게
된 것이었다.

---

203) 강광식, 앞의 책, 85쪽. 향약 보급운동의 구체적 전개과정과 그 정치적 함
    의에 대한 상세한 고찰은, 김필동, 「조선전기 鄕約의 보급과 그 社會的
    意味」, 『한국의 사회와 문화』 제10집(한국정신문화연구원, 1989), 229~
    248쪽: 李泰鎭, 「士林派의 鄕約普及運動」, 『한국문화』 제4집(1983) 참조.

이상에서 도학적 윤리공동체를 구현하기 위한 지치의 이념과 목표, 그리고 그것을 달성하기 위해 구체적으로 실천하려 했던 사림세력들의 개혁운동들에 대해 살펴보았다. 그런데 〈왕정운영의 도학화〉와 〈사회질서의 도학화〉라는 두 가지 개혁적 목표에 대해 중종대 신진사림들은 모두 공유된 인식을 보여주면서도 구체적인 실천방법과 우선순위를 놓고는 적극적이고 급진적인 개혁을 주장하는 입장과, 실용주의적이고 온건적인 개혁을 주장하는 입장이 있었다. 이를테면, 趙光祖·金淨·金絿·金湜 등은 전자의 입장을 대표하는 사람들로서, 이들 사림들은 중앙정치 무대를 중심으로 무엇보다 〈왕정운영의 도학화〉를 위한 위로부터의 개혁을 더 우선적인 과제로 삼았다. 다음으로 金安國·金正國 형제 등은 후자의 입장을 대표하는 사람들로서, 이들은 급진적인 제도개혁을 지향하는 것과 달리, 분위기와 여건의 조성을 통하여 도학적 윤리질서의 수립을 우선으로 하는 〈사회질서의 도학화〉에 더 많은 노력을 기울였다. 이들 중에서도 조광조와 김안국은 두 입장을 대표하는 인물로 평가된다. 조광조는 특히 이상정치의 주체를 군왕이라고 보면서 위로부터의 개혁을 위한 〈왕정운영의 도학화〉는 '임금의 마음을 바로 잡는 것'(格君心)으로부터 시작되어야 한다고 보고 있다. 반면, 김안국은 '인심을 바로 잡는 것'(正人心)을 우선순위로 하는 아래로부터의 점진적 개혁을 주장하고 있는 것으로 보인다. 이하에서는 두 사람을 중심으로 개혁논리의 근거를 살펴보면서 도학적 경세관을 좀 더 구체적으로 검토하기로 한다.

2) 지치주의 이상의 실현방법

조광조에게 있어 理는 자연을 낳을 뿐만 아니라 자연을 통할하기도 하는, 일체의 존재를 뛰어넘어 있는 天理였다. 理는 영원하고 우월하며 주재하고 작용한다. 그러기에 理는 人事의 道理로도 등록된다. 인간의 마음속에 理가 함장되어 있다는 증거가 心之靈妙였다. 天道와 人道가 합일한 상태가 심지영묘이고 그것은 모든 인간에게 도덕성의 근거로 자리잡는다. 이러한 인간의 도덕성인 心之靈妙의 개념이 사회윤리의 영역에서도 그대로 확장되어 나타난다. 天道와 내 마음이 하나이듯이, 임금과 백성도 하나다. 인간이면 누구나 근본적으로 心之靈妙의 도덕성을 함장하고 태어났다. 따라서 임금과 백성의 마음이 별개일 수 없다.

> 하늘과 사람은 그 근본에 있어서 하나다. 그리고 하늘은 그 理法을 사람에게 부여하였고, 임금과 백성도 그 근본에 있어서 하나다. 그래서 임금은 그 道를 백성에게 실행하지 않을 수 없다. 그러므로 옛 聖人은 우주의 위대함과 억조 창생의 민중을 하나로 여겼고, 그 理致를 보아 그 道에 처했던 것이다.[204]

개인윤리에서의 道心一體는 이렇게 사회윤리 영역에서 君民一體의 사상으로 전이 해석된다. 그러나 임금과 백성의 마음이 별개가 아니고 누구나 마음의 영묘함을 지니고 있지만, 그것은 항상 私心과 私氣에 노출되어 있어 영묘한 도덕성은 잃어버리기 십상이다. 특히 백성들의 마음은 더욱 그러하다. 利慾이 들끓는 사회에서 삶을 영위해 가야 하는 위치에 있기 때문이다. 그래서 "비록 典常(綱常)을 잘 지켜서 나라의 昏迷함을 밝혀낸다 하더라도 理致에 밝지 못하여 虛荒된 곳으로 몰려가기를 좋아하는 것이 백성들의 버릇이라 感化를 보장하기가 어렵다."[205] 그런데 임금마저 그 영묘함을 잃어버리고 백성들을 虛誕한 敎로써 이끌어 간다면 그 나라는 끝이다. 따라서 임금의 마음이 그 靈妙

---

204) 『靜菴集』, 卷 2, 「謁聖試策」, "天與人本乎一, 而天未嘗無其理於人, 君與民本乎一, 而君未嘗無其道於民. 故古之聖人以天地之大, 兆民之衆 爲一已, 而觀其理而處其道."

205) 같은 책, 권 2, 「弘文館請罷昭格署疏」, "雖其奉若典常, 表著于邦昏, 不燭理而趨乖張, 乃첨서之常難保於薰化."

함을 유지할 수 있는가 하는 것은 나라를 다스릴 수 있느냐 패망으로
몰고 가느냐를 가리는 관건이 될 수밖에 없다.

> 모든 일은 마음에서부터 나오기에 반드시 마음의 진실함이 있어
> 야 그 行하는 바의 정치가 不實함이 없고 기강이 서게 됩니다. 그
> 리고 구차함이 없이 法度가 정해져서 한갓 지엽 말단적인 文具之
> 末이 생기지 않게 됩니다. 전하께옵서 만일 정치의 말단적인 것을
> 가지고 紀綱과 法度의 방법으로 삼고, 한 마음의 妙用과 지극한 誠
> 의 道는 迂遠한 것으로 여겨 心法에 힘쓰지 않는다면, 이는 산에서
> 물을 구하고 물에서 나무를 구하는 격이오니, 끝내 털끝 만한 效驗
> 도 보지 못할 것입니다.[206)]

그러기에 임금이 스스로 心之靈妙를 자각하고 유지하는 敬의 실천은
그 어떤 德보다도 중요하다. 조광조는 "임금의 德은 마음을 敬에 두는
것보다 더 큰 것이 없다. 그래서 敬의 實踐이 있은 다음에야 아랫사람
이 그것을 보아 더불어 함께 느끼고 興起하게 된다."[207)]고 말한다. 그
러나 "임금의 학문은 한 마음을 맑고 맑게 하는 데에만 그치는 것이
아니다. 마땅히 모든 施策을 펴 나갈 때 나타나게 해야"[208)] 그 의미가
있는 것이다. 맑은 마음에 바탕을 두는 모든 施策이란 말할 것도 없이
道에 입각한 정치이다. 위의 인용에서 보듯, 조광조는 道에 입각한 정
치를 하지 않고, 한갓 지엽 말단적인 說往說來로 가볍게 입을 놀리고,

---

206) 같은 책, 권 2, 「謁聖試策」. "凡事之出於心者, 必有是心之實, 而所行之政,
   無有不實, 而紀綱有所立, 而不爲苟且, 法度有所定, 而不爲文具矣. 殿下, 若
   以爲政事之末, 爲紀綱法度之方, 以一心之妙, 至誠之道, 反以爲迂遠, 而不勤
   乎心法, 則是求水於山, 而求木於水也, 終未見其絲毫之驗矣."
207) 같은 책, 권 4, 「侍讀官時啓」16. "君之德莫大於敬內, 有實踐而後, 下人觀
   感, 而興起焉."
208) 같은 책, 권 4, 「復拜副提學時啓」10. "人主學問, 非止澄明一心而已, 當見
   諸施爲之際."

경솔하게 종이 위에 모든 현실을 수월하게 처리하는 '文具之末'을 매우 경계하였다. '文具之末'만을 중구난방으로 떠드는 사람들은 근본에서 현실을 보려고 하지 않고 오직 단편적인 현상들의 끝만을 보고 왈가왈부한다.

道에 입각한 정치란 말할 것도 없이 仁義의 政治요 王道政治에 다름 아니다.

> 그 規模와 베푸는 方法으로 말하면 또한 반드시 먼저 定한 것이 있습니다. 무엇으로 말할까 하면 道밖에 物이 없고 마음밖에 일이 없으니, 그 마음을 지니고 그 道를 펴 나가면 仁이 되어 하늘의 봄 기운과 같이 萬物이 仁으로 길러 내는 데 이를 것이며, 義가 되어 하늘의 가을 기운과도 같이 萬民이 義로 바르게 하는 데 이를 것입니다. 禮와 智도 또한 天理에 극진하지 않음이 없게 되어서 仁義禮智의 道가 天下에 서게 되면 國政을 하는 規模와 施設에 무엇을 여기에 더할 것이 있겠습니까?[209]

仁義의 정치의 구체화가 왕도정치이다. 패도정치는 부국과 강병의 효과를 쉽게 가져올 수 있다. 그러나 실용적인 것을 우선시 하다 보면, 仁義가 있는 줄은 아예 잊게 되고 利欲에 물들기 쉬운 백성들이 더욱 이전투구식으로 이익의 노예가 되고, 종국에는 나라에 망조가 들기 십상이다. 그러나 仁義에 의한 정치는 功效를 가져오는 것은 늦지만, 길게 보면 이것이 나라의 治平을 가져오는 길이라 보는 것이 조광조의 왕도정치요, 至治主義 정치이다.

---

209) 같은 책, 권 2, 「謁聖試策」, "其規模設施之方, 則亦必有先定者. 何以言之, 道外無物, 心外無事. 存其心 出其道, 則爲仁, 而至於天之春, 而仁育萬物. 爲義, 而至於天之秋, 而義正萬民. 禮智亦莫不極乎天, 而仁義禮智之道, 立乎天下, 則爲國之規模設施, 何有加於此耶."

霸道라는 것은 비록 富國과 强兵의 效果를 쉽게 이룰 수 있다 할지라도, 어찌 仁義의 道를 회복시킬 수 있겠습니까? 王道를 행하는 것이 비록 그 功效를 빨리 볼 수는 없다고 하지만, 이를 점차 오래도록 행하게 되면 크게 이루어지는 것이 있을 것입니다.[210]

만약에 利欲의 根源을 통절히 막지 아니하면, 곧 利欲은 사람이 쉽게 빠지는 바라, 반드시 차마 말못할 일이 있게 될 것입니다.[211]

利益이 있는 것을 알되 仁義가 있는 것을 알지 못하니, 이런 태도를 習俗化하면, 장차 어느 지경에 이를지 모르겠습니다. 염려가 여기에 이르니 생각을 일으키지 않을 수 있겠습니까?[212]

그래서 조광조는 민생의 衣食住 문제를 먼저 해결하고, 그 다음에 남는 餘力으로 정신혁명을 일으켜서 堯舜之道를 결행하는 것을 반대하고 있다. 오히려 그는 정신혁명의 기반 위에서, 실용적이고 실사적인 민생 문제를 해결해야 한다고 본다.

백성의 생활에 衣와 食이 이미 충분하고, 모든 일이 제대로 된 다음에 古禮를 행하려 한다면 그것은 너무 늦습니다. 대저 힘써 古道를 행하고 保民으로써 근본을 삼는다면 타당합니다.[213]

그러나 조광조가 주장하는 王道의 실현이 모든 경제적 조건을 뒷전

---

210) 같은 책, 권 4, 「元子輔養官時啓」 2, "霸者, 雖易治國富兵强之效, 豈復有仁義之道乎. 行王道, 雖未見朝夕效, 悠久而大成矣."

211) 같은 책, 권 2, 「兩司請改正靖國功臣啓」 1. "若不痛塞利源, 則利欲人所易陷, 必有不可忍說之事矣."

212) 같은 책, 권 2, 「不從改正功臣事辭職啓」 2. "知有利而不知有仁義, 以此成俗, 將無所不至, 廬至於此, 豈不動念乎."

213) 같은 책, 권 3, 「侍讀官時啓」 11. "民生衣食旣厚, 凡事畢擧而後, 欲行古禮則緩矣. 大抵力行古道而以保民爲根本則可矣."

으로 돌리는 맹목적인 것이 아니다. 맹자도 無恒産이면 無恒心이라 했거니와, 특히 利欲의 난투극으로 흐르는 것을 막기 위해서도 올바른 경제적 기초는 중요한 것이었다. 이러한 관점에서 조광조는, "帝王이 세상을 다스림에 있어서, 백성의 생활을 후하게 하려면 모름지기 貢賦와 軍額의 두 가지를 적절하게 하여야 한다."[214] 또한 "옛 사람이 말하기를 '節用而愛人'이라 했는데 이는 참으로 萬世의 법칙이다. 지금 국가의 경비가 대단히 많아져서 그 공물과 납세를 감하지 못하니 모름지기 그 경비를 감소해 주어야 백성을 사랑하는 도리를 다하는 것"[215]이라 하여 당시의 정치기강의 문란과 함께 혼탁한 사회질서를 바로 잡고자 민생을 바탕으로 한 稅制改革을 주장하였다. 이는 당시 왕실의 퇴폐풍조와 防納制의 폐단이 극에 달하여 공물에 대한 백성의 부담이 누증되었기 때문이며, 무엇보다 백성에 대한 敎化의 기본 조건이 민생의 안정에 있었기 때문이었다.

經世致用보다 道理興隆을 우위에 두는 조광조의 사회윤리적 관점은 그의 主理論的 세계관에서 볼 때 이미 예견된 것이었다. 그러기에 조광조의 도학적 개혁정치는 원칙(道)에 입각한 강력하고도 급진적인 제도개혁의 실천운동으로 나타났던 것이라 할 수 있다. 즉 각종 구습의 타파, 현량과의 설치, 소릉복위, 무오·갑자사화의 피해자 복권, 신씨복위, 위훈삭제 등은 그 실천의 대표적인 사례들이었다. 김형효는 이상과 같은 조광조의 道心一體, 君民一體의 철학을 "道學사상에 있어서 根本主義(radicalism)의 신앙"이라고 그 성격을 규정하고 있다. 그의 논평을 보자.

---

214) 같은 책, 권 4, 「元子輔養官時啓」 3. "帝王之御世, 欲厚民生, 則須使貢軍額二事得宜."
215) 같은 책, 권 3, 「侍讀官時啓」 7. "古人云, 節用而愛人. 此眞萬世之法也. 今國家經費, 甚多. 故未能減其貢賦, 須與大臣商議, 減其經費, 然後, 可施愛民之道."

　　우리의 이 근본주의 철학자는 맹자가 말한 '過化存神'의 정신을
본받아 道心에 의하여 모든 민중들을 진리의 세계로 歸一시키려고
하였다. 모든 사람들을 공통으로 가르치는 하나의 진리로써 나와
'하나'인 사람을 진리에로 인도하자는 그의 道學은 모든 사람들의
마음과 내 마음이 하나로 느껴져 '一之心感(한 마음으로 느낌)'의
세계를 이룩하자는 것을 겨냥한다. 이와 같은 그의 사상이 道根本
主義 또는 道歸一哲學이라고 하게 된다.216)

　'하나'로 귀일하는 道근본주의의 철학은, '하나'의 경직된 전체주의
이데올로기로 군민일체가 되도록 하는 것과는 거리가 멀다. 내 마음과
'하나'가 되는 自然之道, 天道는 그런 옹색한 이념을 낳는 道가 아니라
무한한 진리를 내포하고 그 진리를 인간들에게 낳아주는 어머니의 자
궁과도 같은 것이다. 어머니의 자궁은 모든 인류의 고향과도 같은 것
이기에 여기에는 사랑과 평화가 깃들어 있다. 따라서 네 마음과 내 마
음이 '하나'됨도 결코 '너와 나는 같다'로 읽혀서는 안 된다. 그것은 '너
와 나 모두가 한 어머니의 자궁에서 나온 형제다'로 해석되어야 마땅
하다. '너와 나는 같다'는 의식은 평등의 추상화에 다름 아니다. 여기에
는 무차별의 열광주의와 광란의 소용돌이가 몰아친다. 나와 같지 않은
너는 나의 敵이다. 적은 나와 동거할 수 없는 제거의 대상이 될 뿐이
다. 그러나 '네 마음이 내 마음'의 의식에는 따뜻한 '형제애'가 용솟음
쳐 흐르고 있다. 형제는 서로 다름과 동시에 같음이다. 여기에는 폭넓
은 관용과 사랑(仁)과 평화가 깃들어 있다. 조광조는 인간은 누구나
어머니의 자궁 속에서 느꼈던 사랑과 평화를 간직하고 이 세상에 태어
난다고 믿는다. 그것이 心之靈妙이다. 어머니의 자궁이 자연과 하늘로
은유되어 나타나고, 자연의 아들인 우리 모두는 형제라는 것이 조광조
의 생각이다. 모든 인류가 사랑의 마음을 회복하고, 형제애가 넘치는

216) 김형효, 「정암사상의 철학적 연구」, 앞의 책, 112쪽.

도덕의 나라를 만들어 보려는 것이 조광조의 道學思想이요 至治主義 철학이라 할 수 있다.

3) 도학적 이상세계의 정체성

조광조가 원칙론적 입장에서 尊理의 세계를 구축하려 했다면, 김안국은 主氣的 관점에 섰던 현실주의자인 것 같다. 김안국에게 있어서도 理는 인간에 내재된 도덕성이었다. 그러나 그는 선험적 도리를 추종하면서도 한 쪽 발은 경험적 실리를 겨냥하는 실학적 관점에 걸치고 있었다. 윤리 도덕의 존재의 의의는 자기만의 이익을 챙기는 것을 금하고 사회의 공익을 위하는 데 있다. 김안국에서 우리는 유교적 日用의 道가 성리학적으로 내면적 정신의 것이기에 추앙되어야 할 것이라기보다는 사회적으로 효용을 가져오고 공익을 가져오기에 더 중요시되어야 할 것임을 느끼게 한다. 이처럼 사회효용론적 관점에서 개인윤리를 정당화하는 김안국의 관점은, 그의 사회윤리적 입장을 검토할 때 더 명확하게 드러난다. 먼저 다음의 인용을 본다.

> 政治를 함에는 두 가지가 있으니 부양(養)과 교육(敎)인 것이다. 부양만 하고 교육하지 않는다면 백성들은 어리석어지는 것이니, 飽食煖衣하고 血氣에만 치우쳐서 天理와 人倫의 重함을 모르며, 利害의 所在에도 禮儀가 무엇인지 생각지 않는 것이다. 그래서 兄을 치고 부모를 辱보이며 못하는 짓이 없다. 이처럼 弱肉强食하면서 작당을 일으킨다면 비록 부양할 財物은 있다 하더라도 그것은 올바른 부양이 아니다. 한편 교육만 하고 부양을 하지 않는다면, 부모를 섬기고 자녀를 기르는데 財物이 없으니 먹고사는 데도 오히려 不足한데 어느 餘暇에 禮儀를 알겠는가? 그러므로 옛적 理想時代에는 養과 敎를 兩全하게 해서 하나만 偏重하지 않았던 것이다.[217]

---

217) 『慕齋集』, 卷 11, 「利川重修鄕校記」. "爲治有二, 養與敎而已. 養而不敎, 則

정치를 운용하는 두 가지 기둥은 養과 教이다. 사실 스스로 밝히고 있듯이, 이러한 김안국의 관점은 특별한 것이 아니다. 유교가 자리하는 일반론적 관점에 불과하기 때문이다. 『論語』에 보면, 공자가 衛나라에 갔을 때 제자인 冉有가 모시고 있었다. 이때 다음과 같은 대화를 하였다. 즉 공자가 위나라에 인구(庶)가 많음을 보고 놀라움을 표하였다. 염유는 그 말을 듣고, 인구가 그렇게 많을진대, 그 다음에 더 필요한 것이 무엇이겠는가를 물었다. 공자는 〈富하게 하는 것이다〉라 하였다. 그러나 염유는 다시 부유하게 한 다음에 더 필요한 것은 무엇인가를 물었다. 이에 공자는 〈사람들을 教化해야 한다〉고 말하고 있다. 맹자도 '無恒産'이면 '無恒心'이라 하여 教化의 전제로써 '無恒産'을 강조하고 있다. 맹자에게 있어 이것은 왕도정치 실현의 이론적 전제였다. 공자든 맹자든 둘 다 養과 教를 동시에 중요시하고 있다는 점에서 같이 가지만, 공자의 〈富裕하게 한 다음에 教育함〉과 맹자의 〈恒心을 위한 전제로의 恒産을 갖게 함〉 사이에는 많은 의미상의 차이가 있다. 단적으로 말해, 맹자의 경우 恒産은 恒心을 위한 최소한의 요건으로, 恒心을 유지할 수 있다면 그 이상의 富는 의미가 없는 것으로 해석될 수 있다. 恒心을 유지하는 것 이상의 富의 추구는 泥田鬪狗를 낳게 하고 物神의 숭배를 가져온다. 이러한 결과를 낳은 다음에 교육이란 의미 없다고 보는 것이 맹자의 생각이다. 그러나 공자의 경우는, 단적으로 말해, 백성들이 부유하게 될 수만 있다면 얼마든지 부의 축적을 하라는 것이 된다. 다만 그 부의 축적이 이전투구식이 아니라 합리적으로 이루어져야 한다는 것이다. 합리적인 방법으로 부의 추구를 하도록 하기 위해 백성들을 교육해야 한다는 것이 공자의 생각이라 볼 수 있다. 맹자의

民生蠢蠢, 徒知飽煖血氣之欲, 不知天理彝倫之重. 利害所在有不恤, 其禮義 之爲何物. 紾兄譟母無所不至. 弱肉强吞爲奸爲亂, 雖有養之之具有, 不得其 養者矣. 教而不養, 則仰事俯育之無具, 將救死猶恐不贍, 何暇於禮義哉. 故在 古盛時, 教養兩重未嘗偏務."

방법이 그가 주장했듯이 왕도정치의 사상이라면, 공자에게서는 어느
정도 실용적 패도의 사상도 깃들어 있다.

조광조는 전적으로 맹자의 편이었다. 그는 "백성의 생활에 衣와 食
이 이미 충분하고, 모든 일이 제대로 된 다음에 古禮를 행하려 한다면
그것은 너무 늦다."고 했다. 그러나 김안국은 "부양만 하고 교육을 하
지 않으면 백성들이 어리석어 지는 게 사실이지만, 그렇다고 교육만
하고 부양을 하지 않는다면 먹고살기도 어려운데 어느 세월에 禮儀를
알겠는가?"라고 반문한다. 그는 맹자보다는 공자와 생각을 같이 하고
있다. 조광조의 사회철학이 '至治를 위한 聖學'으로서 유토피아의 왕국
을 꿈꾸고 있다면, 김안국의 사회철학은 현실 속에서 울부짖는 백성들
을 위해 '養民과 牧民을 위한 實學'을 주장하고 있다. 이 점은 다음의
인용을 보면 더욱 분명해 진다.

> 임금이란 生民을 위하여 주인이 되는 것이니, 만일 백성에게 이
> 익이 있는 것이면 비록 자기가 가진 것을 덜어서 주는 것이라도
> 오히려 할만 하겠거늘, 하물며 山林川澤의 利는 조종조로부터 빈민
> 에게 주어 그 생업으로 하게 하였음에 입니까? (중략) 「易」에 '아
> 래서 덜어 위에 보태는 것을 損이라 하고, 위에서 덜어 아래에 보
> 태는 것을 益'(損下益上 謂之損, 損上益下 謂之益)이라 하였습니다.
> 대개 임금이 백성을 위하여 아래에 보태면 자연히 安富 尊榮할 것
> 입니다.(중략) 옛날의 국록을 먹는 집에서는 소와 양을 기르지 않
> 음이 있었고, 또 채소밭의 아욱을 뽑아버린 사람도 있었으니, 모두
> 백성과 더불어 利를 다투지 않으려는 것입니다.218)

---

218) 『중종실록』, 권 8, 중종 4년 5월 임인. "人君爲生民作主也. 如有利益於民,
雖損己之有, 以與之猶可爲也. 況是山林川澤之利, 自祖宗朝與之貧民, 以業
其生也. (中略) 易損下益上謂之損, 損上益下謂之益, 盖人君爲民益下, 則自
然安富尊榮矣. (中略) 古之食祿之家, 有不畜牛羊, 又有拔園葵者, 皆不與民
爭利也."

김안국이 얼마나 실용적 관점에 서려 했던가를 南溪의 『東儒師友錄』
은 다음과 같이 전한다.

> 그리고 還朝한 이후 어느 때 선생이 집을 짓고 있어서 瓦工과
> 物件代金을 계산하고 있었다. 그 때 마침 어떤 宰相이 방문하였다.
> 그러나 선생은 그를 뵙고 人事를 마치자 바로 瓦工과 계산을 하는
> 것이었다. 그런데 土木價가 얼마이며 人夫價가 얼마 運搬費가 얼마
> 등을 말하는 중에 그 재상이 가버렸다. 그러자 族人이 옆에 있다가
> 말하기를, "宰相이 왔는데 대화는 하지 아니하고 그 일만 보아서
> 되겠습니까!"라고 하니 선생은 말하기를 "내가 이렇게 하는 까닭
> 은 다만 한 집을 위함이 아니고 一國을 위하는 通用의 例이니, 만
> 약 내가 瓦工에게 속임을 당한다면 一國의 寡婦나 貧士가 장차 買
> 瓦를 할 수 없을 것이다. 마침 내가 일이 있을 때 재상이 왔으니
> 어찌할 수 없었다."라고 하였다.219)

이처럼 김안국이 牧民을 위한 실용적 관점에 서 있었기 때문에, 그
는 조정에서도 오로지 백성들의 삶을 죄는 장리의 혁파,220) 세금의 감
면221) 등을 주장하였고, 堤堰司를 설치222)하여 논에 물을 대는 이익을

---

219) 『慕齋集』, 「附錄, 諸書撮錄」〈東儒師友錄〉.
220) 『중종실록』, 중종 11년 4월 경오조에 다음과 같은 기록이 보인다. "장리
　　로 말하면, 국가에서 설지한 義倉이 봄에 방출히였다 가을에 거두니 公私
　　양편이 다 이롭다 할 수 있고, 가져간 것이 15말(斗)이면 받아들이기도
　　또한 15말만 하여, 이식이 없이 상환을 독촉하여도 오히려 백성이 싫어합
　　니다. 더구나 장리는 받는 이식이 매우 많아 侵虐함이 많은데, 백성이 어
　　찌 시달리지 않을 수 있겠습니까? 성상의 마음에 그런 폐단이 있음을 모
　　르신다면 모르거니와, 만일 알고 계신다면 마땅히 시급하게 혁파해야 합
　　니다. 신이 아뢰고 싶었으나, 다만 직책이 言官이 아니기 때문에 감히 말
　　하지 못했습니다."
221) 『慕齋集』, 卷 9, 「議政府請減今年田租之半箋」 참조.
222) 『중종실록』, 중종 11년 7월 25일 경자. 이 제안이 제기된 다음 날 임금은
　　팔도의 관찰사들에게 다음과 같은 下諭가 있었다. "堤堰의 설치는 오로지
　　논에 물을 대는 이익을 위한 것인데 이득이 매우 크며, 修築에 관한 규례

취하자고 제언했던 것이다. 또한 그는 『農·蠶書』, 『辟瘟方』, 『瘡疹方』
등의 農書와 의약서적을 간행하여 보급했을 뿐만 아니라, 천문·지
리·음양서에서 幽編秘錄에까지 通曉하였다고 중종실록의 史臣은 전하
고 있다.[223] 그리고 이러한 바탕 위에서 김안국은 도학적 윤리질서의
정착을 위해 『朱文公家禮』, 『二倫行實圖』, 『呂氏鄕約』, 『正俗諺解』, 『小
學』을 보급하였고, 향약의 보급과 향교교육을 실천하였다.

　　조광조는 도심일체에 근거하여 君民一體의 도학정치를 주장하였다.
그리하여 그는 도학정치를 실현하기 위해 특히 임금과 정치주체들의
역할을 강조하였다. 至治가 실현되려면 무엇보다도 임금이 먼저 聖君
이 되어야 한다는 것이다. 김안국도 道學者인 한 이에 반대하지 않는
다. 그러나 그는 至治의 실현이 군왕이나 정치주체들의 역할로만 가능
한 것인가에 대해 의심을 갖는 것 같다. 어쩌면 그는 임금에게 聖君이
되기를 바라는 것 자체가 불가능한 것이라고 생각했는지도 모른다. 다
음의 인용들은 이를 뒷받침해 준다. 인용은 모두 그가 출제한 시험문
제에 나온 예문들이다.

　　가 법전에 실려 있는데, 요즘 有司가 버려두고 단속하지 않고, 수령들
　　도 餘事로 보아 게을리 하고 성의를 기울이지 않아서, 혹 侵占해 盜耕하
　　여 尺數가 줄고, 혹 단단히 쌓지 않아서 터지고 무너지는 일이 있게 되
　　고, 혹 沙土를 채우거나 이미 길을 만들었거나 터가 없어져서 名數가 脫
　　漏되며, 나무를 심거나 桶을 설치하는 일에 있어서도 법대로 하지 않으므
　　로, 가뭄을 만나면 백성이 그 혜택을 받지 못하니, 국가가 백성을 위하여
　　이로운 일을 일으킨 뜻이 아주 없다. 卿은 剛明한 수령을 가려 정하여 상
　　세히 測量하여 모두 舊法대로 독촉하여 修整하고, 경도 친히 살펴서 啓聞
　　하라. 대신 또는 어사를 보내어 摘奸하여, 만약에 제언의 元案과 조금이
　　라도 맞지 않으면, 수령뿐 아니라 경도 용서하지 않으리라."

223) 『중종실록』, 권 87, 중종 33년 7월 병신. "安國天資剛毅, 學問精博, 曉暢典
　　故, 練達時務, 綜緻周密, 於事無所遺, 至於山經地誌幽編秘錄陰陽醫佛之書,
　　無不究極其理, 一時事大表奏交隣書札, 皆出其手."

옛적에 節義가 고상한 선비로서 청사에서 길이 垂訓되어 백세의
후에도 그의 風을 듣는 자는 모두가 상상하면서 흥기한다. 그들의
사적을 따라 논해보는 것도 또한 학자들이 할 일이다. 堯帝가 '許
由'에게 천하를 양여해도 그가 받지 않았기 때문에 大舜에게 전하
였다. 許由가 만약에 聖人의 德이 없었다면 堯帝는 반드시 양여하
려 하지는 않았을 것이다. 舜은 바로 성인의 덕을 가지고서 요제로
부터 천하를 양수하여 사양하지 않았는데, 어째서 許由만은 독히
양여함을 받지 않았던가? 만약에 허유가 받지 않은 것이 과실이라
면, 요제가 양여하려던 것도 그 中道를 잃은 것이 아니었던가?[224]

經傳과 史記를 두루 보면 옛적 聖人의 事蹟에도 많은 의문점이
있는 것이다. 易經의 繫辭傳에는 '皇帝와 堯舜은 衣裳을 입고 가만
히 있어도 天下가 다스려졌다'고 하였으니, 황제가 하는 일이 없어
도 다스려졌다면 征伐하는 戰爭은 없어야만 될 것이다. 그런데 史
記에는 '皇帝가 炎帝와 더불어 판천의 들에서 전쟁을 했다'고 하였
으니, 제후들이 추대해서 천자가 되었다면 황제는 정벌로써 천하를
얻은 것이 되며, 따라서 정벌은 황제로부터 시작된 것이다.[225]

經傳을 역고해 보면 성현의 행사에도 의심할 점이 파다하다. 우
선 爵과 刑의 두 가지로 말해도 그렇다. 성인의 至明으로써 賢邪를
분변하는 데는 반드시 明鏡에 美醜가 비치는 것 같을 것인데, 四兇
(驩兜, 共工, 三苗, 鯀)은 堯帝때에 오래 재직하였으나 배척받지 않다
가 舜帝에 와서 제거되었다. 또한 武王과 주공은 三叔(管叔, 蔡叔, 霍

---

224) 『慕齋集』, 卷 10, 「雜著: 策題」. "古之節義高尙之士, 垂諸靑史, 百世之下聞
其風者, 莫不想象而興起焉, 因其述而論之亦學者事也. 堯讓天下於許由, 由
不受然後, 傳於舜. 許由苟無聖人之德, 則堯必不讓, 堯旣讓之, 則其有聖人之
德, 可知矣. 舜有聖人之德受堯之天下, 而不辭許由, 何獨讓而不受乎. 若以許
由之不受爲過, 則堯之讓無乃失其中乎."

225) 같은 책, 권 10, 「策題」. "歷攷經傳史記, 古聖人之事, 多有可疑者. 易繫辭
云, 皇帝堯舜*衣裳而天下治, 則皇帝無爲而治, 宜無征伐之事, 而史記稱皇帝
與炎帝, 戰于阪泉之野. 諸侯尊爲天子, 是則皇帝以征伐得天下, 征伐自皇帝
始矣."

叔)에게 형제되어 어려서부터 클 때까지 함께 살았으니, 그들의 성
행이 나쁘다는 것을 모를 리가 없었을 터인데 商나라를 정벌한 뒤
에 같이 상나라를 지키게 하고, 또한 그것을 미봉해서 그들의 죄악
이 萌動하기 전에 방지하지 못해서 마침내 叛亂을 해서 동기간에
斬刑을 가하여 후세에 구실을 만들었던 것이다.[226]

聖人도 中道를 잃을 수 있고 그래서 성인의 行事에도 이해할 수 없
는 일이 있을 수 있다. 이러한 聖人觀은 유교적 전통의 관념을 깨는
것이다. 성인도 사람이다. 사람인 이상 그도 氣質의 稟受없이 태어날
수 없다. 물론 성인은 氣 중에 가장 맑고 뚫린 淸明하고 正通한 氣를
稟受받았다. 그러나 그것도 氣는 氣이다. 氣質은 항상 물질의 유혹에
예민하다. 까딱하면 청명한 氣의 용사도 유혹에 휘말려 흐려질 수 있
다. 이 때문에 김안국은 성인의 行事도 中道를 잃을 수 있다고 생각하
는 것이다. 따라서 김안국에게 있어, 완벽한 聖人이란 '존재 넘어'에나
있을 수 있는 것이지 현실 사회에서는 존재하지 않는다. 이처럼 성인
은 현실적으로 존재할 수도 없는데, 임금을 聖君으로 만든 다음에 君
民一體가 되는 至治를 이루어 나가겠다는 조광조적 생각은 너무나 이
상적이고 순수한 발상이라고 김안국은 생각하는 것이다.

특히 조광조적 발상이 너무 추상화되고 고착화될 때, 사고의 유연성
이 사라지고 급진적이고 과격한 행동을 가져온다. '네 마음이 내 마음'
이라는 형제애가 '너와 나는 같다'라는 평등주의적 열광주의로 흐른다.
이때 따뜻한 형제애의 관용정신은 사라지고, 흑백논리식 사고의 경직
을 가져온다. 나와 다른 너는 敵이다. 常道가 아닌 權道는 용납될 수

---

226) 같은 책, 권 10, 「策題」. "歷考經傳, 聖賢行事, 多有可疑點. 以爵刑兩事言
之, 以聖人之至明, 其於賢邪之辨, 當如鑑照姸*, 而四兇久立堯朝, 不見作廢,
至舜後去之. 武王周公之於三叔爲之兄弟, 自幼及長日與同處, 宜無不悉其性
行之無狀, 而克商之後, 同命監殷, 又不能彌縫防杜, 消惡於未萌, 卒成叛亂,
乃至加刑慘於同氣, 使後世得以籍口."

없다. 김안국은 조광조적 발상의 이러한 점을 우려하였다. 조광조 등이 義理와 常道만을 내세우며 훈구공신들을 몰아내기 위해 과격하고도 급진적인 방법으로 僞勳削除를 추진하려 했을 때, 김안국은 이미 다가올 폭풍의 회오리를 직감했던 것이 아닌가 한다. 그래서 그는 조광조 등과 정치적 목표를 같이 하면서도 그것을 달성하는 방법상에서 처신을 달리하였다. 그는 솔직히 과단성 없는 中宗 임금의 聖君的 資質에 회의를 가졌고, 그가 聖君이 된다 하더라도 至治로 이어질 것이라는 낙관적인 견해에도 동조하지 않았다. 그래서 그는 중종을 성군으로 만드는 것보다, 당장 현실 앞에 놓여진 민생들의 아픔을 달래고 권력에 의해 저질러지는 폐해를 줄여 나가는 것을 더 중요하고 위급한 일로 생각하였다. 이를 바탕으로 하여 늦지만 교육을 통해 백성들을 교화해 나가는 점차적이고 온건적인 방법에 의해 至治를 달성해 나갈 수 있을 것으로 보았던 것이라 할 수 있다.

조광조는 '道根本主義'를 숭배하여 유토피아와 도덕의 나라를 꿈꾼다. 이 도덕의 나라는 모든 구성원이 道와 내 마음이 하나 된 心之靈妙를 가지고 있음을 전제하고, '네 마음이 곧 내 마음'이라는 형제애에 근거할 때 이룩될 수 있다. 이것이 모든 유자들이 꿈꾸는 이상향으로서의 堯舜之治의 사회이다. 堯舜之治가 어떠했는가? 맹자적 방법이 王道政治이고 조광조적 방법이 至治主義의 정치이다. 至治의 공동체에서 구성원들은 모두 서로 형제이다. 한 어머니의 자궁에서 나온 형제들은 서로 같음과 동시에 다름이다. 같음이기에 君民은 一體다. 그러나 다름이 있기에 勞心者와 勞力者로 나뉘고 君과 民으로 나뉜다. 같음이면서 다름이기에 '나뉨'은 어디까지나 기능적 분화일 뿐이다. 勞力者는 생산에 힘써 勞心者를 먹여 살려야 하고, 勞心者는 勞力者들이 생산함에 어려움이 없도록 정치를 잘 해야 한다. 그런데 無恒産이면 無恒心이다. 恒心이 유지되지 못할 때 형제애가 흐르는 至治의 공동체는 금이 갈

수밖에 없다. 따라서 勞力者들이 恒産을 가질 수 있도록 하는 勞心者
들의 정치는 至治의 공동체를 유지할 수 있느냐 하는 관건이다. 특히
勞心者의 대표격인 왕은 聖君이 되어야 한다. 聖君은 心之靈妙의 화신
이다. 心之靈妙의 道에 바탕을 둔 정치는 仁義의 정치다. 그것은 인의
를 행하는(行仁義) 정치가 아니라 인의로 말미암아(由仁義) 행하는 정
치이다.[227] 行仁義의 정치는 인의의 효용성 때문에 억지로 그것을 행
하려는 것이라면, 由仁義의 정치는 이미 내 마음에 함장되어 있는 본
성의 자연스런 표출이다. 전자가 결과론적이라면 후자는 동기론적이다.
그러기에 조광조는 恒産의 정도를 넘어 부국강병을 우선시하는 패도적
정치를 반대했다. 부국강병한 다음에 仁義를 행하라는 결과론적 접근
은 백성들에게 이미 물욕의 달콤함에 中毒들게 해놓고 이제 그 맛을
버리라는 것과 다름 아니다. 그러면 이미 때는 늦다. 이제 와서 물욕의
중독에서 벗어나 仁義를 행하라는 도덕적 언명은 공허한 메아리로 남
을 뿐이다. 따라서 물욕에 중독되는 것을 처음부터 원천적으로 차단해
야 하는 것이다. 그것이 인의로 말미암아 행하는 정치다. 心之靈妙의
화신인 聖君이 인의로 말미암은 정치를 할 때 비로소 백성들의 心之靈
妙도 각성된다. 이때 형제애가 넘쳐흐르는 至治의 공동체는 열린다. 그
야말로 君民, 民民 모두가 형제다.

그러나 김안국은 이러한 조광조적 발상이 너무 이상적이고 낙관적인
것이라 생각했다. 그는 조광조의 생각처럼 군왕이 聖君이 되어 준다면
다행스런 일이지만, 모든 왕이 聖君이 될 수 있을 것이라는 낙관적인 기
대를 하지 않는다. 聖君的 資質을 가진 후계자가 왕이 된다면 다행스런
일이지만, 제도적으로 세습되는 왕위계승체제하에서 모든 왕의 후계자
가 성군적 자질을 지니고 있을 수도 없는 노릇이다. 나아가 설사 성군이
지배한다고 하더라도 그것이 곧 至治의 공동체를 보장할 것이라는 생각

---

227) 『孟子』, 「離婁下」. "舜明於庶物, 察於人倫, 由仁義行, 非行仁義也."

도 김안국은 포기한다. 그래서 그는 먹고살기도 힘든 백성들이 어느 세월에 禮儀를 알며, 먹고사는 문제도 해결해 주지 못하는 聖君이 무슨 의미가 있느냐고 반문한다. 오히려 김안국에게 있어서 성군이란 백성들의 삶을 윤택하게 해주는 왕이다. 仁義의 도덕도 삶을 윤택하게 하기에 필요한 것이다. 仁義로 말미암아 하는 정치가 백성들에게 형제애를 가져다 줄지는 모르나, 삶을 윤택하게 해 주지는 못한다. 至治의 공동체도 부국 강병을 전제로 한 다음에 가능한 것이다. 내 가족도 먹여 살리기 힘든데 언제 남은 부모와 남의 자식을 나의 부모와 나의 자식처럼 돌볼 겨를이 있겠는가? 따라서 大同의 사회는 나의 부모와 나의 자식이라도 돌볼 수 있는 小康의 사회를 거쳐서 가는 것이다. 사해동포적 형제애는 가족 내적 형제애를 발판으로 확대되어 가야 한다.

그러나 조광조와 김안국은 철학자들이라기보다는 도학의 실천가들로 등록된다. 두 사람은 모두 道學을 현실에 실천하여 至治社會를 건설하는 것을 목표로 하였다. 〈왕정운영의 도학화〉와 〈사회질서의 도학화〉는 지치사회 건설의 양 날개였다. 이 목표를 달성하는 데 있어서 둘은 실천운동의 동지였다. 다만 그 실천의 우선순위와 방법을 생각함에 있어 둘은 인식을 달리하고 있다. 이상의 논의가 변별성을 부각시키는 방향으로 전개되었지만, 더 이상 차이를 부각시킬 필요는 없다고 생각한다. 조광조가 그 이상정치의 주체로 임금의 마음을 강조하고 있지만 궁극적 목표는 백성을 위한 것이요 백성을 보호하는 것이다. 김안국이 養民과 牧民을 강조하고 있지만 이를 위해서도 임금이 聖君이 되어야 한다는 데 반대하지 않는다. 길은 다르지만 목적지는 같다. 한마디로 도학적 윤리공동체의 실현은 '民本'을 근본 원리로 삼는 정치가 이루어질 때 가능한 것이다.

3. 교육사상의 본질과 그 실천적 전개

1) 『小學』교육의 전통과 그 근본 목적

조광조, 김안국 등의 중종대 신진 사림세력들은 도학적 윤리공동체의 구현을 위해 각종 제도의 개혁에 못지않게 교육적 방안을 매우 중시하였다. 도학적 윤리공동체는 무엇보다 도학이념에 대한 구성원들의 이해를 바탕으로 하는 것이라는 점에서, 오히려 교육이야말로 그 어떤 개혁운동보다도 더욱 중요한 의미를 갖는 것이었다. 김안국이 "정치를 함에는 두 가지가 있으니 부양과 교육"이라 했듯이, 유자들에게 있어서 교육은 정치의 핵심적 수단이었다.

맹목적인 기능의 주입이 아니라, 진정한 의미의 교육이 가능하려면 우선적으로 인간의 지적, 도덕적 능력의 보편성이 확보되어야 한다. 이 점에서 중종대 사림들은 가장 기본적인 교육의 가능조건을 확보하였다. 그리고 도학이념 구현의 양대 목표, 즉 〈왕정운영의 도학화〉와 〈사회질서의 도학화〉를 생각할 때, 교육도 그러한 목표의 달성을 위한 구체적 방안으로 모색될 가능성이 있는 것이다. 우선 전자와 관련해서 사림들은 도학의 연마를 治者의 가장 중요한 조건으로 내세우면서 군왕의 聖君的 자질의 연마와 신료의 賢相的 자질의 함양을 매우 강조하였다. 도학으로 무장된 聖君과 賢相이 만난다면 至治의 실현은 修己의 자연스러운 功效로 나타난다는 것이다. 그리하여 그들은 經筵이나 諫諍을 통해 군왕에 대한 도학교육을 강화하는 한편, 과거시험에 도학적 요소를 도입하고 성균관의 도학교육을 강화해 나갔다. 그리고 후자와 관련해서 사림들은 교육은 풍화의 본원이라는 인식하에 향교교육을 강화해 나가는 한편, 주목공가례·삼강행실·이륜행실의 보급, 소학교육의 장려, 향약의 보급 등에 적극적인 노력을 기울여 나갔다. 특히 이 중에서도 도학교육에 가장 근본이 된다고 생각한 『小學』교육에 공통된 관심을 보여주었다. 즉, 적어도 중종대 신진사림들에게 있어 도학의 입문서로서 『소학』은 일반백성이나 지도층을 가리지 않고 가장 먼저 습득해야 할 핵심적 교과였던 것이다.

말할 필요도 없이 『소학』은 유소년을 위한 교재이다. 주자가 말하는 소학교육의 단계는, 미성숙한 개인이 사회의 문화적 전통에 처음 입문하게 되는 단계로, 윤리적 행위규범의 실천을 위한 교육을 통하여 개인의 도덕적 품성을 함양하는 것을 목표로 한다. 그래서 이 단계에서의 교육과정은, 일상생활의 일을 처리하는 방법, 즉 灑掃應對進退之節과 孝悌忠信의 덕목과 愛親·敬長·隆師·親友의 道를 배우는 것으로 되어 있다. 이러한 교육내용은 모두 일상생활의 실천적 행위를 위한 현실적 도덕규범이라 할 수 있거니와, 그러한 교육내용들을 담고 있는 교재가 바로 『소학』이었던 것이다. 그러기에 『소학』은 조선의 유자들에게 있어서도 단순히 유소년을 위한 교과로만 인식되어 왔다. 그래서 선초부터 『소학』이 四部學堂과 鄕校의 기초과목으로, 성균관에 입학을 위한 生員試의 시험과목으로 포함시키면서까지[228] 그것을 학습하도록 유도하였지만 만족스런 결과를 얻지 못했던 것이다. 사부학당의 학생들은, 『소학』이 어린아이가 배우는 것이라 하여 평소 강독하지 않다가 성균관 升補試에 임박해서 대충 습득할 뿐이고,[229] 지방의 유생들은 생원·진사시를 보기 위해 마지못해 읽는 정도였다.[230]

『소학』에 대한 새로운 인식을 하게 된 것은 이른바 사림파의 등장으로 비롯되었다고 할 수 있다. 선초부터 『소학』의 중요성을 주장하고 정책적으로도 그것의 교육을 유도했지만 결국 실패한 데는 그만한 이유가 있었다. 특히 세조의 왕위찬탈 이후 훈척세력은 더욱 권귀화해 가고 지방관들의 탐학은 높아만 가고 있는 가운데 학생들에게 현실적

---

228) 『태종실록』, 권 13, 태종 7년 3월 무인.
229) 『세종실록』, 권 73, 세종 18년 윤 6월 경인.
230) 『세종실록』, 권 43, 세종 11년 3월 무진.

사회분위기와 다른 내용을 담은 『소학』의 강독을 강요한다는 것은 그 실패가 충분히 예견되는 일인 것이다.[231] 그러나 그동안 재야로 밀려났던 지방사림들이 성종대를 계기를 중앙정계에 입문하게 되고 도학이념이 정당성을 얻어가게 되면서 『소학』은 가장 중요한 도학의 실천서로 주목되기에 이른다. 특히 '小學童子'를 자처하며 일생을 『소학』공부에만 바쳤던 金宏弼은 중종대 사림의 小學 인식과 관련하여 주목되어야 할 인물이다.

김굉필은 그의 스승인 金宗直으로부터 "진실로 학문에 뜻을 두려면 마땅히 이 책에서부터 시작해야 한다."는 권면을 받은 이후로 30세가 될 때까지 『소학』을 손에서 놓지 않았다고 한다. 그러면서 사람들이 혹시 時事에 대해 물으면 "소학동자가 어찌 대의를 알겠는가?" 하는 말로 대답하였다고 전한다.[232] 그리고 鄭汝昌·南孝溫·姜應貞·朴演 등은 小學契까지 만들어 조직적으로 도학적 윤리규범을 실천해 나가고자 하였던 것이다.[233] 물론 小學契까지 만들 정도로 조직적인 사림세력들의 소학 중시 사상은 결국 붕당으로 지목되고 두 차례에 걸친 사화(무오·갑자)를 자초하는 원인이 되기도 하였지만, 오히려 그것은 도학이념의 실천서로서 『소학』의 중요성을 더욱 정당화하는 꼴이 되었다. 이러한 분위기가 김굉필의 문하에 있던 조광조와 김안국 등에 의해 중종대 사림들에게까지 영향을 미친 것이라 할 수 있다.

『소학』은 이미 경국대전에 생원·진사의 시험에 家禮와 함께 필수로 講하도록 규정되어 있었다. 그러나 이 시험은 통과하지 못하는 사람이 거의 없을 정도로 형식화되고 있었다.[234] 그러던 것이 『소학』의 가치

---

231) 여기서 우리는 사회적 분위기가 학교의 도덕교육과 유리될 때, 그 교육적 효과가 떨어질 수밖에 없다는 것을 알게 된다. 특히 이 점은 오늘날 우리의 교육현장과 관련해서도 주목될 필요가 있는 것이다.

232) 『秋江先生文集』, 卷 7, 「雜著: 師友名行錄」(영인본, 서울: 彰文閣, 1979).

233) 위 책, 「姜應貞條」.

234) 朴連鎬, 「朱子學의 根本培養說과 朝鮮前期의 〈小學〉敎育」, 『淸溪史學』 2

가 재인식되면서 해이된 『소학』교육을 진흥하는 방안들이 중종 초에
신료들에 의해 건의되기 시작하였다. 중종 11년 1월 判尹 尹珣을 비롯
한 대신들이 東堂의 會講에서 『소학』을 강하도록 건의하였다.[235] 같은
해 11월에 司經 奇遵은 "『소학』을 배우려는 사람이 있어도 경박한 무
리들이 다투어 비웃기 때문에 꺼리고 강습하지 않는다."고 지적하고
사부학당의 童蒙學을 육성시킬 것을 건의하였다.[236] 참찬관 김안국도
같은 해 11월 4일에 "옛 사람의 말이 『소학』을 부모같이 사랑하고 신
명처럼 공경한다 하였는데, 放心을 거두고 덕성을 함양하는 데 이보다
좋은 것이 없습니다. 이제부터 민간과 學宮이나 中外로 하여금 모두
이를 숭상할 줄 알도록 한다면, 자연히 교화가 크게 흥기되어 『소학』
의 도리가 온 세상에 밝아질 것입니다."라 하고 있다.[237] 중종은 이러
한 건의들을 받아들여 11월 6일 『소학』교육의 필요성을 천명하고 그것
을 진흥하는 傳教를 예조에 내렸다.[238] 그리고 7개월 뒤 홍문관에서는
『소학』을 유생들의 학습서로뿐만 아니라 일반백성과 부녀자들의 교화
서로 확대 보급할 것을 건의하였다.[239] 그래서 중종은 8도 관찰사들에
게 더욱 興學에 힘쓰도록 하유하는 한편, 13년 7월에는 『소학』 1,300권
을 印刊하여 배포하기도 하였다.[240] 그리고 후에 김안국에 의해 諺解
本이 만들어지기도 하였다.

나아가 『小學』은 御講에서도 채택되어 정치지도이념의 역할로까지
심화되기에 이른다. 중종 12년 9월의 한 晝講에서 조광조는 "대사성
柳雲이 바야흐로 『소학』을 가르치므로, 館中·四學과 閭巷까지 온통

(淸溪史學會, 1985), 121쪽.
235) 『중종실록』, 권 25, 중종 11년 1월 정유.
236) 『중종실록』, 권 26, 중종 11년 11월 신사.
237) 『중종실록』, 권 26, 중종 11년 11월 신사.
238) 『중종실록』, 권 26, 중종 11년 11월 계미.
239) 『중종실록』, 권 28, 중종 12년 6월 신미.
240) 『중종실록』, 권 32, 중종 13년 7월 갑자.

이를 따르고, 경상도 관찰사 김안국이 도내의 선비에게 읽어 익히게
하니, 이제 상께서도 단연코 그것을 읽으시면 사림들이 듣고서 고무
진작되어 다스려지게 하는 바른 방도를 얻게 될 것입니다."고 하면서
군왕의 모범을 주장하고 있다. 그래서『소학』은 경연에서 강하게 되었
다. 이에 검토관 약빙은 한 晝講에서 "경연에서『소학』을 진강하는 것
은 아름다운 일"이라고 하자, 중종은 "『소학』을 모르는 사람들은 반드
시 어린이가 배울 글이라 하여 경솔히 여기고 또 그것을 배우는 사람
을 가소롭게 생각하니 참으로 괴이하다. 이것은 종신토록 배우고 평생
행할 것으로 이보다 더 좋은 것이 없다."고 말하고 있다.[241]

　이상과 같은,『소학』교육 진흥책은 비록 기묘사화와 함께 좌절을 겪
게 되지만 중종 13년에서 14년의 기묘사화에 이르는 사이에 그 효과를
나타내고 있었다. 조광조는 중종 13년 7월 夕講에서 "성균관에 들어가
서 보니 학교에 들어가는 사람은 다『소학』을 끼고 있었으며 읽는 자
가 또한 많아서 전에 이른바 '괴탄하다' 했던 것을 지금은 常例로 여기
며, 읽지 않는 자는 父兄이 그르게 여깁니다."라고 하여 성균관 유생들
의『소학』에 대한 태도변화를 알려주고 있다.[242] 또한 김안국은 지방
관찰사로 있을 때『소학』교육의 진흥을 위해 실천적 노력을 기울인 인
물이거니와, 이 점에 대해 尹殷弼은 晝講에서 "김안국은 경상도감사가
되었을 때 家家戶戶로 하여금 모두『소학』을 읽게 한 까닭에 그 道를
공부하는 이가 모두 그 책을 배우기를 즐겨하였다."고 전하고 있다.[243]

　그렇다면 그동안 유자들에게 동몽학으로만 인식되고 있었던『소학』
이 중종대 사림들에 의해 다시 주목되고 그것의 교육을 위해 그렇게
많은 노력을 기울인 까닭이 무엇일까?『소학』은 분명히 學童과 같은
初學을 위한 유학 입문서이다. 그러나 그것은 단순한 유학의 입문서가

---

241)『중종실록』, 권 31, 중종 12년 윤 12월 을유.
242)『중종실록』, 권 32, 중종 13년 7월 갑자.
243)『중종실록』, 권 32, 중종 13년 4월 무술.

아니라는 점에 유의해야 한다. 즉, 이것은 心術之要(마음가짐), 威儀之
則(몸가짐)을 비롯해서 五倫之道의 실천에 이르기까지 주로 律身的 修
己를 위한 입문서요 그 律身과 修己가 '爲己之學'을 지향하는 성리학의
存心 養性觀에 뒷받침된 性理學的 修己書인 것이다. 따라서 『소학』에
는 선진유가의 修行觀을 넘어선 성리학적 修身觀이 깃들어 있는 것이
라 할 수 있다. 그러기에 주자도 소학교육의 단계에서 이 『소학』을 핵
심교과로 삼았고, 그것이 끝났을 때 비로소 대학교육의 단계로 넘어가
야 한다는 '學不躐等'의 원칙을 강조했던 것이다. 말하자면 『소학』은
修齊治平의 '根本'이 된다는 생각이다.

> 옛날에 소학에서는 쇄소·응대·진퇴의 예절과 어버이를 사랑하
> 고 어른을 공경하며 스승을 높이고 벗과 친하는 도리로써 가르쳤
> 으니, 모두 훗날의 수신·제가·치국·평천하의 근본이 되는 것이
> 다.244)

'本'이라는 것은 항상 '末'과 함께 운위되는 것으로, 유가의 경전과
전술에는 本末에 관한 논의가 풍부하게 나타나고 있다. 이러한 本末論
理는 유가적 사고의 한 특징을 이루고 있거니와, 『소학』공부야말로 성
리학적 수양의 '本'에 속한다는 것이다.245) 그래서 『소학』공부를 통하
여 형성되는 성현의 기질은 이른바 '습관에 의해 도야된 心性'이며, 이
습관과 함께 지혜가 함께 자라며, 기질의 변화와 더불어 인격의 완성
에 이르게 되는 것이다(習與智長 化與心成). 중종대 사림의 『소학』중
시 사상도 이러한 本末論的 사고와 결을 같이 하고 있다.

---

244) 『小學』, 「小學書題」. "古者小學, 敎人以灑掃應對進退之節, 愛親敬長隆師親
    友之道, 皆所以爲修身齊家治國平天下之本."
245) 박연호는 『小學』공부의 이러한 점을 들어 '根本培養說'이라 하고 있다. 박
    연호, 「주자학의 근본배양설과 조선전기의 '소학'교육」, 앞의 글, 101쪽.

　　천하의 일은 일찍이 근본이 없던 적이 없고 말단이 없던 적도
없습니다. 그 根本을 바로잡는 것은 비록 현실에 맞지 않고 더딘
것 같지만 참으로 쉽게 힘으로 전환되고 그 말단을 구하는 것은
비록 절실하고 지극한 것 같지만 실상은 功이 되기 어렵습니다. 이
렇기 때문에 治道를 잘 논하는 사람은 반드시 먼저 本末의 소재를
밝힌 다음, 그 根本되는 것을 바로 잡습니다. 근본이 바로 잡히면
말단이 다스려지지 않을까 하는 걱정은 근심할 것이 없습니다.[246]

　이러한 관점에서 중종대 사림들은 『소학』공부를 도학의 기초로 삼았
던 것이다. 그럼에도 불구하고 한 가지 의문으로 남을 수 있는 것은, 왜
사부학당이나 향교의 학생들이 아니라 성균관이나 경연에서까지 『소학』
공부를 강조하게 되었는가 하는 점이다. 주자에게 있어서도 『소학』은 반
드시 소학교육 단계에서만의 핵심교과는 아니었다. 즉, '학불엽 등'의 원
칙을 의해 소학공부를 못한 사람은 대학공부에서 그것을 먼저 보충해야
한다는 것이 주자의 생각이었다. 왜냐하면 옛날에는 小學의 敎法이 있어
나이에 맞게 교육을 받을 수가 있었으나, 이제는 그 교법이 끊어짐으로
인해 많은 사람들이 소학공부를 하지 못하고 나이를 넘긴 사람들이 많
기 때문이다. 그는 '학불엽 등'의 원칙을 어겨 바로 대학공부를 하게 되
면 순서를 잃게 되어 '扞格不勝之患'이 생겨나고 根本이 서지 않아 종국
에는 道에 이르지 못할 것이라고 경고하고 있다. 그러나 한편, 나이 들
어 뒤늦게 소학공부를 하는 것도 또 다른 '扞格不勝之患'이 생겨날 수
있다. 전자가 순서를 잃음으로 인한 대학공부의 어려움에서 비롯되는 근
심이라면, 후자는 오히려 나이 들어 소학공부의 쉬움과 따분함에서 오는
근심일 것이다. 그래서 주자는 공부의 절차와 조목은 보완이 가능하다고
보고, 일찍이 정이가 말한 敬을 견지함으로써 소학공부의 결여를 보충하

---

246) 『靜菴集』, 卷 2, 「謁聖試策」, "天下之事, 未嘗無本, 而亦未嘗無末. 正其本
　　者, 雖若迂緩而實易爲力, 捄其末者, 雖若切至而實難爲功. 是以善論治者, 必
　　先明本末之所在, 而先正其本, 本正則末之不治, 非所憂矣."

면서 동시에 대학공부도 할 수 있다고 하고 있다.

주자의 견해에서 볼 때, 『小學』책은 반드시 소학단계에서만의 교과
는 아님을 알 수 있다. 나이가 들어 소학공부를 하려할 때 생겨난 우
려가 있는 '扞格不勝之患'을 없애면서 소학공부의 결핍을 보완해 주는
방법으로 居敬공부를 들고 있는 것으로 보아, 나이가 들어서도 『小學』
공부를 하라는 것은 책 속의 일용규범들을 공부하라는 것이기보다는
그런 것을 실천하려는 의지, 마음공부로서의 居敬의 자세를 공부하라
는 것으로 볼 수 있다. 결국 『소학』은 그것을 교육하는 대상에 따라
달리 읽혀질 수 있는 것으로 볼 수 있다. 즉 소학교육에서는 일상규범
을 내면화하는 교화서로, 대학교육에서는 마음의 근본을 배양하는 居
敬의 수신서로 볼 수 있다. 중종대 사림들이 사대부들 자신은 물론 군
왕에게까지도 『소학』공부를 강조한 것은 이러한 맥락에서 이해되어야
할 것이다.

2) 덕교육과 공부론의 단계적 究明

소학교육의 단계가 끝나면 비로소 대학단계의 교육으로 입문한다.
중종대 사림들은 주자가 주장했던 덕교육의 小學-大學階梯說에 대해
명확하게 인식하고 있었다. 이를테면, 司經 奇遵은 한 朝講에서 "사람
이 나서 8세가 되면 소학에 입학시키고 15세에는 대학에 입학시켜, 효
제와 몸을 닦고 사람을 다스리는 도리로 교도했기 때문에 인재가 많이
배출되고 풍속과 교화가 아름다웠습니다."라 하고 있고, 또한 같은 날
대사헌 金瑠도 "사람이 나서 8세가 되면 소학에 들어가고 15세에는 대
학에 들어가는 것이 본래부터 순서가 있는 것"이라 주장하고 있다.[247]
중종조차도 이점을 명확히 인식하고 예조에 다음과 같은 전교를 내리
고 있다.

---

247) 『중종실록』, 권 26, 중종 11년 11월 신사.

학교는 풍화의 근원이요 선을 시범하는 자리로서 敎學을 숭상하
는 대로 습속이 따르는 법이다. 옛적에 능히 君師의 책임을 다하는
제왕들이 교화를 신중히 하지 않은 이가 없었는데, 그러고도 지도
하여 이끌려고 塾・庠・序・學을 설치하였다. 대체로 사람이 8세가
되면 모두 소학에 입학시켜 灑掃・應對・進退하는 예절과, 어버이
를 사랑하고 어른을 공경하고 스승을 존경하고 벗과 친하는 도리
를 가르쳐 放心을 거두고 덕성을 양성하는 큰 근본을 세우도록 하
였고, 15세가 되어 대학에 들어가면 다만 소학에서 이미 성취한 공
부에 따라 순서있게 진보시켜, 이치를 궁구하고 마음을 바로잡고
몸을 닦고 사람을 다스리는 학술을 통달하도록 하였다. 어릴 때의
교양이 바르게 되어 이미 근본이 두터웠기 때문에, 선비들은 덕성
이 돈후하고 민중은 행실에 흥기되어 풍속이 순박하고 인재가 많
았었다.[248]

주자에 의할 때, 小學敎育의 단계가 미성숙한 개인이 사회의 문화적
전통에 처음 입문하게 되는 단계로 윤리적 행위규범의 실천을 위한 교
육(敎之以事)을 통하여 개인의 도덕적 품성을 함양하는 것을 목표로
하고 있다면, 大學敎育의 단계는 이들 도덕규범의 이론적 근거를 탐색
(窮理)하는 교육(敎之以理)을 주로 하여 인간의 도덕적 행위의 원리,
즉 全德(仁)을 터득케 하는 것을 목표로 하고 있다. 소학교육의 단계
를 마친 15~17세의 사람들은 대학교육의 단계로 나아가게 된다. 그리
고 '學不躐等'의 원칙에 의해 소학공부를 못한 사람은 대학공부에서 그
것을 먼저 보충하고 그것이 끝나면 본격적인 대학단계의 공부에 입문
하게 된다. 주자는 대학의 입학대상으로 군왕의 태자와 왕자, 공경대부

---

248) 『중종실록』, 권 26, 중종 11년 11월 계미. "學校風化之源, 首善之地, 敎學
所尙而習俗隨焉. 古昔帝王能盡君師之責者, 莫不謹於敎尙以導率之, 設爲塾
庠序學. 盖人生八世, 令入于小學, 敎之以灑掃應對, 進退之節, 愛親敬長, 隆
師親友之道, 使之收其放心, 養其德性, 以立其大本. 至于十有五而入大學, 則
特因小學已成之功, 順序而進以達夫窮理正心, 修己治人之術, 而已蒙養得正,
源本旣厚, 故士敦於德, 民興於行, 風俗淳美, 人材衆盛."

와 선비들을 비롯한 일반백성의 준수한 자제까지 포함하고 있다. 그러나 현실적으로 대학교육의 대상은 군왕를 비롯한 태자와 왕자들, 그리고 공경대부와 신료의 후보자들이었던 사대부들이었을 가능성이 높다. 어쨌든 大學敎育 단계의 교육과정은 도덕규범의 이론적 근거를 탐색(窮理)하여 인간의 도덕적 행위의 원리, 즉 全德인 仁을 터득할 수 있도록 하는 것들로 구성되고 있다. 주자는 '폭넓은 배움'의 커리큘럼을 주장하면서도 특히 이 단계의 기본 교재로 『대학』과 『근사록』을 중시하였다. 뒤에서 보겠지만, 중종대 사림들은 이러한 주자의 관점을 그대로 이어받고 있는 것으로 볼 수 있다.

3) '敎化'와 '敎學'의 덕교육론적 지향

중종대 사림들은 주자의 덕교육론에 대해 명확히 인식하고 있었다고 할 수 있다. 주자에게 있어, 小學단계의 교육은 미성숙한 개인이 사회의 문화적 전통에 처음 입문하게 되는 단계이다. 이는 윤리적 행위규범의 실천을 위한 교육(敎之以事)을 통하여 개인의 도덕적 품성을 함양하는 것을 목표로 하고 있다. 그리고 大學단계의 교육은 이들 도덕규범의 이론적 근거를 탐색(窮理)하는 교육(敎之以理)을 주로 하여 인륜의 원리, 즉 全德인 仁을 터득케 하는 것을 목표로 하고 있다. 그러나 중종대 사림들이 이러한 주자의 교육이론은 빌려왔다 하더라도 구체적인 교육내용이나 그것을 정당화하는 이론 틀까지 모두를 주자의 답습으로 보면 안 될 것이다. 도덕적 사회화 단계로서의 소학교육은 '문화적 전통'을 학생들에게 내면화하는 것이다. 여기에 주목할 때 이른바 중국의 문화전통과 조선의 문화전통은 다를 수 있고, 따라서 이 단계의 교육내용도 중국과 다를 수 있는 것이다. 그리고 앞의 1절에서 인간의 도덕적 능력의 보편성과 개별성을 설명하는 방식이 조광조의 경우와 김안국의 경우가 다르듯이 교육을 설명하는 이론 틀도 다를 수 있다. 즉, 조광조의 경우 主

理的 관점에서 인간을 설명했거니와, 교육도 같은 관점에서 설명하게 될
것이다. 그리고 김안국의 경우는 主氣的 관점에서 인간을 설명했고 교육
도 같은 관점에서 설명할 것이다. 이러한 점들을 우리는 뒤따르는 장에
서부터 구체적으로 살펴 볼 것이지만, 우선 조선전기 도학적 덕교육이
주자적 관점의 맹목적 답습이 아닐 것이라는 데 주목하여 교육용어부터
새롭게 검토해 보는 것도 의미가 있을 것으로 생각한다. 우리가 주자를
다룰 때 '사회화'와 '발달'이라는 용어를 사용했지만, 그것은 현대적 용어
이고 조선시대적 용어로 적절하게 표현될 수 있는 것이 없는지 검토해
볼 필요가 있는 것이다.

　유교경전과 문집, 조선왕조실록 등에서 자주 눈에 띄는 교육관련 용
어들을 유형화하여 제시하면, ①　修己而安百姓・成己成物・修齊而治
平・修己治人, ②　內聖外王・聖學・正君心・格君, ③　敎育・位育・敎
學・講學, ④　敎化・風化・儒化・敦化・敎人・德化・敎民・牧民・敎
誨・王化・正人心 등이다.[249] 사실 여기서 교육관련 용어라 하였지만,
이들을 반드시 교육용어로만 볼 수는 없다. 실천적 학문으로서의 유학
자체가 정치사상인 동시에 교육사상이라 할 것이기 때문이다. 조선시

---

249) 물론 이들 용어들은 이미 우리가 유교의 경전에서 뽑아왔듯이, 조선조에
　　서만 사용된 용어는 아니다. 다만 우리는 주자가 사용했던 용어와 구별하
　　여 조선조의 교육을 설명해 보려는 의도에서 용어 검토를 하고자 하는
　　것이다. 또한 이를 검토하는 현실적인 이유도 있다. 주자의 덕교육론에서
　　소학단계의 교육과 대학단계의 교육은 '소학'과 '대학'이라는 제도적인 학
　　교의 명칭이다. 그러나 이 논문의 경우 조선전기 도학적 덕교육론을 고찰
　　함에 있어서 교육은 반드시 제도적인 학교에서 이루어진 교육만을 지칭
　　하지 않는다. 제도적인 교육으로 '소학'을 향교교육으로, '대학'을 성균관
　　교육으로 볼 수 있겠지만, 이렇게 구분지어서는 의미 있는 분석을 하기가
　　현실적으로 어렵다. 따라서 이 논문에서는 주자가 소학 및 대학단계에서
　　의도하고 있던 교육목표와 대상 및 방법적 특성에 주안점을 두어 그 특
　　성을 드러내는 적절한 교육용어를 선택하여 사용하고자 한다. 뒤따르는
　　논의에서 보겠지만, 주자가 소학단계에서 의도했던 교육을 지칭하는 용어
　　로는 '敎化的 德敎育論'을, 대학단계에서 의도했던 교육을 지칭하는 용어
　　로는 '敎學的 德敎育論'을 사용하고자 한다.

대 유자들에게 있어서도 정치와 교육은 분리되어 있는 것이 아니었다. 이를테면, "풍속은 국가의 원기요, 교화는 국가의 급무이니 교화가 이루어지면 풍속이 후해지고 국가가 다스려진다."[250]라고 하는 것처럼 당시 儒者들에게 교육은 治道의 요체로 부각되고 있었다. 이러한 점과 아울러 고려되어야 할 것은, 이상의 용어들이 모두 儒者들에 의해 사용된 것들이라는 점이다. 현실적으로 조선시대에 있어 정치와 교육의 주체(이념집단)는 儒者인 사대부들이었다. 따라서 이들 용어들도 그들의 입장에서 특별한 대상을 염두에 두고 사용했던 것들로 이해된다.

①은 유자들 자신들을 향하여 썼던 비슷한 뜻의 용어들이다. 즉, 먼저 자신의 도덕적 품성과 지도자적 자질을 함양하여, 이를 바탕으로 국가에 나아가서는 백성들을 잘 다스리고 敎化한다는 것이다. 이것은 모든 유자들이 공통적으로 가졌던 기대였고 희망이었다. ②는 유자들이 君王을 대상으로 하여 사용했던 용어들로 이해된다. 內聖外王은 修己治人의 논리를 그대로 왕에게 적용한 용어이고, 나머지는 왕의 학문 내지 교육을 말할 때 사용한 용어들이라 하겠다. ③은 유자들 자신들을 위한 교육과 학문을 지칭할 때 썼던 용어로 이해된다. 끝으로 ④는 유자들이 혹은 왕이 불특정 다수인 일반백성들을 향하여 썼던 용어로 이해된다. 이렇게 이해할 때, 결국 이들 용어 중 ①·②·③은 유자들 자신이나 군왕, 즉 현실적인 사회의 지도층을 대상으로 하여 사용했던 학문 내지 교육을 지칭하는 용어이고, ④의 경우만이 불특정 다수인 일반백성들을 대상으로 한 통치나 교육을 지칭하는 용어였다고 볼 수 있겠다. 본고에서는 편의상 전자를 대표하는 용어로 '敎學'을, 그리고 후자를 대표하는 용어로 '敎化'를 사용하고자 한다. 이는 선행연구들이 이 용어를 사용해서 이미 익숙한 용어라는 측면 외에도, 주자의 소학교육의 단계와 대학단계의 교육론을 견주어 보는 용어로 가장 적절하

---

250) 『태종실록』, 권 19, 태종 10년 4월 갑진. "風俗國家之元氣, 敎化國家之急務, 敎化修則風俗厚, 而國家治矣."

다고 판단되기 때문이다.

유자들은 교육의 대상에 따라서 교육적 용어를 달리 사용하였다. 나아가 용어만 달리하였을 뿐만 아니라. 대상에 따른 교육목적과 방법까지 달랐던 것으로 이해된다. 이 점에 주목하여, 한 연구는 조선전기의 교육을 지배층을 위한 '敎育'과 피지배층을 위한 '敎化'로 정형화하고 있다. 그리하여 그는 두 교육활동 간의 차이점을 우선 그 방법상으로, "지배계급을 위한 교육이 주로 講經, 즉 서적을 중심으로 하여 이루어진다면, 일반서민들을 위한 교화는 구체적 사물이나 사건을 보고 듣는 것을 중심으로 하여 이루어졌다."251)고 전제하면서, "지배계급을 위한 교육은 개인의 도야와 수양에 목적이 있었지만, 교화의 경우 윤리규범의 수동적 내면화에 따른 저항의지의 소멸을 그 목적으로 하였다."252)고 보고 있다. 또한 다른 연구도 조선 초의 교육을 '교화'라 보면서, "선초 지배층이 교육을 국가권력을 유지 내지 강화하는 이념적·제도적 장치로 인식하였던 가장 근본적인 이유는 교육을 통해 윤리적 품성을 도야할 수 있으며, 도야된 윤리적 품성이 국가권력을 공고히 하는 데에 도움이 된다고 인식하였기 때문"253)이라고 주장한다.

그러나 두 연구의 관점은 서양교육학적 개념을 맹목적으로 조선시대 교육현상의 분석에 대입한 것이 아닌가 생각한다. 특히 정재걸이 '교화'와 '교육'으로 나눈 관점은 스눅(I. A. Snook) 등의 'Indoctrination'과 'Education'의 개념 구분254)을 그대로 원용하여 개념화한 것이 아닌가

---

251) 정재걸, 「조선전기 교화연구」, 위 논문. 9쪽.

252) 위 논문, 같은 쪽.

253) 김대용, 『조선 초기 교육의 사회사적 연구』, 앞의 책, 15쪽.

254) 스눅에 의하면, '인독트리네이션'은 ① 교사가 학생들에게 어떤 명제를 증거와는 상관없이 믿게 하려는 의도를 가지고 가르치는 것으로, ② 어느 정도 권위와 통제를, 그리고 ③ 장기간에 걸친 작업을 의미한다. I. A. Snook, *Indoctrination and Education*(London and Boston: Routledge and Kegan Paul, 1972), p.1: p.47. 또한 스마트(Patricia Smart)에 의하면, "인독트리네이션은 우리들이 도덕적으로 부적당하다고 생각하는 교수

한다. 그리고 이들이 조선시대 교육현상을 분석하는 데 원용하고 있는 연구시각은 알뛰세르(L. Althusser)의 이데올로기론이다. 그래서 그들은 조선조 정치를 '지배-피지배'라는 이항대립의 관계로 설정하고, 교육을 국가권력의 재생산을 위한 지배장치로만 해석하는 측면이 강하다. 이러한 시각설정이 조선시대 교육을 '인독트리네이션'으로 보든지, '인독트리네이션'과 '교육'으로 구분하는 결과를 가져왔고, 특히 '교화'를 인독트리네이션과 등치시켜 개념화하게 되었던 것이라 할 수 있다. 조선시대에 있어 정치와 교육의 주체가 지배층인 儒者들이었음은 의의를 제기할 수 없을 것이다. 이러한 점에서 두 사람의 주장은 일면 많은 공감을 불러일으킨다. 그러나 과연 조선조의 '교화'가 "윤리규범의 수동적 내면화에 다른 저항의지의 소멸"과 "국가권력의 공고화"에만 있었던 것일까?

연구자는 '교화'개념을 '인독트리네이션'과 등치시켜 이해하는 것이 적절치 못하다고 생각한다. 정재걸도 어느 정도 시인하고 있듯이, '교화'라는 용어는 누가 사용하느냐에 따라 뉘앙스가 조금씩 달라지고 있다. 이를테면 군왕이 사용할 때 교화의 대상은 왕 자신을 제외한 모든

방법을 통하여 우리들이 의심하는 敎條를 전달하는 것으로 기술될 수 있다."고 하고 있다. Patricia Smart, "The concept of Indoctrination", in Glenn Langford and D. J. O'connor(eds), *New Essay in the Philosophy of Education*(London: Routledge & Kegan Paul, 1973), p.33. 여러 학자들의 의견을 종합해 볼 때, 대체로 '인독트리네이션'이란 가르치는 방법이 증거를 제시함이 없거나, 가르치는 내용이 불확실할 때 혹은 교사의 의도가 학생들의 입장과 상관없이 어떤 것을 믿게 하거나, 이로 인해서 바람직하지 않은 결과를 낳게 할 때를 의미하는 것으로 볼 수 있다. 그런데 아직도 '인독트리네이션'(indoctrination)의 우리말 번역을 '敎化'라고 하는 경우가 있어, 종종 두 개념을 혼동하고 있는 경우들이 있다. 예컨대, 윤팔중은 스눅의 책을 우리말로 옮기면서 책명을 『敎化와 敎育』이라 하고 있다. 尹八重, 『敎化와 敎育』(서울: 배영사, 1993년 중판) 참조. 그러나 뒤따르는 논의에서 보겠지만, 연구자는 '인독트리네이션'과 우리 전통의 '敎化'개념을 다른 것으로 본다.

사람이고, 유자들이 사용할 때는 역시 그들 자신을 제외한 불특정 다수의 民을 대상으로 하는 경우가 많다. 이렇게 볼 때 교화는 오히려 교육일반을 지칭하는 말이라고 할 수 있을 정도이다. 따라서 '교화'개념을 사용할 때는 엄격히 그 범위와 내용을 제한해서 써야 할 것으로 본다. 주자의 덕교육론을 감안하여, 이 연구에서는 소학교육의 단계를 지칭하는 조선조적 용어로 '교화'개념을 사용하고자 한다. 따라서 교화의 대상은 아직 덕성 발달이 미숙한 유소년이거나 교육적으로 열악한 환경에 있었던 일반백성들이다. 그리고 교육방법론에 유의할 때, 교화는 맹목적인 이념의 주입을 뜻하는 '인독트리네이션'이 아니라, 도덕적 문화전통을 후대들에게 전수하는 '도덕적 사회화'개념에 가까운 것으로 보고자 한다.

다음으로 주자의 대학교육의 단계를 지칭하는 조선조적 용어로는 '敎學'을 사용하고자 한다. '敎育'이라는 용어를 쓸 수도 있지만,『說文』의 글자풀이 그대로 그것은 '윗사람이 베풀어 아랫사람을 육성하는' 교사 중심적인 개념으로 이해될 뿐만 아니라, 보통명사로서 교육일반을 지칭하는 경우와 구별할 필요가 있다는 점에서 적절치 못하다. 그리고 '講學'은 講하는 주체가 교사일 수도 있고 학생일 수도 있다. 일반적으로 우리가 교육의 장을 생각할 때 교사와 학생의 구분은 명확히 있어야 한다. 주자의 대학교육의 단계에서도 교사의 역할이 어떤가 하는 점은 소학교육의 단계와 다르더라도 교사는 분명히 있었다. 이러한 점에서 교사가 명확치 않은 '講學'도 적절한 용어가 되지 못할 것 같다. 한편, '敎學'은 본래 가르치고 배우는 일의 통칭으로써 교육일반을 뜻하기도 하지만, 대학단계의 교육을 지칭하는 용어로 가장 적절할 것 같다. 일단 '敎學'은 가르치고 배우는 자의 구분이 명확하다. 특히 '敎學'은 '敎學相長'에서 따온 말로서, 최봉영에 의하면 교사는 일방적으로 이끌어 가는 것이 아니라 학생들과 함께 나아가는 사람으로서 가르치며 동시에 배우는 것을 뜻한다. 즉 교사의 역할이 일방적인 것이 아니

라 스승과 제자가 더불어 노닐며 공부하는 형태로 가르치고 배우는 것
이다.255)

以下에서는, 소학단계의 덕교육론를 지칭하는 조선조적 용어로는 '敎
化的 德敎育論' 혹은 '교화론'을, 대학단계의 덕교육론을 지칭하는 용어
로는 '敎學的 德敎育論' 혹은 '교학론'을 사용하고자 한다. 주자의 덕교
육론에서 '소학'과 '대학'은 제도적인 학교교육의 명칭과 단위를 의미했
었다고 할 수 있다. 그러나 이 연구에서 조선조의 도학적 덕교육론을
정초함에 있어서 교육은 반드시 제도적인 교육만을 의미하지 않는다.
이를테면, '소학'을 향교교육으로, '대학'을 성균관교육으로 볼 수 있겠
지만, 이렇게 교육의 범위를 한정지어서는 의미 있는 덕교육론을 정초
하는 데에 현실적인 어려움이 있다. 따라서 이 연구에서는 교육의 범
위를 제도적 교육에 국한하지 않고 넓게 보기로 한다. 그리하여 주자
가 소학 및 대학의 각 단계에서 의도했던 교육의 목표와 대상, 교육과
정과 교수방법 등에 주안점을 두어, 각 단계의 교육적 특성을 드러낸
다고 판단되는 '敎化的 덕교육론'과 '敎學的 덕교육론'이라는 용어를 사
용하고자 하는 것이다. 따라서 '교화적 덕교육론'은 아직 도덕성의 발
달이 충분하지 못한 학습자들을 대상으로 하는 도덕교육론이고, '교학
적 덕교육론'은 도덕성의 발달이 어느 정도 이루어진 학습자들을 대상
으로 하는 도덕교육론이라 할 수 있다. 앞에서 보았듯이, 중종대 사림
들은 두 교육론의 의미를 명확하게 인식하고 있었다. 당시 신분구조를
고려할 때, 사대부의 자식들에 대한 도덕교육은 교화적 교육의 단계를
거쳐 교학적 교육의 단계로 나아가는 절차를 밟았을 것으로 짐작해 볼
수 있다. 그러나 유자들에게 일반백성들은 자신들보다 도덕적으로 열
등한 위치에 있는 것으로 비쳐졌을 것이고, 따라서 그들은 항상 교화
의 대상으로 간주되었을 것이다. 반면, 군왕이나 신료들, 그리고 신료

---

255) 최봉영, 「조선시대 유학교육과 '敎學'의 의미」, 『교육사학연구』 제8집
     (1998), 10쪽.

의 후보군인 사대부들은 교화적 단계를 지났고, 교육을 받는다면 교학적 교육을 받아야 하는 대상으로 간주되었을 것이다.

3. 소 결

중종대 사림들은 그 설명방식이 어떻든 인간의 도덕적 능력의 보편성과 개별성을 분명하게 인식하고 있었다. 인간의 마음속에는 靈妙한 본성과 악의 가능성을 내포한 기질지성이 동거하며 중층구조를 이루고 있다. 私氣에 가릴 때 영묘한 본성은 표출되지 못하고 악을 노정시키게 되어 있다. 따라서 관건은 私氣를 제어하고 기질을 순화시켜 나아가는 데 있다. 우리 마음속에 함장되어 있는 영묘한 본연지성을 회복하는 것은 공부나 교육을 통해 궁극적으로 도달해야 할 목표이다. 그리고 기질지성은 그 목표에 도달하기 위한 공부나 교육의 출발점이다. 조광조의 私氣(私心)나 김안국의 氣質은 제거의 대상이거나 순화의 대상이다. 따라서 공부나 교육은 기질을 교정하고 순화하는 것에서부터 시작되어야 한다. 이를 위해서는 밖에 있는 '활수'나 '신선한 바람', 즉 日用之道로서의 덕목과 규범으로 私氣를 밀쳐내고 氣質을 순화시켜 나가야 한다. 私氣의 제거나 氣質의 순화 정도에 따라 본연지성으로서의 '心之靈妙'는 드러나게 되는 것이다. 그리고 심지영묘가 궁극적으로 格物窮理를 통해 天道와 합일하는 순간 '豁然貫通'함이 일어나고, 그 지점이 바로 道心靈妙의 理를 터득하여 공부나 교육이 끝나는 곳이다.

중종대 사림들은 이상과 같은 인간의 도덕적 능력의 보편성을 확보한 바탕 위에서 도학적 윤리공동체의 구현을 위해 부단한 노력을 경주하였다. 요컨대 그것은 〈왕정운영의 도학화〉와 〈사회질서의 도학화〉를 통하여 이룩될 수 있는 堯舜之治의 이상이요 지치주의의 실현이다. 도학에 근거한 정치란 仁義의 정치요 王道政治에 다름 아니다. 仁義의 정치는 인의를 행하는(行仁義) 정치가 아니라 인의로 말미암아(由仁義) 하는 정치이다. 따라서 누구보다도 먼저 군왕이 仁義의 마음을 회복하여 聖君이 되어야 한다. 그래서 格君心의 도학공부와 교육은 중요한 의미를 지닌다. 그러나 지치의 실현은 군왕 혼자 성군이 된다고 해서 전적으로 가능한 것은 아니다. 군왕은 물론이고 지도층을 비롯한 사회의 전 구성원이 함께 동참할 때 요순지치로 훨씬 더 가까이 다가설 수 있다. 이를 위해 백성들의 삶을 윤택하게 하는 부국강병도 중요하다. 仁義의 도덕도 삶을 윤택하게 하기에 필요한 것이다. 따라서 格君心의 교육도 중요하지만 正人心의 교육도 중요하게 다루어야 한다. 이상이 조광조와 김안국을 비롯한 중종대 사림들이 생각했던 지치주의의 실현방법이요 도학적 이상세계의 실체이다.

중종대 사림들은 도학적 윤리공동체를 구현하는 중요한 방안으로 덕교육의 중요성을 깊이 인식하고 있었다. 그래서 그들은 주자의 도학과 그에 기초한 교육론을 수용하여 실천적 개혁운동을 전개하였다. 이상에서 본 바와 같이, 그들은 인간의 도덕적 능력의 보편성과 개별성에 대한 강한 신뢰를 바탕으로, 교육을 통해서 왕정운영은 물론 사회질서의 전반을 합도학적인 윤리공동체로 만들어 가고자 하였다. 이를 위해 그들은 『소학』적 질서를 도학적 윤리공동체 구현의 근본으로 인식하고, 근본의 배양을 우선으로 삼는 교육실천을 강조하였다. 인륜의 보편적 원리의 습득, 즉 全德으로서의 仁의 터득도 근본의 배양이 전제가 될 때 가능한 것으로 보는 것이다.

따라서 중종대 사림들은 소학단계를 거쳐 대학단계의 교육으로 나아간다는 주자의 덕교육론을 명확히 인식하고 있었다. 소학단계의 교육은 도덕적 사회화를 목표로 하는 교화적 덕교육론이다. 그리고 대학단계의 교육은 학생들의 自得을 통한 도덕성의 발달을 목표로 하는 교학적 덕교육론이다. 교화적 덕교육론이 도덕적 문화전통으로 학생들을 입문시키는 과정에 적용되는 교육론이라면, 교학적 덕교육론은 도덕적 문화전통 습득을 바탕으로 보편적 도덕원리를 터득하는 데 적용되는 교육론이다. 그러면 4장부터는 본격적으로 도학적 덕교육론의 이론과 실제를 좀 더 구체적으로 고찰해 보기로 한다.

제4장 도학적 덕교육의 목표와 대상

이 장에서는 도학적 덕교육의 목표와 그 대상을 검토하기로 한다. 중종대 사림들은 소학단계를 지나 대학단계의 교육으로 나아간다는 주자의 덕교육론을 명확히 인식하고 있었다. 소학단계의 교육은 도덕적 사회화를 목표로 하는 교화적 덕교육론이다. 그리고 대학단계의 교육은 학생들의 自得을 통한 덕성의 발달은 목표로 하는 교학적 덕교육론이다. 교화적 덕교육론이 도덕적 문화전통으로 학생들을 입문시키는 과정에 적용되는 교육론이라면, 교학적 덕교육론은 도덕적 문화전통의 습득을 바탕으로 보편적 인륜의 원리를 터득하게 하는 데 적용되는 교육론이다. 이제 이 점을 중종대 사림의 두 영수였던 조광조와 김안국의 사상과 실천을 중심으로 구체적으로 고찰해 보기로 하자.

인간을 설명함에 있어서 조광조와 김안국은 그 주안점이 달랐다. 조광조가 인간의 도덕적 능력의 보편성(本然之性)을 더 강조하였다면, 김안국은 도덕적 능력의 개별성(氣質之性)에 더 주목하였다. 그러나 이러한 강조점의 차이가 엄청난 이론적 차이를 함장하지 않는다. 주자의 이기론적 구도 자체가 보편성과 개별성을 동시에 설명하기 위해 고안된 것이었다. 이에 유의할 때, 조광조의 강조점은 공부나 교육을 통해서 궁극적으로 도달해야 할 '목표'를 분명히 하고자 하는 데 있었고, 김안국은 공부나 교육의 '출발점'이 어디인가를 적시해 주고자 하는 데 있었다. 그래서 김안국은 공부의 출발선상에 있는 유소년들과 일반백성들을 대상으로 하여 도덕적 사회화를 목표로 하는 교화적 덕교육론에 더 관심을 보여주는 듯 하다. 그리고 조광조는 교화적 교육을 마친 것으로 간주되는 군왕과 신료, 그리고 사대부들을 대상으로 하여 궁극적 인륜의 원리 터득을 목표로 하는 교학적 덕교육론에 더 관심을 두는 듯 하다. 그러나 여기서 유의하여야 할 것은 김안국을 교화적 덕교육론자로, 조광조를 교학적 덕교육론자로 예단해서는 안 된다는 점이다. 두 사람은 모두 주자의 道學과 덕교육론을 자각적으로 인식하고 그것의 실천을 위해 일생을 바친 사람들이기 때문이다.

　부언하자면, 김안국의 교육프로그램이 주로 고안되고 실천된 시기는 그가 향촌에서 지방관찰사로 재직할 때의 일이다. 그래서 그는 누구보다도 향촌의 황폐함을 직접 눈으로 보면서 풍속의 순화를 위한 교육프로그램이 필요함을 절실히 느꼈던 사람이다. 그래서 그는 牧民을 위한 實學을 강조했고, 그들을 위한 교육프로그램을 고안하고 실천하는 데 온 힘을 기울였다. 그러나 그도 다시 중앙정치 무대로 돌아왔을 때는 〈왕정운영의 도학화〉를 위하여 군왕과 신료들의 도학적 修己를 강조했고, 직접 성균관의 좌장으로 임하여 자라나는 선비들의 교육을 위해 기꺼이 투신하였다. 반면, 조광조는 실로 짧은 관직생활이었지만, 그 모든 기간을 중앙정치 무대에서 보냈다. 여기서 출발부터 자신의 생을 마감할 때까지 그의 뇌리를 가득 채웠던 것은 도학적 至治의 실현에 있었다. 이를 위해 그는 동료들과 함께 과감한 제도개혁에 나섰고, 군왕과 신료들의 도학적 자질의 함양을 위한 교육프로그램의 고안과 실천에 전력하였다. 그래서 그는 至治를 위한 聖學을 강조했던 것이고 格君心의 교육을 실천해 나갔다. 또한 그러는 가운데서 그는 김안국 등이 실천하고 있었던 〈사회질서의 도학화〉를 위한 향촌교화정책을 측면 지원하였다.

1. 教化的 덕교육론의 목표와 대상

1) 日用之道의 내면화를 통한 덕성의 함양

교화적 덕교육론에서는 도덕적 문화전통으로 입문하는 것을 주된 목표로 한다. 김안국과 조광조 등의 이에 대한 인식을 명확히 한다는 점에서 다시 한 번 직접 인용으로 확인한다.

> 학교는 교화의 본원이고 首善의 중심이니 敎學을 숭상하는데서 習俗을 펴고 따르게 하는 것이다. 옛적에 능히 君師의 책임을 다한 자는 모두 교육을 숭상해서 導率하는 데 庠序學校를 설립해서 대개 태어나 8세가 되면 小學에 입교시켜 灑掃應對하고 進退하는 節目과 愛親敬長하고 隆師親友하는 道理를 가르쳐서 학생들로 하여금 그의 放心을 回收하고 그의 德性을 涵養해서 그의 大本을 세우게 했던 것이다.256)

인용은 김안국과 조광조 등 여러 신료들의 건의를 받아들여 중종이 禮曹에 내린 『小學』을 널리 가르칠 방도를 세우라는 교지의 내용 중에 나온 것이다. 아마도 교지의 내용은 김안국이 대필한 것 같다. 인간의 본성은 善하다. 그러나 어디까지나 心之靈妙와 같은 本然之性은 선험적 이념일 뿐, 현실적인 인간의 性은 氣質之性일 뿐이다. 김안국의 인간에 대한 설명에 따를 때, 본연지성은 기질지성으로 가려 있다. 본연지성은 모든 인간이 구현해야 할 理念이지만, 이를 가리는 기질을 순

---

256) 『중종실록』, 권 26, 중종 11년 11월 계미; 『慕齋集』, 卷 9, 「下禮曹崇小學傳旨」, "學校風化之源, 首善之地, 敎學所尙而習俗隨焉. 古昔帝王能盡君師之責者, 莫不謹於敎尙以導率之, 設爲塾庠序學. 盖人生八歲, 令入于小學, 敎之以灑掃應對, 進退之節, 愛親敬長, 隆師親友之道, 使之收其放心, 養其德性, 以立其大本."

화하지 않고서는 표현할 방법이 없다. 따라서 공부와 교육의 출발은 현실적 기질지성의 교정과 순화를 해 나가는 것에서부터 시작되어야 한다. 기질의 교정과 순화 정도에 따라 德性은 涵養되어 간다. 이러한 점이 위 인용에서도 확인된다. 放心을 回收할 때 덕성이 함양된다는 점이다. 현실적으로 心은 단지 氣일 뿐이지 理가 아니며, 理가 자발적으로 활동하지도 못한다. 따라서 心은 窮理正心을 거쳐야만 理를 드러 낼 수 있다. 이 理를 드러내기에 앞서 放心의 回收가 먼저다. 放心은 氣質의 방만함이다. 이 방만한 기질을 순화시켜야 한다. 이 방만한 기질을 순화시키기 위해서는 活水인 밖의 道가 내 마음으로 들어와야 한다고 김안국은 생각하고 있다. 김안국의 언표를 다시 보자.

> 사람의 心體는 본래 塘水와 같이 淸明해서 가히 形象을 비추어 볼 수 있다. 그러므로 能히 汚物을 씻어낼 수도 있는 것이다. 天理의 流行에 따라 萬事를 고찰한다면 반드시 그 마땅한 바에 부응할 수 있을 터인데, 그러하지 못하는 것은 옛날에 있던 病을 맑게 고치려 하지 아니하고 私慾에 빠지기 때문이다. 또한 塘水가 비록 淸明해도 그의 源流에 活水가 들어오지 않고 진흙과 찌꺼기로 混濁해 진다면, 어찌 그의 本然한 淸性을 가지고서 物影을 비추어 볼 수가 있겠는가?[257]

저수지의 맑은 물도 活水가 통하여 흐르지 않으면 진흙과 찌꺼기가 혼탁하고 썩게 된다. 선험적 본연지성의 이념도 신선한 活水가 들어와 정화(心淸)되지 않는다면 사악한 기질에 막혀 악으로 흐를 가능성이 농후하다. 따라서 기질을 교정한다는 것은 活水를 공급하는 것과 같다.

---

257) 『모재집』, 권 11, 「陽智縣重修東軒記」. "人之心體, 本如塘水之淸明, 可以鑑象. (中略) 故能滌淪染汚. 流行天理, 照察萬事, 應得其當, 其不能然, 而有向者之病者澄養之不加, 而慾汨之耳. 亦加塘水雖淸然, 源無活水之來, 而泥滓日渾濁, 則安得恒其本然之淸, 而能鑑物乎."

活水가 들어와 기질을 교정하는 정도에 따라 德性이 함양되고 본연지
성의 이념구현의 길은 열린다. 여기서 活水를 김안국은 다른 말로 '신
선한 바람'(山水와 風月)이라 하였고, 이들은 모두 밖에 있는 日用之事
의 道, 즉 灑掃應對하고 進退하는 節目과 愛親敬長하고 隆師親友하는
道理에 다름 아니다. "나는 들으니 옛날에 학문하는 자는 학교에서 무
리 지어 거처하면서 師友들 간에서 조석으로 강습한 것이 모든 日用하
는 人倫 중에서 孝悌忠信의 道를 행함에 불과한 것이니 聖經과 賢傳의
本旨를 탐구해서 자신이 체득하기에 진실하고 근면하여 모두가 성실히
힘써서 독행하는 것이지 外的으로 他求하는 생각은 있지 않았다."[258]
고 김안국은 말한다. 이처럼 밖의 道가 日用之事의 것이라면, 그것은
'반성의 도덕'이기보다는 '관습의 도덕'이다. 관습의 도덕은 규범이고
문화이다.

　'반성의 도덕'과 '관습의 도덕'은, 베르그송(H. Bergson)의 개념을 빌
릴 때 '열린도덕'(la morale ouverte)과 '닫힌도덕'(la morale close)의
개념에 상응하는 것으로 볼 수 있다.[259] '열린도덕'은 그 속성이 '정태
적'이 아니고 '동태적'이다. '동태적'이라는 말의 뜻은 끊임없이 인간의
정신을 보다 보편적인 것, 보다 정신적인 것, 보다 덜 이기적인 것으로
움직이게 하는 가치의 力動性을 뜻한다. 그래서 '열린도덕'은 인간에게
강요하는 규칙이나 법을 넘어서 인류애적인 사랑과 형제애로 인간의
생각과 정감이 비약하도록 부르고 있다. 聖人은 그런 '열린도덕'의 化

---

258) 같은 책, 권 11, 「公州鄕校重修記」. "竊聞古之爲學者, 群處乎庠序, 昕夕講
　　習於師友之間者, 皆不出乎彝倫日用之中, 孝悌忠信之道, 究尋聖經賢傳之旨,
　　而體之于身, 慥慥勉勉, 無非篤行務實之事, 未嘗有篤外他求之念."

259) H. Bergson, Les deux sources de la morale et de la religion (Alccan,
　　1932): 이에 대한 자세한 해석을 곁들여 소개하고 있는 국내서로서는 김
　　형효, 「도덕과 종교의 두 가지 원천」, 『베르그송의 철학』(서울: 민음사,
　　1991), 215~278쪽 참조. 그리고 여기서 '열린도덕'과 '닫힌도덕'에 대한
　　설명은 김형효, 『맹자와 순자의 철학사상』(서울: 삼지원, 1990), 178~179
　　쪽을 참조하였음.

身이다. 그러나 聖人은 '普遍的인 人間'이기에 어떤 모든 사회적 조건에도 들어맞으며, 마찬가지 이유에서 어느 사회적 조건에도 들어맞지 않는다. 특정 사회를 떠난 인간은 추상적인 인간상에 그칠 뿐이다. 인간은 보편적인 인간이기 이전에 특수한 사회에서 살아가는 특수한 인간일 수밖에 없다. '교육받은 조선 사람'은, 비록 '교육받은 중국 사람'과 공통된 점이 없는 것은 아니라 하더라도, '교육받은 중국 사람'과는 구별되는 별도의 의미를 가질 수 있고 또 가져야 마땅할 것이다.[260]

'관습의 도덕'과 '닫힌도덕'은 개인이 자신의 지침으로 발견해 내거나 고안해 낸 것이 아니라 적어도 한 측면에 있어서는 사회적인 과업이다. 이러한 도덕은 광범위하게 인간의 행위양식을 규제하고 있어 인간의 관계를 규율하는 제도이고 규범이라는 의미에서 사회적이다. 따라서 '닫힌도덕'의 개념에는 자기가 속해 있는 社會體의 이익을 정당화하는 사회효용론적 발상과 '내셔널리즘'이 깃들어 있다. 도덕적 聖人이 되기에 앞서 일용지도의 내면화를 먼저 해야 한다는 교육적 발상에는 이러한 측면이 깃들어 있는 것으로 보아야 한다.

김안국과 조광조를 비롯한 당 시대의 모든 사람들은 중화 보편주의를 겨냥하고 있었다. 특히 그들은 주자학을 충실히 실천하고자 했던 도학자들이었다. 그러나 바로 그 점이 조선조적 특수주의를 낳는 결과를 가져오기도 한 것이다. 소학단계의 교육은 도덕적 문화전통으로 입문시키는 단계이다. 일용지도로서의 人倫은 보편적일 수 있지만, 그 人倫을 표현하는 구체적인 방법에 있어서는 문화전통에 따라 달라질 수 있다. 그 한 예가 각종 교화서의 諺解작업에 있다고 본다. 당시 사람들은 『呂氏鄕約』, 『正俗』 등 많은 책들을 언해했다. 이러한 언해작업에는 특히 김안국이 많은 기여를 했다. 다음의 인용을 보자.

---

260) 이 부분의 설명은 李烘雨, 「社會化 槪念: 뒤르껭」, 『敎育의 槪念』(서울: 문음사, 1998), 99~100쪽에서 시사 받았음.

내가 경상도 관찰사가 되었을 때, 그 도의 인심과 풍속을 보니 퇴폐하기가 형언할 수 없었다. (중략) 완악한 풍속을 변혁하고자 하는데, 가만히 그 방법을 생각해보고, 옛 사람의 책 중에서 풍속을 바로잡을 수 있는 것을 택하여 거기에 諺解를 붙여 도내에 반포하여 가르치게 하는 것이었다. 「呂氏鄕約」이나 「正俗」 같은 책은 곧 풍속을 순후하게 하는 책이다. 「여씨향약」이 비록 「性理大全」에 실려 있으나 註解가 없어 우리 나라 사람들은 쉽게 이해하지 못한다. 그래서 내가 곧 그 언해를 상세하게 만들어 보는 즉시 이해하게 하고, 「정속」 역시 諺字로 번역하였다. 農書와 蠶書 등도 衣食에 좋은 자료이기 때문에 世宗朝에 俚語로 번역되고 팔도에서 간행되었는데 다시 내가 諺解하였다. (중략) 三綱이 중요함은 비록 어리석은 사람들도 모두 알거니와, 朋友兄弟의 윤리에 대해서는 보통 사람은 알지 못하는 이가 있기 때문에 내가 「三綱行實圖」에 의하여 유별로 뽑아 엮어서 二倫行實을 개간하였다. 「辟瘟方」 같은 것은, 瘟疫疾은 전염되기 쉽고 많은 사람이 그로 인해 죽기 때문에, 세종조에서 생명을 중히 여기고 아끼는 뜻에서 이를 俚語로 번역하여 印布하였으나 지금은 희귀해졌기로 내가 또 諺解를 붙여 개간하였다. 「瘡疹方」에 대해서는, 이미 번역하여 개간하였으나 경향에 반포하지 않았으므로 요절하는 사람들이 대부분 이 병으로 죽기 때문에 내가 경상도로 갈 적에 이를 싸 가지고 가서 본도에서 간행하여 반포하였다.[261]

---

261) 『중종실록』, 권 32, 중종 13년 4월 기사. "臣爲慶尙道觀察使, 觀其道人心風俗, 頹廢乃極今者. 上方有志於轉移風俗, 故臣欲體至意變革頑風, 而竊思其要, 取古人之書, 可以善俗者, 詳加諺解, 頒道內以敎之此等書冊. (中略) 呂氏鄕約·正俗等書, 乃敦厚風俗之書也. 鄕約雖載於性理大全, 而無註解, 遐方之人未易通曉. 故臣乃詳其諺解, 使人接目便解, 正俗亦飜而諺字. 如農書·蠶書, 乃衣食之大政, 故世宗朝飜以俚語開刊八道, 今亦頗致意務本之事, 故臣亦加諺解. 如二倫行實, 臣前爲承旨時請開刊, 如三綱之重, 雖愚夫愚婦皆知之, 至於朋友兄弟之倫, 凡常之人或有不知, 故臣依三綱行實, 撰類以刊之. 如辟瘟方, 瘟疫之疾易於傳染, 人多死傷, 故在世宗朝重惜人命, 飜以俚語印頒中外, 今則稀罕, 故臣亦加諺解以刊至. 如瘡疹方曾已飜譯開刊, 而不頒布于中外, 人之夭札者多以此疾, 故臣往慶尙道時, 賚去刊印於本道已頒布矣."

물론 각종 교화서 등을 諺解한 것은 김안국이 밝히고 있듯이, 백성
들이 이해하기 쉽게 하는 데 있다. 그러나 언해작업에는 보편주의와
동시에 특수주의가 깃들어 있는 것으로 이해된다. 즉 諺解작업은 특수
의 관점에서 보편의 문화를 이해하는 것이라 할 수 있다. '나랏말씀이
중국에 다른' 것은 단순히 말과 언어가 다른 것이라기보다는 드러나지
않는 사고문법의 차이를 함장하고 있다. 언어는 思考를 전달하는 媒體
이다.262) 언어는 그것을 사용하는 사람들의 사유체계와 행동양식의 복
합물이기 때문이다. 따라서 해당지역의 사유체계에 대한 이해가 없이
이루어진 단순한 언어학습은 한계가 있다. 이러한 점을 여실히 보여주
는 例가 맹자에도 나온다.

> 齊나라 말을 가르치거늘 여러 楚나라 사람들이 떠들어댄다면 비
> 록 날마다 종아리를 치면서 齊나라 말을 하기를 요구하더라도 될
> 수 없을 것이다. 그러나 그를 끌어다가 齊나라의 수도인 장악에 수
> 년간 놔두면 비록 날마다 종아리를 치면서 楚나라 말을 하기를 요
> 구한다 하더라도 또한 될 수 없을 것이다.263)

제나라 사람의 사유체계와 행동양식을 반영한 제나라 언어는 제나라
의 사회·문화적 환경 속에서 수월하게 습득된다. 반대로 우월한 보편
의 문화도 해당지역의 사유를 반영한 언어로 해석되지 않으면 이해할
수 없다. 이 자리에 이미 특수주의는 반영되고 있다.

김안국을 비롯한 당시 사림들의 諺解작업도 이러한 관점에서 이해하여
야 한다. 따라서 이들이 주장하는 日用의 道는 보편에서 나온 유교의 道
理일 지라도 이미 그것은 조선의 도덕상황과 관련하여 재해석된 일상의

---

262) 번스타인(Basil Bernstein)의 言語社會化 理論을 설명하고 있는 李烘雨, 『教
育의 概念』(서울: 文音社, 1998), 102~109쪽 참조.
263) 『孟子』, 「滕文公下」, "曰, 一齊人傳之, 衆楚人咻之, 雖日撻而求其齊也, 不
可得矣. 引而置之莊嶽之間數年, 雖日撻而求其楚, 亦不可得矣."

道이다. 조선조적 특수주의가 더욱 반영된 사례로 중종대에 간행된 『續三
綱行實圖』와 『警民編』도 주목된다. 특히 김안국은 중종 8년에 撰集廳郎
官의 자격으로 『續三綱行實圖』의 편찬에 공동 참여하였다.264) 이 책에
수록된 忠臣·孝子·烈女의 인물사례를 세종과 성종대의 『三綱行實圖』
의 경우와 비교해 보면 많은 차이를 보이고 있다. 즉 세종대와 성종대의
경우는 인물사례를 주로 중국에서 찾고 있지만, 『續三綱行實圖』에서는
대체로 한국의 인물들을 사례로 들고 있는 것이다. 다음의 비교표를 보면
이 점이 분명하게 드러난다.265) 세종과 성종대의 『三綱行實圖』에서 한국
의 인물사례 비율은 18%에 불과하지만, 중종대의 『續三綱行實圖』에서는
무려 80%나 차지하고 있다.

〈표 1〉 三綱行實圖(세종·성종)와 續三綱行實圖(중종) 인물사례 비교

구 분		한 국		중 국		소 계
삼강행실도 (세종)	효 자	22	20%	88	80%	110
	충 신	17	15%	93	85%	110
	열 녀	15	14%	95	86%	110
	소 계	54	16%	276	84%	330
삼강행실도 (성종)	효 자	4	11%	31	89%	35
	충 신	6	17%	29	83%	35
	열 녀	6	17%	29	83%	35
	소 계	16	16%	89	84%	105
속삼강행실도 (중종)	효 자	33	92%	3	8%	36
	충 신	3	50%	3	50%	6
	열 녀	20	71%	8	29%	28
	소 계	56	80%	14	20%	70

한편, 『警民編』은 김안국의 동생인 金正國이 중종 14년에 황해도 관

---

264) 『중종실록』, 권 17, 중종 8년 2월 정묘.

265) 자세한 것은 최순권, 「조선조 〈삼강행실도〉의 간행과 보급」, 『옛 사람들
의 삶과 윤리』(국립민속박물관, 1996), 153~151쪽 참조. 비교표는 최순권
의 연구를 재구성하여 작성하였다.

찰사로 있을 때 편찬·간행한 교화서이다. 金勳埴의 고찰에 의하면, 우선 이 책은 父母·夫婦·兄弟·姉妹·族親·奴主·鄰理·鬪毆·勸業·儲積·詐僞·盜賊·殺人 등 13條 속에서 위계질서를 확립하야야 할 정당성을 論하고, 이러한 유교적 도덕률이 형률에 의해 뒷받침된다는 점을 강조하고 있다. 이 중에 특징적인 점은, 중국의 유교적 교화서들에서는 가족윤리를 언급할 때 兄弟간의 윤리에 대해서는 말하면서도 姉妹간의 윤리에 대해서는 언급하지 않았다. 그런데 『경민편』에서는 '兄弟姉妹'항을 넣어 姉妹간의 윤리를 넣고 있으며, 이것은 당 시대까지의 男女均分相續制度와 外孫奉祀를 비롯한 조선의 가족제도의 특징이 이 책에 반영된 것이라 한다.266)

'관습의 도덕'은 보편적 가치보다는 특수적 가치를 더 중시하는 내셔널리즘이다. 이를 교육철학적으로 해석할 때, 교육은 '國籍 있는 교육'이 되어야 한다는 슬로건과 다르지 않다. '국적 있는 교육'이라는 슬로건은 '조선에서 하는 교육은 조선 사람을 길러내야 한다'는 주장으로 풀이할 수 있다. 이상의 중종대 사림들의 각종 교화서 언해작업과 편찬작업은 바로 이러한 시각에서 읽어야 한다. 주자의 주장처럼, 8세부터 15세까지 小學의 단계에서는 "灑掃應對하고 進退하는 節目과 愛親敬長하고 隆師親友하는 道理를 가르쳐서 학생들로 하여금 그의 放心을 回收하고 그의 德性을 涵養해서 그의 大本을 세우게" 한다. 그러나 여기서 일용의 道를 가르친다는 것은, 조선조적 사회에서 필요로 하여 재해석된 도덕적 가치를 소학단계의 학생들에게 敎化한다는 것이 되며, 아래에서 볼 '조선 사람다운 孝子·忠臣·烈女'로 길러낸다는 것으로 해석되어야 할 것이다.

---

266) 이에 대한 자세한 고찰은 金勳埴, 「中宗代〈警民編〉보급의 고찰」, 『李載龒博士還曆紀念 韓國史學論叢』(서울: 한울, 1990), 443~471쪽 참조.

2) 도덕적 인간상으로서의 孝子 · 忠臣 · 烈女

도덕적 인간상으로서의 聖人은 '普遍的인 人間'이기에 어떠한 사회적
조건에도 들어맞으며, 마찬가지 이유에서 어느 사회적 조건에도 들어맞
지 않는다. 특정 사회를 떠난 인간은 추상적인 인간상에 그칠 뿐이다.
인간은 보편적인 인간이기 이전에 특수한 사회에서 살아가는 특수한 인
간일 수밖에 없다. 이러한 점에서 어쩌면 聖人이란 현실적 인간사회 속
에는 존재하지 않을지 모른다. 특히 김안국의 발상에는 그러한 관점이
엿보인다. 보편적 인간으로서 聖人은 그야말로 완벽한 인간이기에 실수
가 용납되지 않는다. 그러나 그러한 인간은 이념의 마당에서나 존재할
뿐 현실의 마당에서는 존재하지 않는다. 실수하지 않는 인간은 인간이
아니다. 그래서 김안국의 눈에는 이른바 '聖人'이라 불렸던 존재의 인물
들도 실수하는 인간일 뿐이었다. 그의 언표를 다시 보자.

> 經傳과 史記를 두루 보면 옛적 聖人의 事蹟에도 많은 의문점이
> 있는 것이다. 易經의 繫辭傳에는 '皇帝와 堯舜은 衣裳을 입고 가만
> 히 있어도 天下가 다스려졌다'고 하였으니, 황제가 하는 일이 없어
> 도 다스려졌다면 征伐하는 戰爭은 없어야만 될 것이다. 그런데 史
> 記에는 '皇帝가 炎帝와 더불어 판천의 들에서 전쟁을 했다'고 하였
> 으니, 제후들이 추대해서 천자가 되었다면 황제는 정벌로써 천하를
> 얻은 것이 되며, 따라서 정벌은 황제로부터 시작된 것이다.[267]

聖人도 中道를 잃을 수 있고 그래서 성인의 行事에도 이해할 수 없
는 일이 있을 수 있다. 성인도 사람이다. 사람인 이상 그도 氣質의 稟

---

267) 『慕齋集』, 卷 10, 「策題」. "歷攷經傳史記, 古聖人之事, 多有可疑者. 易繫辭
云, 皇帝堯舜 衣裳而天下治, 則皇帝無爲而治, 宜無征伐之事, 而史記稱皇帝
與炎帝, 戰于阪泉之野. 諸侯尊爲天子, 是則皇帝以征伐得天下, 征伐自皇帝
始矣."

受없이 태어날 수 없다. 물론 성인은 氣 중에 가장 맑고 뚫린 淸明하고 正通한 氣를 稟受받았다. 그러나 그것도 氣는 氣이다. 氣質은 항상 물질의 유혹에 예민하다. 마음의 표출은 모두 氣의 用事이다. 까딱하면 청명한 氣의 용사도 유혹에 휘말려 흐려질 수 있다. 이 때문에 김안국은 성인의 行事도 中道를 잃을 수 있다고 생각하는 것이다. 따라서 김안국에게 있어, 완벽한 聖人이란 '존재 넘어'에나 있을 수 있는 것이지 현실 사회에는 존재하지 않는다. 사실 조광조도 "임금은 唐虞三代에 이르고자 한다고 하여도 반드시 당우삼대의 치적에 이르는 것은 아니다. 그러나 이와 같이 뜻을 세우고 格致 · 誠正에 힘쓴다면 점차로 성현의 경지와 요순의 치적에 이르게 된다."[268]고 하여 聖君됨의 어려움을 실토하고 있다. 실수하지 않는 인간은 없다. 다만 그 실수의 횟수를 줄여나가고 실수를 반복하지 않으려고 노력할 뿐이다.

'비록 聖人이라도 過失이 없을 수는 없는 것이니, 과실을 悔改만 한다면 그것이 善이 된다.'고 말하였는데, 어찌 卿은 옛날의 과실을 고치지 못하고 있단 말인가? 나는 前日의 과실은 버리고 後日의 責効를 바라고서 침체한 가운데서 卿을 拔擢해서 다시 他道에 중책을 맡겼는데, 卿은 어찌 감격하고 분발하여 스스로 節操를 새롭게 해서 悔改하지 못하였나. (중략) 人君이 이미 臣下에게 重責을 신임한 이상에는 남의 말만 듣고서 갑자기 고쳐서는 불가하니, 卿을 말하는 자가 비록 많다고 해도 나는 경을 改遞하려는 의사는 없으니, 경은 나의 신임이 독실함을 유념해서 더욱 그 직책을 삼가서 舊習을 회개하고 更新을 도모하여 옛날의 功을 廢棄하지 말게 하라.[269]

---

268) 『靜菴集』, 卷 3, 「試讀官時啓 6」. "人主, 以唐虞三代爲期, 未必卽至唐虞三代之治. 然立志如此, 而用功於格致誠正, 則漸至於聖賢之域 · 堯舜之治矣."

269) 『모재집』, 권 9, 「論慶尙道節度使黃衡書」. "雖聖人不能無過, 過而能改, 斯爲善矣. 安知卿昔日之過已與化俱徂乎. 故予棄前之愆, 責後之功, 拔卿於沈滯之中, 而復委以閫外之重, 卿豈不能感激思奮, 以自冀効於新節乎. 悠悠之

실수를 반복하지 않으려고 항상 자신을 성찰하는 인간, 그가 곧 君子이다.

> 옛적의 君子는 그의 自身에 있는 것만 求하고 그 他人에 있는 것은 求하지 않았던 것이다. 窮하고 達함이나 得失이 모두 自信으로만 처했고 그 間에 즐겁고 슬픈 것은 加하지 않았기 때문에 그 處함에 志操를 지키는 바가 確然해 動搖되지 않았고 그의 나아감에는 施行하는 바가 빛나서 가히 볼만함이 있었던 것이다.[270]

성찰하는 君子는 자신의 과실을 밖으로 돌리지 않는다. 窮하면 窮한 대로, 達하면 達한대로 그 得失에 얽매이지 않으며 그것 때문에 기쁨과 슬픔을 드러내지 않는다. 군자는 "利祿에 대한 관심보다는 道義를 더 숭상해서 理致의 根源을 탐구하고 德性을 涵養하기 위한 爲己之學"[271]에 힘쓸 뿐이다. 이처럼 성찰하는 군자야말로 김안국이나 조광조 등 도학적 덕교육론자들이 궁극적으로 길러내고자 하는 도덕적 인간상일 것이다. 그러나 君子든 聖人이든 그것은 교육이 궁극적으로 달성하고자 하는 목표이고, 교화적 교육론에서 목표로 하는 도덕적 인간상은 日用之道를 내면화한 사람이다. 군자나 성인이 되기 전에 孝子가 되고 忠臣이 되고 烈女가 되어야 한다. 왜냐하면 인간에게 있어 三綱과 五倫은 天性이고 天理이기 때문이다. 먼저 三綱에 대하여 김안국은 다음과 같이 말한다.

言固難盡信, 以此益保卿之不至, 若是其甚也. 人君旣委臣以重任, 則不可以人言而遞易, 論卿者雖多, 予無遞卿之意, 卿其體予委任之篤, 益謹乃職, 改其舊而新是圖, 以無廢前功."

270) 『모재집』, 권 11, 「送文生歸南州序」. "昔之君子, 求其在我者, 不求其在外者, 窮達得失一以自信, 而不加欣戚於其間, 故其處也, 所守確然而不可拔也, 其出也所施炳然而可觀也."

271) 같은 책, 권 11, 「公州重修鄕校記」.

三綱은 宇宙의 棟樑이고 生民의 大經이라고 하니, 天理가 不息하는 所以와 人倫을 무너뜨리지 못하는 所以는 三綱의 道가 섰기 때문이다. 三綱이 廢하면 신하로서 그 임금을 잊게 되고 자식으로서 그 어버이를 잊으며 婦로서 夫를 잊게 되니 인간의 道理가 絶滅해서 크게 어지러워지는 것이다. 그러므로 先王은 그 所然을 걱정하사 經常의 不易한 敎를 세워서 삼강의 도를 扶植하사 천하의 人臣으로 하여금 그 忠을 다하게 하고 그 자식으로 하여금 孝道를 다하게 하며 그 婦로 하여금 貞節을 다하게 하였으니, 그것은 天性에 없는 것을 강제로 실행하게 한 것이 아니고 天理와 人情의 지극한 근본이 되어 하지 않을 수가 없게 한 것이다. 古今天下에 어찌 삼강을 폐하고서 능히 국가를 유지한 자가 있으며 어찌 사람의 이치를 조금이라도 안다면 그의 군친을 不愛하는 자가 있겠는가?[272)]

그러나 김안국은 三綱에 朋友와 長幼의 二倫이 빠져 있음을 아쉬워하여 기존의 『三綱行實圖』를 보완하는 『二倫行實圖』를 간행하기도 하였다.[273)] 이에 대해 金勳埴은 15세기의 가족윤리 중심에서 16세기적 향당윤리로의 발전, 혹은 16세기적 정치·사회적 상황 속에서 在地士族들이 자신들의 세력을 유지·강화하여 지배이데올로기를 공고화하려는 것이라고 지적하고 있다.[274)] 그러나 그것의 이데올로기적 함의야

---

272) 『모재집』, 권 9, 「請復昭陵疏」, "臣聞三綱者, 宇宙之棟樑, 生民之大經, 天理之所以不息, 彝倫之所以不斁者, 三綱之道立也. 三綱廢則臣而忘其君, 子而忘其親, 婦而忘其夫, 人理滅絶大亂斯作. 先王恨其然, 立經常不易之敎, 以扶植三綱之道, 使天下之人臣而盡其忠, 子而盡其孝, 婦而盡其貞. 固非强其性之所無而迫之使行也, 盖本於天理人情之極, 至而有不容已者也. 古今天下安有廢三綱, 而能立國者, 亦安有少知人理, 而不愛其君親."

273) 『중종실록』, 권 32, 중종 13년 4월 기사. "三綱이 중요함은 비록 어리석은 사람들도 모두 알거니와, 朋友兄弟의 윤리에 대해서는 보통사람은 알지 못하는 이가 있기 때문에 내가 「三綱行實圖」에 의하여 유별로 뽑아 엮어서(二倫行實圖를) 개간하였다." 『二倫行實圖』의 편찬경위와 그것이 가지는 사회사적 함의에 대해서는 金勳埴, 「16세기 〈二倫行實圖〉 보급의 社會史的 考察」, 『歷史學報』, 제107집(1985. 9), 15~68쪽을 참조.

274) 김훈식, 위의 논문 참조.

어떻든 간에 二倫이 보완되어야 日用의 道로써 五倫은 갖추어지게 되는 것이고, 이 三綱五倫이야말로 조선조적 체제윤리와 도덕규범이 되는 것이다. 이처럼 교화적 덕교육론을 통해 길러내고자 하는 교육받은 사람 또는 도덕적 인간상은 五倫의 규범을 내면화하여 실천하는 사람이라고 할 수 있다. 김안국은 경상도 관찰사로 있을 때에 狀啓를 올려 旌表를 내려줄 것을 건의하고 있는데, 이들이 바로 교화적 덕교육에서 목표로 하는 도덕적 모범형의 인물들이다. 두 예만 들어보자.

> 거제의 鹽漢 李罕大는 일곱 살에 아비를 잃었는데, 지극한 효성으로 어미를 봉양하여, 달마다 세 번 음식을 풍성히 장만하여 잔치를 베풀어서 어미에게 바쳤고, 어미가 죽어서는 3년 동안 여묘살이를 하되 조석의 祭奠을 아주 깨끗하도록 힘썼으며, 가난하여 늘 계속할 수 없으면 때로는 빌어다가 제사하여 조금도 게을리 한 적이 없었고, 흙을 져다가 무덤을 만들되 남보다 특이하게 하고 돌을 져다가 담을 쌓되 높이 석 자나 되게 하였고, 喪期를 마치고 나서는 어미의 무덤 곁에 아비를 옮겨 묻고서, 名日과 忌日에 지성으로 제사하고, 매월 그믐날에 무덤에서 別祭하되, 제사 때마다 반드시 하루 전에 무덤 있는 곳에 올라가 致齋하고 灑掃하고 잡초를 제거하였다.
>
> 幼學 朴克元의 아내 金氏는 지아비가 죽으매 哀毀가 禮度를 지나쳐서, 靈几를 붙들고 손발을 구르며 곡성이 끊이지 않았고, 조석으로 제사하여 생시처럼 섬기어 3년의 상기를 마치니 3년을 마친 뒤에는 여위어 뼈가 드러났고, 이어서 시부모의 집에 살면서 魚肉과 蔥蒜을 먹지 않고 늘 朔望祭를 지내니, 일찍이 과부가 된 괴로움을 그 어미가 가엾이 여겨 그 지조를 앗으려 하였으나, 김씨가 알고서 하늘에 맹세하여 좇지 않고, 10년 동안 봉양하되 조금도 해이하지 않았고, 시아비 朴繼劉가 죽으매 시어미의 무덤 곁에 묻고서 손발을 구르며 통곡하였고, 여묘살이를 하여 정성을 다하려 하였으나 친척이 말렸으므로, 김씨가 비록 집에 있으나 죽은 지아비의 喪 때와 똑같이 손수 장만하여 제사를 지냈다. (이하 생략)275)

인용에서 알 수 있듯이, 도덕적 모범들은 日用의 道인 三綱五倫의
人倫을 모범적으로 수행한 孝子이고 忠臣이고 烈女들이다. 이처럼 우
선 인륜의 기초를 다진 것을 바탕으로 교학적 덕교육의 단계에 가서
格物致知와 誠意正心으로 나아갈 때 德性은 함양되고, 궁극적으로는
규범의 얽매임에서 벗어나 규범을 창조하는 仁德의 소유자로서의 聖
人·君子가 되는 것이다.

3) 교육대상으로서의 民

주자의 소학단계에서 교화적 교육을 받는 대상은 8~15세 사이의 유
소년들이다. 그러나 소학교육의 대상은 반드시 유소년들만은 아니라는
데 유의해야 한다. 이른바 '學不獵等'의 원칙에 의거, 소학단계의 교육
을 받지 못하고 나이를 넘긴 사람들도 교화적 교육의 대상에 포함되었
다. 특히 중종대는 이제 막 본격적으로 도학이념을 바탕으로 한 전반
적인 개혁운동이 일어났던 시대였다. 그리고 개혁운동의 교육적 측면
에서는 인륜의 근본을 바로 세우기 위한 小學實踐運動이 대대적으로
일어난 시기였다. 따라서 이 시기에 있어서 소학교육의 대상은 사회구
성원 모두를 포함하고 있었던 것으로 보아야 할 것이다. 김안국의 언
표로 확인한다.

> 治國에는 孝悌로 함이 좋은 줄만 알고서 그것을 실행하는 施策
> 은 모른다면 無益한 것이다. 一國으로 하여금 孝悌를 돈독히 行하
> 게 하는 데는 모름지기 위로는 公卿大夫에서 아래로는 閭巷小民까
> 지 國學과 鄕校와 家塾에 이르기까지 朱子의 小學을 학습시켜서
> 幼少로부터 習熟해서 성격을 이루고 長年이 되어 德性을 이루게
> 함으로써 德化가 사방으로 확대될 수 있는 것이다. 백성들이 실행

---

275) 『중종실록』, 권 30, 중종 12년 10월 무신.

에 돈독하게 된다면 자연히 風俗이 淳美해지고 人材도 盛多하게
될 것이다.276)

　교육은 모름지기 公卿大夫로부터 閭巷小民까지 공히 이루어져야 한
다. 넓게 보면 公卿大夫도 民이고 閭巷小民도 民으로, 그들은 모두 사
회의 구성원이다. 李碩圭에 의하면, 民의 범주는 크게 廣義의 民과 狹
義의 民으로 구분하여 이해해야 한다.277) '광의의 民'은 왕을 포함한
인간 모두를 의미하는 것으로 '天이 낳은 백성(蒸民)'을 지칭한다. 그
러나 '협의의 民'은 官人層을 제외한 모든 사람을 지칭하는 것이라 한
다. 여기에는 身分이나 職業, 또는 役에 의해 구분되는 특정 계층만을
지칭하는 의미가 없고, 良人이든 賤人이든 또는 農民이든 商人이든 관
계없이 관인층에 의해 통치의 대상으로 인식된 모든 사람이 民이라는
것이다. 그리고 관인층을 지칭하는 용어로 人(大小人員・大小臣僚・大
小員人 등)을 사용하고 있다면, 民을 지칭하는 용어로는 대표적인 百
姓을 제외하고도, 生民・民庶・衆民・黎民 등의 용어로 표현되거나 극
히 드물게는 民衆・國民 등이 사용되고 있다. 또 한편, 民들의 열악한
처지를 나타낼 때, 혹은 무지하고 어리석음을 강조할 때에는 주로 下
民・小民・愚民・細民 등이 혼용된다고 한다. 그러나 이들 용어에는
平民・庶人・常人 등의 용어가 가지고 있는 신분적 성격은 전혀 없고
단지 관인층에 의해 통치의 대상으로 인식된 모든 사람을 지칭하는 의
미만 있을 뿐이라고 한다.278)

---

276) 『모재집』, 권 14, 「行狀」. "徒知爲治以孝悌之爲美, 不知行之之事則無益矣.
　　欲使一國敎行孝悌, 須今上自公卿大夫, 下至閭巷小民, 國學鄕校家塾, 崇習
　　朱文公小學, 自其幼少習與性, 成長而成, 德化達四境, 人敎於行則自然風俗
　　淳美, 人材亦盛矣."
277) 李碩圭, 「朝鮮初期 官人層의 民에 대한 認識: 民本思想과 관련하여」, 『歷
　　史學報』 제151집(1996. 6), 35~69쪽 참조.
278) 이석규, 같은 논문, 같은 쪽.

이러한 이석규의 연구결과는 16세기 중종대까지 확대 적용될 수 있다고 본다.[279] 따라서 중종대에도 民의 범주를 광의의 民과 협의의 民으로 구분하여 이해할 수 있을 것이다. 이 점은 김안국에게서도 확인된다. 즉 김안국은 교육의 대상을, 公卿大夫로부터 閭巷小民까지라고 했듯이, 광의의 民과 협의의 民을 다 포함하고 있다. 이 점은 조광조도 마찬가지이다. 즉 중종 12년 9월 한 書講에서 조광조는 "대사성 柳雲이 바야흐로 『소학』을 가르치므로, 館中·四學과 閭巷까지 온통 이를 따르고, 경상도 관찰사 김안국이 도내의 선비에게 읽어 익히게 하니, 이제 상께서도 단연코 그것을 읽으시면 사림들이 듣고서 고무 진작되어 다스려지게 하는 바른 방도를 얻게 될 것"이라 하면서 군왕에게까지 소학을 읽는 모범을 보일 것을 주장하고 있는 것이다. 따라서 교화적 교육의 대상은 일단 公卿大夫로부터 閭巷小民까지 다 포함하는 광의의 民이라 할 수 있다.

그러나 여기서 유의해야 할 점은, 『소학』을 군왕과 신료를 비롯한 사대부들에게 교육하도록 한다고 해서 그것이 소학단계의 교육은 아니라는 것이다. 『소학』은 소학단계에서만 읽혀지는 교과가 아니었다. 그들에게 『소학』공부를 권장한 것은 소학단계에서 공부하지 못하고 나이를 넘긴 것으로 간주하고 대학단계에서라도 '학불엽 등'의 원칙에 의거 『소학』을 공부하라는 것으로 이해하여야 한다. 따라서 교화적 교육의 대상은 일차적으로 유소년들이다. 다음으로, 관인층 및 그 후보인 儒者들을 제외하여, 현실적으로 제도적 교육에 접근하기 어려웠던 협의의 民, 즉 일반서민들을 대상으로 하는 것이라 할 수 있다. 특히 김안국은 교육대상의 우선순위를 사회의 상층부보다는 현실적으로 열악한 교육환경에 처해있는 협의의 民에 두고 있었다.

이러한 김안국의 관점은 21세기적 정치문명의 창조를 위한 교육방안

---

279) 이석규는 이 연구에서 성종대까지 언급하고 있다. 따라서 적어도 그의 연구결과를 중종대까지 확대 적용하여도 큰 무리는 없을 것이라고 본다.

을 피력하고 있는 라즐로(Ervin Laszlo)의 인민교육관과도 통한다. 즉,
"교육받지 못하고 문맹 상태에 있는 대중들은 어리석고 무식한 통치자
와 마찬가지로 정치에 참여하기에 걸맞지 않다. 이상적으로는 인민들
과 통치자들이 두루 잘 교육받고 또 계몽되어야 하겠다. 그럴 때에야
그들은 손발을 척척 맞추어 '和合의 政治'를 이루어낼 수 있기 때문이
다."[280] 라는 라즐로의 인민교육관과 화합의 정치관이 시대를 뛰어넘어
김안국의 관점을 대변하고 있다면 지나친 것일까? 라즐로는 〈통치자
없는 화합정치의 이상〉을 꿈꾸는 21세기적 정치문명에 대하여 논하고
있다. 중세적 관점에서 볼 때 그것은 분명 유토피아적 이상일 뿐이다.
그러나 문맹의 상태에 있는 인민들을 지배하는 데서 벗어나 인민들을
교육하고 계몽함으로써, 통치자와 인민이 함께 어우러질 수 있는 화합
의 정치에 한 발 다가설 수 있을 것이라는 그의 관찰은 중세적 관점에
서도 통용될 수 있다고 본다. 조광조·김안국을 비롯한 중종대 사림들
이 추진했던 도학적 지치공동체의 理想이 바로 그것과 다르지 않다고
본다. 라즐로가 원하는 인민교육이란 결코 기존의 권력에 복종시키기
위한 이데올로기 교육은 아니며 인간을 권력의 수단 내지 도구로 만드
는 교육은 더욱 아니다. 오히려 그의 비전은 '도덕적 자아의 확립' 내
지 '인민의 자립'(self reliance)이다.[281]

　김안국의 관점도 확인하자.

　　요금 인심이 각박해서 爭訟이 분출하고 骨肉 간의 다툼도 끊일
　새가 없다. 만약 決訟에 크게 限定을 세운다면 당장 庶民들의 시끄

---

280) Ervin Laszlo, "Shaping 21st Century Civiliztion: Food for Thought for
　　World Citizens of the Future", Choue Young Seek ed, *Textbook on World
　　Citizenship*(Seoul: Kyung Hee University Press, 1986), pp.118-119. 배병
　　삼, 「율곡(栗谷)사상의 정치학적 해석」, 김형효외, 『栗谷의 사상과 그 현대
　　적 의미』(한국정신문화연구원, 1995), 307~308쪽에서 재인용.
281) 배병삼, 위 책, 310쪽.

러움은 멈추게 할 수 있을 것이나, 그것으로써 爭鬪를 막고 풍속이 厚해지기를 바라는 것은 말지적인 방법일 뿐이다. 신의 생각으로는 敎化를 敦實하게 해서 백성으로 하여금 스스로 興起해서 실천하도록 하는 것만 같지 못하다고 본다.[282]

법과 형벌은 쟁송의 판결을 명쾌하게 하여 다툼의 재발을 방지하고 권력에 복종시키는 수단이 될 수는 있다. 그러나 그것은 풍속까지 아름답게 만드는 근본적 해결책은 될 수 없다. 법과 형벌은 인민의 자립을 가져오기보다는 의존과 요행을 키울 뿐이다. 교육을 통한 덕성의 함양만이 '인민의 자립'을 보장한다. 물론 이러한 관점은 김안국만의 독특한 생각이 아니라 조광조를 포함한 당시 16세기 사림들의 民觀을 대변한 것이라 할 수 있다. 다시 李碩圭의 주장을 빌리면, 조선 초기 관인층의 民에 대한 인식은 '도덕 능력의 劣等者'로서 '無知之民' 혹은 '愚民'으로 표현되었다고 한다.[283] 그러나 15세기 이후 특히 16세기에 들어와서는 주자학에 대한 인식의 심화와 더불어 民의 도덕적 자율성을 인간의 도덕적 능력의 보편성과 개별성이라는 각도에서 적극적으로 인정하게 되었다.[284] 이러한 관점이 전제되어야 교육이 설 자리도 인정될 수 있음은 물론이다.

김안국을 비롯한 중종대 사림들의 협의의 民에 대한 교육적 인식은 특별한 면이 있음을 지적하지 않을 수 없다. 그들은 교화는 무엇보다 백성을 가르치는 일이며 그 일은 書籍을 통하여 가능하다고 보고 있기 때문이다.[285] 김안국의 언표를 보자.

---

282) 『모재집』, 권 14, 「行狀」. "今人心偷薄, 爭訟紛紜, 骨肉鬪鬩, 無有休時. 若立大限, 訟可息而俗庶不囂矣. 然立大限以止爭鬪, 而望其俗之厚, 末也. 臣意莫如敦敎化使民興行."

283) 李碩圭, 앞의 논문, 35-69쪽 참조.

284) 金勳埴, 「中宗代〈警民編〉보급의 고찰」, 『李載龒博士還曆紀念 韓國史學論叢』(서울: 한울, 1990), 446-450쪽 참조.

285) 정재걸은 "지배계급을 위한 교육이 講經, 즉 서적을 중심으로 하여 이루

萬民은 衆多하여 집집마다 다니면서 깨우침을 할 수가 없는 것
이니, 반드시 고무하고 진작하는 방법이 있어야만 백성들은 스스로
興起해서 善을 따를 것이다. 祖宗代에 三綱行實을 撰述해서 圖畵로
보이고 歌詠을 부기하였으니 그것을 中外에 반포하여 백성으로 하
여금 익히도록 함이 아주 좋은 방법이라 생각한다.286)

김안국은 백성들로 하여금 책 속에 들어 있는 규범과 지혜를 깨닫도
록 할 수 있다면 풍속은 자연히 바르게 될 것이라고 보고 있다. 나아
가, 한문을 모르는 백성들이 책을 읽을 수 있게 하기 위해서는 쉽게
깨우칠 수 있는 諺文으로 바꾸어 기록할 필요가 있다고 보았다. 그래
서 김안국은 한문으로 쓰여진 교화서의 각 단락마다 諺解를 붙여 간행
하기로 하였다. 물론 교화서의 간행이나 언해는 김안국에 의하여 최초
로 이루어진 것은 아니다. 이미 세종대부터 『三綱行實圖』를 간행하였
고, 이의 언해 역시 성종대에 이루어진 바 있다. 그러나 김안국은 중앙
의 해당 관청에서 간헐적으로 이루어지던 교화서의 언해와 간행을 하
나의 본격적인 교육활동으로 정립하여 그것에 직접 헌신하였다는 점에
서 주목할 만하다. 이 점에서 김안국의 동생인 金正國도 주목된다. 앞
에서 잠시 지적한 바가 있지만, 김정국은 황해도 관찰사로 재직할 때

어진다면, 일반서민들을 위한 교화는 구체적 사물이나 사건을 보고, 듣는
것을 중심으로 이루어졌다"고 보고 있다. 그러면서 그는 庶民敎育을 '敎
化'라 하면서 양반관료 및 사대부들에 의해 民들에게 맹목적으로 지배이
데올로기를 '注入'(indoctrination)하는 것으로 보는 측면이 강하다. 이 점
에서 김대용의 연구도 비슷하다. 정재걸, 「조선전기 교화연구-성종·중
종(1469~1544)년간을 중심으로」(서울대 대학원 박사논문, 1989): 김대
용, 『조선 초기 교육의 사회사적 연구』(서울: 한울아카데미, 1994). 그러
나 필자는, 앞에서 말했듯이, 敎化는 '인독트리네이션'과는 교육철학적 관
점을 달리한다고 본다.
286) 『모재집』, 권 14, 「行狀」. "然萬民至衆, 不可家倫而戶曉, 必有鼓舞振作之
方, 然後民自興起, 而徒善也. 祖宗朝, 撰三綱行實, 形諸圖畵播之歌詠, 頒諸
中外, 使民勸習, 甚盛意也."

인 중종조 기묘년(1519)에 도내의 일반백성을 대상으로 한 『警民編』을
편찬·간행하였다. 특히 이 책은 향촌의 일반백성을 대상으로 한 교화
서인데, 주목되는 것은 인륜으로서의 三綱五倫의 덕목과 차이가 있다
는 점이다. 이를테면, 君臣·朋友·長幼 등의 德目은 탈락되고, 그 대
신 향촌질서의 유지에 필요한 族親·奴主·鄰里 등의 德目이 추가되고
있다. 또한 敬身에 해당할 心術·威儀·衣服 등의 덕목은 탈락하고 鬪
毆·勸業·詐僞 등의 항목이 추가되어 향촌현실과 부합되는 덕목으로
변형되고 있는 것이다.[287] 어쨌든, 교화서의 언해와 편찬은 중종대 사
림들이 書籍을 통하여 백성들을 가르치는 방법의 장점을 명확하게 인
식하고 있었던 것이라 할 수 있다.[288] 이러한 인식의 연장선상에서 16
세기말에 오면 일반백성들이 비록 제한적이긴 하나 제도교육에도 참가
할 수 있었던 것이다.[289]

2. 敎學的 덕교육론의 목표와 대상

1) 格致誠正을 통한 본성의 회복

교화적 덕교육론이 관습의 도덕, 즉 日用之道의 내면화를 통한 덕성
의 함양에 있다면, 교학적 덕교육론에서는 교화적 덕교육의 단계에서
인륜의 기초를 다진 것을 바탕으로 하여 格物致知와 誠意正心함으로써
인륜적 덕성의 완성을 목표로 한다. 格物이란 사물의 理를 궁구하는

---

287) 丁淳佑, 「조선전기 영남지역 평민층에 대한 교화와 교육」, 『정신문화연구』,
　　　제22권 제3호, 통권 76호(1999, 가을호), 120쪽. 『警民編』의 구체적인 내용
　　　과 편찬 보급의 의미에 대한 자세한 고찰은 金勳埴, 「중종대〈경민편〉보
　　　급의 고찰」, 앞의 논문 참조.
288) 池政敏, 「朝鮮前期 敎化書 諺解의 敎育的 意味: 慕齋 金安國의 活動을 中
　　　心으로」(서울대 대학원 석사논문, 1995. 8), 42쪽.
289) 정순우, 앞의 논문, 123~127쪽 참조.

것으로, 인륜의 궁극적 원리와 근거를 밝히는 것이라 할 수 있다. 이러한 반성적 성찰이 계속될 때 어느 순간에 豁然貫通하는 致知의 단계에 이르게 된다. 이때가 全德으로서의 仁을 터득하게 됨으로써 性理와 天理가 합일하는 순간이다. 誠意는 반성적 성찰에서 나온 인륜적 원리에 근거하여 도덕적 상황을 판단하고 好惡의 감정과 행위를 결정하는 것을 진실되게 하여 理致에 부합하도록 하는 것이며, 正心은 誠意가 내 마음에 완벽하게 體認됨으로써 덕성의 완성을 의미한다. 이 모든 과정이 완성될 때 비로소 道와 心이 하나로 귀일하는 靈妙한 본성이 회복된다. 따라서 교학적 덕교육론의 목표는 格物致知와 誠意正心을 통한 본성의 회복에 있다. 김안국과 조광조 등 여러 신료들의 건의를 받아들여 중종이 禮曹에 내렸던 교지의 내용 중에 해당 부분을 다시 인용해 두기로 한다.

> 15세가 되면 大學에 입학시켜서 특히 소학에서 익힌 공부에 바탕을 두고 순서를 따라 窮理正心하고 修己治人하는 방도를 연구해서 이미 啓蒙 養正함은 정해지고 근본이 후해져서 士者는 德에 돈독하고 백성은 行함에 興起하여 풍속이 순미해지고 인재가 盛多하게 되는 것이다.[290]

인간의 본성은 善하다. 그것을 입증하는 조광조적 용어가 이른바 '心之靈妙'였다. 어린 시절 소학단계의 교육은 그 점을 명확히 해 준다. 즉 인륜의 근본을 배양함으로써 학생들은 인간 본성의 선함을 습득하게 되었다. 그러나 소학단계에서 길러진 본성은 외부적인 힘에 의하여 교화되거나 감화되어 타율적으로 습득된 것이지, 스스로에 의해 자각

---

290) 『중종실록』, 권 26, 중종 11년 11월 계미: 『모재집』, 권 9, 「下禮曹崇小學傳旨」. "至于十有五而入大學, 則特因小學已成之功, 順序而進以達夫窮理正心, 修己治人之術, 而已蒙養得正, 源本 旣厚, 故士敦於德, 民興於行, 風俗淳美, 人材衆盛."

적이고 반성적으로 터득된 것이 아니다. 그래서 어린 시절에 길러진 본성은 어른의 세계에 오면 쉽게 상처받을 수 있다. 어른의 세계는 훨씬 더 복잡하고 이익의 泥田鬪狗가 벌어지는 마당이다. 그래서 어른이 되면 그동안 길들여진 본성이나 습관화된 관습의 도덕이 현실과 맞지 않음을 의심하게 되고, 점차적으로 사회의 私慾과 利慾에 물들면서 선한 본성은 허물어져 버리거나 잊혀져 버린다. 왜 인간들은 天性을 선천적으로 함장하고 태어나고 어린 시절의 교육을 통해 그것에 길들여져 있는데 어른의 세계에 와서 다시 잃어버리고 物慾에 빠지는 것일까? 그것은 말할 것도 없이 氣稟 때문이다.

　　성품은 착하지 아니함이 없지만 氣稟이 같지 않다. 사람이 착하
　　지 아니함은 氣가 시켜서 그런 것이요, 비록 聖人이라도 보통사람
　　의 마음이 없지 않은 것이다.[291]

　　어린 시절 소학단계의 교육에서 기질을 교정하고 순화하였지만, 역시 氣는 여전히 내 몸을 구성하고 있다. 아무리 순화된 기질도 항상 다시 되돌릴 가능성에 직면해 있다. 기질은 물욕에 예민하다. 그래서 인간은 그 氣稟으로 인하여 항상 물욕에 빠질 위험성에 노출되어 있다. 聖人이라도 예외가 아니다. 조광조가 "堯舜桀紂가 모두 七情을 소유하고 있지만 善惡의 현저한 다름이 있는 것은 그 情을 發함에 있어 알맞게 하느냐의 여부에 있을 뿐"[292]이라고 말하듯이, 다만 성인은 天性을 잘 보존함으로 하여 氣稟이 유혹하는 물욕을 알맞게 조절할 수 있을 뿐이다. 물욕이 전혀 없다면 인간은 삶을 영위할 수 없다. 따라서 조광조의 '利의 근원을 단절해야 한다'[293]는 주장의 진정한 의미는, 맹

---

291) 『靜菴集』, 卷 5, 「筵中記事一」. "性無不善, 而氣稟不齊, 人之爲不善, 氣之
　　使然也. 雖聖人不能無人心."
292) 같은 책, 권 5, 「筵中記事一」. "堯舜桀紂, 俱有七情, 而善惡懸殊者, 以其情
　　之發, 有中有不中也."

목적으로 모든 물욕을 제거해야 한다는 것이라기보다는 조절의 수위를 넘어서는 利의 근원을 막아야 한다는 것으로 이해해야 한다. 어쨌든 聖人은 물욕의 조절을 자유자재로 할 수 있다. 그러나 보통사람들은 善을 행할 수도 있고 물욕에 빠져 악행을 저지를 수도 있다.

> 대저 보통사람(常人)은 그 마음이 정말 善하면 반드시 善人을 思慕하고자 하고, 그 마음이 不善하면 그는 善人을 만나면 반드시 위축하여 서로 보기를 좋아하지 않을 것이다. 天理를 발현함에 있어 大賢은 善을 숭상한다. 그러나 中人以下는 善도 하고 惡도 하는 것을 때에 따라서 하는 것이다.294)

그러면 어떻게 해야 하는가? 利慾의 근원을 끊고 잊혀진 선한 본성을 다시 찾는 노력을 해야 한다. 그것이 공부이고 교육이다. 그래서 조광조는 말한다. "옛 글에 '堯舜은 天性대로 하고 湯武는 天性으로 되돌아 왔다.'295) 하였는데, 되돌아오는 공부를 지극하게 하지 않으면 안되는 법이다. 그러므로 지팡이(杖)·그릇(豆)·궤(几)·안(案)에도 반드시 모든 銘을 새겨 두고 보며 반성하도록 대비한 것이니, 사이나 틈을 노리는 物欲이 한 가지뿐이 아니어서 大賢 이하는 마땅히 이렇게 한 다음에야 억제할 수 있는 것이다."296) 聖人은 天性을 제대로 보존하고 있기에 '되돌아오는' 공부의 필요성이 없는 인간이다. '되돌아오는'

---

293) 같은 책, 권 4, 「復拜副提學時啓十一」. "利源一開, 其害大矣. 國家須絶功利之習. 爲士者, 平時持論, 雖以正直, 若有事故, 則手脚忙亂利源, 是國家之病. 病絶然後, 可以永保其休矣."

294) 같은 책, 권 3, 「侍讀官時啓四」. "大抵常人其心果善, 則必思慕善人, 而欲見之, 其心不善, 則其遇善人, 必畏縮而不喜相見. 天理之發見也, 大賢則尙矣. 中人以下, 爲善爲惡, 隨時所尙焉."

295) 『孟子』, 「盡心章 下」. "堯舜性者也, 湯武反之也."

296) 『중종실록』 권 27, 11년 12월 무오. "古云堯舜性之, 湯武反之. 反之之功不可不至. 故杖豆几案, 必皆有銘以備觀省者, 物欲之投間抵隙者非一, 大賢以下當如此, 然後可能制之故也."

공부를 해야 하는 사람들은 大賢 이하의 보통사람들이다. '되돌아오는' 공부를 안 하면 이들은 후천적 氣稟의 지배를 받음으로써 물욕에 빠지기 쉽고, 惡을 저지를 가능성에 노출된다. 그렇다면 '되돌아옴'은 어디로 돌아온다는 것인가? 말 그대로 처음과 출발점으로 돌아온다는 것이다. 조광조는 그것을 '고향'이라는 말로 은유하고 있다.

> 사람의 공통적인 심정이란 고향을 생각하는 것보다 더한 것이 없기 때문에 옛말에 '여우도 죽을 때에는 고향 쪽으로 머리를 둔다.'하였다.[297)

그러면 인간의 처음과 출발점인 '고향'은 구체적으로 어디인가? 우선 어머니의 子宮보다는 뒤다. 어머니의 자궁은 영원한 평화의 안식처이기는 하지만 아직 세상은 아니기 때문이다. 어머니의 자궁이 아니라면, 어린 시절이라 생각해 볼 수 있다. 인간은 나이가 들어가면서 점점 어린 시절이 그리워지고, 고향에 대한 향수를 강렬히 느낀다. 어린 시절은 모든 인간들의 마음의 고향이다.

가장 꾸밈없이 자발적으로 자기 자신을 표현하는 존재가 인간에게 있어서 어린아이다. 어린아이는 외부의 조그만 영향이나 촉발에 대해서도 놀라움, 감탄, 그리고 경이를 표현한다. 어린아이가 너무 따지기를 좋아하고 어른 흉내를 내면서 객관적으로 판단하기를 좋아하면, 그 어린아이는 그만큼 매력을 상실하고 만다. 정확하지 못함에 어린아이의 매력이 있다. 어린아이가 판단하듯이 사물을 쪼개기 좋아하면, 그는 주위에 순진함을 잃은 서글픔을 주고 만다. 이처럼 어린아이는 무장되어 있지 않고, 자기 자신을 주위에 있는 그대로 노출시키고 있다. 어린아이는 순진성의 原本이다. 어린아이는 아직 세상의 否定과 저항을 잘

---

297) 『중종실록』, 권 32, 중종 13년 3월 갑자. "人之常情, 莫甚於懷土, 古云狐死首丘懷土之情, 人皆有之."

모른다. 그러나 어린아이는 그의 자발성의 신화가 깨어지는 순간에 어른의 세계에로 진입하게 되고, 그와 동시에 역사와 사회현실의 복잡함과 어려움 앞에서 그의 의식이 안으로 분열한다. 그 분열은 주객분리를 가져오고, 주객분리는 판단을 잉태하며, 판단과 함께 천진한 자발성은 숨어버리고 간접적 표현과 수식이 그 자리를 대신한다. 누구든지 어른이 되면 운명적으로 천진난만한 자발성을 상실하고 이욕의 때가 묻기 마련이고, 하늘로부터 부여받은 天性이 가려지기 마련이다. 이처럼 세상의 이욕에 찌들고 온갖 부정과 저항에 지친 어른들에게 어린 시절의 무장되지 않고 순진한 자발적 감정이 노닐던 환경은 언제나 그리워지는 고향이다.[298]

맹자는 천진난만한 자발성의 마음, 즉 天性(天命之謂性)을 '良知良能' '赤子之心'이라 표현하였다. '양지양능'은 인간 심성의 자발적인 자기표현이며, 어린아이의 무장되지 않은 순수한 마음의 표출이다. 이 양지양능적 자발성의 마음을 표현한 조광조적 용어가 바로 '心之靈妙'이다. 누구든지 어른이 되면 이러한 순수한 마음이 때가 묻어 가려지고 잊혀져 버린다. 그러나 결코 그것이 없어져 버린 것은 아니다. 天道는 한결 같아 찾기 어렵지 않고 멀리 있는 것도 아닌데, 사람의 利欲이 병을 만들어 그것을 찾지 않을 뿐이다. 그래서 맹자와 조광조는 되돌아가서 그것을 찾으라고 강력히 권고하고 있다. 결국 本性의 회복, 즉 '뇌돌아옴'이란 바로 良知良能, 心之靈妙의 자발성과 순수성을 다시 찾는 것에 다름 아니다. 이 '양지양능'과 '심지영묘'를 온전하게 회복한 사람이 덕성의 완성자인 聖人이다. 양지양능과 심지영묘가 赤子之心, 즉 어린아이의 마음이라면, 聖人도 어른인 한, 그는 처음부터 '적자지심'을 잃지 않고 계속 보존한 자라기보다 오히려 그 '적자지심'을 다시 회복한 자라고 봄이 온당하다. 그러나 만약 어린아이의 마음을 처음부

---

298) 이상의 어린아이의 심성에 대한 고찰과 표현은 김형효에서 빌렸다. 金炯孝, 『孟子와 荀子의 哲學思想』(서울: 三知院, 1990), 117~122쪽 참조.

터 보존하여 어른이 된 뒤에도 어린아이와 똑같이 생각하고 똑같이 행동하는 사람이 있다면, 그는 바보이든지 아니면 유치한 이든지 둘 중의 하나일 것이다. '적자지심'을 회복한 聖人은 이러한 범주에 속하지 않는다. 성인이 회복한 '적자지심'은 格物窮理의 반성적 과정을 거쳐 誠意正心을 통해 體認된 것이다. 따라서 덕성의 완성자인 聖人은 性理의 빛으로 어린아이의 마음을 회복하였기 때문에, 그의 知性은 옳고 그름을 분별하는 '是非之心'으로 무장되어 있으나 그의 마음은 때묻지 않은 어린아이의 良知良能 혹은 心之靈妙로 가득 차 있다.[299] 이것이 교학적 교육에서 궁극적으로 달성하고자 하는 교육목표이다.

小人은 赤子之心을 잃고서 때가 묻고 利欲으로 찌들어 영원히 마음의 고향을 망각한 상태로 살아간다. 그러나 聖人은 利欲心이나 利己心과 같은 욕망으로 이웃을 망각한 것이 아니고, 이웃의 부름이 바로 자신의 응답으로 존재하는 그런 삶의 방식을 살고 있다.[300] 그래서 그는 먼저 자기의 赤子之心을 회복하고 이웃의 부름에 같은 마음으로 다가선다. 맹자의 '正己하고 物正하는 자'가 그런 사람이고,[301] 그런 임금이 聖君이다.

> 三代의 정치를 지금 회복할 수가 있다. 그 방법도 아주 쉽다. 먼저 임금 자신의 德을 닦고 나서 그 방법을 事物에 옮겨 행한다면 사람들이 모두 感化하여 자연스럽게 德을 닦을 것이다. 나의 덕은 닦지 않고 단지 事物에만 善을 실시한다면, 아무리 실시를 잘한다 하더라도 무슨 이익이 있겠는가? 모름지기 자신의 덕을 돈독히 닦고 온갖 교화가 모두 자신의 밝은 덕으로부터 나오게 한다면 백성들이 우러러보고 기뻐해 마지않을 것이다.[302]

---

299) 김형효, 위 책, 120쪽 참조.

300) 김형효, 위 책, 같은 쪽.

301) 『孟子』, 「盡心章 上」, "有大人者, 正己而物正者也."

302) 『중종실록』, 권 31, 중종 13년 1월 정묘. "三代之治, 今可復致者, 雖不可易

옛 사람이 이르기를 '어린아이를 보호하듯 하라'라고 했으니, 백
성을 사랑함이 진실로 어린아이를 사랑함과 같이 한다면 백성들이
위를 보는 것이 반드시 부모같이 여길 것이다. 이와 같은 마음가짐
이 오래 간다면 정치적 덕화가 이루어지지 않을까를 무엇 때문에
걱정하겠는가?[303]

자신의 德을 닦고 나서 그 방법을 事物에 옮겨 행하는 것은, 맹자적
표현으로 '正己하고 物正'하는 것이다. 자신의 덕은 닦지 않고 단지 사
물에만 善을 실시하는 것은 正己도 않으면서 사물을 善되게 하고자 하
는 '正物'의 개념이다. 여기서 '物正'과 '正物'은 개념상 엄청난 차이가
있는 것 같다. 朱子의 해석에 의할 때 '物正'은 '物自正'으로써, 物이 스
스로 혹은 자연적으로 바르게 됨이다. 그러나 '正物'은 인간이 인위적
으로 자연에 간섭하여 조작하는 개념이다. 자신의 덕을 닦지 않은 채
학생들에게만 일방적으로 正物하려는 교육이 '인독트리네이션'이다.
그러나 꽃이 꽃 되게 하고 事物이 사물 되게 자연적 율동에 맡겨두는
태도가 '物正'의 개념이다. 그래서 조광조는 자신의 德을 닦고 그 방법
을 사물에 옮겨 행하면 사람들이 모두 '感化하여 자연스럽게 德을 닦
을 것이지만'(物正), 인위적으로 正物을 하려 한다면 아무리 실시한들
무슨 이익이 있겠는가라고 반문하고 있다. 자신의 덕을 닦고 物正함,
이것이 교화적 교육의 방법이다. 따라서 正物의 '인독트리네이션'과 物
正의 '교화'는 교육학적으로 큰 차이가 있다. 이러한 점을 5장의 교육
방법론을 다룰 때 좀 더 자세히 볼 것이다.
　　그런데 여기서 자신의 德을 닦는 '正己'도 '物正'처럼 '己正'이라 해야

言, 豈全無致之之道乎. 自上先養己德, 推之行事, 則人皆誠服, 不期化而自化
矣. 若吾德不修, 而修飾於事爲之間, 則亦何益乎. 須敦厚其德, 使萬化自明德
中流出, 則下民自然觀瞻所感, 有不能已者矣."
303) 『정암집』, 권 4, 「元子輔養官時啓二」. "古人云, 如保赤子, 愛民誠能如愛赤
子, 則民之視上, 亦必如父母也, 如是而持之悠久, 則何患治化之不成乎."

하지 않겠는가 하는 의문이 들 수 있다. 그러나 그렇지 않다. '己正'이라 하면, 그것은 어린아이와 똑같이 행동하는 유치한 어른으로 남든지 利欲에 찌든 어른으로 그냥 내버려두라는 뜻이 되고 만다. '正己'는 自己에 의한 自己의 革新이지만, 그 혁신은 미지의 새로운 것으로의 이행이 아니고, 자기가 保持하고 있던 본질을 빛나게 탈바꿈시키는 것을 뜻한다.[304] 자기 스스로 자신에게 인위를 가하여 잊혀져 버린 본래의 心之靈妙를 회복하는 것이 '正己'의 개념인 것이다. '자기 스스로 자신에게 인위를 가하는 것'이 바로 공부이고 교육이다. 이것이 교학적 단계의 교육이다. 교화적 단계의 교육은 다분히 교사 중심의 교육이다. 그러나 교학적 단계에서의 교육은 학습자의 자발성이 매우 중요한 것이며 교사에 의한 일방적 주입이 아니라 학습자 중심의 탐구수업이 이루어져야 하는 것이다. 그래서 공부나 교육은 모두 爲己之學이어야지 爲人之學이어서는 안 된다. 이러한 관점에서 조광조나 김안국은 爲己之學을 모르고 爲人之學만을 일삼는 당시 선비들의 학문하는 풍토에 대해 개탄하고 있다.[305]

正己하여 物正할 때, 즉 赤子之心을 회복하여 이웃의 부름에 나아갈 때 이웃도 같은 마음으로 화답하게 되어 있다. 在上者들이 먼저 어린아이를 보호하듯이 백성들을 사랑한다면, 백성들도 그들을 보기를 부모와 같이 여기면서 친밀감 있게 다가온다. 이러한 마음들이 서로 오갈 때 정치의 道化는 이루어진다. 나와 이웃, 在上者와 백성을 가릴 것 없이 모든 구성원들은 한 어머니의 자궁에서 나온 형제들이다. 모든

---

304) 김형효, 앞의 책, 121쪽.

305) 『정암집』, 권 5, 「筵中記事一」. "理學 乃爲己之學, 而非爲人之學, (中略) 今之學者, 皆爲人之學, 而不知爲己之學.": 『모재집』, 권 11, 「公州鄕校重修記」. "不知義理之切己, 而能反之於心身, 用功之地徒以文字口讀, 諸口耳剽竊爲詞章之助, 誦念爲試講之資, 以規應擧取榮之利而已. 少有志義理, 而正趨向者則反以爲幸詭, 而群笑衆詆之乃謂綴文拙辭, 熟念口讀者爲能速化而歆慕之, 若此而以爲學不如無學也."

구성원들이 형제애로 뭉친 공동체를 만들어 나가고자 하는 것이 맹자의 왕도정치요, 조광조의 至治主義思想임을 우리는 2장에서 보았다. 형제애가 넘치는 공동체, 그것은 전 인류가 공통으로 돌아가고 싶은 마음의 안식처요 유토피아적 고향과도 같다. 유토피아이기에 그런 공동체는 실현되어 본 적은 없지만, 현실이 아프면 아플수록 인간들은 더욱 절실하게 고향으로 돌아가고픈 꿈을 꾼다. 그리고 그것은 아픈 현실을 匡正하는 잣대와도 같다. 그래서 유토피아즘은 아픈 현실을 광정하는 데 추진력과 실천력을 제공한다. 조광조가 일생 동안 보여준 실천력은 여기서 나온 것이라 생각한다. 그뿐만 아니라 김안국을 비롯한 중종대 사림들이 궁극적으로 달성하고자 했던 도학적 지치의 윤리공동체가 그런 사회였다.306)

교학적 단계의 교육은 자기 스스로 자신에게 인위를 가하여 잊혀져 버린 본래의 心之靈妙를 회복하는 爲己之學을 함이 공부와 교육의 목적이다. 선천적으로 내가 함장하고 있는 四端之心이 확충하여 全德인 '仁'을 터득함으로써 덕성의 완성을 이루는 것이 교학적 단계의 공부와 교육의 최종 목표인 것이다.

---

306) 이를테면, 김안국도 "그 학문의 극치는 또한 천지고금의 변천을 窮理하고 道德性命의 이치를 연구해서 六藝의 文과 詞章의 빛남에 이르기까지 모두 통달하여 鄕土에 처해서는 족히 風俗을 향기롭게 다스려 祉에서 모범이 되고 經世에 나아가서는 족히 王化를 보필해서 민생을 편하도록 구제해야만 하니 학문하는 道로 말미암아서 그의 실력을 얻는 그 效果는 이러한 것이다."라 하여 학문함의 궁극적 목적이 도학적 至治의 윤리공동체 구현에 있음을 밝히고 있다. 『모재집』, 권 11, 「公州鄕校重修記」. "其學之極, 則又能窮天地古今之變, 盡道德性命之理, 以至六藝之文, 詞翰之華, 無不曲暢而旁通處, 而在鄕則足以陶薰風俗, 而範表黨閭, 出而經世則足以黼黻王化, 而康濟斯世, 由學之之道, 得其實而爲效若此也."

2) 도덕적 인간상으로서의 聖人·君子

本性(赤子之心)을 회복하여, 心之靈妙의 자발성과 순수성을 다시 찾은 사람이 덕성의 완성자인 聖人이다. 聖人은 性理의 빛으로 어린아이의 마음을 회복하였기 때문에, 그의 知性은 옳고 그름을 분별하는 '是非之心'으로 무장하면서도 그의 마음은 때묻지 않은 어린아이의 良知良能 혹은 心之靈妙로 가득 차 있다. 달리 말해, 그는 全德으로서의 仁을 온전히 터득한 사람이다. 그래서 그는 도덕의 제일원리인 仁德에 근거하여 도덕상황을 판단하고 규범을 입법하고 행위를 결정해 나가는 도덕생활의 주체가 된다.

> 義와 利, 公과 私의 분별을 밝게 살펴야 한다. 진실로 능히 義·利·公·私의 분별을 안다면 미혹하지 않게 되어서, 內外가 닦아지고 心이 맑아져서 是·非와 好·惡가 모두 그 正當함을 얻을 것이요, 일을 처리하고 사물을 접할 때에 정당하지 아니함이 없을 것이다.[307]

이처럼 도덕생활의 주체가 되는 聖人됨이야말로 도학적 덕교육이 궁극적으로 달성하고자 하는 도덕적 인간상이다. 사실 聖人은 오랜 옛날부터 사상을 막론하고 중국인들에게 항상 이상적인 인물상으로 등장했었다. 말 그대로 聖人은 일반 사람들에게서 멀리 떨어져 있는 高遠한 理想일 뿐이었다.[308] 이를테면 공자의 聖人觀도 그랬다. 그러나 이 고원한 이상으로서의 성인을 현실로 끌어내린 사람이 맹자였다. 즉, 맹자

---

307) 『정암집』, 권 3, 「參贊官時啓四」. "義利公私之辨, 不可不明審也. 苟能知義利公私之辨, 而不惑焉, 則內外修而心之淸, 是非好惡皆得其正, 而至於處事接物, 無不當矣."

308) 드 배리(Wm. Theodore de Bary), 『중국의 '자유' 전통』, 표정훈 옮김(서울: 이산, 1998), 101쪽.

는 성인을 자기 시대의 모범적인 인격으로 보는 성인관을 제시하여 누구든지 배움을 통해 성인이 될 수 있음을 처음으로 보여주었던 것이다. 이러한 맹자의 성인관이 송대 성리학자들에게 이어졌다. 이를 먼저 程頤를 통해서 확인해 본다.

　후세 사람들은 聖人이 태어나면서부터 기본적으로 천부적인 자질과 능력을 지녔으며, 배움을 통해서는 도무지 聖人이 될 수 없다고 생각했다. 그 결과 배움의 길이 끊어져 버리게 되었던 것이다. 사람들은 자기 자신 안에서 구하지 아니하고 바깥에서 구하고 있으니, 이것저것 잡다한 지식을 추구해 그것들을 암기하기에만 힘쓰며 말과 문장을 그럴듯하게 다듬고 우아하게 치장하는 데만 몰두하고 있다. 그래서 道에 이르는 이가 드물었던 것이다.309)

　주자도 '학문이란 聖人에 이르는 길이고 聖人은 배워서 이룰 수 있다'는 정이의 성인관을 같이하고 있다. 물론 그들도 태어나면서부터 완성된 인간(生而知之者)이 있음을 부인하지는 않는다. 그러나 오히려 生而知之者는 예외적인 사람이고, 대부분의 인간은 계시와 선택에 의한 구원에서가 아니라 끊임없이 배우기를 좋아하고 묻기를 좋아하는 생활을 통해서 서서히 성인이 되어간다고 할 수 있다.

　聖人의 資質은 반드시 배우기를 좋아하고 반드시 묻기를 좋아하는 데에 있다. 만약 자기의 어려운 곳이나 고쳐야할 곳에 이르러서 다시 배우지 않고 다시 묻지 않는다면 이는 이미 自暴自棄한 자이다. 聖人의 聖人된 가장 중요한 근거는 다만 배우기를 좋아하고 다른 이에게 묻기를 부끄러워하지 않는 점이다.310)

---

309) 『二程全書』, 卷 43, 「伊川文集, 顔子所好何學論」. "後人不達, 以謂聖本生知, 非學可至, 而爲學之道遂失. 不求諸己, 而求諸外, 以博聞强記, 巧文麗辭爲工, 榮華其言. 鮮有至於道者."
310) 『性理大全』, 卷 44, 「學 1」. "有聖人之資必好學必下問, 若就自家杜撰, 更不

조광조는 맹자에서 정이와 주자로 이어지는 성인관을 이어받고 있다.

　　배우는 사람이 聖賢이 될 것을 목표로 한다고 반드시 聖賢의 경
지에 이르는 것이 아니며, 임금된 사람이 唐虞三代를 목표로 한다
고 꼭 唐虞三代의 다스림을 이룰 수 있는 것은 아니다. 그러나 뜻
을 이와 같이 세우고 格物致知와 誠意正心에 專念한다면 점점 聖
賢의 경지와 堯舜의 정치가 이루어 질 수 있는 것이다.[311]

　여기에서 '배우는 사람의 立志가 聖賢을 목표로 한다고 하더라도 반
드시 聖賢의 경지에 이르는 것이 아니'라는 이 말은 표면상으로 교육
목표에 대한 자포자기를 의미하고 있는 듯 보이지만, 실은 이와는 정
반대의 강력한 내적 가능성으로서의 실천지향적 힘을 분출하고 있는
것으로 보아야 한다.[312] 立志를 명확히 세우고 格物致知와 誠意正心에
專念한다면 聖賢의 경지와 堯舜의 정치는 결코 허황된 것이 아니요,
실현될 수 있을 것이라고 하는 敎育의 가능성을 보여 준 것이다. 그리
하여 조광조는 누구보다도 임금이 먼저 聖君的 자질을 갖출 것을 강력
히 권고하고 있다. 왜냐하면 임금은 한 나라 士氣의 宗主이고, 師道의
權柄을 가진 자이기 때문이다.

　　士氣라는 것은 儒生에게 달려 있을 뿐 아니라 三公일지라도 역
시 선비(士)이며, 임금의 한 몸으로 말하더라도 바로 士氣의 宗主
이니, 기풍을 고쳐서 진작하는 기미는 모두 임금에게 달려 있는 것
이다.[313]

學更不問, 便已凡下了, 聖人之所以爲聖也, 只是好學下問."
311) 『정암집』, 권 3, 「侍讀官時啓六」, "學者以聖賢爲期, 未必卽至聖賢之域, 人
主以唐虞三代爲期, 未必卽致唐虞三代之治, 然立志如此, 而用功於格致誠正,
則漸至於聖賢之域, 堯舜之治矣."
312) 宋永日, 「靜菴 趙光祖의 敎育思想 硏究: 實踐道學理念을 中心으로」, 한국
교원대학교 대학원 석사논문(1989. 12), 39~40쪽.

三代 이후로 임금의 도리를 얻은 자는 혹 있었으나, 師道는 거의 없었다. 師란 교화로 이끄는 것을 뜻하는데, 師道는 오직 임금이라야 잘 할 수 있으니 敎導할 수 있는 權柄을 잡았기 때문이다. 후세에는 임금이 하지 않을 뿐만 아니라 대저 師道가 전혀 없었다.[314)

선비들의 士氣는 나라의 治化에 직접적인 영향을 미친다. 임금이 먼저 師表로써 正己하고 物正하는 모습을 보여줄 때 선비들도 士氣가 충천하여 師道가 서고 교화가 이루어진다. 그러나 그렇지 못하여 선비들의 士氣가 저하될 때 君子들은 모두 숨어버리고 조정에는 小人輩들이 진을 친다. 이러면 다스려지기는 요원한 일이다. 따라서 군자와 소인을 분별해 내기 위해서도 임금이 먼저 聖君的 자질을 갖추지 않으면 안 되는 것이다.

重臣이 나라를 위하여 몸을 버리고 큰 일을 담당하면 반드시 人望이 있게 되고, 人望이 돌아가면 권력을 전담한 것 같으므로 人君의 學識이 不足하면 疑心받는 것을 면치 못한다. 자고로 君臣간에 시기와 間隔때문에 國事를 그르친 것은 모두 이러한 데서 기인된 것이다. 人君은 마땅히 君子와 小人을 분별하여서 그 君子됨을 알거든 그에게 맡겨서 疑心하지 아니하며 그 小人됨을 알거든 그들을 엄격하게 대하는 것이 옳은 것이다.[315)

---

313) 『중종실록』, 권 25, 11년 6월 임자. "所謂士氣, 不獨在於儒生也, 雖三公, 亦是士也, 而至於上之一身, 乃是士氣之宗主也. 其轉移振作之機, 皆在於上."

314) 『중종실록』, 권 29, 12년 8월 계해. "自三代以後, 君道則或有略得之者, 師道則絶無矣. 師者以敎化導之之謂, 師之道, 惟人主善爲之, 以其操可敎之柄也. 後世則非但人主不爲, 大抵皆無師道."

315) 『정암집』, 권 3, 「侍讀官時啓一」. "重臣爲國忘身, 擔當大事, 則必有人望, 人望所歸, 有似專權. 故人君學識不足, 則未免見疑. 自古君臣猜阻致敗國事者, 皆以此也. 人君當辨君子小人, 知其爲君子, 任之不疑. 知其爲小人, 則待之以嚴可也."

임금이 성군적 자질을 갖추지 못하면, 군자와 소인을 구별해 내지 못할 뿐만 아니라 군자를 의심하게 된다. 군자는 利祿에 상관없이 나라를 위해 몸을 바친다. 이를 지켜보던 뜻있는 선비들이 그를 따르게 마련이고, 국가의 大事가 그에게 맡겨지고 이루어진다. 마치 권력이 그에게로 모여드는 것처럼 보여진다. 이때 그에게 질투와 시기를 보내는 비참여 그룹이 생겨나고 아첨과 고자질이 이어진다. 학식 없는 임금은 이에 넘어가고 군자를 의심하기 시작한다. 그래서 결국 군자들이 권력에 의해 난도질당하는 士禍가 일어난다. 여기서 조광조와 김안국도 예외가 아니었다.

君子가 누구인가? 聖人은 이미 心之靈妙를 회복하여 天性대로 삶을 영위하는 사람이다. 그는 더 이상의 '돌아오는' 공부가 필요 없는 자이다. 그러나 군자는 성인이 아니다. 어쩌면 현실 속에서 온전한 성인이 됨은 유토피아일지 모른다. 김안국은 이 점을 명확히 했었다. 현실 속의 성인은 실수하는 인간이다. 실수하지 않는 완벽한 성인은 '저 너머'에만 있는 것이었다. 그러기에 조광조도 "배우는 사람이 聖賢이 될 것을 목표로 한다고 반드시 聖賢의 경지에 이르는 것이 아니"라고 했던 것이다. 그렇다고 성인이 되는 것이 불가능한 것으로 여겨서는 안 된다. 설사 정말로 완벽한 성인은 될 수 없을지언정, 그것이 될 수 있다는 믿음과 목표 아래 '돌아오는' 공부에 정진해야 한다. 그러한 믿음과 목표 아래 '돌아오는' 공부에 정진하는 자, 실수를 줄이려고 부단히 노력하고 성찰하는 인간, 그가 바로 君子이다.

> 君子는 두려워해서 動靜마다 修養하네. 敬으로써 마음 갖고, 義로써 外誘막아. 마음이 깨어나고, 行爲가 介然하여, 보는 것과 듣는 것이 正常으로 돌아가네.316)

---

316) 『정암집』, 권 2, 「戒心箴」. "君子是懼, 動靜有養. 敬以內持, 義以外防. 惺惺介然, 視聽有常."

聖人的 資質을 갖추기 위해 노력하는 자, 心之靈妙를 회복하고자 노력하는 자가 군자이다. 그리고 군자는 "利祿에 대한 관심보다는 道義를 더 숭상해서 理致의 根源을 탐구하고 德性을 涵養하기 위한 爲己之學"317)에 힘 쓸 뿐이다. 따라서 조광조나 김안국이 임금에게 聖君的 資質을 갖추라는 요구는 우선 임금도 君子가 되라는 것에 다름 아니다. 임금만 군자가 되라는 것이 아니다. 三公과 모든 사대부(士)들이 군자가 되어야 한다. 나아가 백성들은 물론 모든 사물도 物正되어야 한다. 조광조는 여러 곳에서 군자를 소인과 대비시키면서 君子像을 부각시키고 있다. 이 君子像이야말로 성인이 되기 위한 교육의 일차적 목표요, 교학적 단계의 교육에서 현실적으로 달성하고자 하는 도덕적 인간상이다. 그 君子像을 조광조의 주장에 따라 小人과 대비시키면서 정리하여 보자.

小人을 알고자 할 때는 마땅히 妖邪하고 阿諂하는 데서 관찰해야 한다. 소인을 구별하기는 어렵고 君子를 구별하기는 쉬울 것 같으니, 먼저 그 알기 쉬운 것을 써서 믿어 맡긴다면 비록 소인이 있다 하더라도 자연 放恣하지는 못할 것이다. 그러나 다만 서리가 내리면 얼음이 얼게 되는 것처럼, 만일 그 소인됨을 알면서도 쫓아내지 못한다면 후에는 반드시 해가 있을 것이므로 빨리 쫓아내는 것이 중요하다.318)

몸을 임금에게 맡기고 신하가 되었으면 당연히 충성을 다하여 임금을 섬기되 一身의 禍患을 계산치 아니해야 할 것이다. (중략) 君子의 言行은 모두 正道에서 나오므로 자신들의 私慾을 배척하지 아니함이 없다. (중략) 朝廷에서 處事함에 모든 것이 正道에서 나

317) 『모재집』, 권 11, 「公州重修鄉校記」.
318) 『정암집』, 권 3, 「侍讀官時啓一」. "欲知小人, 則當於妖媚處見之. 辨小人至難, 辨君子似易, 先用其易知者, 信任焉, 則雖有小人, 自不能放恣矣. 但履霜堅冰至, 若知其小人, 而不能斥遂, 則後必有害. 故早斥爲貴."

오게 한다면 士氣는 자연적으로 興起하여져서 正人, 君子가 장차
조정에 가득 차서 가히 六尺之孤를 부탁할 만한 자도 역시 얻어
쓸 수 있을 것이요, 비록 두셋의 小人이 있다 하더라도 어찌 감히
그 사이에 끼어들 수 있겠는가?[319]

災異가 생긴다는 것은 小人이 君子를 능멸함에서 연유하는 것이
다. (중략) 대개 한 소인이 조정에 진출하면 다른 사람의 機能을
시기하고 미워하여 조정이 不和케 되고 上下간에 틈새가 나게 되
는 것이다. (중략) 대개 군자가 날로 진출한다면 道는 정치에 흡족
하고 生民을 윤택케 할 것이니 난처한 일은 없을 것이다.[320]

군자는 물론 소인을 소인이라 하지만, 소인도 또한 군자를 소인
이라 한다. 만약 세상의 道理가 밝지 못하면 姦臣이 눈을 가려서
분별하기가 실로 어렵다. 소인들이 군자를 공격함에는 혹은 言行이
각각 다르다고 하기도 하고, 혹은 착한 이름을 낚으려고 한다고도
하고, 군자들이 마음을 합하고 힘을 합하여 국사를 도모하면 혹 이
것을 지목하여 권력을 전단하기 위하여 서로 결탁했다고도 할 것
이다. 만일 그 말을 듣고 그 행동을 추적한다면 뚜렷이 분별할 수
있게 될 것이다. (중략) (이처럼) 군자와 소인은 '얼음과 숯'(冰炭)
이 서로 용납하지 못하는 것과 같다.[321]

---

319) 같은 책, 권 3, 「侍讀官時啓二」. "委質爲臣, 則當盡忠不計一身之禍患. (中
略) 君子言行, 皆出於正無非拂我之欲. (中略) 朝廷處事, 皆出於正, 則士氣
自然興起, 正人君子, 將滿於朝, 而可托六尺之孤者, 亦可得而用之矣. 雖有二
三小人, 豈敢于其間哉?"

320) 같은 책, 권 3, 「侍讀官時啓十三」. "災異之作, 亦由於小人之陵君子也. (中
略) 夫一人小人進, 則人之有技娼嫉以惡之, 以致朝廷不和, 上下乖戾. (中
略) 夫君子日進, 道洽政治, 澤潤生民, 則無難處之事矣."

321) 같은 책, 권 3, 「參贊官時啓十四」. "君子固以小人爲小人, 而小人亦以君子
爲小人. 若世道不明, 姦臣蒙蔽, 則辨之實難. 小人之攻君子, 或曰言行各異,
或曰欲鈞善名, 君子有同心協力, 以謀國事者, 則或指以締結專權, 若聽其言
迹其行, 則亦可辨也. (中略) 君子小人如冰炭之不和容."

이상의 인용 외에도 더 있지만, 모두 나열할 필요는 없다. 인용을 바탕으로 군자와 소인의 특성을 대비시켜 보자. 첫째, 소인은 아첨하는 말을 하고 요사스런 행동을 하지만, 군자의 言行은 正道에서 나온다. 둘째, 소인은 利祿과 명예에 밝지만, 군자는 일신을 다 바쳐 나라에 충성하고 私慾을 배척하며 義·利와 好·惡에 밝다. 셋째, 소인은 군자를 능멸하고 업신여기며 상하 간의 불화와 틈새를 조장하지만, 군자는 마음을 합하고 힘을 합하여 국사를 도모하여 생민의 윤택과 화합을 조성한다. 이상과 같은 차이들로 인하여, 군자와 소인은 '얼음과 숯'이 서로 용납할 수 없는 것처럼 서로 다른 길을 달린다. 요컨대, 小人은 私利私慾을 위하여 수단과 방법을 가리지 않는 자이다. 반면에, 君子는 성인적 자질의 함양을 위하여 心之靈妙의 회복을 위해 공부하고 노력하는 수양인이다.

수양하는 君子에서 聖人까지는 가깝다. 聖人은 義·利와 好·惡에 밝되 어린아이의 마음으로 무장되어 있다. 聖人은 도덕의 제일원리인 仁德에 기초하여 도덕상황을 판단하고 규범을 입법하고 생활을 주체적으로 영위해 나갈 수 있다. 이 점을 주자의 언표를 빌려 표현하면, "聖人은 힘써 억지로 하지 않아도 법도에 맞으며 의식적으로 생각하지 않아도 법도에 맞으며 조용히 道에 일치한다. 이러한 것은 마음을 매양 잃지 않아서 마음의 근본인 天理가 항상 밝기 때문에 능히 이와 같이 할 수 있다."[322] 이러한 聖人됨이야말로 도학적 덕교육론이 교육을 통하여 양성하고자 했던 궁극적인 도덕적 인간상이라 할 것이다.

3) 교육대상으로서의 儒者

주자의 대학단계의 교학적 덕교육의 대상은 소학단계의 교육을 마친

---

322) 『性理大全』, 卷 45, 「學 3」. "聖人, 不勉而中, 不思而得, 從容中道, 亦只是此心常存, 理常明, 故能如此."

15~17세 이상의 성년들이다. 그는 대학의 입학대상으로 군왕의 태자와 왕자, 공경대부와 선비들을 비롯한 일반백성의 준수한 자제까지 포함하고 있다. 중종대 사람들도 이론적으로는 이 점에 동의하고 있다. 이를테면, 조광조는 道心一體의 인간학을 기조로 君民一體의 도덕공동체를 꿈꾸고 있다. 인간이면 누구나 심지영묘의 理를 함장하고 있다는 점에서 君과 民이 구분되지 않는다. 마찬가지로 君이든 民이든 그들이 어른의 세계를 살아가는 한 심지영묘는 잃어버리기가 십상이고, 그것을 회복하는 교육의 대상이라는 점에서도 구분 없이 함께 간다. 따라서 교학적 교육의 대상은 교화적 교육을 마친 모든 이들에게 해당된다고 할 수 있다.

그러나 이러한 논리 속에서도 실질적인 교학적 교육의 대상은 현실적으로 군왕을 비롯한 사대부층일 가능성이 높다. 民이나 君이 모두 한 어머니의 자궁에서 나온 형제로써 君民一體가 되지만, 현실적으로 사회에는 기능적인 분화가 있을 수밖에 없다. 형제라는 것 자체가 같음과 동시에 다름이다. 같음이기에 君民은 一體이지만, 다름이 있기에 勞心者와 勞力者로 나뉘고 君과 民으로 나뉜다. 勞力者는 생산에 힘써 勞心者를 먹여 살려야 하고, 勞心者는 勞力者들이 생산함에 어려움이 없도록 정치를 잘 해야 한다. 따라서 현실적으로 勞心者들이 정치와 더불어 교육도 담당할 수밖에 없다. 그러기 위해서 우선 勞心者들이 더 많은 교육을 받아야 한다. 즉 勞力者들은 소학단계의 교육을 끝으로 생산에 전념해야 하지만, 勞心者들은 勞力者들이 생산활동에 전념할 수 있도록 정치를 해 나가야 하기 때문에 더 많은 공부를 하고 도덕적 모범이 되어야만 한다. 이것이 현실적인 유교적 봉건시대 사람들의 관점이었을 것이다. 따라서 이론적으로 교학적 교육의 대상은 교화적 교육을 마친 모두 사람을 의미하지만, 현실적인 교육의 기회라는 측면에서 볼 때 일반백성들은 교학적 교육의 수혜자가 되기는 어려웠을 것이다. 이러한 점에서 교학적 교육의 실질적 대상은 勞心者의 위치에 있는 儒者들이었을 것이다.

주자에 있어서도 현실적으로 대학교육의 대상은 군왕을 비롯한 태자와 왕자들, 그리고 공경대부와 신료의 후보자들이었던 사대부들이었을 가능성이 높다. 당신 신분구조를 고려할 때, 사대부의 자식들은 소학단계에서의 교화적 교육을 거쳐 대학단계의 교학적 교육으로 나아가는 절차를 밟았을 것이다. 그러나 유자들에게 일반백성들은 자신들보다 도덕적으로 열등한 위치에 있는 것으로 비쳐졌을 것이고, 따라서 그들은 항상 교화의 대상으로 간주되었을 것이다. 반면, 군왕이나 신료들, 그리고 신료의 후보군인 사대부들은 교화적 단계를 이미 지났고, 교육을 받는다면 교학적 교육을 받아야 할 대상으로 간주되었을 것이다. 특히 중종대 사림들은 〈왕정운영의 도학화〉를 위한 개혁운동에 지대한 관심을 가지고 있었다. 따라서 그들은 군왕을 비롯한 신료들과 신료의 후보자들로서 사대부들을 대상으로 한 도학적 자질의 함양을 위한 교육으로 교학적 교육론을 입론했을 가능성이 높다.

누구보다 먼저 교학적 덕교육을 받고 '正己'를 이루어야할 대상은 勞心者의 대표격인 군왕이다. 왜냐하면 군왕은 한 나라 士氣의 宗主이고, 師道의 權柄을 가진 자이기 때문이다.

　士氣라는 것은 儒生에게 달려 있을 뿐 아니라 三公일지라도 역시 士이며, 임금의 한 몸으로 말하더라도 바로 士氣의 宗主이니, 기풍을 고쳐서 진작하는 기미는 모두 임금에게 달려 있는 것이다.[323]

　三代 이후로 임금의 도리를 얻은 자는 혹 있었으나, 師道는 거의 없었다. 師란 교화로 이끄는 것을 뜻하는데, 師道는 오직 임금이라야 잘 할 수 있으니 教導할 수 있는 權柄을 잡았기 때문이다. 후세에는 임금이 하지 않을 뿐만 아니라 대저 師道가 전혀 없었다.[324]

---

323) 『중종실록』, 권 25, 11년 6월 임자. "所謂士氣, 不獨在於儒生也, 雖三公, 亦是士也, 而至於上之一身, 乃是士氣之宗主也. 其轉移振作之機, 皆在於上."

선비들의 士氣는 나라의 治化에 직접적인 영향을 미친다. 임금이 먼저 師表로써 正己하고 物正하는 모습을 보여줄 때 선비들도 士氣가 충천하여 師道가 서고 교화가 이루어진다. 이러한 관점에서 조광조를 비롯한 중종의 사림들은 군왕의 교육에 부단히 애썼다. 이를테면, 조광조는 程子의 '후세에 師傅의 소임이 없으니 경연관이 담당할 수 있다.'란 말을 인용하면서, 군신의 예절이 엄하여 깊은 뜻을 다 말하기 어려우니 왕이 강론하라는 분부를 내려 朝講은 물론이거니와 夕講·夜對까지도 더욱 극진히 강론하고 깊이 연구해야 한다고 주장한다.[325] 나아가 군왕이 학문에 뜻을 두지 않은 지 오래 되었음을 지적하면서 "지금 治化를 시행할 만한데, 한갓 배우기만 하고 사용하지 않으면 쓸데없는 학문이 되고 만다."[326]고 왕을 일깨우고 있다. 더욱 심한 경우에는 『근사록』과 『소학』을 강한 지가 이미 2~3년이 되었는데도 끝마치지 못한 점을 지적하면서 "신의 생각에는 아마도 상께서 道를 구하는 정성이 조금 해이해진 것이 아닌가 한다. 무릇 人心의 본성을 잃는 것은 모두 聲色인데 상의 명석하심으로 어찌 이에 이르렀겠습니까마는 이는 매우 우려해야 할 일이다."[327]라고까지 말하였다.

다음으로, 군왕에 대한 교육의 중요성이라는 연장선상에서 앞으로 왕이 될 元子 및 王子群의 교육에도 매우 신중을 기하고 있다. 조광조는 자신이 경연에서 진강하던 초기부터, 宗學이 폐지된 지가 오래되었음을 지적하면서 王子群의 師傅를 차정할 것을 건의하였다.[328] 또한

---

324) 『중종실록』, 권 29, 12년 8월 계해. "自三代以後, 君道則或有略得之者, 師道則絶無矣. 師者以敎化導之之謂, 師之道, 惟人主善爲之, 以其操可敎之柄也. 後世則非但人主不爲, 大抵皆無師道."

325) 『중종실록』, 권 31, 중종 13년 9월 정사.

326) 『중종실록』, 권 34, 중종 13년 8월 신미.

327) 『중종실록』, 권 35, 중종 14년 4월 임오. "臣恐上之求道之誠, 惑有少懈也. 尤人心之失, 皆由於聲色之誤, 以上之明, 豈至於此哉."

328) 『중종실록』, 권 27, 중종 11년 11월 갑진.

그는 임금이 될 원자를 일찍부터 학문이 있는 신하가 補養해야 할 것을 주장하였고, 그로 인하여 元子 補養官이 선정되었으며, 자신은 중종 14년에야 원자 보양관이 되었다. 이때 그는 겨우 5살이 된 복성군(인종)을 보양하면서, "선을 착하게 여기고 악을 미워하는 이치와 그 당시 정사가 잘되고 못된 까닭을 말해주어 저절로 귀에 익도록 한다면 자연히 훈도되어 점차 변화해 갈 것"[329]이라 말하면서 元子에게 聖學을 가르쳐야 한다고 주장할 정도였다.

끝으로, 중요한 교육의 대상은 士大夫들이다. 그들은 앞으로 긴히 쓰일 국가적 인재를 기르는 것이기도 하거니와, 한 나라의 士氣를 좌우하는 계층에 해당하기 때문이다. 우선, 이들에 대한 교육이 제대로 되지 않을 경우 국가의 士氣가 떨어지면서 君子들은 모두 숨어 버리고 小人輩들만이 날뛰게 된다. 이렇게 되면 나라가 다스려지기는 만무한 일이다. 그리고 이러한 연장선상에서 이미 조정에 들어와 있는 臣僚들의 교육도 매우 중요하다. "위로 임금을 감동시키고 아래로 백성을 感化시키는 일은 그 책임이 大臣에게 있는 것"이기 때문이다.[330]

> 人君은 원래 혼자 다스리는 法이 없다. 반드시 大臣에게 맡겨야 다스리는 道가 서게 되는 것이다. 人君은 天과 같고 臣下는 四時와 같으니, 하늘이 스스로 행하고 四時가 運用되지 않으면 萬物이 이루어질 수 없듯이, 人君이 스스로 행하고 大臣들이 도움을 빌지 않는다면 모든 敎化가 일어나지 않을 것이다. 뿐만 아니라 하늘이 스스로 행하고 人君이 스스로 맡아서 한다면, 하늘의 道理와 인군의 道理를 크게 잃게 될 것이다.[331]

---

329) 『중종실록』, 권 36, 중종 14년 6월 기사. "尤善善惡惡之理, 時政得失之由, 亦皆諄諄言之."
330) 『정암집』, 권 4, 「大司憲時啓四」.
331) 『정암집』, 권 2, 「謁聖試策」. "君未嘗獨治, 而必任大臣, 而後治道立焉. 君者如天, 而臣者四時也. 天而自行, 而四時之運, 則萬物不遂, 君而自任, 無大臣之輔, 則萬化不與焉. 非道, 不與不遂而已. 天而自行, 君而自任, 則大失爲

임금이 한 나라의 士氣의 宗主이고, 師道의 權柄을 가졌다면, 士大夫들과 臣僚들은 군왕을 도와 국가의 士氣와 師道을 실제적으로 운용하고 실천하는 자들이다. 사대부들에 대한 교육이 제대로 이루어지지 않을 때 임금이 가진 師道의 權柄이란 실권 없는 자루에 불과할 뿐이다. 이처럼 君民一體가 되는 도덕공동체를 달성하기 전에 먼저 君臣一體가 되어야 한다. 군신을 포함한 모든 勞心者들이 먼저 '正己'를 하고 백성들에게 나아갈 때, 백성들도 스스로 '物正'하게 되어 있다.

三代의 政治를 오늘에 다시 돌이킬 수 있다함은 비록 쉽게 말하기는 어려우나 어찌 이와 같이 할 수 있는 道理가 全無하다고 할 것인가? 임금께서 먼저 그 德을 培養하고 이것을 실천에 옮겨가신다면 사람들이 모두 진실로 感服하여 德化를 기하지 아니해도 스스로 感化될 것이지만, 만약에 德을 닦지 아니하고 일을 하는 사이에 修飾만을 한다면 또한 무슨 이익이 있을까? 모름지기 그 德을 敦厚하게 하여 모든 德化가 明德에서 우러나게 한다면 밑에 백성들은 자연히 보고 감명하여 저도 모르게 感化될 것이다.[332]

3. 소 결

교화적 덕교육론이 도덕적 문화전통으로 학생들을 입문시키는 과정에 적용되는 교육론이라면, 교학적 덕교육론은 도덕적 문화전통의 습득을 바탕으로 보편적 인륜의 원리를 터득하게 하는 데 적용되는 교육론이다. 중종대 사림들은 이러한 두 교육론에 대해 명확히 인식하고

天君之道."

[332] 『정암집』, 권 3, 「參贊官時啓一」. "三代之治, 今可復致者, 雖不可易言, 豈全無致之之道乎. 自上先養己德, 推之行事, 則人皆誠服, 不期化而自化矣. 若吾德不修, 而修飾於事爲之間, 則亦何益乎. 須敦厚其德, 使萬化自明德中流出, 則下民自然觀瞻所感, 有不能已者矣."

있었다. 두 교육론의 요점을 정리하여 본 장의 소결로 삼기로 한다.

교화적 덕교육론에서는 도덕적 문화전통으로의 입문을 주된 목표로 한다. 인간의 본성을 선하나 현실적인 인간의 성은 기질지성이다. 따라서 공부와 교육의 출발은 현실적 기질지성의 교정과 순화를 해 나가는 것에서부터 시작되어야 한다. 기질의 교정과 순화 정도에 따라 덕성은 함양되어 가고 현실적인 본성으로 되어 간다. 기질을 순화하는 공부는 日用之道의 습득과 내면화이다. 그 일용지도란 삼강오륜 등과 같은 인륜에 필요한 기본적 덕목들과 다르지 않다. 그러나 중종대 사림들이 생각했던 일용지도는 중화 보편주의의 맹목적 답습이 아니었다. 여기에는 조선조적 특수주의가 암암리에 내재되어 있었다. 그래서 중종대 사림들은 보편적 세계인이 되기 이전에 특수적 조선인이 되기를 희망했다. 이를 위해 중화 보편주의를 담고 있는 교화서들을 우리말로 諺解하는 작업이 이루어졌고, 또 조선조 사회와 백성들의 교화에 적절한 교재들을 자체적으로 편찬·간행하기도 하였던 것이다.

도학적 덕교육론에서 궁극적으로 길러내고자 하는 도덕적 인간상은 聖人이다. 그러나 聖人은 '보편적 인간'이기에 어떤 모든 사회적 조건에도 들어맞으며, 마찬가지 이유에서 어느 사회적 조건에도 들어맞지 않는다. 특정 사회를 떠난 인간은 추상적인 인간상에 그칠 뿐이다. 인간은 보편적인 인간이기 이전에 특수한 사회에서 살아가는 특수한 인간일 수밖에 없다. 따라서 聖人·君子가 되기 이전에 조선조적 日用之道를 내면화한 조선 사람이 먼저 되어야 한다. 유교적 문법을 그대로 차용하고 있지만, 교화적 덕교육론에서 길러내고자 하는 도덕적 인간상은 孝子가 되고 忠臣이 되고 烈女가 되는 것이었다. 그리고 교화적 덕교육론에서 교육의 대상은 유소년이거나 현실적인 제도교육 접근이 어려웠던 일반백성들이다. 특히 조선전기에 있어 교화적 교육론은 일반백성들을 대상으로 하여 고안된 것이었다. 그것은 도학적 지치의 윤리공동체를 구현하기 위해서는 〈사회질서의 도학화〉를 필요로 했고,

이를 위한 교육적 방안으로서 일반백성들에 대한 교화정책은 중요한 의미를 지니는 것이었기 때문이다. 물론 그것도 인간의 도덕적 능력의 보편성이 확보되었기 때문에 가능한 것이었다.

다음으로, 교학적 덕교육론에서는 교화적 덕교육의 단계에서 인륜의 기초를 다진 것을 바탕으로 하여 格物窮理와 誠意正心함으로써 인륜적 덕성의 완성을 목표로 한다. 교화적 단계의 교육에서 학생들은 인륜의 근본을 배양함으로써 그것이 인간 본성임을 자각하게 되었다. 그러나 교화적 단계에서 길러진 본성은 외부적 힘에 의하여 타율적으로 습득된 것이지, 스스로에 의해 자각적이고 반성적으로 터득한 것은 아니었다. 그래서 어린 시절에 길러진 본성은 이익의 泥田鬪狗가 벌어지는 어른의 세계에 오면 쉽게 상처받을 수 있다. 어른이 되면 그동안 길들여진 본성이나 습관화된 관습의 도덕이 현실과 맞지 않음을 의심하게 되고, 점차적으로 사회의 利慾에 물들면서 선한 본성은 허물어지거나 잊혀져 버린다. 따라서 잊혀진 본성을 다시 회복시키는 공부와 교육이 요구된다. 그러나 그 공부나 교육은 더 이상 타율적인 것이 아니라 스스로의 자각적인 반성과 성찰을 통한 자기 혁신(正己)이다. 물론 그 혁신은 새로운 것으로의 이행이라기보다는, 자기가 保持하고 있던 본질을 性理의 빛으로 탈바꿈시키는 것을 뜻한다.

본성을 회복하여, 心之靈妙의 자발성과 순수성을 다시 찾은 사람이 덕성의 완성자인 聖人이다. 성인은 性理의 빛으로 어린아이의 마음을 회복하였기 때문에, 그의 知性은 옳고 그름을 분별하는 '是非之心'으로 무장하면서도 그의 마음은 때묻지 않은 어린아이의 良知良能 혹은 心之靈妙로 가득 차 있다. 달리 말해, 그는 全德으로서의 仁을 온전히 터득한 사람이다. 그래서 그는 도덕의 제일원리인 仁德에 근거하여 도덕 상황을 판단하고 규범을 입법하고 행위를 결정해 나가는 도덕생활의 주체자가 된다. 이처럼 도덕생활의 주체가 되는 聖人됨이야말로 도학적 덕교육이 궁극적으로 달성하고자 하는 도덕적 인간상이다. 그러나 완벽한 성인됨은 어쩌면 현실 사회 속에서는 불가능한 일이다. 실수하지 않은 완벽한 성인은 '저 너머'에나 있다. 그렇다고 성인이 되는 것이 불가능한 것으로 생각해서는 안 된다. 설사 정말로 완벽한 성인은 될 수 없을지언정, 그것이 될 수 있다는 믿음과 목표 아래 '돌아오는' 공부에 정진해야 한다. 그러한 믿음과 목표 아래 '돌아오는' 공부에 정진하는 자, 실수를 줄이려고 부단히 노력하고 성찰하는 인간, 그가 곧 君子이다. 군자야말로 성인이 되기 위한 교육의 일차적 목표요, 교학적 단계의 교육에서 현실적으로 달성하고자 하는 도덕적 인간상이다.

교학적 덕교육론에서의 교육대상은 교화적 단계의 교육을 마친 자들이다. 이론적으로는 사대부층민이나 일반백성이나 교화적 단계를 마치면 모두 교학적 교육의 대상이 될 수 있다. 주자는 대학교육의 대상으로 군왕을 비롯한 태자와 왕자들, 그리고 공경대부와 사대부들을 비롯한 일반백성의 준수한 자제까지 포함하고 있다. 이 점에 대해 중종대 사림들도 동의하고 있다. 그러나 현실적으로 일반백성이나 그의 자제들은 대학교육의 대상이 되기는 어려웠을 것이다. 이 점은 유교적 봉건사회의 시대적 한계로 지적될 수밖에 없을 것 같다. 어쨌든, 사대부 이상의 자식들은 소학단계를 거쳐 대학단계의 교육으로 나아가는 과정을 밟았을 것이다. 그러나 사대부들에게 일반백성들은 자신들보다 도덕적으로 열등한 위치에 있는 것으로 간주되었을 것이고, 따라서 그들은 항상 교화의 대상으로 남아 있었을 것이다. 반면에, 군왕이나 신료들, 그리고 신료의 후보군인 사대부들은 교화적 단계를 이미 마쳤고, 교학적 교육을 받아야할 대상으로 간주되었을 것이다. 특히 중종대 사림들은 도학적 지치의 윤리공동체를 구현하기 위해 〈왕정운영의 도학화〉를 위한 개혁운동에 지대한 관심을 표명하고 있었다. 그래서 이를 위한 교육적 방안으로서 군왕과 신료들을 대상으로 한 교육적 프로그램을 고안했고, 그것이 교학적 덕교육론이었던 것으로 이해된다.

以上에서, 도학적 덕교육의 교육목표, 도덕적 인간상, 그리고 교육대

상을 중심으로 하여 교화적 덕교육론과 교학적 덕교육론을 고찰해 보
았다. 다음의 5장에서는 교육과정과 교수기법 및 교사의 역할 등을 중
심으로 두 교육론을 검토하여 도학적 덕교육론을 정초해 보기로 한다.

제5장 도학적 덕교육의 교육과정 및 교수방법

도학적 덕교육론에는 두 가지 관점이 있다. 하나는 학생들을 도덕적 문화전통에 입문시키는 것을 목표로 하는 교화적 덕교육론이고, 다른 하나는 교화적 단계의 교육을 바탕으로 궁극적인 인륜의 원리를 터득케 하는 것을 목표로 하는 교학적 덕교육론이다. 이것은 기본적으로 주자의 덕교육론, 즉 小學－大學階梯說을 이어 받은 관점이라 할 수 있다. 그러나 조선전기의 도학적 덕교육론은 제도적인 차원의 교육에 머무르지 않고 그 범위를 확대시켜 사회 전 구성원의 폭넓은 교육을 위한 기획으로 주자의 덕교육론을 활용했다. 그래서 전자의 교화적 덕교육론은 유소년과 함께 현실적으로 제도교육에 접근하기 어려웠던 일반백성들을 주 대상으로 교육기획으로 확대시켰으며, 후자의 교학적 덕교육론은 군왕, 태자와 왕자, 신료 및 사대부들을 주 대상으로 하는 교육적 기획으로 활용하였다. 이 장에서는 두 교육론의 실천적 측면, 즉 교수학습의 원리, 교육과정, 교수기법, 교사의 역할 등을 보다 구체적으로 검토해 보기로 한다.

1. 敎化的 덕교육론의 교육과정 및 교수기법

1) 淸心공부를 위한 교수학습의 원리

理와 氣가 만나 인간이 탄생할 때부터 본연지성은 항상 내 마음이 구현할 이념으로써 도덕생활의 방향을 적시해 주고 있지만, 현실적 氣質之性에 가려 빛을 발하지 못할 가능성이 있다. 氣質은 본질상 본연지성의 이념을 가릴 뿐만 아니라, 私慾과 物慾에 더 영합하려 하고 惡

의 가능성에 항상 노출되어 있다. 따라서 처음부터 惡의 가능성을 차
단하기 위하여 心의 濁氣를 淸氣로 순화시키는 공부와 교육이 있으면
좋을 것이다. 즉 공부와 교육의 출발점은 일차적으로 기질의 교정과
순화에 있을 수밖에 없다.

> 무릇 心은 一身의 주인이고 神은 一心을 주재한다. 따라서 神淸
> 하면 心淸하고 心淸하면 氣淸하고 氣淸하면 身淸하고 身淸하면 百
> 骸가 調和되고 四官이 快適하게 된다. 이로써 眞元을 攝養하면 족
> 히 生을 연장하여 壽를 더하게 될 것이고, 이로써 處事에 接物하면
> 족히 酬應이 마땅함을 얻게 될 것이니, 이것이 모두 淸神한 효과인
> 것이다. 그러나 神이 淸하게 되는 所以는 대개 境이 淸함에서 因由
> 하고, 境이 淸함은 山水와 風月이 淸함에서 由來하는 것이니, 山水
> 와 風月이 이 堂에 도움됨이 多大하지 않는가![333]

인용에서 보듯, 마음의 공부는 기질을 순화하는 것이기에, 그것은
'存心공부'가 아니라 '淸心공부'이다. 存心공부와 淸心공부가 어떻게 다
른가? '存心'은 본래 내 마음이 함장하고 있는 性善(性理)을 보존하는
동시에 心氣를 제어하는 공부이다. 마음이 主宰를 잘하느냐 못하느냐
에 따라 天理와 人欲, 中節과 不中節이 결정된다. 따라서 人欲을 막고
天理를 보존하기 위해서는 마음으로 하여금 主宰를 잘하도록 마음을
다스리는 것이 관건이 된다. 마음을 다스린다는 것은 存養省察을 말하
는 것으로서, '고요할 때는 天理의 本然을 涵養하고 움직일 때는 人欲
을 幾微에서 끊는 것'이다. 뒤에서 보겠지만, 이것이 存心공부의 본질
이고 그 구체적 방법이 持敬이다. 그러나 이제 막 태어나 공부의 출발

---

333) 『모재집』, 권 11, 「淸神堂記」. "夫心者一身之主, 而神者一心之宰也. 故神淸
則心淸, 心淸則氣淸, 氣淸則身淸, 身淸則百骸和調, 四官開適, 以之攝養眞
元, 足以廷生而引玲, 以之接物處事, 足以格應而曲當, 皆淸神之效也. 然神之
所以淸, 盖由於境之淸, 境之淸由於山水風月之淸, 山水風月之爲助於是堂者,
不旣多乎."

점에 서있는 어린아이에게 存心의 대상으로서 性理는 잘 드러나지 않는다. 性理의 빛이 드러나지 않기에 마음의 主宰 능력도 아직 갖추어지지 않았다. 오히려 性理의 빛을 드러내고 마음의 주재 능력을 갖추기 위하여 성리의 빛을 가리고 있는 心氣를 순화시켜야 한다. '淸心'은 바로 心의 濁氣를 淸氣로 변화시키는 矯氣質의 공부이다. 현실적으로 내 마음이 함장하고 있는 것은 氣質之性일 뿐이다. 밖으로 드러나는 善惡의 결정은 모두 이 현실적인 氣質의 淸濁과 관련된다. 氣質을 순화시켜야 한다. 따라서 마음은 일차적으로 다스려야할 대상이 아니라 맑게 정화시켜야 할 대상이다.

기질을 순화하는 淸心공부를 해나감에 따라 性理의 빛은 드러나고 마음의 주재 능력도 생겨나기 시작한다. 이때 비로소 存心공부의 중요성도 부각된다. 그러나 우선은 淸心공부가 먼저다. 기질을 순화하는 淸心공부는 밖의 道理를 내 마음이 수용하고 내면화하는 것과 다르지 않다. 김안국에 따르면, 이 淸心공부의 방법론이 '誠意'이다. 따라서 교화적 교육의 단계에서 교수학습의 원리를 우리는 '淸心을 위한 誠意의 공부론'이라 할 수 있을 것이다.

誠은 眞實無妄을 뜻한다. 朱子에 의하면, 漢代 이래 宋代 이전까지 誠이 주로 '참된 정성스러움'(誠慤)으로 이해되었는데, 程子에 이르러 비소로 誠을 '實理'로 해석하게 되었다. 그러나 『中庸』에서는 이미 實理와 誠慤의 두 측면을 모두 말하고 있다. 즉 『中庸』에서는 "誠者 天之道也, 誠之者 人之道也"라고 하였는데, 여기서의 誠은 實理로, 誠之는 誠慤으로 이해할 수 있는 것이다.[334] 栗谷도 이러한 관점에서 "誠이란 眞實無妄을 말하는 바, 實理의 誠도 있고 實心의 誠도 있다. 天道는 곧 實理이고 人道는 곧 實心이다."[335]라고 말하고 있다. 또 율곡은

---

334) 『朱子語類』, 卷 6, 「性理 三」, "誠實理也, 亦誠慤也. 由漢以來, 專以誠慤言誠, 至程子乃以實理言, 後學皆棄誠慤之說不觀. 中庸亦有言實理爲誠處, 亦有言誠慤爲誠處. 不可只以實爲誠, 而以誠慤爲非誠也."

"하늘은 實理가 있기 때문에 氣化가 流行하여 쉼이 없으며(不息), 사람은 實心이 있기 때문에 工夫가 계속되어 끊임이 없다(無間)"336)라고 하였다. 즉 율곡은 기질변화의 방법으로 克己와 勉强을 말하는 바, 자기극복, 자기개혁을 위한 꾸준한 노력만이 矯氣質의 방법이라고 보는 것이다.337) 이처럼, 율곡이 誠을 말하는 초점은 진실한 意志와 간단없는 꾸준한 努力에 있는 것이다. 이러한 誠의 뜻에 대해 조광조나 김안국도 명확히 인식하고 있었다. 그들의 언표를 직접 보자.

> 天地의 理致는 지극히 誠實해서 한 번 숨쉬는 사이라도 망령됨이 없기 때문에 예로부터 지금에 이르기까지 한 물건도 誠實하지 않은 것이 없고, 聖人의 마음도 또한 지극히 誠實해서 한 번 숨쉬는 사이라도 망령됨이 없으셨기 때문에 처음부터 끝까지 한 일도 誠實하지 아니함이 없었다.338)

> 眞實로써 하늘에 應하고 誠으로써 天에 이르게 하는 것은 나의 誠實에 있는 것이다. 조금이라도 未盡한 바가 있는데도 天心을 도리어 바란다면 속이는 것이 아닌가!339)

誠은 망령되지 않고 속이지 않는 것이다. 하늘의 誠은 추호의 속임도 없이 돌아가는 實理이다. 天의 實理에 다가서기 위해서는 나도 誠

---

336) 같은 책, 「聖學輯要」(三). "天有實理, 故氣化流行而不息, 人有實心, 故工夫緝熙而無間."

337) 李相益, 「理氣一元論과 理氣二元論의 哲學的 特性」, 『退溪學報』, 제91집 (퇴계학연구소, 1996. 9), 84-85쪽 참조.

338) 『靜菴集』, 卷 2, 「謁聖試策」. "天地之理至實, 而無一息之妄, 故自古之今, 無一物之不實. 聖人之心亦至實, 而無一息之妄, 故自始至終, 無一事之不實."

339) 『慕齋集』, 卷 9, 「下議政府求言傳旨」. "應天以實, 格天以誠, 在我之誠實, 少而有所未盡, 而望天心之面, 不亦誣乎."

實로써 모자람이 없어야 한다. 그렇지 않고 天心만을 바란다면 속이는 것일 뿐이다. 德業과 才藝도, 福祿과 富貴도 誠實함이 뒷받침될 때 가능한 것이지, 부지런히 힘써 닦음은 하지 않고 그런 것들이 스스로 增加되기를 바라는 것은 속이는 것이다.340) 세상에 노력 없이 이루어지는 요행이란 없는 법이다. 후학인 율곡도 비슷한 언표로 이들의 주장에 동의하고 있다. 즉 "한 마음이 참되지 못하면 만사가 모두 거짓이 되니 어디에 간들 실행할 수 있겠는 가? 한 마음이 진실로 참되면 만사가 모두 참되게 되니 무엇을 한들 이루지 못하겠는가?"341)라고 말하고 있다.

그렇다면 誠의 구체적 방법은 무엇인가? 우선 무엇보다도 立志가 중요하다. 그래서 조광조는 "배우는 사람이 聖賢이 될 것을 목표로 한다고 반드시 聖賢의 경지에 이르는 것이 아니며, 임금된 사람이 唐虞三代를 목표로 한다고 꼭 唐虞三代의 다스림을 이룰 수 있는 것은 아니다. 그러나 뜻을 이와 같이 세우고 格物致知와 誠意正心에 專念한다면 점점 聖賢의 경지와 堯舜의 정치가 이루어 질 수 있는 것."342)이라 하였고, 후학인 율곡도 "初學은 반드시 먼저 뜻을 세워야 하니, 반드시 聖人이 되겠다는 것으로 스스로 기약해야 하며, 조금이라도 스스로를 과소평가하거나 물러서려는 마음이 있어서는 아니된다."343)고 하였다. 그런데 조광조나 김안국이 보기에 당 시대의 선비들은 성인이 되는 길인 道學에는 힘쓰지 아니하고 마음이 모두 콩밭에 가 있다. 이를테면,

---

340) 같은 책, 권 10, 「李場李增字說」. "天下好事誠不厭增, 德業才藝勉修日增, 福祿富貴亦隨, 而增不勉而增寧有是理. 勉勉不已務, 收增效."

341) 『栗谷全書』, 「聖學輯要」(三). "一心不實, 萬事皆假, 何往而可行, 一心苟實, 萬事皆眞, 何爲而不成."

342) 『정암집』, 권 3, 「侍讀官時啓六」. "學者以聖賢爲期, 未必卽至聖賢之域, 人主以唐虞三代爲期, 未必卽致唐虞三代之治, 然立志如此, 而用功於格致誠正, 則漸至於聖賢之域, 堯舜之治矣."

343) 『栗谷全書』, 「擊蒙要訣」. "初學先須立志, 必以聖人自期, 不可有一毫自小退託之念."

"義理가 자신에게 절실함을 알아서 능히 자신의 心身에서 反求하는 공부는 하지 않고, 학문함을 한갓 文字로만 口讀하여 耳口에만 바르고 剽切해서 詞章의 一助로만 쓰고, 또 외워서 試講의 材料로 삼아 科擧를 보고 榮達하려는 데만 마음을 쓸 뿐"[344]인 것이다. 또 설사 어렸을 때는 義理에 뜻을 두고 있던 자도 커서는 도리어 어긋나게 되어 義理의 學을 궤변이라 비방하고, 文辭를 쓰기 위해 誦讀하는 것만을 速成이라 하면서 그것을 추앙하니, 그러한 學問을 하는 것은 無學만도 못한 것이라고 김안국은 비난하고 있다.[345] 그래서 조광조·김안국을 비롯한 중종대 사람들은 初學들의 立志를 바르게 하고 인륜의 근본을 배양시키기 위한 방법으로 道學의 출발인 『小學』공부를 무척이나 강조했다. 특히 김안국은 경기도 관찰사로 있을 때 도내의 州縣을 순방하면서 각 鄕校마다 勸學詩를 남기고 있는데, 얼마나 立志와 그에 따른 성실한 공부를 강조했는가를 짐작하게 한다. 그의 문집에는 60여 수에 달하는 勸學詩가 전하고 있다. 여기에 두 수만 인용해 둔다.

僻邑의 絃歌는 가장 자랑할 만한 것 / 다투어 義理를 硏磨하는구나.
詞章記誦은 모두 쓸모없는 것이니 / 小學의 새 공부를 날마다 더할지라.[346]

백성은 日用 彝倫속에 사나니 / 먼저 嘉言 善行 中에 있음을 알게나.

---

344) 『모재집』, 권 11, 「公州鄕校重修記」. "不知義理之切己, 而能反之於心身, 用功之地徒以文字口讀, 諸口耳剽竊爲詞章之助, 誦念爲試講之資, 以規應擧取榮之利而已."

345) 같은 책, 같은 곳. "少有志義理, 而正趨向者則反以爲幸詭, 而群笑衆詆之乃謂綴文拙辭, 熟念口讀者爲能速化而歆慕之, 若此而以爲學不如無學也."

346) 『모재집』, 권 1, 「勸示三嘉學者」. "僻邑絃歌最可誇, 爭將義理共硏磨. 詞章記誦皆無益, 小學新功願日加."

要領을 끌어내어 世範을 마련하였는데 / 諸生들은 어떻게 硏窮
치 않을 수 있으리.347)

　뜻을 세웠으면 이제는 그 뜻을 진실하게 지켜 나가야 한다. 이것이
誠意이다. 誠意가 전제될 때만이 矯氣質을 위한 구체적인 노력들이 실
효를 거둘 수 있는 것이다. 왜냐하면, 誠意란 『大學』에 따를 때, 안으
로 살피고 홀로 있음을 삼감으로써 자신의 意念이 선한 것을 좋아하고
악한 것을 싫어하도록 요구하고, 선한 것을 좋아하고 악한 것을 싫어
하기를 마치 좋은 색을 좋아하고 나쁜 냄새를 싫어하는 것처럼 간절하
게 하는 것이기 때문이다.348) 요컨대, 誠意는 '意'를 진실되게 하는 것
이다. 朱子나 율곡을 따를 때, '意'란 情이 發하여 '비교하고 헤아리는'
(計較商量) 것이다. 따라서 誠意란 情이 發할 때 '비교하고 헤아리는'
것을 진실되게 하여 理致에 부합하도록 행동하는 것이다. '비교하고 헤
아리는' 것을 진실되게 하여 이치에 부합되도록 행하려면 우선적으로
格物致知가 전제되어야 한다. 格物致知란 物로써 物이 그러한 바의 理
致(所以然之理)를 窮理하는 것으로, 즉 知的인 측면에서 인륜의 궁극
적 원리에 대한 반성적 고찰이다. 誠意는 반성적 고찰에서 얻어진 인
륜의 원리에 근거하여 도덕상황에서 비교하고 헤아려서 이치에 부합되
도록 하는 行的인 측면이다. 따라서 誠意는 心이 이치를 알고 난 이후
의 일인 것이다. 율곡도 "진정한 誠意라는 것은 格物致知하여 理가 밝
아지고 마음이 열려서 그 뜻을 성실하게 하는 것을 이른다. 眞知를 얻
지 못하고서는 진정한 誠意에 도달하기 어렵다"349)고 하고 있다. 이처

---

347) 같은 책, 권 1, 「勸示彦陽學者」. "民生日用彛倫裏, 先覺嘉言善行中. 提出要
　　領垂世範, 諸生寧不細硏窮."
348) 『大學』. "所謂誠其意者, 毋自欺也. 如惡惡臭, 如好好色, 此之謂自謙. 故君
　　子必愼其獨也."
349) 『栗谷全書』, 卷 32, 「語錄 下」. "所謂眞誠意者, 格物致知, 理明心開而誠其
　　意之謂. 未能眞知, 恐難得到眞誠意也."

럼, 진정한 의미의 誠意는 格物致知공부가 전제된 다음에 가능한 것이
다. 그리고 이러한 格物致知와 誠意공부는 대학단계의 교학적 덕교육
론에서 목표로 하는 것임을 우리는 앞에서 보았다.

그러나 김안국이 주장하는 교화적 교육단계의 誠意공부는 여기서 주
자나 율곡의 先知後行과 의미가 조금 다른 것 같다. 우선 김안국은 知
行竝進을 주장하고 있다.

> 무릇 學問하는 길은 四書에 구비되어 있고 절목과 절차는 「中庸」
> 과 「大學」에 더욱 詳細하니, 그 방법은 반드시 知行을 兼全하고 誠
> 明을 交合함이 중요한데 모두 敬으로써 한 다음에야 학문을 성공해
> 서 聖人됨을 기약할 수가 있을 것이다. 그러나 知만을 공부하고 行
> 에는 노력하지 않으면 그것은 길을 알아도 가지 못하는 것과 같으니
> 高遠한 데 이를 수가 없는 것이고, 또한 行에만 주력하고 知를 함께
> 공부하지 않으면 그것은 暗夜에 燈燭도 없이 가는 것과 같으니 길을
> 알 수가 없는 것이다. 따라서 이 양자를 편파적으로 폐할 수 없는 것
> 은 車輪을 하나라도 버려서는 안 되는 것과 같은 것이다. 그런데 敬
> 이란 것은 知의 節目이고 行함의 充足이며 輪의 굴레인 것이다. 「大
> 學」의 格致와 「中庸」의 明善은 바로 知하는 일이고, 「大學」의 誠正
> 과 「中庸」의 誠身은 바로 行하는 일인 것이니 이른바 忠恕라는 것은
> 바로 誠이다. 聖人이 誠이라고 한 것은 學者가 忠恕라고 하는 것이
> 니 忠恕란 것은 바로 誠하는 일인 것으로서 行을 하는 바이다.[350]

---

350) 『모재집』, 권 10, 「朴漢老咸敬忠字說」, "夫爲學之道, 具於四書, 而節目次芽
庸學尤詳, 其法必以知行兩力誠明交至爲貴, 而皆以敬將之然後, 學至於成而
聖功可幾也. 徒用功於知而不幷力於行, 則譬如識路而不進, 無以致於高遠.
徒致力於行而不兼功於知, 則譬如暗行無燭, 不知路之所由. 二者之不可偏廢,
猶車輪之不可去一. 而敬者其知之目, 行之足, 輪之軸乎. 大學之格致, 中庸之
明善, 卽知之事也, 大學之誠正, 中庸之誠身, 卽行之事也. 而所謂忠恕者卽誠
也, 自聖人謂之誠, 自學者謂之忠恕, 則忠恕者固誠之之事而行之所由也."

知만을 공부하고 行에는 노력하지 않으면 그것은 길을 알아도 가지 못하는 것과 같고, 行에만 주력하고 知를 함께 공부하지 않으면 그것은 어두움 밤에 등불도 없이 길을 가는 것과 같다. 따라서 이 중 어느 것도 아니 할 수 없는 것은 수레바퀴를 하나라도 버려서는 안 되는 것과 같은 것이다. 『대학』의 格物致知와 『중용』의 明善이 도덕성의 지적 측면을 탐구하는 공부라면, 『大學』의 誠正과 『中庸』의 誠身은 도덕성의 行적 측면, 즉 정의적·행동적 측면을 함양하는 공부이다. 따라서 덕성함양의 공부는 知行을 겸해야 한다.

주자의 先知後行說에 대비시켜 김안국의 知行竝進說을 어떻게 읽어야 할까? 이는 상대적으로 知보다는 行을 강조하려는 것으로 보아야 하지 않을까 한다. 즉 김안국은 知行竝進을 주장하면서도 상대적으로 誠意를 더 강조하고 있는 것이다. 그것은 지적 측면의 공부와는 별도로 행적 측면의 공부가 가능한 것으로 보는 것이라 할 수 있다. 아직 인지적 능력이 덜 발달된 아동들에게는 우선 지적인 공부보다는 정의적·행적 측면의 함양공부를 시킨다. 그러나 지적능력이 향상됨에 따라 도덕적 지식의 탐구도 이루어져야 한다. 그렇지 않으면 도덕적 행위는 맹목으로 흐른다. 한편, 인지적 능력이 발달되었다고 해서 지적 탐구의 공부만 해서도 안 된다. 도덕적 앎이 곧 행동으로 나타나는 것은 아니기 때문이다. 따라서 반드시 이에도 행적·정의적 측면의 함양공부도 함께 이루어져야 한다. 결국 덕성의 함양공부는 知行을 兼全하는 것이다.

사실 주자도 이 점에 대해 말하였다. 즉 주자는 "知와 行은 언제나 서로 필요로 하는 것이며 눈이 다리 없이 다닐 수 없고 다리가 눈 없이 볼 수 없는 것과 같다. 先後를 따진다면 知가 우선이지만, 輕重을 따진다면 行이 더 중요하다"[351]고 말하고 있다. 이는 논리적인 순서를

---

351) 『朱子語類』, 卷 9. 「學三」〈論知行〉. "知行常相須, 如目無足不行, 足無目不見, 論先後知爲先, 論輕重行爲重."

따지자면 知가 우선이지만, 도덕실천의 차원에서는 格物致知와 별도로 行이 가능하고 중요한 것임을 알려주는 언표이다. 이러한 주자의 관점은 다음의 인용에서 더욱 분명하게 나타난다.

> 먼저 涵養・實踐하지 않고 바로 格物致知에 들어간다는 뜻은 아니다. 또 格物致知를 먼저 하지 않으면 誠意・正心・修身・齊家를 할 수 없다는 것도 아니다. 다만 모름지기 안 뒤에야 治己治人의 道를 다할 수 있다는 것이다. 만일 반드시 知가 이르는 것을 기다린 뒤에야 行할 수 있다고 말한다면, 事親・從兄・承上・接下 등은 사람이 살아가면서 하루도 폐하지 못할 것인데, 어떻게 내가 아직 알지 못하니 충분히 안 뒤에 행하겠다고 말할 수 있겠는가?[352]

지적 측면의 공부와는 별도로 행적 측면의 공부가 가능하다. 日用之道는 하루라도 폐할 수 없는 긴요한 것인데 언제 모든 인륜의 원리와 근거를 명확히 파악된 다음에야 행동할 수 있겠는가라고 주자는 반문한다. 김안국은 바로 이러한 주자의 관점을 이어받은 것이라 할 수 있다.

따라서 덕성함향의 공부는 知行을 겸하는 것이되, 교학교육의 단계와는 달리, 교화적 교육의 단계의 知的인 공부란 기존의 일상적 규범에 대한 지적 이해이며 그것은 誠意의 행동과 실천을 통하여 확인되는 지식이라 할 수 있다. 요컨대, 誠意공부란 밖의 규범을 내 마음이 받아들여 氣質을 교정하고 '淸心'해 나가기 위한 부단한 자기 노력에 다름아니다. 그리고 이러한 知行兼全의 공부를 함에 있어 공통으로 갖추어야 될 공부의 자세가 敬의 태도이다. 敬이란 것은 知의 節目이고 行함의 充足이며 輪의 굴레이기 때문이다.[353]

---

352) 『朱子大全』, 卷 42, 「答吳晦叔」(제9서). "雖以格物致知爲用力之始, 然非謂初不涵養履踐, 而直從事於此也. 又非謂物未格知未至, 則意可以不誠心, 可以不正身, 可以不修家, 可以不齊也. 但以爲必知之至, 然後所以治己治人者, 始有以盡其道耳. 若曰必俟知至而後可行, 則夫事親・從兄・承上・接下, 乃人生之所能一日廢者, 豈可謂吾知未至, 而暫輟以俟其至而後行哉."

誠意공부는 자신의 각고의 노력 이전에 밖의 介入과 媒介가 있다. 공부의 대상이 밖에 있기 때문이다. 따라서 '淸心'을 위한 誠意의 공부란 밖의 규범을 내 마음이 받아들여 氣質을 교정하고 순화시켜 나가는 진실한 노력이다. 이를 교육의 측면에서 해석한다면, 그것은 한마디로 사회화 과정이라 할 수 있다. 즉, 교육은 인간의 자연적 본성을 사회화시켜 사회에 적응할 수 있는 인간, 사회가 요구하는 인간을 길러내는 데에 그 의의가 있는 것이다. 이것이 교화적 덕교육의 단계에서 목표로 하는 점이다. 따라서 교화적 덕교육에서 학생들의 자율성의 침해는 교육이라는 이름으로 정당화될 수 있다. 이러한 교육은 간접적이기보다는 직접적인 방법에 의해 이루어질 수밖에 없다. 이하에서 논의될 교육과정과 교수기법 등에서 그것을 확인할 수 있을 것이다.

2) 典範 중심의 교육과정

기질을 변화시킨다는 것은 밖의 규범의 내면화함과 같다. 따라서 교육은 사회의 합의된 규범과 문화를 학생들에게 가르쳐 사회의 구성원으로 만들어 가는 사회화 개념과 다르지 않다. 이러한 교육의 관점에서 교육과정을 생각한다면, 그것은 사회의 규범과 문화를 대표하는 典範과도 같은 교과서가 필요하고, 그런 교과서를 중심으로 교육과정을 편성하여야 한다. 중종대 사림들은 많은 교화서들을 언해하기도 하고 독자적인 교화서를 자체적으로 편찬 간행하기도 하였다.[354] 『童蒙須知』, 『童蒙先習』, 『三綱行實圖』, 『續三綱行實圖』, 『二倫行實圖』, 『正俗諺解』, 『呂氏鄕

---

353) 持敬의 공부론에 대해서는 뒤에서 자세히 다룬다.

354) 교화서를 언해하고 또 자체적으로 편찬·간행하는 데에 있어서 김안국은 많은 역할을 하였다. 『癖瘟方』·『瘟疫疾』 및 『農書』와 『蠶書』 등의 기술서들을 제외하고, 교화서로서 김안국이 편찬·언해 및 간행한 대표적인 것들로는 『童蒙須知』, 『童蒙先習』, 『三綱行實圖』, 『續三綱行實圖』, 『二倫行實圖』, 『正俗諺解』, 『呂氏鄕約』, 『小學諺解』 등이다.

約』,『警民編』,『小學諺解』 등이 그것이다. 이들 교화서들이야말로 교화적 덕교육을 위한 典範과도 같은 교재들이다. 교화적 덕교육의 교육과정은 바로 이러한 典範 중심의 교재들로 편성된다.

이들 교화서들은 모두 三綱五倫의 덕목들과 그것의 실천을 주 내용으로 하고 있다는 점에서 모두 小學類에 해당된다고 볼 수 있다. 그러나 교재의 편집방식이나 구체적인 내용 설명방식을 기준으로 볼 때 크게 두 종류로 분류될 수 있다. 삼강오륜의 모범적 실천사례를 중심으로 편집된 〈行實圖類書〉와, 삼강오륜의 덕목습득과 실천의 중요성을 서술적으로 설명하고 있는 〈小學類書〉이다.

(1) 行實圖類書

行實圖類書가 조선에서 처음으로 편찬 간행된 것은 세종대의 『三綱行實圖』(세종 13년, 1431)이다. 그 이후, 『續三綱行實圖』(중종 9년, 1514), 『二倫行實圖』(중종 12년, 1517), 『東國續三綱行實圖』(광해군 6년, 1614), 『五倫行實圖』(정조 12년, 1797) 등이 편찬 간행되었다. 이 책들의 경우는 本을 새로이 하여 내용이나 형식면에서 변동이 있는 경우이고, 같은 本이 여러 번에 걸쳐 재간행된 경우가 많았다.[355] 당시 편찬사업이 쉽지 않았을 것이라는 점에서 본다면, 조선조가 얼마나 이 책들의 편찬에 정책적 배려를 기울였는가를 짐작해 볼 수 있음직 하다. 이들 책들은 대체로 표면적인 내용이나 형식적인 체제는 세종대의 『三綱行實圖』를 따르고 있다. 즉 三綱五倫의 덕을 모범적으로 실천한

---

355) 金元龍, 「三綱行實圖刊本攷」, 『東亞文化』 제4집(서울대학교동아문화연구소, 1965. 10), 97~120쪽. 이외에 行實圖類書의 편찬 간행에 대한 연구들로는 李熙德, 「朝鮮初期 儒敎의 實踐倫理에 대한 一考察」, 『서울産業大學校 論文集』 9(1975); 河宇鳳, 「世宗代의 儒敎倫理 普及에 대하여: 〈孝行錄〉과 〈三綱行實圖〉를 중심으로」, 『全北史學』 제7집(1983. 11); 金勳埴, 「16세기 〈二倫行實圖〉보급의 社會史的 考察」, 『歷史學報』 제107집(1985. 9) 등을 참고할 수 있음.

자들의 구체적 사례를 설명하고 여기에 그림과 詩를 곁들여 감흥을 유
도하고 있는 형식이다. 물론 本마다 싣고 있는 구체적인 사례라든지
내용은 달라지고 있다. 특히 이와 관련하여 중종대에 간행된 행실도류
서는 주목되거니와, 사림들은 이들을 교화적 교육과정의 중요한 교재
로 사용하였다.

중종대에 편찬·간행된 實圖類書는 『三綱行實圖』, 『續三綱行實圖』, 『二
倫行實圖』이다. 이들 세 책의 간행에는 특히 김안국이 중요한 역할을 한
것 같다. 중종 초부터 피폐된 향촌의 교화책으로 『三綱行實圖』 印頒이 자
주 거론되자,[356] 중종 원년과 5년에 성종대의 『三綱行實圖』를 반포하고,
중종은 6년 10월에도 이 책을 2,940질을 찍어 반포하였다.[357] 또한 續集
편찬에 착수하였다.[358] 중종 8년 김안국은 李耔, 成世昌, 金安老, 安處誠,
黃筆 등 사림계 인물과 함께 撰集廳郎官이 되어 『續三綱行實圖』 편찬에
관여하였다.[359] 이 작업은 중종 9년 6월 撰進이 될 때까지 계속되었
다.[360] 한편, 김안국이 『三綱行實圖』를 간행한 것은 그가 영남에 있을 때
성종 때 諺解된 것을 재간행한 것이지만, 『續三綱行實圖』는 전혀 다른 판
본이라 할 수 있다. 즉 『삼강행실도』에 실린 인물사례들은 대체로 중국인
들이지만(84%), 『속삼강행실도』의 경우는 80% 정도가 한국인물을 사례
로 들고 있기 때문이다.[361] 『속삼강행실도』의 효자 편은 33/36명(92%)
이 우리나라 인물들이고, 충신 편은 3/6(50%)명, 열녀 편은 20/28(71%)
명이 우리나라 인물들이다. 인물사례들이 주로 『朱子家禮』의 실천자나 3
년간의 시묘살이를 한 효자, 충절한 자, 정절을 지킨 자 등으로, 사림의
등장과 함께 보편화되는 유교적 의례를 실천한 내용이 주로 강조되고 있

---

356) 『중종실록』, 권 1, 중종 원년 11월 정축.
357) 『중종실록』, 권 14, 중종 6년 10월 정유.
358) 『중종실록』, 권 17, 중종 7년 11월 갑진.
359) 『중종실록』, 권 17, 중종 8년 2월 계해.
360) 『중종실록』, 권 20, 중종 9년 6월 무오.
361) 4장 1절 1항을 참조.

다. 그럼에도 불구하고 인물사례를 우리나라 인물로 선정한 것은 보편주
의 속에 특수주의를 반영한 것이라 보아 마땅하다. 이미 三綱五倫의 윤리
가 조선조적 사회규범으로 보편화되어 가는 상황이라면, 그것을 백성들
에게 가르치는 것도 이왕이면 좀 더 친화력을 가질 수 있도록 우리 역사
속에서 모범적 사례를 뽑아서 교육하는 것이 더 효과적일 것이라는 판단
이 깔려 있는 것이다.

물론 『續三綱行實圖』 간행의 이면에는 사회정치적 배경이 깔려 있음
도 부인하지는 못할 것이다. 즉 연산군의 廢政과 일련의 士禍, 그리고
중종의 反正과 계속되는 훈구세력과 사림파의 대결, 이러한 정치적 혼
란으로 야기된 사회의 불안과 피폐화 등은 그 어느 때보다도 사회기강
을 다잡고 反正의 정당화 논리를 필요로 했을 법하다. 새롭게 등장하
는 사림파들의 입장에서도 그것은 필요했다고 할 수 있다. 이러한 점
에서 교육은 국가권력을 재생산하는 핵심적 국가기구임에 틀림없다.
알뛰세르(L. Althsser)가 주장한 것처럼 교육이 국가권력을 재생산하
는 핵심적인 이데올로기 장치인 것은 부인할 수 없더라도, 그것으로
모든 교육을 설명할 수는 또한 없다고 본다.[362] 교육은 전통의 계승과
재생산을 하지만, 문화의 창조와 사회의 개혁에도 관여한다. 김안국이
독자적으로 편찬·간행한 『二倫行實圖』는 이러한 측면에서 읽을 수 있
지 않을까 한다.

김안국의 처음 계획은 기존의 『三綱行實圖』에 長幼와 朋友의 二倫를
더하여 五倫行實圖를 편찬하자는 것이었다. 즉, 그가 『二倫行實圖』를
처음으로 왕에게 건의한 것은 중종 11년 經筵에서였다. 여기서 그는
먼저 『三綱行實圖』의 반포가 백성들을 교화하는 데 커다란 도움을 주

---

362) 정재걸과 김대용은 각각 조선조의 교육의 하나로 '교화'를 분석하는 이론
적 논거로 알뛰세르의 이데올로기론을 원용하고 있다. 이러한 관점에서
그들은 '교화'를 국가권력의 재생산을 위한 국가기구로 해석하고 있다. 정
재걸, 「조선전기 교화연구」, 앞의 논문 및 김대용, 『조선 초기 교육의 사
회사적 연구』, 앞의 책 참조.

었다고 전제하면서, 그러나 그것은 長幼와 朋友의 二倫이 누락됨으로써 불충분한 것이라고 지적하고 있다. 長幼와 朋友는 三綱과 함께 五倫이 되는 것으로, 長幼의 규범은 宗族을 화목하게 하며, 朋友의 규범은 향촌사회와 관료들 사이의 관계에 적용될 수 있는 것이기 때문에 三綱과 함께 빠뜨릴 수 없는 人倫이라는 것이다. 그래서 그는 이 長幼와 朋友의 二倫을 보충하여 五倫行實圖를 만들어 中外에 반포함으로써 백성들의 교화에 이용하자고 건의하고 있다.363) 이 건의는 즉각 받아들여졌지만, 미처 실행하기도 전에 김안국이 경상도 관찰사로 부임하게 됨으로써 계획은 달성되지 못하였다. 그러나 처음의 『五倫行實圖』를 편찬하는 계획은 실패로 돌아갔지만, 김안국은 경상도관찰사로 부임한 이후에 독자적으로 『二倫行實圖』를 편찬·간행하였다.

김안국이 독자적인 계획하에 『二倫行實圖』를 편찬·간행한 이유는 어디에 있었을까? 그가 말하듯이, "三綱의 중요함은 비록 어리석은 사람들도 모두 알거니와, 朋友兄弟의 윤리에 대해서는 보통사람은 알지 못하는 이가 있기 때문"364)인가? 조선왕조의 지배계층은 신유학이념에 입각한 엄격한 신분제도를 확립하고자 하였으며, 그것은 上下, 尊卑, 貴賤의 峻別을 기본 특징으로 하는 것으로, 이러한 계층 구조 속에서 인간관계를 규제하는 구체적인 윤리덕목이 바로 '三綱'과 '五倫'이었다.365) '三綱'은 주지하다시피 君爲臣綱·父爲子綱·夫爲婦綱으로서 君臣·父子·夫婦 관계를 규정하는 신분윤리이며, '五倫'은 君臣有義·父子有親·夫婦有別·長幼有序·朋友有信으로서 君臣·父子·夫婦·長幼·朋友의 관계를 규제하는 신분윤리이다. 三綱과 五倫은 上下의 名

---

363) 『모재집』, 권 15, 「行狀」. "祖宗朝, 撰三綱行實, 形諸圖畵, 播之歌詠, 頒諸中外, 使民勸習, 甚盛意也. 然長幼朋友, 與三綱兼爲五倫, 以長幼推之敦睦宗族, 以朋友推之鄕黨僚吏, 亦人道所重不可闕也. 以臣汚闊之見, 當以此二者, 補爲五倫行實, 擇古人善行爲圖畵詩章, 頒諸中外, 敦勸而奬勵之."

364) 『중종실록』, 권 32, 중종 13년 4월 기사.

365) 韓永愚, 『朝鮮前期社會思想硏究』(서울: 지식산업사, 1983), 62~63쪽.

分과 階層을 설정함으로써 인간마다 자기의 본분을 지키게 하여 사회
질서를 확립하자는 것이다. 그러나 엄격한 의미에서 三綱과 五倫은 서
로 다른 윤리질서를 의도하고 있다고 할 수 있다. 즉 三綱은 上者가
下者의 벼리(綱)가 된다는 것으로 '縱的인 秩序'를 의도하고 있다면,
五倫은 말 그대로 인간과 인간 상호간에 지켜야 될 '人倫'을 규정한 것
으로 '橫的인 秩序'를 의도하고 있는 것이다. 조선왕조는 대체로 강력
한 중앙집권체제를 유지하였기 때문에 五倫的 윤리질서의 의미는 퇴색
되고 주로 三綱的 윤리질서를 더 강조할 수밖에 없었으며 오히려 五倫
도 삼강적 개념으로 해석하려는 경향이 농후하였다고 할 수 있다. 그
러나 이것은 王權을 중시하는 군주와 신료들의 입장이었고, 구조적 한
계가 있음에도 불구하고 臣權을 강조하려는 신료와 사대부들의 입장은
다른 것이었다고 생각된다.

중종대에 김안국이 『二倫行實圖』를 간행하고, 조광조를 비롯한 사림
세력의 道學的 지치주의 운동도 이러한 사회정치적 배경과 무관하지
않다고 본다.[366] 그러나 조광조 등이 급진적인 정치개혁을 통해 사림

---

366) 李泰鎭의 일련의 연구와 金勳埴 등의 연구들은 이러한 필자의 관점을 여
러 각도에서 뒷받침해 주고 있다. 대표적인 연구들은 다음과 같다. 李泰
鎭, 「15·16세기 新儒學 정착의 사회경제적 배경」: 「16세기 東아시아 경
제변동과 정치·사회적 동향」, 以上은 同著, 『朝鮮儒敎社會史論』(서울:
지식산업사, 1993. 3판): 「士林派의 鄕約普及運動」 및 「士林派의 留鄕所
復立運動」, 『韓國社會史硏究』(서울: 지식산업사, 1986); 金勳埴, 「16세기
〈二倫行實圖〉 보급의 社會史的 考察」, 앞의 책: 「中宗代〈警民編〉 보급의
고찰」, 앞의 책: 李樹健, 「李朝時代〈小學〉敎育에 대하여」, 『嶺南大學校論
文集』 2(1969): 尹炳喜, 「朝鮮 中宗朝 士風과〈小學〉: 新進士類들의 道德
政治 具現과 관련하여」, 『歷史學報』 제103집(1984. 9); 高英津, 「15·16세
기 朱子家禮의 施行과 그 意義」, 『한국사론』 21(1989). 이상의 연구들 중
『二倫行實圖』의 간행보급의 사회정치적 배경과 관련한 직접적인 연구는
김훈식의 연구이기에 그의 논의를 간략히 요약해 두기로 한다. 김안국의
二倫에 대한 인식은 당시 在地士族들의 공통된 인식을 바탕으로 한 것으
로, 그 이면에는 재지사족들의 입장을 포함하고 있는 것이라 한다. 즉 재
지사족들의 입장이란 밑으로부터는 농민층의 저항과 위로부터는 훈척세

세력들의 臣權의 확립을 기도한 것이라면, 김안국은 교육방안을 통한 점진적인 개혁을 시도한 것이라 할 수 있다. 김안국이 『二倫行實圖』를 간행한 함의가 제한적이나마 '橫的인 倫理秩序'의 확립에 있었고, 이를 위한 점진적 개혁방안으로 교육을 택하고 있다는 점에 동의할 수 있다면, 조선조의 교육을, 특히 '敎化'의 개념을 권력의 재생산을 위한 이데올로기 '注入'으로 등식화367)하는 것은 止揚되어야 한다고 본다. 적어도 당시대적 관점에서 볼 때, 조광조와 김안국 등이 추진한 지치주의 운동은 권력의 재생산이 아니라 권력의 개혁을 요구하는 것으로 볼 수 있기 때문이다. 그리고 인류역사상 이데올로기가 없는 사회를 생각할 수 없거니와, 관건은 어느 이데올로기가 더 인류의 보편문화를 지향하고 있느냐 하는 것이다.368) 또한 이데올로기가 없는 사회를 생각할 수 없다면, 이데올로기 교육이 없었던 역사도 없다. 권력의 재생산을 위한

력의 침탈이라는 이중적 대립을 말하며, 그들은 이러한 이중적 대립을 동시에 극복할 방안으로 二倫의 의의를 인식하였다는 것이다. 그리하여 먼저 長幼有序는 재지사족 상호간의 인간관계뿐만 아니라 피지배계층인 농민까지를 포함한 촌락사회 전체의 인간관계를 규제하는 것으로, 이것의 보급을 통하여 재지사족 간의 상호 결집 및 농민의 저항을 무마하는 이데올로기로서의 역할을 수행케 하였다. 다음으로 朋友有信은 전적으로 재지사족 내 상호간의 인간관계를 규제하는 것으로, 學緣을 바탕으로 한 재지사족 상호간의 결집을 통하여 중앙정계에 진출하며 훈척세력에 대항하는 이데올로기로서 역할을 수행하였다는 것이다.

367) 이렇게 교화와 인독트리네이션을 등식화하는 연구의 예는, 정재걸의 앞의 논문 및 김대용의 앞의 책.

368) 역사상의 모든 이데올로기는 보편의 각도에서 상대적으로 평가되어야 마땅하다. 따라서 어떠한 개혁이데올로기도 지배이데올로기로 둔갑할 수 있고, 그것은 다시 새로운 보편의 이데올로기에 의해 개혁의 대상으로 등장하게 마련이다. 이를테면, 훈구파의 삼강적 이데올로기를 조광조와 김안국 등은 보다 보편지향의 오륜적 이데올로기에 입각하여 개혁을 추진하고 있다. 그러나 주자적 이데올로기는 조선조 후기에 와서 실학적 개혁이데올로기의 도전을 받는다. 이러한 관점에서 볼 때, 시대와 공간을 뛰어넘어 근대 내지 현대적 관점에서 아무런 여과 없이 중세를 재단하는 오류도 지양되어야 할 것이다.

이데올로기 교육도 있겠지만, 사회의 개혁적 요구를 반영한 이데올로기 비판교육도 존재한다. 어느 쪽이든 이데올로기 교육이 없으면, 사회의 통합성을 유지하기 힘들다. 그리고 어떤 이데올로기가 제시되면 그 속에는 특정한 도덕원리와 행위규범이 존재하기 마련이거니와, 이때 도덕교육은 바로 그 특정한 도덕원리를 반영한 윤리적 가치규범을 典範化하여 국민들에게 가르치려 한다. 교화적 교육단계의 교육과정은 이러한 관점에서 이해되어야 할 것이다. 즉, 김안국을 비롯한 중종대 사람들은 당 시대적 사회의 개혁적 이데올로기 속에 함의된 五倫의 윤리규범을 典範化하고 이를 반영시킨 교재를 편찬·간행하여 교육과정에 반영하려 했던 것이다.

(2) 小學類書

行實圖類書가 三綱五倫의 모범적 실천사례를 중심으로 편집된 것이라면, 小學類書는 삼강오륜 등의 日用的 덕목습득과 실천의 중요성을 서술적으로 설명하고 있는 교화서들이다. 여기에는 『童蒙須知』, 『童蒙先習』, 『正俗諺解』, 『呂氏鄕約』, 『警民編』, 『小學諺解』 등이 포함된다.

먼저 『童蒙須知』와 『童蒙先習』은 아동용 교재이다. 『동몽수지』는 朱子가 편한 책을 김안국이 山陰縣에서 간행하였는데, '무릇 兒童들이 할 일은 衣服과 飮食에서부터 日用凡百에 이르기까지 모두 구비한 것'이라 전한다. 그리고 중종 6년 閏 12월에 김안국은 王命을 받아 이 책으로 元子를 가르쳤다고 한다.[369] 『동몽수지』는 주자의 책을 재간행한 것에 불과하지만, 『童蒙先習』은 김안국이 직접 편찬·간행한 것이라 한다. '첫 머리에 五倫의 道를 논하고 또한 總論이 있는데 中國을 먼저

---

369) 『모재집』附錄上, 「諸書撮錄: 國朝寶鑑」. "閏十二月, 命以童蒙須知敎元子. 先是慕齋以朱子童蒙須知, 鋟梓山陰縣, 凡童幼之事, 自飮食衣服至凡百日用 靡所不具. 筵臣以爲言, 上命元子先講童蒙須知, 曰小學非特童稚可學, 乃終身之學也."

하고 다음에 東國으로 하였다.'고 전한다.[370] 구체적인 내용을 알 수
없어 아쉽지만, 여기에서도 김안국이 얼마나 조선조적 특수성을 교재
에 반영하려 했는가를 짐작해 볼 수 있는 대목이라 할 수 있다. 거듭
밝히지만, 이는 조선에서 하는 교육은 '조선사람'을 길러야 한다는 '國
籍 있는 교육'의 슬로건과 다르지 않다고 본다. 이러한 관점에서 김안
국의 동생인 金正國의 『警民編』의 간행도 주목되어야 한다.

『警民編』은 김정국이 중종조 기묘년(1519)에 황해도 관찰사로 재직
할 때 일반백성들을 대상으로 하여 편찬·간행한 교화서이다. 먼저, 이
책은 父母·夫婦·兄弟·姉妹·族親·奴主·鄰里·鬪毆·勸業·儲積·
詐僞·盜賊·殺人 등 13條 속에서 위계질서를 확립하여야 할 정당성을
論하고, 이러한 유교적 도덕률이 형률에 의해 뒷받침된다는 점을 강조
하고 있다. 그런데 그가 강조하는 인륜은 三綱五倫의 德目과 차이가
있다. 君臣·朋友·長幼 등의 德目이 탈락하고, 그 대신 향촌질서의 유
지에 필요한 族親·奴主·鄰里 등의 德目이 추가되고 있다. 또한 敬身
에 해당할 心術·威儀·衣服 등의 德目은 탈락하고 鬪毆·勸業·詐僞
등의 항목이 추가되어 조선조적 향촌현실과 부합되는 덕목으로 변형되
고 있는 것이다.[371] 또한 특이한 점은 일반적인 유교적 교화서들에서
는 발견되지 않는 '姉妹'항이 등록되고 있다는 점이다. 대체로 유교적
교화서에서 가족윤리를 언급할 때 兄弟간의 윤리에 대해서는 말하면서
도 姉妹간의 윤리에 대해서는 언급되지 않는다. 그런데 『경민편』에서
는 '姉妹'항을 넣어 姉妹간의 윤리를 넣고 있는데, 이것은 당 시대까지
의 男女均分相續制度와 外孫奉祀를 비롯한 조선의 가족제도의 특징이
이 책에 반영된 것으로 볼 수 있다.[372]

---

370) 『모재집』附錄上, 「諸書撮錄; 東儒師友錄(南溪所撰)」, "童蒙先習, 金慕齋
所著, 首論五倫之道, 又有總論, 先之以中國, 次及東方之事."
371) 丁淳佑, 「조선전기 영남지역 평민층에 대한 교화와 교육」, 『정신문화연구』,
제22권 제3호, 통권 76호(한국정신문화연구원, 1999. 가을호), 120쪽.
372) 이에 대한 자세한 고찰은, 金勳埴, 「中宗代 〈警民編〉 보급의 고찰」, 『李載

다음으로 『正俗諺解』와 『呂氏鄕約諺解』도 김안국에 의해 이루어 졌다.373) 『正俗』은 1345년 元 나라의 王至和가 教化를 목적으로 편간한 책으로 중종 12년에 이미 교화에 유용하다는 것이 인정되어 한 차례 간행된 바 있다.374) 김안국은 경상도 관찰사로 재직 시에 이 『正俗』에 구결을 달고 언해하였다. 이 책의 구성은 孝父母, 友兄弟, 和室家 등 18항목으로 이루어져 있는데, 가족관계 내의 인간관계 규범만을 제시한 것이 아니라 향촌사회 내의 비혈연적인 인간관계 규범까지 아울러 제시한 점이 특징이다.375) 한편, 『呂氏鄕約』은 향촌사회의 비혈연적인 인간관계의 규범을 규정한 향당윤리라 할 수 있다. 주지하듯이, 향약의 주요 덕목은 德業相勸, 過失相規, 禮俗相交, 患難相恤 등이기 때문이다.376) 『呂氏鄕約』은 程頤의 제자인 呂大鈞이 기초한 향약을 주자가 수정·보완한 것이다. 이 책을 김안국이 언해하여 재간행한 것으로, 중종대 이후에 향약이 보편화될 수 있는 계기가 되었다. 그것은 일반 民을 상대로 하는 상황에서는 諺解本의 마련이 결정적이기 때문이다.377)

무엇보다 교화적 교육단계에서 가장 중시한 교재는 역시 『小學』이다. 사실 이상에서 언급한 여러 교화서들은 공통적으로 『小學』을 본으로 삼고 있어서 흔히 '小學類'라고 불리는 것들이다. 소학류는 대체로 父母, 兄弟, 君臣 등 인륜을 밝히는 것을 위주로 하며 일상생활에 절실한 행동 세칙을 기술하고 있다는 특징이 있다. 이러한 점에서 중종대

樂博士還曆紀念 韓國史學論叢』(서울: 한울, 1990), 443~471쪽 참조.

373) 『중종실록』, 권 32, 13년 4월 기사. "如呂氏鄕約·正俗等書, 乃敦厚風俗之書也. 鄕約雖載於性理大全, 而無註解, 遐方之人, 未易通曉, 故臣乃詳其諺解, 使人接目便解, 正俗亦飜以諺字."

374) 『중종실록』, 권 28, 중종 12년 7월 경자.

375) 『呂氏鄕約·正俗諺解』(原文社, 1976)

376) 같은 책.

377) 李泰鎭, 「士林派의 鄕約普及運動: 16세기의 經濟變動과 관련하여」, 『韓國文化』 4(1983), 9쪽; 金一煥, 「慕齋 金安國의 政治活動: 中宗朝 士林派의 動向과 관련하여」(고려대 대학원 석사논문, 1987. 12), 43쪽.

사림들이 『小學』을 중요한 교과로 생각함은 당연한 것일 수밖에 없다. 특히 김안국의 『小學』교육에 대한 열정은 남달랐다고 할 수 있다. 그는 중종 11년의 한 經筵에서 "'옛 사람의 말이 『小學』을 부모같이 사랑하고 신명처럼 공경한다.'하였는데, 放心을 거두고 德性을 涵養하는 데 이보다 좋은 것은 없다. 이제부터 민간과 學宮이나 中外로 하여금 모두 이를 숭상할 줄 알도록 한다면, 자연스럽게 교화가 크게 흥기되어 『小學』의 도리가 온 세상에 밝아지게 될 것이다."378)라 하면서 『小學』의 장려를 건의하고 있다. 중종은 이 건의를 즉시 수용하여 『小學』을 '廣行印頒'하라는 傳旨를 禮曹에 내리고 있다.379) 그 傳旨의 내용은 한마디로, 『小學』이야말로 교화의 근본이라는 취지하에 생원·진사의 覆試 및 四部學堂, 鄕校 등에까지 널리 이용하도록 廣布하라는 것이다.

---

378) 『중종실록』, 권 26, 중종 11년 11월 신사.

379) 예조에 내린 傳旨의 내용도 김안국이 작성한 것으로 보이기에 그 내용을 줄여 인용해 두기로 하면, "학교는 風化의 근원이요 善을 시범하는 자리로서 敎學을 숭상하는 대로 習俗이 따르는 법이다. 옛적에 능히 君師의 책임을 다한 자는 모두 교육을 숭상해서 지도하고 이끌려고 塾·庠·序·學을 설치하였다. 대체로 사람이 8세가 되면 모두 小學에 입학시켜 灑掃·應對·進退의 예절과, 어버이를 사랑하고 어른을 공경하고 스승을 존대하고 벗과 친하는 도리를 가르쳐 放心을 거두고 德性을 함양하는 큰 근본을 세우도록 하였고, 15세가 되어 대학에 들어가면 다만 소학에서 이미 성취한 공부에 따라 순서 있게 신보시켜, 이치를 궁구하고 마음을 바로잡고 몸을 닦고 사람을 다스리는 학술을 통달하도록 하였다. 어릴 때의 교양이 바르게 되어 이미 근본이 두터웠기 때문에, 선비들은 덕성이 돈후하고 백성은 행실에 흥기되어 풍속이 순박하고 인재가 많았다. (중략) 『小學』을 이미 숭상하지 않는 풍속이므로 公私간에 소장한 것도 반드시 적을 것이니 시급히 광범위하게 인출 반포하여 京外의 학교와 시골 촌락에 이르기까지 학습하지 않는 사람이 없도록 하고, 스승이 후진들을 가르치고 부형이 자제들을 교훈할 때나 조정에서 과거 보일 때에, 대체로 이를 우선하도록 하라. (중략) 학습을 권장하는 절목 및 생원·진사 覆試 때에 엄격하게 강받기를 거듭 밝히는 절목을 모두 자상하고 극진하게 마련하여 시행하도록 하라." 『중종실록』, 권 26, 11년 11월 계미 ; 『모재집』, 권 9, 「下禮曹崇小學傳旨」.

나중에 김안국은 경상도관찰사로 부임하자, "小學 한 책으로 一道의 사람들을 흥기시켜 그 취향을 바르게 하였다."[380]고 하듯이 『小學』을 교화의 수단으로 이용하였다. 그래서 김안국은 『小學』의 보급에도 열성적이었으며, "무릇 정치를 함에 仁恕를 근본으로 하였고 교화하는 데 小學을 우선으로 하여 小學을 권하는 詩를 지어 각 邑마다 그것을 소지하고 있다."[381]라 하듯이 教人에 小學을 우선으로 하고 각 읍을 순방하면서 鄕校 儒生들에게 64편의 「勸小學詩」를 주면서 『小學』을 권장하였다.[382]

3) 體驗實踐과 說得感化의 교수기법

교화적 교육단계에서 중종대 사림들은 당 시대적 사회의 개혁적 윤리규범을 典範化하고 이를 반영시킨 교재를 편찬·간행하여 교육과정에 반영하려 하였다. 교화적 교육에서, 도덕교육이란 사회적 요구를 반영한 윤리적 가치규범을 典範化하여 학생들에게 가르쳐 내면화하도록 하는 것에 다름 아니기 때문이다. 학생들의 도덕적 자율성을 훼손시킬 위험이 없지 않지만, 인간의 도덕발달상 전통에 대한 학습과 도덕적 습관의 형성은 합리적이고 자율적인 방식에서 판단하고 행위 하는 데 있어서의 필수적인 선행 조건으로 여겨진다. 즉 개인의 도덕적 자율성도 기존 사회의 규범을 내면화한 토대 위에서 확보될 수 있다는 것이 그들의 생각이다. 그리고 국적 있는 백성들을 길러내기 위해서도 이러한 의미의 교육은 이루어져야 한다. 즉 보편적 중화인이 되기 전에 조선 사람이 먼저 되어야 한다는 관점이 교화적 덕교육론에 담겨 있다.

---

380) 『중종실록』, 권 32, 중종 13년 4월 계사.
381) 『모재집』, 권 15, 「行狀」. "凡爲政以仁恕爲本, 敎人以小學爲先, 所著勸小學詩, 邑皆有之."
382) 김일환, 앞의 논문, 42쪽.

이처럼, 조선 사람이 되게 하고 조선사회가 요구하는 가치규범을 백성들에게 내면화시키기 위해서는, 교수기법상으로 볼 때 간접적인 교수기법보다는 학생들에게 좀 더 가까이 다가가서 학생들로 하여금 직접 體驗과 實踐을 해보도록 하고, 說得하며 感化시키는 교수기법이 효과적일 것이다. 그러나 학생들에게 가까이 다가서서 직접 설득하고 감화시키는 교수기법이라 하여 그것을 '正物'의 인독트리네이션으로 오해해서는 안 된다. 우리가 앞에서 보았지만, '正物'은 교사가 자신의 덕은 닦지 않은 채 학생들에게 일방적으로 善을 행하라고 강요하는 인위적 간섭과 조작의 개념이었다. 그러나 '物正'의 교화는 선생이 먼저 덕을 닦고(正己) 모범을 보임으로써 학생들이 스스로 감화되고 설득되는 '말없는 가르침'(黙化)과도 같은 것이었다. 그래서 조광조도 자신의 덕을 닦고(正己) 그 방법을 사물에 옮겨 행하면 사람들이 모두 感化하여 자연스럽게 덕을 닦을 것이지만(物正), 인위적으로 正物을 하려 한다면 아무리 실시한들 무슨 이익이 있겠는가라고 반문했었다. 따라서 뒤에서 보겠지만, 교화적 덕교육에서 스승의 모범적 역할은 무엇보다도 중요한 것이 된다.

여기서는 교화적 덕교육의 '物正'의 교수기법을 모방과 체험을 통한 실천, 영웅적 이야기를 통한 감화와 설득, 암송의 過學習을 통한 지식습득으로 나누어 정리해 보기로 한다

(1) 모방과 체험을 통한 실천

학생들에게 가까이 다가가서 직접 說得하고 感化시키는 데에는 때로 불가피하게 刑罰이나 사랑의 매와 같은 채찍이 동원될 수도 있다. 그러나 채찍은 유교의 교육사상에서 볼 때 어디까지나 차선책이고 소극적인 방법에 불과하다.[383] 오히려 褒賞과 같은 당근책이 더 우선적이

---

383) 金勳埴, 「中宗代〈警民編〉 보급의 고찰」, 앞의 논문, 445쪽. 모재도 "대개

고 적극적인 방법에 해당한다. 이를테면 조선시대에 계속하여 행해졌
던 旌表政策은 그 대표적인 교화의 당근책이라 할 것이다. 旌表란 善
行을 칭찬하여 이를 여러 사람에게 알리는 것을 뜻하며, 旌閭는 孝
子·忠臣·烈女들이 살던 동네에 旌門을 세워 표창하는 일을 말한
다.384) 이것은 新羅 때부터 발생하여 高麗에 들어와서 적지 않게 건립
되었으며, 道學的 이념을 바탕으로 하는 조선왕조에서는 전국적으로
상당수 세워졌다고 한다.385) 즉 조선왕조는 유교적인 도덕규범을 장려
하기 위해 孝子·順孫·義婦·節婦들을 매년 뽑아 禮曹에 보고케 하여
旌門·復戶·賞職·賞物 등으로 旌表하였던 것이다.386) 중종대 사림들
도 이것의 유용성을 인식하고 있었다. 사실 중종대의 『續三綱行實圖』
에 등재된 56명도 모두 善行이 특이하여 정표를 받았던 인물들인 것이
다.387) 4장에서 보았지만, 김안국도 旌表의 유용성을 인정하여 경상도
관찰사로 있을 때에 狀啓를 올려 旌表를 내려줄 것을 건의하고 있다.
몇 가지 예만 더 들어보자.

들건대 왕이 백성을 다스리는 데는 德으로 제도하고, 刑으로써 징벌한다
하는데, 刑이라는 것은 성인이 하고자 하는 바가 아니다. 그러나 刑을 실
시하는 것은 형벌이 없기를 목적으로 하는 것이고, 辟(사형)을 실시하는
것은 辟이 없도록 함이니, 모든 刑辟은 죄를 멀리하고 性命을 보전하자는
것이다."라 하여 형벌의 소극적 방법임을 밝히면서 그것의 불가피성을 말
하고 있다. 『중종실록』, 권 4, 중종 2년 12월 정해.

384) 朴珠, 『朝鮮時代의 旌表政策』(서울: 일조각, 1990), 2~3쪽 참조.
385) 같은 책, 같은 쪽.
386) 『經國大典』, 卷 3, 禮典 奬勸條에 의하면 "孝道·友愛·節義 등의 善行을
한 者(孝子·順孫·節婦·나라를 위하여 죽은 者의 子孫·睦族·救患과
같은 등속)는 해마다 年末(歲抄)에 本曹가 정기적으로 기록하여 王에게
아뢰어 奬勸한다(賞職을 주거나 혹은 賞物을 주며 더욱 특이한 자는 旌
門을 세워 주고 復戶를 해준다. 守信한 妻에게도 復戶를 해준다)"라고 되
어 있다.
387) 자세한 분석은 박주, 앞의 책, 74~76쪽 참조.

유학 河濩의 아내 姜氏는 別提 元範의 딸인데, 호가 風疾을 앓는
15년 남짓 동안 약을 몸소 끓이며 맛보았고, 지아비가 죽어서는 애
훼가 예도를 지나쳐서 조석으로 곡하며 제전하고 조죽을 조금 먹을
뿐이고 채소나 과일도 먹지 않아서 겨우 뼈만 남아서 절하고 꿇어
앉을 때에는 남의 도움을 받아야 하였고, 삼년상이 끝난 뒤에도 初
喪 때와 다름없이 조석으로 제전하였습니다. 河陽의 良女 同德은 나
이 서른 일곱에 지아비를 잃고서 길쌈 품을 팔아 조석으로 어미를
공양하되 제철의 채소·과일을 구해 먹였고, 죽은 뒤에도 무릇 햇것
이 있으면 반드시 바쳤습니다. 生員 全獻은 젊어서부터 제 고장에서
행동을 조심해 살아서 잘못된 행실이 없었고, 아비와 어미의 喪을
잇달아 만나 6년 동안 여묘살이를 하고 모든 喪制에 있어서 모두 古
禮를 지키고 조석의 제전을 몸소 혼자 장만하여 동기들을 번거롭게
하지 않으며 끝내 한결같이 하였습니다.388)(이하 생략)

요컨대, 교화의 당근책으로서의 정표정책은, 도덕적 품성과 행위를
모범적으로 보여준 사람들에게 褒賞을 함으로써 다른 사람들을 감화시
키고 모방적 행위를 유도하고자 하는 데 목적이 있다. 정재걸에 따를
때, 이러한 교육은 書籍을 통한 講經의 교육이 아니라, 구체적인 사물
이나 사건을 보고 듣고 행하는 實物 위주의 교육이다.389) 정재걸과 김
대용이 예로 들고 있듯이, 實物 위주의 교육으로 旌表외에도 유교적
의례들, 즉 鄕飮酒禮, 鄕射禮 등을 통한 교화도 해당될 것이다.390) 예

---

388) 『중종실록』, 권 30, 중종 12년 10월 무신.
389) 정재걸은 지배계급을 위한 '교육'과 일반서민들을 위한 '교화'의 교수기법
　　의 차이점을 "지배계급을 위한 교육이 주로 講經, 즉 서적을 중심으로 하
　　여 이루어진다면, 일반서민들을 위한 교화는 구체적인 사물이나 사건을
　　보고, 듣는 것을 중심으로 하여 이루어졌다."고 전제하면서 후자의 교화
　　적 교수기법을 實物 위주의 교육이라 하였다. 정재걸, 「조선전기 교화연
　　구」, 앞의 논문, 9쪽.
390) 『周禮』를 보면 "향학에서 학업을 닦고 난 다음, 제후의 향대부가 향촌에
　　서 덕행과 도의를 고찰하여 인재를 뽑아 조정에 천거할 때, 출향에 앞서
　　그들을 빈례로써 대우하고 일종의 송별잔치를 베푼다."고 기록되어 있는

컨대, 향음주례는 향촌의 선비·유생들이 학당 등에 모여 학덕과 연륜

데 이것이 향음주례이다. 향음주례에 대한 또 다른 기록인 『儀禮』, 「鄕飮
酒禮」條에 의하면, 향음주란 향대부가 나라 안의 어진 사람을 대접하는
것으로, 향음주례를 가르쳐야 어른을 존중하고 노인을 봉향하는 것을 알
며, 효제의 행실도 따라서 실행할 수 있는 것이고, 귀천의 분수도 밝혀지
며, 주석에서는 화락하지만 지나침이 없게 되어, 자기 몸을 바르게 하여
국가를 편안하게 하기에 족하게 된다고 한다. 이러한 내용은 그대로 『禮
記』 제45편 「鄕飮酒儀」에도 보인다. 한편, 鄕射禮는 주나라 시대 향대부
가 3년마다 어질고 재능 있는 사람을 왕에게 천거할 때, 그 선택을 위하
여 행하는 활쏘는 의식이라고 한다. 『周禮』, 「地方鄕大夫」條에는 당시 지
방단위인 鄕·州·黨·族·閭·比 가운데 州에서 행하는 의례인 향사례
가 자세히 규정되어 있다. 향대부가 국가의 법을 정월에 사도로부터 가르
침을 받아 그것을 주장에게 전수하면, 주장은 정월 중의 길일을 택하여
향사례를 행한다고 하며, 활쏘는 것의 의미는 "그 뜻을 바르게 한다(正其
志)"는 것이라 한다. 『儀禮』 향사례조에는, 주장이 춘추 두 계절에 예법
을 따라 백성들을 모아 활쏘기를 익히는 것이라는, 다른 의미의 향사례가
나타나 있기도 하다. 『周禮』에 의하며, 향사례는 州에서, 향음주례는 黨에
서 각각 행하는 의례로 되어 있다. 그리고 두 의례는 모두 국가의 법을
잘 지키는 자를 앞세우는 것은 공통적이되, 향사례가 효제충신하며 예법
을 좋아하여 어지럽히지 않는 자를 앞세운다고 한다면, 향음주례는 나이
가 많고 덕과 재주가 있는 자를 앞세운다고 한다. 우리나라에서는 고려
말 성리학의 전래와 함께 이 두 의례에 대한 것도 들어왔음이 거의 확실
시되고 있으나, 그 진의가 잘 반영된 것은 중국 명나라 제도를 근거로 하
여 정비된 『국조의례의』 중 鄕射儀와 鄕飮酒儀를 들 수 있다. 향사의는
오례 중 군례의식으로써 매년 3월 3일(가을에는 9월 9일)에 개성부 및
각 도·주·부·군·현에서 그 예를 행한다고 하였고, 향음주의는 가례의
하나로서 매년 10월에 한성부 및 각 도·주·부·군·현에서 길일을 택
해 그 예를 행한다고 하였다. 이 두 의례가 실제적으로 행해진 것은 성종
대 이후 사림들이 중앙정계에 진출하면서부터 향촌사회에 일반화되기 시
작했다고 한다. 이상의 논의는, 한국정신문화연구원, 『한국민족문화대백과
사전』 24권, 「향음주례」 및 「향사례」條; 김용덕, 「鄕飮禮考: 成宗代의 鄕
約에 대하여」, 『東方學志』 46·47·48 합병호(연세대학교 국학연구소,
1985); 李泰鎭, 「士林派의 留鄕所復立運動」, 『韓國社會史研究』(서울: 지
식산업사, 1989); 김대용, 『조선 초기 교육의 사회사적 연구』(서울: 한울
아카데미, 1994); 許昌武, 「禮樂觀과 禮樂思想의 조선조적 變容樣相에 관
한 研究」, 전세영 외 공저, 『禮樂敎化思想과 韓國의 倫理的 課題』(한국정
신문화연구원, 1995)를 참조하여 정리하였음.

이 높은 이를 주빈으로 모시고 술을 마시며 잔치를 하는 향촌의례의 하나로써, 여기에는 일반백성들까지도 참석하였다. 주인과 손님 사이에 절도 있게 술잔을 헌수하여 연장자를 존중하고 유덕자를 높이며 예법과 사양의 풍속을 일으키도록 하였다. 뿐만 아니라 주연이 끝나면 사정이 주빈과 주인 및 일반백성들까지 자리에 앉은 가운데, "우리 노소는 서로 권면하여 나라에는 충성하고, 어버이에게는 효도하고, 가정에서는 화목하고, 향리에서는 잘 어울리고, 서로 깨우치고 질책하여 잘못이 있거나 게으름을 피워서 삶을 욕되게 하는 일이 없도록 할 것이다."라는 서약서를 낭독하였다고 한다.

당시에 많은 교화서들이 간행되고 언해본도 나와 서적을 통한 교육의 가능성이 커져가고 있었다. 그럼에도 불구하고 기술적인 문제로 서적의 간행 부수는 제한될 수밖에 없었을 것이고 한문은 물론이고 한글을 깨우친 사람도 그리 많지는 않았을 것이다. 이러한 현실적 상황에서 백성들을 위한 교육은 서적을 통한 교육보다는 實物 위주의 교육이 더 효과적이었을 것임은 얼마든지 짐작해 볼 수 있다. 그러나 향음주례나 향사례 등은 직접 실천을 통한 덕성교육이라는 점에서 매우 중요한 의미를 갖는 것이라고 할 수 있다.

(2) 영웅적 이야기를 통한 간화와 설득

그러나 이상과 같은 實物과 실천을 통한 교육뿐만 아니라, 정재걸의 주장과는 달리 제한적이지만 民을 대상으로 서적을 통한 교육도 행해졌음에 주목해야 한다. 그래야 서적을 통한 교육현장에서의 교수기법도 논할 수 있다. 이러한 관점에서 보면, 앞에서 김안국의 旌表 건의의 사례는 『三綱行實圖』를 비롯한 行實圖類書를 통한 교육의 결과로 해석되어야 할 것이다. 이 책들이야말로 도덕적 품성과 행위를 모범적으로 보여준 '도덕적 영웅'들의 사례를 담고 있기 때문이다. 하나의 예만 보자.

맹희는 촉나라 사람이다. 집이 몹시 가난하였으나 부모를 정성껏
섬겨 자신이 고생하는 것을 조금도 꺼리지 않았다. 그 아버지도 아
들의 이러한 효성을 알아 항상 말하기를 '나는 비록 가난하지만 증
삼 같은 아들 하나를 길렀다.'고 자랑했다. 아버지가 죽으매 맹희는
곡기를 끊고 슬피 우니, 몸이 파리해져서 거의 죽게 되었다. 거적
을 깔고 거처하며 3년 동안 소금이나 장물을 입에 넣지 아니하니
원근 사람들은 그의 효성에 탄복했다. 어느 날 쥐 한 마리가 땅을
파들어 가는 것을 보고 그 땅을 파보니 황금 수천 냥을 얻게 되어
큰 부자가 되었다.[391]

이들 책 속의 모든 인물들은 전통과 역사 속에 빛나는 '도덕적 영웅'
들이다. 학생들은 이 책을 통하여 그 영웅들을 만나며, 교사들은 전통
의 도덕적 모범들에 대한 풍부한 이야기를 가지고 학생들을 훈화한다.
여기에 지극한 善行만이 하늘을 감동시키고 福을 내릴 것이라는 교훈
적 사실도 곁들인다. 현실적으로는 그것이 旌表이다. 도덕적 영웅 이야
기는 단순히 이야기로만 그치는 것이 아니다. 그림과 詩와 讚이 있다.
이것의 교육적 효과는, 세종대의 藝文大提學 鄭招가 「三綱行實圖跋文」
에서 말하듯이, "形容하는 모습을 친히 보며 그 사실을 詩로써 노래한
다면 마음이 感化되고 興起됨이 반드시 빠르고도 깊을 것이다."[392] 실
제 교육함이 이쯤 되면 학생들은 무한한 감동과 감화를 받으며 說服되
게 되어 있다. 김안국도 이러한 점들에 찬동하여 "祖宗代에 三綱行實
을 撰述해서 圖畵로 보이고 歌詠을 부기하였으니 그것을 中外에 반포
하여 백성으로 하여금 익히도록 함이 아주 좋은 방법이라 생각한다
."[393]고 했던 것이다. 중종대 사림들이 중국보다 조선의 사례를 더 많

---

391) 『三綱行實圖』, 「孝子編」.
392) 『세종실록』, 권 59, 15년 2월 정미. "何況親見形容, 詠嘆其事乎, 其感之也
必深, 其興之也必速矣."
393) 『모재집』, 권 14, 「行狀」. "祖宗朝, 撰三綱行實, 形諸圖畵播之歌詠, 頒諸中
外, 使民勸習, 甚盛意也."

이 추가하여 『續三綱行實圖』를 간행했던 것도 이러한 맥락에서 이해할 수 있을 것이다.

그러나 영웅적 이야기를 통한 感化만으로 만족할만한 효과를 거두기 어렵다. 감화는 마음으로 설복되도록 하는 정의적 접근이다. 여기에 지적이고 합리적인 설득이 가미될 때 도덕적 동기를 더욱 강화될 수 있다. 따라서 영웅적 이야기를 통한 감화만을 이끌 것이 아니라, 학생들이 그 영웅적 이야기를 듣고 왜 자신들도 이야기처럼 행동을 해야 하는지 나름대로 합리적인 理由와 더불어 그 행동의 구체적 의미까지 들려줄 수 있어야 한다. 특히 교육적 훈화에서 이 점이 빠질 때, 그것은 학생들에게 특정 행위를 맹목적으로 강요하는 '正物'의 인독트리네이션과 다르지 않을 것이기 때문이다. 이러한 점에서 아무래도 行實圖類書의 교수기법은 한계를 갖는 것으로 보인다. 그래서 중종대 사림들은 『正俗』 등과 같은 小學類의 교화서들을 언해하고 편찬했던 것이 아닌가 한다. 이를테면, 『正俗』에서는 초보적인 수준에서나마 槪念的이고 論理的인 설명을 시도하고 있기 때문이다.[394] 하나의 사례를 보자.

어버이는 자식의 하늘과 땅과 같으니, 공자 이르시되 자식은 태어나서 삼년 후에 어버이의 품을 면한다. 詩에 이르되 슬프고 슬프도다. 부모님께서 나를 수고로이 낳으셨구나. 또 이르되 아버지 나를 낳으시고 어머니 나를 기르시니 덕을 갚으려 하면 하늘같이 끝없어라. 만약 아버지를 공경하지 않으면 이는 하늘이 있음을 모르는 것이요, 어머니를 사랑하지 않으면 땅이 있음을 모르는 것과 같다. 사람이 하늘과 땅이 있음을 모른다면 하늘과 땅 사이에 있지 못하고 신명이 돕지 아니하여 장차 하늘이 사람을 죽이는 화가 자기 몸에 미칠 것이니 누구를 허물하리오. 공자 이르시되 다섯 가지 형벌 입는 것이 삼천 가지 죄이되 불효보다 큰 것이 없다.[395]

---

394) 池政敏, 「朝鮮前期 敎化書 諺解의 敎育的 意味: 慕齋 金安國의 活動을 中心으로」(서울대학교 대학원 석사학위논문), 50쪽.

이 사례를 앞서 인용했던 『三綱行實圖』의 「孝子編」과 비교해 보면, 서술내용이 전혀 다름을 금방 알 수 있다. 즉 『三綱行實圖』는 제시된 그림을 설명하는 식으로 효행의 사례를 단순히 나열하는 데에 그치는 반면에, 『正俗』는 효도를 해야 하는 이유와 그것의 구체적 의미를 비교적 논리적으로 설명하고 있는 것이다. 한편, 『正俗』보다도 체계적이고 논리적으로 日用의 道를 논하고 있는 책은 말할 것도 없이 『小學』이다. 한 私奴까지도 이 책을 읽고는 "이 천지 사이에 父子, 君臣의 道가 밝아야 天理가 바르고 人道가 서는 법이다."라 말할 정도였던 것이다.[396] 『三綱行實圖』의 도덕적 영웅들은 "거의가 변고와 위급한 때를 당했을 때의 특수한 몇 사람의 激越한 행실이지, 일상생활 가운데에서 행하는 도리는 아니다." 이 책은 읽는 이로 하여금 감동과 감화를 줄지언정, 그 영웅적 행위는 너무 높아 "누구에게나 그것을 요구할 수는 없는 것"이다.[397] 이러한 점에서 일상생활에서 누구나 행할 수 있고 왜 행해야 하는지를 쉽게 납득할 수 있는 『小學』의 이야기와 훈화가 더 교육에 효과적이다.

(3) 암송의 過學習을 통한 지식습득

그리고 『소학』 등을 교육함에 있어서는 스승의 도덕적 이야기와 훈화만이 있었던 것이 아니라는 점에 주목해야 한다. 학생들로 하여금 교과의 내용을 암송(誦)하게 하였다. 『정속』이나 『소학』처럼 왜 도덕적으로 행동해야 하는지에 대한 논리적 근거를 설명해 주고는 있지만, 사실 그 의미를 명확히 인지하기는 쉽지 않았을 것이다. 그래서 논리적 분석이나 철학적 사고를 유도하기보다는 교화적 교육의 단계에서는

---

395) 『正俗諺解』, 「孝父母」.
396) 『중종실록』, 권 32, 중종 13년 4월 계사.
397) 『중종실록』, 권 28, 중종 12년 6월 신미. "三綱行實所載, 率皆遭變故難危之際, 孤特激越之行, 非日用動靜常行之道, 固不可人人而責之."

학생들로 하여금 읽고 외우도록 하는 것을 더 강조했다고 볼 수 있다. 즉 音讀하는 것을 배우고, 句讀法을 배우고, 또 문장의 大義를 배웠으며, 그 다음에는 계속 반복하여 읽으며 배운 바를 암송하도록 하여 완전히 외울 때에야 다음 학습진도를 나갔다고 전한다.[398] 이것은 학습내용이 아이들의 現在의 필요보다는 將次의 필요를 위해서 備蓄해 두는 지식이라 할 수 있다. 그리고 암기방법으로써 배운 것을 몇 번이고 되풀이해서 외우게 하는 過學習(over-learning)은 현대의 학습 심리학에서 밝혀지고 있는 記憶과 忘却의 원리와도 부합되는 것으로[399], 뜻을 모르더라도 자꾸 외우다 보면 기억으로 저장되고 언젠가는 그 뜻을 이해하게 될 뿐만 아니라, 자기도 모르게 도덕적 습성이 되어 행동으로 옮기게 되는 것이다.

4) 訓蒙之師로서의 스승

도덕교육이 사회적 요구를 반영한 윤리적 가치규범을 典範化하여 백성들에게 가르쳐 내면화하도록 하는 것이라면, 가르치는 주체로서의 교사는 전통의 안내자이고 실천가이며 모범자가 되어야 한다. 즉 가르치는 매개체로서의 교재가 전통과 사회의 요구를 반영하는 典範이어야 한다면, 교사는 학생들로 하여금 그 典範에 입문시키는 안내자가 되어

---

398) 박상만, 『한국교육사』 上(중앙교육연구소, 1956). 여기서는 徐鳳延, 「傳統的 生活世界와 兒童生活」, 姜信杓 외, 『傳統的 生活樣式의 硏究』 中(한국정신문화연구원, 1982), 54쪽 참조.

399) 文字나 文章을 학습하는 데는 개인에 따라 학습 속도에 차이가 있지만 일단 過學習에 의해 완전히 기억된 것이 忘却되는 데는 별로 차이가 없다는 것이다. 이러한 점을 당시의 교사들이 실험 심리학적으로 연구한 것은 아니었겠지만, 오랜 경험을 통하여 터득한 것이 아닌가 한다. 현재 壯·老年期에 있는 사람들 가운데는 옛날에 뜻도 완전히 모르고 외웠던 글귀가 지금도 기억에 남아 있고, 그 글귀의 뜻이 이제야 이해되는 것이 있다고 述懷하는 사람이 많다고 한다. 徐鳳延, 같은 논문, 같은 책, 54~56쪽.

야 하고 실천으로 보여주는 典型的 대변자가 되어야 한다. 교사는 학생들보다 모든 면에서 탁월한 소유자가 되어야 한다. 교사는 학생들에게 가까이 다가서서 작은 목소리로 때로는 웅장한 목소리로 성현들의 이야기를 전해주며 그들을 따라 나서기를 종용한다. 이러한 교사를 최봉영은 '訓蒙之師'라 하고 있다.400) 교화적 교육단계의 교사가 바로 여기에 해당된다고 본다.

교사는 그야말로 전통과 규범을 대표하는 權威의 상징이었다. 그것은 『小學』의 侍先生之禮를 통해서도 간접적으로 확인할 수 있다. 君師父은 一體이므로 임금과 선생 그리고 부모를 한결같이 섬겨야 한다. 아버지는 날 낳으시고, 선생은 날 가르치시고, 임금은 먹여 주신다. 아버지가 아니면 태어나지 못하고, 먹임이 아니면 자라지 못하고, 가르침이 아니면 알지 못하니, 먹임과 가르치심은 낳아 주심과 같다. 그러므로 그들을 똑같이 섬기기를 죽음에 이르도록 한다.401) 선생을 따라갈 때는 길을 건너가 남과 말하지 않으며, 길에서 선생을 만나면 종종 걸음으로 가서 바로 선 다음 두 손을 마주 잡고 인사한다. 선생이 말씀하시면 대답하고, 말씀하지 않으시면 종종 걸음으로 물러난다.402) 선생의 冊이나 琴 앞에 있을 때는 꿇어앉아서 옮겨 놓아 조심하여 넘어가지 않는다. 앉기를 반드시 편안히 하며, 안색을 바르게 하며, 장자가 언급하지 않으면 다른 말을 꺼내어 끼어들지 않는다. 자신의 용모를 바르게 하며, 듣기를 반드시 공손히 하며, 남의 말을 제 말로 삼지 말며, 부화뇌동하지 말고, 반드시 옛날 것을 본받아 선왕의 법도를 말해야 한다.403) 선생을 모시고 앉았을

---

400) 최봉영, 「조선시대 儒學敎育과 '敎學'의 의미」, 앞의 논문, 9쪽.

401) 『小學』, 「明倫」. "民生於三, 事之如一, 父生之, 師敎之, 君食之. 非父不生, 非食不長, 非敎不知, 生之族也. 故一事之, 唯其所在則致死焉."

402) 『小學』, 「明倫」. "從於先生, 不越路而與人言, 遭先生於道, 趨而進, 正立拱手. 先生與之言則對, 不與之言則趨而退."

403) 『小學』, 「明倫」. "先生書策琴瑟, 在前, 坐而遷之, 戒勿越. 坐必安, 執爾顔, 長者不及, 毋儳言. 正爾容, 聽必恭, 毋剿說, 毋雷同, 必則古昔稱先王."

때에 선생이 물으시면 질문이 끝나면 대답하며, 학업을 청할 때에는 일
어나고, 터득하지 못한 이치를 다시 물을 때는 일어나서 묻는다.[404] 이
처럼 공손하게 선생을 모시는 것이 인간의 道理라고 믿었다. 그러므로
선생은 나아가 지긋하고 인품이 고결한 권위의 상징이어야 했다. 학생은
항상 부모를 섬기는 것처럼 선생을 섬겨야 하며, 모르는 것이 있으면 질
문을 통해서 익혀야 한다.[405]

　그러나 스승의 권위는 누가 만들어 주기보다는 스스로 만들어 가야
하는 것이다. 전통과 규범을 대표하는 권위자답게 스승이 먼저 전통과
규범의 모범적 실천자가 되어야 한다. 그렇지 않고서는 학동들이 모이
고 인재가 육성되기는 만무한 일이다. 이러한 관점에서, 당시 학생들이
모이지 않는 것에 대하여 김안국은 "임금이 반드시 鼓舞하고 진작해야
만 인재를 육성할 수 있다. 요즈음 부지런히 가르치지 않는 것은 師長
이 마땅한 사람이 아니기 때문이며, 사학의 관원도 다 부지런히 힘쓰
지 않으니, 지금의 계책으로는 상께서 고무하여 진작하는 것만 한 것
이 없다."[406]고 건의하고 있다. 뿐만 아니라 경상도 관찰사로 재직하면
서는 그 자신이 스스로 스승으로서의 모범적 실천자가 되려고 부단히
애썼던 것이다. 김안국의 이러한 점에 대해 金淨은 다음과 같이 왕에
게 아뢰고 있다.

　　지방 수령이 누가 교화의 방법을 알겠는가? 간혹 교화에 유의하
　는 자가 있다 하더라도 한 고을만을 맡을 뿐이고 다른 고을에는
　미치지 못하는 형편이니, 그 교화의 범위가 넓지 못하다. (중략)

---

404)『小學』,「明倫」. "侍坐於先生, 先生問焉, 終則對, 請業則起, 請益則起."
405) 韓寬一,「朝鮮前期의〈小學〉敎育 硏究」(중앙대 대학원 박사논문, 1992),
　　81쪽.
406)『중종실록』, 권 25, 중종 11년 5월 경술. "人主必須鼓舞振作, 然後可以作
　　成人材, 近者不勤敎誨者, 以師長非人也, 四學官員皆不勤任, 今計莫若自上
　　鼓舞振作."

감사가 교화에 유의하면 수령들이 반드시 감사의 뜻을 본받아 백
성을 善으로 인도할 것이요, 이웃 고을의 수령들도 따라서 본받게
된다면, 그러한 다스림이 효험이 있을 것이다. 들으니 경상도 감사
가 교화에 유의하여 『小學』을 부지런히 가르침으로써 백성을 감동
시키매 뜻있는 사람들이 앞을 다투어 본받는다 하였다.[407]

국가의 교육적 모범이 왕에게 주어져 있다면, 지방의 교육적 모범은
지방관들에게 있었다.[408] 이들의 교육적 모범을 어떻게 보이느냐 하는
것이 백성들의 교화에 결정적 영향을 미쳤다는 것이다. 그래야 실제
교육현장의 교사도 모범적으로 역할하게 되어 있다고 할 수 있다. 그
리고 교사는 규범의 모범적 실천자이어야 할뿐만 아니라, 실제 교육현
장에서 학생들을 성현의 말씀과 가르침으로 안내하고 설득하고 훈계할
수 있는 능력의 소유자이어야 한다.

　'孔子의 門人 중에 仁에 대해 질문을 한 자가 여럿인데, 顔子와
仲弓의 질문에 대해서는 仁의 大端을 말하였는데 유독 司馬牛의
질문에 대해서는 그 말을 訒하게 하라'고 답하였으니, 어찌 그 두
사람에게는 자세히 말하고 司馬牛에게만은 略言하셨던가? 대개 聖
人의 敎化는 조물주가 萬物을 만든 것과 같아서 각기 資質에 따라
성취시켰으며, 또한 醫師가 藥을 쓰는 데는 그의 寒熱·表裏·輕重
등 症狀을 진단해서 함과 같기 때문에 그 말의 詳略함이 같지 않
았던 것이다.[409]

---

407) 『중종실록』, 권 31, 중종 13년 1월 갑인. "外方守令, 孰知敎化之方哉, 間有
　　留心於敎化者, 只一邑而已, 不踰他境, 則其化不廣矣. (中略) 監司留意於敎
　　化, 則守令必體監司之意, 導之以善, 隣邑之守亦從, 而觀感則治有效矣. 聞慶
　　尙道監司致意於敎化, 勤誨小學聳動觀瞻, 有志之人爭慕效之."

408) 守令七事 중에 하나가 학교를 흥기시키고 백성들을 교화하는 것이었다.
　　참고로 守令七事는 첫째, 存心仁恕 둘째, 行己廉謹 셋째, 奉行條令 넷째,
　　勸課農桑 다섯째, 修明學敎 여섯째, 賦役均平 일곱째, 決訟明允 등이다.
　　金成俊, 「朝鮮守令七事와 〈牧民心鑑〉」, 『民族文化硏究』 제21호(고려대 민
　　족문화연구소, 1988. 2), 1~25쪽 참조.

인간의 자질은 품부 받은 氣에 따라 다를 수밖에 없다. 따라서 선생은 학생들의 자질을 파악하여 그 학생에게 적절한 이야기로 훈화하여 줄 수 있어야 한다. 따라서 선생은 학생들보다 탁월한 위치에서 그들을 지도해 나갈 수 있는 능력을 갖추지 않으면 안 되는 것이다.

2. 教學的 덕교육론의 교육과정 및 교수방법

1) 存心공부를 위한 교수학습의 원리

교화적 교육의 단계에서 학생들은 인륜의 근본을 배양함으로써 인간 본성의 선함을 습득하게 된다. 그러나 교화적 단계에서 길러진 본성은 외부적 힘에 의하여 교화되거나 감화되어 타율적으로 습득된 것이지, 스스로에 의해 자각적이고 반성적으로 터득된 것은 아니었다. 그래서 교화적 단계에서 길러진 본성은 어른의 세계에 오면 쉽게 상처받을 수 있다. 어른의 세계는 훨씬 더 복잡하고 이익의 泥田鬪狗가 벌어지는 마당이기 때문이다. 그래서 어른이 되면 그동안 길러진 본성이나 습관화된 관습의 도덕이 현실과 맞지 않음을 의심하게 되고, 점차적으로 사회의 利慾에 물들면서 선한 본성은 잊어버리기 일쑤다. 그러나 그것은 잊혀진 것이지 결코 인간에서 잃어진 것은 아니다. 따라서 그것을 다시 회복시켜야 한다. 잊혀져 버렸으나 내 마음이 함장하고 있는 心之靈妙의 도덕성을 자각하고 다시 회복시키며 유지(存心)시키기 위한 修己의 방법론이 '持敬'공부이다. 그래서 교학적 교육의 단계에서 교수학습의 원리를 우리는 '存心을 위한 持敬의 공부론'이라 할 수 있을 것이다.

---

409) 『모재집』, 권 11, 「訓齋記」. "夫子之門人, 問仁者非一, 於顔淵仲弓, 則語以爲仁之大端, 獨於司馬牛, 只以言訒荅之, 豈詳於二子而略於牛乎. 盖聖人之敎, 猶化工之於萬物, 各因其資而成就之, 亦猶醫者之用藥, 診其寒熱表裏輕重之候, 而劑投之, 故其言之詳略大小, 有不同者."

　　무릇 사람은 天地의 中을 받아서 태어나므로 仁義禮智라는 德만
있을 따름이다. 天理에 어찌 惡함이 있겠는가? 다만 氣稟에 얽매이
기 때문에 어그러짐이 생기는 것이다. (중략) 理는 잘 드러나지 않
는데 氣는 어디서나 쉽게 드러나므로 善한 사람은 항상 적고 不善
한 사람은 항상 많다.410)

　　氣는 크고 넓어서(浩然) 포괄하지 않는 바가 없고, 마음(心)의
靈妙함은 통하지 않는 바가 없다. (중략) 그러나 사람의 마음은 욕
심이 있어 마음의 靈妙한 것이 침체되고 사사로운 감정에 사로잡
혀 능히 유통하지 못하여서 天理가 어두워지고 氣 또한 막히어 天
性과 人倫이 무너지고 萬物이 이루어지지 않는 것이다.411)

　　天理(仁義禮智)로서의 心之靈妙는 통하지 않는 바가 없고 그것의 發
은 항상 善하다. 그러나 私氣와 私欲이 심지영묘를 침체되게 만들고
天理를 어두워지게 함으로써 惡을 잉태하게 한다. 그런데 理는 잘 드
러나지 않는 데 반해 氣는 어디서나 쉽게 드러난다. 왜 그럴까? 赤子
之心을 잃어버린 어른이 되었기 때문이다. 따라서 그것을 회복하여야
한다. 즉 마음의 영묘함이 私氣와 私心에 가려 침체되지 않게 하기 위
해서는 理에 대한 자각과 그것을 항상 유지하려는 수양공부가 요구되
는 것이다. 이 수양공부의 방법이 持敬이다.
　　주자도 소학단계에서 『小學』공부를 못하고 대학단계로 넘어온 학생
들에게 '學不躐等'의 원칙을 적용하여 『小學』공부를 할 것을 권장하면
서, 그것의 공부를 위한 방법으로 居敬을 강조하고 있다. 정이천은 持

---

410) 『정암집』, 권 4, 「經筵陳啓, 復拜副提學時啓十三」. "夫人受天地之中以生,
　　只有仁義禮智之德. 天理豈有惡哉? 但爲氣稟所拘, 故乃有差焉. (中略) 理
　　惟微而氣易乘, 故善人常少而不善人常多."

411) 같은 책, 권 2, 「戒心箴」. "氣之大浩然 無所不包, 心之靈妙然 無所不通
　　(中略) 然人心有欲 所謂靈妙者 沉焉. 枯於情私 不能流通 天理晦冥 氣亦
　　否屯. 彝倫斁而萬物不遂."

敬의 공부를 특별히 중시하여, 敬을 '主一'의 의미로 해석하고, '涵養은 모름지기 敬으로써 해야 한다'(涵養須用敬)고 말하였는데, 이러한 의미를 주자가 계승하였다. 주자의 이론 가운데 敬은 未發·旣發을 관통하며, '靜할 때 함양하고, 動할 때 성찰한다'(靜涵動察)는 공부이며, 또한 格物致知의 선행공부이다. 말하자면 情緒가 아직 발하기 전에 靜할 때는 모름지기 敬으로 함양하여 마음을 平靜無事로부터 혼미해지지 않도록 해야 한다는 것이다. 또한 사물이 到來하여 이에 情緒가 응접하여 動할 때 敬으로써 행위가 理에 따라서 문란해지지 않도록 하는 것이다. 敬은 '主一無適'으로서 사람으로 하여금 整齊嚴肅하며 정신을 집중하게 한다.412) 이러한 공부를 할 수 있으면, 사람은 자연히 心氣가 平靜해져서 마치 맑고 고요한 물과 같은 상태가 되어, 이때에 바야흐로 格物窮理를 할 수 있다는 것이다. 주자가 대학단계의 공부에 앞서 居敬공부를 강조하는 이유도 어른이 되어 잊혀져 버린 선한 본성을 다시 자각적으로 회복시켜야 한다는 것과 다르지 않다고 본다. 물론 소학단계에서도 敬을 중시했다. 그러나 소학단계의 敬은 몸을 엄숙히 하고 가지런히 함과 같은 외재적 측면이 강했다. 대학단계의 敬은 잊혀져 버린 선한 본성을 자각하고 회복시키는 '主一無適'의 내재적 敬이다. 이러한 持敬공부가 되어 있을 때 비로소 대학단계의 格物窮理 공부도 의미를 지닌다. 또한 대학에서 격물궁리를 통하여 알게 된 것도 敬이 아니면 지킬 수 없다. 소학에서 敬은 본원을 함양시켜 주는 聖學의 시초라면, 대학의 敬은 聖學의 결실을 가능하게 해주는 것으로, 결국 주

---

412) 김성태도 이러한 점에 주목하여 敬을 '한 가지 일에 注意集中함'이라 보았고, 드 배리도 주자의 敬을 '자기의 도덕적·정신적 생활에 끊임없이 민감하게 注意를 기울이는 태도'라 보았다. 김성태, 『敬과 注意』(서울: 고려대학교 출판부, 1989), iii쪽; 드 배리, 표정훈 옮김, 『중국의 '자유' 전통』, 앞의 책, 73쪽. 그러나 조광조나 퇴계의 敬사상은 注意集中의 심리상태를 넘어선 '敬畏感' 혹은 '畏敬感'의 의미를 담고 있는 형이상학적 개념으로 본다. 뒤따르는 논의 참조.

자에게 있어 持敬은 소학공부에서나 대학공부에서나 지켜야 할 공부방법의 원리와도 같은 것이었다.

중종대 사림들도 이러한 주자의 持敬공부의 원리를 이어받고 있었다. 이를테면, 김안국은 知行兼全의 공부를 함에 있어서 공통으로 갖추어야 할 공부의 자세를 敬이라 하고 있다. 그래서 그는 "敬이란 것은 知의 節目이고 行함의 充足이며 輪의 굴레인 것이다. (중략) 만약에 明하는 工夫를 하지 않으면 능히 當爲할 바 行함을 알고 가려서 할 수가 없는 것이니 그의 忠을 함이 마침내는 不實한 데로 돌아가서 高明하고 廣大한 경지에 이를 수가 없을 것이다. 明으로써 그 善을 選擇하고 忠으로써 그 身에 體得하며 敬으로써는 兩者를 兼한다면 어찌 학문이 이루어지지 않음을 걱정할까413)라고 말한다. 그렇다면 持敬공부는 구체적으로 어떻게 하는 것인가? 이를 조광조의 생각을 빌려 살펴보기로 하자.

持敬공부의 출발은 心之靈妙를 가리는 私氣와 私心을 제어하는 克己공부로부터 시작되어야 한다. 조광조는 누구라도 "자기를 이길 수 있으면 사악함을 없앨 수 있다"414)고 말한다. '克己', 즉 자신의 기질지성(私氣)을 극복해야만 타고난 성품(心之靈妙)을 발휘하여 사욕을 없앨 수 있다. 그에 의하면, 理와 欲을 대립시켜 물욕이야말로 모든 죄악의 근원이며, 만약 天理를 깨닫고자 한다면 人欲을 버리고 마음을 '敬'의 상태로 유지해야 한다는 것이다. 그런데 私氣와 人欲을 제어하는 持敬공부의 방법은 매양 善한 생각을 가지려고 하는 것이라기보다는 虛靜,

---

413) 『모재집』, 권 10, 「朴漢老咸敬忠字說」. "而敬者其知之目, 行之足, 輪之軸乎. 大學之格致, 中庸之明善, 卽知之事也, 大學之誠正, 中庸之誠身, 卽行之事也. 而所謂忠恕者卽誠也, 自聖人謂之誠, 自學者謂之忠恕, 則忠恕者固誠之事而行之所由也. (中略) 苟不加以明之之功, 則不能審, 夫行之所當而擇執之, 其爲忠, 終亦歸於不實, 而不能致於高明廣大之域矣. 明以擇其善, 忠以體之身, 敬以兼盡乎兩者, 何憂學之不至也."

414) 『정암집』, 권 3, 「參贊時啓」. "人能克己則無私矣."

즉 마음을 비우는 공부이다.

　　마음은 살아있는 活物이어서 만일 감응하여 움직이면 일의 주인
이 되어 어지럽지 아니할 것 같지만, 사실은 사물을 접하지 아니하
였을 때에 보통사람의 마음은 더욱 산란하게 된다. 만일 한 곳에
집착코자 한다면, 이것은 '敬으로써 안을 곧게 하는'(以敬直內) 操
存의 道가 아니다. 이른바 操存이라 하는 것은 반드시 매양 善한
생각을 억지로 갖도록 해야 한다는 것이 아니라, 단지 虛靜하게 마
음을 비움으로써 자연스럽게 '敬이 안을 곧게 하는'(敬以直內) 것
이다. 이는 비록 사물에 접하지 아니하였을 때라도 항상 경계하여
깨달아야 한다는 것을 이름이다.[415]

　'以敬直內'와 '敬以直內'는 어떤 차이가 있을까? 以敬直內는 사물에
접하여 이미 동한 마음의 어지럼증을 붙잡으려는 省察공부와 같다. 표
출된 이후의 어지럼증을 가라앉히기 위해서는 인위적인 敬을 가지고
마음을 제도하여야 한다. 이처럼 인위적인 敬을 가지고 마음을 제도하
는 것은 操存의 道가 아니다. 操存의 道란 본래부터 존유하고 있는 선
한 본성을 지키는 것이기 때문이다.[416] 따라서 以敬直內가 밖으로부터

---

415) 같은 책, 권 5, 「筵中記事一」. "心是活物, 若有感而動, 則事爲之主, 有似不
　　亂, 未接物時, 常人之心, 尤爲散亂, 若欲着於一處, 則是以敬直內, 非操存之
　　道也. 所謂操存者, 非必每存善念也, 但矜持虛靜, 敬以直內, 雖非應事接物之
　　時, 而常惺惺之謂也."

416) 따라서 敬以直內의 '直'은 天理로서의 本源的 體直이다. '直'은 여러 가지로
　　해석되고 있다. 크게 '直'은 天理로서의 本源의 體直과 현실적 用直으로 나
　　누어 볼 수 있는데, 여기서 조광조가 언급하고 있는 '直'은 전자와 관련된
　　다. 실천과 관련한 현실적 用直에는 矢直 혹은 愚直과 權直 혹은 正直이
　　있다. 權直 혹은 正直은 융통성 있는 得中의 直이고 時宜에 맞는 行權의
　　直을 말한다. 그러나 矢直이나 愚直은 時宜를 가리지 않고 융통성이 없이
　　원칙만을 고수하는 直이라 할 수 있다. 이 用直과 관련해서 볼 때, 조광조
　　는 矢直이나 愚直을 실천한 이상론자였다고 하겠다. 이에 대한 자세한 언
　　급은, 鄭炳連, 「靜庵의 道學倡明과 至治의 理念」, 『儒敎思想硏究』 第2輯(儒

어지럼증을 가라앉혀 가는 것이라면, 敬以直內는 처음부터 선한 본성
을 안으로부터 드러내는 공부라 하겠다. 그렇기에 敬以直內는 善을 쌓
아가는 것이 아니라, 마음을 비우는 虛靜공부이다. 마음은 사물을 접할
때보다도 접하기 전에 더 산란할 수 있다. 따라서 虛靜하는 持敬공부
는 여기서부터 시작되어야 한다. 그래야 자연스럽게 선한 본성이 드러
나게 된다.

> 이 책(近思錄)에 '주인이 있으면 虛요, 虛는 邪가 능히 들어오지
> 못함을 이름이다. 주인이 없으면 實이요, 實은 물이 와서 빼앗긴
> 마음을 이름이다.'라 하였는데, 마음이 만약 虛하면 邪가 쉽게 들어
> 올 것 같지만 능히 들어오지 못하는 것은 그 敬을 주인으로 삼기
> 때문이다.417)

마음이 未發 때부터 持敬공부가 되어 있으면 마음이 虛靜하게 되어
산란함이나 사악함은 처음부터 차단될 수 있다. 그렇다면 마음을 비우
는 虛靜의 持敬공부는 구체적으로 어떻게 하는 것일까?

> '漢 나라 이래로 先儒 중에 敬을 아는 자가 없었다.'하였다. 상께
> 서 誠敬의 방법에는 이미 훤할 것이나. 선유가 '敬이란 것은 純一
> 만을 지켜서 잡념이 없는 것을 뜻한다.'고 하였고, 또 '整齊하고 嚴
> 然하여 손의 움직임이 공순하고 발의 움직임이 무거우며 늘 敬을
> 지녀 조금도 방종함이 없어야 한다.'하였는데, 상께서 群臣을 대하
> 실 때에는 자연히 정제하고 엄숙할 것이다. 그러나 깊은 宮 안에서
> 한가히 계실 때라면 이 마음이 조금 해이해질 것인즉, 잠시도 해이
> 하지 않고 올연(兀然)히 端坐하여 기대어 앉지 않으면, 간사한 생
> 각이 들어오지 않아서 言語와 動靜이 한결같이 바른 데서 나오게

될 것이다. 전일 경연에서 進講할 때에 글읽기를 어려워하시는 듯
하였는데, 아마도 깊은 궁 안에 계실 때에 마음의 敬을 未盡하게
한 것이 있었기 때문에 그러셨을 것이다. 옛말에 '恭을 돈독히 해
야 천하가 다스려진다.'하였거니와, 공을 돈독히 하고서야 事物마다
다 바르게 된다. 대저 글을 읽는 법이란 한갓 문자에 관한 것만을
일삼아서는 안되고, 潛心하여 체득해서 하늘에 답해야 하는 것이
다. 속된 선비가 한갓 외고 듣는 학문만 하고 잠심하여 체득하지
못하므로, 登第한 뒤에 막연하여 의리가 어떠한 것인지를 몰라서
본디 무식한 자와 다를 것이 없다면, 글은 저대로 글이고 나는 저
대로 나일 것이다. 伊尹・周公・召公이 임금에게 아뢰어 경계할 때
다스리는 도리를 말하지 않고 학술만을 말한 것은 참으로 먼저 학
술을 바루고서야 정치의 명령을 내는 근원이 바르게 되기 때문이
었던 것이다. 혹 그 학술을 바루지 않는다면 정치를 잘하고자 하더
라도 다 구차할 뿐이다.418)

조광조는 持敬공부의 구체적 방법으로 先儒을 이어받아, 敬을 내외
양쪽에서 다 실천해야 한다고 주장하고 있다. 외재적인 敬이란 '가지런
하고 엄숙함'을, 내재적인 敬이란 '한 곳에 머물러 나아가지 않음'을 가
리킨다. 이렇게 양쪽에서 敬의 실천을 요구하는 것은 그것들이 서로
관련이 되며 서로 한 쪽의 조건이 되기 때문이다. "가지런하고 엄숙하
면 자연히 한 곳에 주의를 집중해 다른 데 눈을 돌리지 않게 되고 사

---

418) 『중종실록』, 권 29, 중종 12년 8월 신해. "自漢以來, 先儒未有知敬者. 自上
於誠敬之道已洞然矣, 然先儒曰, 敬者主一無適之謂, 又云整齊嚴然, 手容恭足
容重, 常常持敬, 無少放肆可也. 自上臨於群臣之時, 自然整齊嚴肅, 而若於深
宮燕閑之中, 則此心少弛矣. 須更不懈兀然端座, 座不跛倚則邪念不入, 而其言
語動靜一出於正矣. 前日經筵進講時, 讀書似乎難澁, 恐心宮幽邃之中, 一心之
敬有所未盡而然也. 古云篤恭而天下平, 篤恭然後事事物物, 皆歸於正矣. 大抵
讀書之法, 不可徒事文字之上, 而當潛心體得, 對越上帝可也. 俗儒徒爲口耳之
學, 而不能潛心體認, 故登第之後, 漠然不知義理之何如, 而與本不識者無異,
則書自書我自我矣. 伊尹周召之進戒於君, 不言治道, 而只言學術者, 誠以先正
學術, 然後出治之源正矣. 苟或不正其學術, 則雖欲致治, 皆苟而已."

물에 응하여 그것에 정신을 집중하므로 말과 행동이 禮에 딱 들어맞게 된다."[419]는 것이다. 즉 未發時에 존양하는 持敬공부가 제대로 되어 있으면, 旣發時의 성찰공부는 필요 없을 정도이다. 이처럼 조광조는 미발시의 존양과 愼獨공부를 강조하고 있다. 愼獨공부가 제대로 안되어 있으면 窮理의 공부도 그르치게 되어 있다. 글을 읽더라도 한갓 문자놀이나 일삼고 외우고 듣는 학문만을 좇을 뿐이다. 敬이 마음의 주인이 되지 않을 때 理는 체인되지 못하고 글을 글대로 나는 나대로 따로 놀게 되어 있다. '글을 보는 데 있어서 풍월이나 읊는 경우에는 비스듬히 누워서 볼 수도 있고, 흐트러진 자세로 앉아서 볼 수도 있다.' 그러나 '만일 理學을 볼 경우에는 衣冠을 정제하지 않으면 안 된다. 반드시 먼저 의관을 정제하고 단정히 앉아서 보아야' 한다.[420] 그러나 당시의 학문하는 풍토를 보면 개탄스럽기 그지없다. "학문하는 방법이란 진실로 어려운 것으로, 한갓 문자를 볼뿐이어서는 안 되고 그 글을 보면 모름지기 마음에 붙여 옛말을 자기의 말처럼 여겨 體認하기를 간절하고 지극하게 하여야 학문한다고 할 수 있는 것이다. 外間을 들어 말한다면 조정에 가득한 사대부들이 누가 학문하지 않은 사람이 있으리오만은 단지 문자만 배우고 그 이치를 알지 못하기 때문에 학문이 옛날과 같지 못하고 治道는 卑俗하니 한탄스러운 일이 아니겠는가?"[421]라고 조광조는 지적하고 있다.

窮理하는 데 있어서 敬의 함양이 되어 있으면 천 가지 만 가지 모든

---

419) 『정암집』, 권 4, 「復拜副提學時啓」, "整齊嚴肅則自然主一無適, 而應物精當, 言動中禮矣."

420) 『중종실록』, 권 31, 중종 13년 1월 무오. "看書者今風詠月, 則或可偃臥而觀之, 或不正坐而見之, 若看得理學, 則非正其衣冠則不可."

421) 『중종실록』, 권 27, 중종 11년 12월 무오. "爲學之術固難, 不可徒看文字而已, 見其文須着於心, 以古之言如己之言, 體認切至可以言學矣. 以外間言之, 滿朝士大夫孰不爲學, 只學文字而不識其理, 故學不如古, 而治道亦卑, 可勝嘆哉."

이치를 格物할 필요도 없다. 하나의 이치를 지극하게 궁구하면 나머지
는 모두 연역하여 致知할 수 있다.

> 대개 한 사람으로서 千萬人에 이르는 것이 많지 않은 것은 아니
> 며, 한 가지 일에서 千萬가지 일까지 해야 하니 번거롭지 아니한
> 것이 아니다. 그러나 이른바 '心'이란 것과 이른바 '道'란 것이 일찍
> 이 그 사이에서 하나 아닌 것이 없고 천만 가지 사람과 일이 비록
> 다르나 그 道와 心이 하나로 될 수 있는 것은 하늘이 한 理致에
> 根本을 두었기 때문이다.[422]

> 父子有親·君臣有義·夫婦有別·長幼有序·朋友有信은 그 이치
> 가 하나로서, 가령 孝를 하되 그 도리를 극진하게 한다면 다른 것
> 도 그 도리를 미루어 해 갈 수 있는 것이니, 한 가지 일을 행할 적
> 에도 마땅히 그 한 가지 일의 이치를 다하여 조금도 미진함이 없
> 게 해야 하는 것이다.[423]

인간에게는 선천적 靈知가 있으며 事物에는 理致가 내재하여 있기
때문에 주객이 분리되지 않고 만나서 작용함으로써 앎이라는 認識에
이를 수 있다. 그것이 곧 道心靈妙의 理에 대한 자각이다. 道心靈妙의
理에 대한 자각과 體認이 이루어질 때, 나머지는 仁의 입법성에 의해
千萬人을 만나고 千萬 가지 일을 해내는 데에도 아무런 문제가 없다는
것이 조광조의 생각이다. 요컨대, 조광조에게 있어서 敬이란 道心靈妙
의 理를 자각하는 도덕공부의 방법론적 원리이고, 道와 心이 하나로

---

422) 『정암집』, 권 2, 「謁聖試策」. "夫一人而至於千萬人, 不爲不多矣. 夫一事而
　　至於千萬事, 不爲不煩矣. 然而所謂心, 所謂道者, 未嘗不一於其間, 而千萬人
　　事之雖殊, 而其道心之所以爲一者, 天本一理而已."

423) 『중종실록』, 권 27, 중종 11년 12월 무오. "父子有親·君臣有義·夫婦有
　　別·長幼有序·朋友有信, 其理一也. 若於爲孝極盡其道, 則他可擧此措之.
　　行一事當盡一事之理, 不可少有餘蘊也."

귀일된 心之靈妙 그 자체가 도덕적 인격의 실체에 다름 아니다.424)

그럼에도 불구하고 持敬은 잊혀진 심지영묘를 다시 회복하는 것이고 道를 窮理하기 위한 방법적 전제일 뿐이다. 持敬의 자세를 견지한 가운데 道, 즉 객관적 理에 대한 탐구(窮理)가 이루어져야 한다. 그러나 이제부터는 마치 절대자를 대하듯 畏敬의 자세로 天道의 理를 스스로 터득하고 體認하여야 한다. 道理를 체인하여 道와 心이 하나로 歸一하는, 즉 道心靈妙를 이룸은 남이 가르쳐 준다고 해서 가능한 것이 아니다. 그것이 가르쳐서 가능하다고 생각하는 것 자체가 지적 오만이고 자율성의 침해다. 굳이 가르칠 수 있다는 표현을 쓴다면, 그것은 道心靈妙의 理가 있음을 이해시킬 수 있을 뿐이다. 따라서 교육의 객체인 학생들의 자율성을 존중하는 이러한 교육은 직접적이기보다 간접적이다. 이러한 관점이, 이하에서 볼 교육과정 및 교재관, 교수기법과 교사의 역할 등에 반영되고 있다.

---

424) 이러한 조광조의 敬개념이 퇴계로 이어졌다고 본다. 퇴계의 敬개념을 분석한 李啓鶴에 따르면, 敬이란 '공경한다', '조심한다', '삼간다' 혹은 '한 가지 일에 주의 집중한다' 등의 주자적 의미를 넘어서고 있는 상위개념이고 형이상학적 개념이다. 敬은 '畏'에 가까운 개념으로서 현대적인 용어로 존경감이라기보다는 '敬畏感' 또는 '畏敬感'이라 할 수 있고, 그것은 '사랑'과 '두려움'이란 상반하는 양가의 정감이 조화롭게 통정된 兩價의 情感이라 한다. 그러므로 그것은 관계적 존재인 인간으로 하여금 온당하게 멀고 온당하게 가까운 관계를 맺고, 유지하고, 심화·발전시켜 나가는 原理로 작용함으로써 人格의 實體가 되고, 모든 禮의 要諦가 될 수밖에 없다는 것이다. 요컨대, 퇴계에게 있어 敬이란 그 자체가 '인격의 실체이고, 인격교육의 방법론적 원리가 되며, 이치를 궁구해 나아가는 논리적 전제가 되고, 禮의 要諦가 된다는 것이다. 李啓鶴, 「敬槪念의 分析的 考察: 『聖學十圖』를 중심으로」, 平巖 李啓鶴 博士 華甲紀念論文選集 刊行委員會, 『人格의 形成과 敎育』, 平巖 李啓鶴 博士 華甲紀念論文選集(서울: 원미사, 1997), 169~190쪽 참조.

2) 經學 중심의 교육과정

교화적 단계의 교육에서는 日用에 필요한 여러 가지 德目과 규범을 가르치는 것이기에 그러한 덕목과 규범을 典範化한 교재들로 교육과정을 구성하였다. 그리고 그것을 가르침에도 보다 직접적인 감화와 설득의 방법으로 가능했다. 그러나 天道의 理를 스스로 터득하고 體認함이란 德目이나 규범들을 내면화하는 것과는 차원이 다른 것이다. 그것은 德目과 규범들의 궁극적 원리인 全德에 대한 탐구이고 그것을 體認하여 德性의 완성을 이루는 일인 것이다. 따라서 교육과정도 天道의 理를 탐구하는 방법론을 담고 있는 교재들로 편성되어야 할 것이다. 그리고 교수방법도 직접적인 것이 아니라 理의 탐구와 體認을 도울 수 있는 간접적인 기법이 적용되어야 할 것이다.

먼저 교육과정과 교재들을 보기로 하자. 이와 관련하여 우선적으로 주목되어야 할 것은 『小學』공부와 교육이 강조되고 있다는 점이다. 앞서 보았지만 『小學』은 일상적인 윤리의 실천에 치중된 것으로, 교화적 교육의 핵심교과였다. 그런데 중종대 사림들이 일상적 윤리의 실천을 강조하는 『小學』을 중시했던 이유는 무엇일까?

(1) 복습적 교과로서 『小學』

조광조의 주장대로 "『小學』은 人倫에 날마다 쓰이는 일이 구비되어 교도하고 권진하는 방법으로는 이 책보다 나은 것이 없다."[425] 그래서 그는 "사람은 8세에 小學에 入門해서 어릴 때 바르게 되어야지 지키고 정하는 것을 굳게 할 수 있다. (중략) 반드시 이 책으로 窮村僻港에까지 두루 미치게 한 다음에야 사람들이 모두 孝로써 어버이를 섬기고 忠으로써 임금을 섬기는 것을 알아 先後의 순서가 바르게 갖추어 진

---

425) 『중종실록』, 권 29, 중종 12년 8월 신해.

다. 이런 이유로 世宗 때 『小學』의 道에 마음을 쓴 까닭에 책도 각지
에 반포하였으나 요즘에는 사람들이 거의 읽지 않을 뿐 아니라 책도
끊어져 없어졌다"[426]고 하면서, 『小學』의 보급을 건의하고 있기도 하
다. 『소학』도 도학을 실천하는 경서의 하나인 한, 이처럼 民의 교육을
위해 중종대 사림들이 『소학』을 중시하는 것은 이해할 수 있다. 그럼
에도 불구하고 『소학』은 8세 이전의 초학자들을 위한 수양서이다. 따
라서 士風의 진작을 위해 『소학』을 건의하고 經筵에서까지 진강하는
것은 선뜻 이해가 가지 않는다. 이 정도로 중시하는 이 책의 가치는
무엇인가? 이미 우리는 그 이유에 대해 알고 있지만, 그것은 『소학』이
일상적 윤리의 실천을 중시하고 있기 때문이라기보다는 窮理공부의 전
제가 되는 마음공부로서의 敬사상을 담고 있기 때문인 것이다. 주자도
소학단계의 교화적 교육에서 『소학』을 배우지 못하고 대학단계에 들어
온 학생들에게는 學不躐等의 원칙에 따라 『소학』의 敬사상을 배울 것
을 강조하고 있었음을 기억한다. 중종대 사림들이 대학단계인 교학적
교육에서 『소학』공부를 강조한 것은 주자의 이러한 측면을 주목한 것
이라 할 수 있다. 특히 조광조의 『소학』과 持敬공부에 대한 관심은 유
별났던 것으로 보인다. 이 점에 대해 후학인 退溪는 훗날 그의 行狀을
쓰면서 다음과 같이 평하고 있다.

> 可히 볼 수 있는 實際를 가지고서 말한다면, 학문은 『小學』을 철
> 저히 믿으시고, 『近思錄』을 높이 숭상하시어 모든 經典에서 발휘하
> 시고, 그 평소에 있어서도 이른 아침부터 깊은 밤까지 몸가짐을 엄
> 숙히 하셔서 엄연하고 숙연하시어 官服과 威儀가 혹시라도 法에
> 어김이 없으시고 말씀을 하시는 것과 행동을 행하시는 데 있어서
> 도 동작마다 옛 敎訓을 근거로 하시었으니, 이것이 持敬之法인가
> 한다.[427]

---

426) 『중종실록』, 권 29, 중종 12년 9월 병술.

어쨌든 조광조를 비롯한 중종대 사림들의 학문관 내지 교육관이 임금의 교육을 위한 경연의 교육과정에 뿐만 아니라 성균관을 포함한 선비들의 교육에도 영향을 미친 것으로 판단된다. 이를테면, 당시의 학풍에 대해 기록한 史臣의 실록기사는 "당시의 학자가 흔히 조광조의 무리를 사모하여 理學을 숭상하고 詞章을 귀하게 여기지 않았으며, 처음으로 학문하는 어린 사람 중에서도 그의 이름을 사모하여 글을 읽지 않고 마치 參禪하듯이 종일 端坐하는 자가 있었으므로 師長들이 다 민망하게 여겼으나 감히 그 폐단을 바로잡지 못하였다."[428)라고 전하고 있을 정도이기 때문이다.

앞의 교수학습의 원리에서 보았듯이, 窮理공부는 持敬공부와 유리되면 아무 의미가 없다. 敬이 마음의 주인이 되지 않을 때 窮理는 體認되지 못하고 글은 글대로 나는 나대로 따로 놀게 되어 있다. 持敬공부와 窮理공부가 함께 이루어질 때 道心靈妙의 理는 자각되고 그것이 내 마음으로 體認되는 순간 豁然貫通하게 됨으로써, 비로소 학생은 全德을 터득한 도덕생활의 주체자가 되고 德性의 완성자가 되는 것이다. 그래서 대학단계의 교학적 교육에서 經學 중심의 窮理공부와 『小學』의 持敬공부는 함께 간다.

(2) 『近思錄』 중심의 經學類書

그러나 교학적 교육단계의 핵심적 교육과정은 理를 탐구하고 접근하는 방법을 알려 줄 수 있는 기술적 접근 혹은 형식적 접근이다. 이러한 관점에서 교육과정을 편성한다면, 그것은 理의 탐구방법론을 담고

---

427) 『정암집』 부록, 권 6, 「退溪行狀」. "姑以可見之實言之, 其爲學也, 篤信小學, 崇尙近思, 而發揮於諸經傳, 其在平居, 夙夜飮飭, 儼然肅然, 官服威儀, 罔或惰度, 出言制行動, 稽古訓, 其持敬之法也歟."

428) 『중종실록』, 권 29, 중종 12년 8월 경술. "當時學者多慕趙光祖輩, 崇尙理學不貴詞章, 初學小子亦慕其名, 不讀書終日端坐如參禪者, 有之師長皆病之, 而亦不敢矯其弊."

있는 經學 중심이 될 수밖에 없다. 일반적으로 經學은 四書五經을 비롯하여 諸性理書 및 小學類와 같은 圖書를 일컫는다.[429] 그야말로 經學은 窮理의 방법과 실천을 담고 있는 理論學인 것이다. 중종대 사림들은 기회 있을 때마다 經學의 필요성을 힘주어 주장하고 있다. 이를테면, 김안국은 小學교육의 단계를 거친 15세 이상의 학생은 '소학에서 이미 성취한 공부에 따라 순서 있게 진보시켜, 이치를 궁구하고 마음을 바로잡고 몸을 닦고 사람을 다스리는 학술을 통달하도록 하는' 經學의 교육과정을 강조하였다. 김안국의 이러한 관심에 대해 후학인 李植은 자신의 『澤堂文集』에서 "慕齋는 斯文을 興起시키려는 뜻으로 前後에 成均館의 교육을 장악해서 심히 부지런하여 學徒가 떼를 지어 오니, 그의 교육은 小學, 四書五經, 性理大全을 課程으로 하여 당시의 士類들을 陶治한 功이 甚多하였다."[430]고 전하고 있다. 이러한 관점에서 김안국은 『性理大全』을 간행하기도 하였던 것이다.[431] 조광조도 기회 있을 때마다 經學의 필요성을 힘주어 주장하고 있다. 이를테면 다음과 같은 實錄의 기록들은 이를 잘 알려주고 있다.

---

429) 屈萬里는 「古籍導讀」에서 諸圖書를 經·史·子·集의 四部로 나누어 설명하고, 이는 「隨書經籍志」에 따른 것이라고 밝히고 있다. 그가 분류한 經·史·子·集의 내용을 보면, ① 經部: 易類, 書類, 詩類, 禮類, 春秋類, 孝經類, 五經類, 四書類, 樂類, 小學類, 訓詁之屬……, ② 史部: 正史類(如史記, 漢書), 紀事本末類(如司馬光撰資治通鑑), 別史類(如鄭樵撰通志), 雜史類(如國語, 戰國策)……, ③ 子部: 儒家類(如荀況撰荀子), 兵家類(如孫武撰孫子), 法家類(如韓非撰韓非子), 農家類, 醫家類, 天文算法類……, ④ 集部: 楚辭類, 別集類, 總集類, 詩文評類……. 屈萬里, 『古籍導讀』(臺灣: 臺灣開明書店, 民國 72), 1~2쪽.

430) 『慕齋集』, 「附錄上」, 〈諸書撮錄: 澤堂文集〉. "慕齋有興起斯文之志, 前後掌成均敎胄甚勤, 學徒所至成群, 其敎以小學四書五經性理大全爲程課, 一時陶治士類之功甚多."

431) 『모재집』, 권 12, 「書新刊性理大全後」.

(『大學衍義』를 진강하면서 제왕의 학문하는 도리를 극론하였고, 이 때 정암은), 『大學』·『中庸』은 상하 누구나가 힘써야 하는 것이나 대체는 임금을 위해 지은 것이다.[432] / 대저 『近思錄』은 학문의 가장 간절한 것이다.[433] / 『論語』 같은 책은 일장일구에도 다 깊은 뜻이 있으니 공부하여 흡족히 얻게 되면 이로부터 정치의 교화가 나오는 것이다.[434] / 『性理大全』은 체용과 본말이 다 갖추어져서 天文地理·禮樂法制·性命道德의 이치와 역대 군신의 賢否가 갖추어지지 않은 것이 없으니, 진실로 이에 밝으면 세상 다스리는 방법은 다른 것을 기다릴 필요가 없고, 元氣도 그제야 일어설 것이다.[435]

특히 조광조는 출사와 더불어 중종의 깊은 신임을 얻었고, 그의 經學 중심의 학문관은 당대의 학자들에게 크게 영향을 미쳐 종래의 詞章 중심의 학풍에 일대 변화를 가져왔던 것으로 보인다. 조광조는 經學과 詞章을 한마디로 爲己之學과 爲人之學으로 대비시킨다.

理學은 爲己之學이지 爲人之學이 아니다. (중략) 요즈음 학자들은 모두 위인지학만 할 뿐 위기지학을 모른다.[436]

대개 廢朝때 선비들로 하여금 왕의 가마(輦)를 메게 하였으나 태연히 이를 받아 행했고, 또한 詞章으로써 불시에 사람을 채용했기 때문에 선비들은 항상 붓과 떡을 차고 다니며 그 동정을 살폈으니, 이러한 사람들은 다만 개인을 영화롭게 하고 몸을 살찌게 할

---

432) 『중종실록』, 권 27, 중종 11년 12월 무오.

433) 『중종실록』, 권 26, 중종 11년 10월 병진.

434) 『중종실록』, 권 34, 중종 13년 8월 신미.

435) 『중종실록』, 권 34, 중종 13년 11월 경자. "性理大全之爲書, 體用該備, 本末畢具. 天文地理, 禮樂法制, 性命道德之理, 歷代君臣賢否, 摩不備具. 苟明乎此, 卽治世之方, 不待乎外, 而元氣於是乎立矣."

436) 『靜菴集』, 卷 5, 「筵中記事一」. "理學, 乃爲己之學, 而非爲人之學. (中略) 今之學者, 皆爲人之學, 而不知爲己之學."

따름이요, 어찌 다른 뜻이 있겠는가? 이러한 등속의 사람들은 얻는
다 해도 또한 국가에 무슨 이익이 있겠는가?[437]

理學은 '正己'를 위한 위기지학이지만, 詞章은 출세 지향적인 위인지
학이다. 진정한 학문은 章句나 文章만을 다루는 詞章學에 있지 않다.
이러한 위인지학은 남에게 보여주기 위한 것이고, 개인의 영달이나 구
하는 것을 일삼을 뿐이다. 진정한 학문은 사물의 이치를 배워 알고, 그
마땅한 것의 이름에 처하여 행하는 것이어야 한다. 그래야 조정에 있
어서는 인군의 마음을 바르게 할 수 있고, 藩鎭에 나아가서는 교화를
선양할 수 있다.[438] 이것이 진정한 학문으로서의 理學인 것이다. 물론
이러한 학문관은 중종대 사림들의 공통된 인식이었을 것이고, 바로 經
筵과 成均館의 교육과정에 반영되었다고 볼 수 있다. 다음 〈표 2〉는
태조와 성종 연간의 經筵과 書筵의 강서목록이다.

---

437) 『정암집』, 권 4, 「三拜副提學時啓四」. "夫廢朝時, 使儒者荷輦而安然受之,
且以詞章, 不時取人, 故儒者常佩筆墨, 以伺其動止, 如此等人, 況欲榮身肥
己而已, 豈有他志哉, 雖得此等人, 亦何益於國家哉."
438) 『정암집』, 권 1, 「送叔父赴慶源鎭」. "學之名, 非徒章句文辭而已, 學知事物
之理, 處得其宜之謂, 故在朝而格君, 處藩而宣化, 無往而不以學."

〈표 2〉 태조~성종 연간 경연과 서연의 강서목록

구 분	經書類	史書 및 기타
태조	대학연의, (맹자)	
정종	대학, 논어절요, (대학연의, 주역)	정관정요, 통감절목
태종	대학연의*, 중용*, 대학혹문, 예기월령, 서경	통감, 춘추, 십팔사략
세종	대학연의*, 대학*, 논어*, 중용*, 시전, 주역, 서전, 육례 성리대전, (상서, 예기), 대학어록, 직해소학*	춘추호전, 통감강목* 춘추좌전*, 자치통감속편, 율여신서, 신찬육전, 송조명신언행록, 사기, 송감*
문종	근사록, 대학연의, 대학, 논어, 맹자, (소학)	
단종 세조 예종	논어, 맹자, 중용, (효경, 대학 논어, 맹자, 상서), 예기, 대학연의	가례상제, 통감속편절요, 송원절요, (병정)
성종	논어, 맹자, 국조보감, 중용, (홍범), 서경, 시경, 주역, 대학, 예기, 역학계몽, 대학연의, 근사록, 성리대전, 중용혹문	정관정요, 춘추좌전, 통감절목, 고려사, 명신언행록, 한서, 전한서, 통감속편, 사전춘추, 진서, 국어, 자치통감, 이문첨록, 가어, 사기 문헌비고상위고

1. * 는 서연의 강서목록
2. ( )는 경연과 서연이 겹치는 강서목록
3. 출처: 이은송, 「趙光祖의 敎學觀 硏究」(이화여대 대학원 석사논문, 1992), 10쪽.

〈표 2〉에 의하면, 초기의 四書五經 등의 기본 經書에서 점차 『近思錄』, 『性理大全』, 『易學啓蒙』 등과 같은 철학적, 형이상학적 이론서로 講書의 성격이 변화하고 있음을 알 수 있다. 그럼에도 불구하고 進講에서 중시되는 강서는 經書보다는 史書나 禮書 등이 큰 비중을 차지하고 있다. 이는 15세기까지 조선의 성리학이 博學的 경향을 반영하고 있는 것으로 볼 수 있다.[439] 그러나 위 〈표 3〉에서 보듯이, 중종대가

되면 史書 등의 과목보다는 經書類를 더 중시하는 경향이 뚜렷하게 나
타나고 있다.

〈표 3〉 중종 14년까지 경연의 강서목록

구 분	조 강	주 강	석 강	야대, 불시경연
원년	서경(1)	통감강목(1)	대학연의(1)	
2년	서경(1)	통감강목(1)	대학연의(1)	대학연의(2)
3년	서경(3), 춘추(4)	춘추(1)	대학연의(5)	
4년	춘추(2), 서경(4)	통감강목(2)	논어(1)	논어(1),맹자(1)
5년	서경(11)	통감강목(1)	맹자(1)	
6년	주역(4)	통감강목(3)	송감(10)	
7년	주역(2), 계몽(1)	통감강목(1)	송감(1)	
8년	통감강목(2)		송감(1) 통감강목(1)	송감(야.1)
9년	통감강목(9) 예기(8)	통감강목(1) 서경(2)	송감(11) 고려사(5)	
10년	예기(5)		고려사(2) 고려사절요(1)	
11년	예기(7)	서경(3) 대학연의(1)	대학연의(3) 고려사(1)	고려사(3) 근사록(2) 대학(1)
12년	예기(1) 대학연의(4)	고려사절요(1) 소학(2)	대학연의(3) 대학(3)	근사록(3)
13년	대학연의(3) 속자치통감강목 (송원강목)(3)	소학(4)	대학(1)	
14년	속통감강목(4) 논어(1) 자치통감(1)	소학(4)		근사록(3)

1. ( ) 안의 숫자는 경연 횟수임
2. 출저 : 송영일, 「정암 조광조의 교육사상 연구」, 위 논문, 45쪽.

---

439) 이은송, 「趙光祖의 教學觀 研究」(이화여대 대학원 석사논문, 1992), 9쪽.

〈표 3〉에서 보듯이, 중종대에는 經書가 집중적으로 진강되어 성리학적 의식을 고양하고자 하였음을 알 수 있다. 특히, 조광조가 출사해서 활약했던 11년부터 14년 사이에는 『小學』과 『大學』, 『近思錄』이 가장 중요한 講書로 쓰이고 있다. 그리고 조광조는 정신이 맑은 夜對에서의 진강은 『高麗史節要』가 적합하지 않다고 하면서, 『中庸』, 『大學』, 『性理大全』, 『近思錄』과 같은 책들을 講論해야 한다고 주장하고 있다.[440] 또한 士風의 진작을 위하여 『小學』을 진강할 것을 건의하기도 한다.[441] 그러나 이들 중에서도 중종대에 가장 중시했던 교과목은 『小學』과 『近思錄』으로 보인다.[442] 『小學』을 중시했던 이유에 대해서는 앞에서 논의한 바와 같다.

『近思錄』은 일상적인 윤리의 실천이 갖는 의미 내지 근거를 밝히는 道學의 理論的 槪論書에 해당한다. 주자도 "수신의 대법은 『소학』에 있고, 의리의 정밀하고 미묘함은 『근사록』에 있다"[443]고 하여 『近思錄』이

---

440) 『중종실록』, 권 25, 중종 11년 6월 임자.

441) 『중종실록』, 권 29, 중종 12년 9월 계유.

442) 이것은 특히 조광조가 두 책을 중요시하였기 때문에 그런 것이 아닌가 한다. 이를테면, 중종 14년 4월의 한 夕講에서도 조광조는 "『근사록』과 『소학』을 처음 강하여 이제 이미 2, 3년이 지났는데 아직도 마치지 못하였다."고 하면서 임금의 분발을 촉구하고 있음을 본다. 『중종실록』, 권 35, 중종 14년 4월 임오. 한편, 조광조의 도학사상 내지 도학정치의 학문적 기반이 무엇이었는가를 밝힌 기존의 연구들에 의하면, 대체로 그의 학문적 기반을 『小學』으로 보는 경우가 많다. 이러한 견해들은, 조광조가 『소학』이 내세우는 학문체계를 가지고서 당시의 사회적, 국가적 문제를 해결하고자 했던 金宏弼의 제자였던 점과 함께 그 자신도 누구보다 『소학』이 제시하는 가치를 실천하고 있다는 점에서 틀리지 않다고 본다. 그러나 『소학』에 못지않게 조광조가 주목했던 책은 『近思錄』이라고 본다. 이하의 논술에서 보듯이, 필자는 오히려 『소학』보다도 『근사록』이 조광조에 있어 더 중요한 학문적 기반이었다고 보는 입장이다. 즉, 정암은 『근사록』을 통하여 『소학』의 가치를 재발견한 것이 아닌가 한다. 조광조의 학문적 기반을 『소학』보다는 『근사록』으로 보려는 필자의 입장과 비슷한 견해로는 金鎔坤, 「朝鮮前期 道學政治思想 硏究」(서울대학교 대학원 박사논문, 1994. 8), 162~168쪽 참조.

443) 『小學』, 「總論」, "修身大法, 小學書備矣, 義理精微, 近思錄詳之."

道學에 들어서는 개론서임을 밝히고 있다. 『근사록』의 '近思'는 『論語』에서 빌려온 것이다. 『논어』의 자장 편에 보면, "널리 배우되 뜻을 독실히 하고(博學而篤志) 간절히 묻되 가까운 것부터 생각하면(切問而近思) 仁은 저절로 그 가운데 있다."는 구절이 나온다. 이에 대해 주자는 "박학·독지·절문·근사의 四者는 즉, 學·問·思·辨에 관한 일이다. 이 四者에 종사한다면 마음이 밖으로 달려 나가지 않고, 내 손에 있는 바가 저절로 성숙해질 것이다. 때문에 仁이 그 가운데에 있다고 한 것"이라고 註를 달고 있다.444) 이처럼 『근사록』은 학문의 접근방법, 즉 窮理의 구체적 방법을 알리고 있다. 그러기에 조광조도 "『近思錄』은 학문의 가장 간절한 것"445)이라 했던 것이다.

3) 講論과 體認의 교수기법

德目과 규범들의 궁극적 원리인 全德에 대해 탐구하고 그것을 體認하여 德性의 완성을 이루는 교학적 덕교육론에서 교수방법은, 직접적인 것이 아니라 理의 탐구와 體認을 도울 수 있는 간접적인 기법이 적용되어야 한다. 道心靈妙의 理를 자각하고 體認하는 것은 전적으로 학생 자신에게 달린 것이기 때문이다. 그래서 교학적 덕교육단계의 공부는 '爲人'이 아니라 전적으로 '爲己'의 '正己'공부이다. '正己'는 스스로 자신에게 인위를 가하여 잊혀져 버린 본래의 심지영묘를 회복하는 공부였다. 따라서 교학적 덕교육에서는 학생들의 스스로 '正己'하고자 하는 자발성과 자율성이 가장 중요한 것이다. 이를 토대로 학생들이 格物窮理와 誠意正心하여 궁극적으로 理를 體認하도록 함에 교사는 간접적인 방법으로 도울 뿐이다.

---

444) 『論語集註』, 「子張篇」. "子夏曰, 博學而篤志, 切問而近思, 仁在其中矣." 이에 대한 주자의 註: "四者, 皆學問思辨之事耳, 未及乎力行而爲仁也. 然從事於此, 則心不外馳, 而所存自熟. 故仁在其中矣."
445) 『중종실록』, 권 26, 중종 11년 10월 병진.

(1) 학생의 自發性에 기초한 교육

교학적 덕교육에서는 학생들의 스스로 '正己'하고자 하는 자발성과
자율성이 가장 중요하다. 즉 교육의 객체인 배우려는 학생의 학습에
대한 自發性이 전제되어야 한다. 體認하는 것은 전적으로 학습자 자신
에게 달린 것이기 때문이다. 그러기에 조광조는 程子의 '후세에 師傅의
소임이 없으니 경연관이 담당할 수 있다.'란 말을 인용하면서, 군신의
예절이 엄하여 깊은 뜻을 다 말하기 어려우니 왕이 講論하라는 분부를
내려 朝講은 물론이거니와 夕講·夜對까지도 더욱 극진히 강론하고 깊
이 연구해야 한다446)고 주장하면서 임금의 학습에 대한 自發性을 촉구
하고 있다. 주자도 대학단계의 공부에서 학습자의 자발성을 부단히 강
조하였다. 물론 자발성이 누가 촉구한다고 해서 불러일으킬 수 있는
성격의 것은 아니지만, 인간은 심지영묘를 함장하고 있기에 그것이 가
능하다. 심지영묘가 바로 순진무구하고 良知良能的인 자발성의 표현이
아니었던가!

(2) '講'과 '論'을 통한 窮理

학습자의 자발성이 전제될 때 비로소 수업은 활기를 띤다. 심지영묘
의 자발성과 학습자의 자발성이 전제된 교육은 교사가 일방적으로 이
끌어 가는 교육이 아니다. 그것은 '일러주는 교육'이라기보다는 교사와
학생이 더불어 가는 '탐구식의 교육'이다. 이러한 교육의 전형적 기법
이 토론과 대화다. 주자도 「白鹿洞書院揭示」라는 글에서 "옛 성현들께
서 사람들에게 학문을 하라고 가르치신 것에는 다만 한 가지 뜻이 있
었던 것이니, 사람들이 토론과 학습을 통해 도덕원리의 의미를 이해함

---

446) 『중종실록』, 권 31, 중종 13년 9월 정사. "程伊川嘗曰, 後世無師傅之任, 經
筵官可當之. 只讀章句音釋有何所益, 鐘鼓不叩則不鳴, 上無講論之敎, 而下
自爲之夫豈可乎. 雖輯釋有好議論, 則亦可熟視而商確矣. 朝講則已矣, 至於
夕講夜對, 尤爲極論覃硏."

으로써 각자 자기 수양을 도모하고, 그런 이후에 그 결과가 타인들에게까지 미쳐야 한다고 생각하신 것이다."447)라 하여 토론과 대화의 교수기법을 강조하였다. 즉 학문은 논의를 통해 진전되거니와, 그것도 학생들이 묻고 교사가 그에 답하는 일방적인 문답형식이 아니라, 학생들 상호간의 철저한 토론형식으로 이루어져야 한다는 것이다. 엄밀하고 진지한 지적 탐구와 올바른 판단은, 공평한 입장에서 서로 의견을 주고받음으로써 온전히 이루어진다. 그 결과 학생들은 자신의 정신을 스스로 다잡고, 각자의 생각과 행동에 대해 개인적인 책임을 지는 자세를 지니게 되는 것이다. 이러한 토론과 대화의 교수기법을 중종대 사림들은 '講과 論'이라 표현하고 있다. '講'이 주제발표라면 '論'은 발표된 주제에 대한 학생들 간의 토론에 다름 아니다.

이와 같은 교수원리가 군주의 교육에 적용된 것이 이른바 講學과 經筵이다. 군주교육은 다른 사람들과의 대화와 토론 속에서 자기 스스로를 교육시킨다는 성격을 지니고 있었다.448) 효종 황제에게 올린 긴 상주문에서 朱子는 황제의 첫 번째 요건이 바로 講學이라고 지적한다. "천하의 모든 일들이 황제 폐하 한 분에 뿌리를 두고 있으며, 황제 폐하 한 분의 몸을 다스리심은 바로 폐하의 마음에 뿌리를 두고 있습니다. 만일 군주의 마음이 올바르다면 천하의 모든 일들이 올바르게 돌아갈 것입니다."449) 이렇게 되기 위해서는 황제가 어떤 결정을 내리기 전에 모든 문제와 쟁점 사안들에 관해 철저히 토론하여, 사안과 문제들이 내포하고 있는 선과 악의 경향성들을 분명하게 밝히는 것보다 더 좋은 방법이 없다는 것이다. 그리고 經筵은 신료인 경연관이 경서에

---

447) 『朱子大全』, 卷 74, 「白鹿洞書院揭示」. "熹竊觀古昔聖賢所以敎人爲學之意, 莫非使之講明義理, 以修其身, 然後推以及人."

448) 드 배리 지음, 표정훈 옮김, 『중국의 '자유' 전통』(서울: 이산, 1998), 85-86쪽.

449) 『朱子大全』, 卷 12, 「乙酉擬上封事」. "臣聞天下之事, 其本在於一人, 而一人之身, 其主在於一心. 故人主之心一正, 則天下之事無有不正."

대한 강학과 토론을 하는 마당이었다. 이러한 경연제도가 조선조에 수
용되었고,[450] 교학적 덕교육론의 교수기법에서도 핵심을 이루고 있다.

> 經筵官이 進講만 하고 論難하는 일이 없으니, 이는 경연을 설치한
> 본의가 아니다. 비록 성학이 통달하기는 하였으나 만일 下問하여 논
> 란하신다면 말하는 사이에 情意가 서로 통해지고 상하가 서로 신임
> 하게 되어, 성상의 心志가 더욱더 고명하고 광대해질 것이다.[451]

> 석강에 나아갔다. 『大學』序를 강독하였다. 조광조가 아뢰기를,
> (중략) 잘 다스리는 요체가 이 말에 죄다 있으니, 經筵을 3~4일
> 멈추고서 탐구해야 절로 깊은 맛이 나게 될 것이며, 또 進講할 때
> 에도 요체를 끌어내어 논란하고 義理를 찾아서 토론해야 한다.[452]

進講할 때에는 요체를 끌어내어 논란하고 義理를 찾아서 토론해야
한다. 그런데 진강만 하고 논란을 벌이지 않는다면 그것은 경연을 설
치한 본의가 아니다. 또한 진강과 논란으로만 그쳐서도 안 되고, 그것
이 體認될 수 있어야 한다. 그러기에 조광조는 필요하다면 경연을 3~
4일 멈추고서라도 탐구하고 체인될 수 있도록 해야 할 것이라고 주장
하는 것이다.

---

450) 조선조에서의 經筵敎育의 이념·내용·방법들에 대한 자세한 논의는 姜
泰訓, 『經筵과 帝王敎育』(서울: 載東文化社, 1993) 참조.
451) 『중종실록』, 권 26, 중종 11년 9월 무술. "經筵官只進講而無論難之事, 此
非爲經筵之本意也. 聖學雖達, 然若下問論難, 則言語之間, 情意相通上下交
孚, 而上之心志尤益高明廣大矣."
452) 『중종실록』, 권 29, 중종 12년 8월 계해. "御夕講, 講大學序. 趙光祖曰 (中
略) 致治之要盡在此言, 須停經筵三四日而尋繹之, 自有深味, 且於進講之時,
亦須提要論難, 探討義理爲當."

(3) '體認'과 '誠意'를 통한 正心

그렇다면 體認함이란 무엇인가? 먼저 다음의 인용을 보자.

> 만약 古書를 體認하여 무슨 일은 배워야 하고 무슨 일은 배워서
> 안 된다는 것을 알아서 쌓아 가는 공을 구한다면, 비록 한 번의 進
> 講에 한 장씩을 한다해도 얻는 바가 많을 것이다. 그러나 그렇지
> 않는다면, 한 번의 進講에 열 장씩을 한다 해도 모두 헛된 글이 될
> 뿐이다.453)

인용에서 주목해서 읽어야 할 점은 두 가지다. 첫째는, 古書의 體認
이 중요하다는 점이다. 둘째는, 그것이 전제될 때 窮理공부는 博覽을
필요로 하지 않는다는 점이다. 우선 古書는 앞에서 보았던 經學일 것
으로 이해한다. 그러면 '古書를 體認'한다는 것은 어떤 것인가? 그것은
古書의 내용을 일방적으로 내면화함과는 거리가 멀다. 인간은 심지영
묘의 理를 함장하고 있다. 따라서 古書의 體認이란 古書와 함장하고
있는 심지영묘와의 대화라고 볼 수 있다. 그것은 일방적 수용이 아니
라 능동적 수용이요, 외부세계에 대한 內的 反省의 思考過程이다. 天理
와 心理 간의 삼투작용이 體認됨이다. 그것이 곧 道心靈妙의 理에 대
한 자각이다. 도심영묘의 理에 대한 자각과 체인이 이루어질 때, 나머
지는 仁의 입법성에 의해 千萬人을 만나고 千萬 가지 일을 해내는 데
에도 아무런 문제가 없다는 것이 조광조의 주장이었다. 따라서 窮理공
부를 함에 博覽은 필요가 없는 것이다.

> 학술은 마땅히 요령을 알아야 하고 博覽할 것이 없는 것이니, 무
> 릇 儒者는 비록 『대학』 한 권만으로도 事業을 해 갈 수 있는 것이

---

453) 『정암집』, 권 3, 「侍讀官時啓三」, "若體認古書, 以爲某事可學, 而某事不可
    學, 以求積累之功, 則雖一講一張, 所得亦多矣. 如不然也, 則雖一講十張, 亦
    只爲虛文矣."

다. 옛적에 趙普는 그다지 현명한 사람이 아니었지만, 오히려 말하기를 '내가 『논어』를 배웠다가 절반으로는 太祖를 보좌하여 천하를 안정시키고, 절반으로는 太宗을 보좌하여 태평을 이루었다.'고 하였다. 무릇 학문은 마땅히 性經에서 體認해야 하는 것이지, 진실로 諸家들의 것에 마음 팔려서는 안 되는 것이다.454)

한 가지에 대해 窮理를 하더라도 철저히 體認될 수 있도록 하는 것이 중요하다. 그렇다면 體認하는 구체적 방법은 무엇인가? 구체적 방법에 대해서 언급하고 있는 구절을 찾기 어렵지만, 그 방법의 하나는 講論을 통해 義理가 드러난 구절에 대해서 머리로 이해하는 것에 그치지 않고 끝없는 반성적 사고과정을 반복하면서 그것이 내 마음의 心之靈妙와 합일될 때까지 독서(誦)하는 것이 아닌가 생각한다. 따라서 그것은 교화적 교육의 단계에서 논리적 분석이나 철학적 숙고 과정 없이 맹목적으로 암송하는 방법과는 차원을 달리한다. 이 점을 우리는 科擧에서 講經을 시험하는 방법에서 추측해 볼 수 있다. 강경을 시험하는 방법에는 본문을 보지 않고 물음에 답하는 背講, 본문을 보지 않고 외우는 背誦, 본문을 보고 물음에 답하는 臨文考講이 있었다. 배송이나 배강에는 대나무통 속에 경서의 大文 첫 자만을 적어 놓은 대가지(竹柵)를 뽑아 외우거나 물음에 답하게 하는 방법을 쓰기도 하였으며 임문고강에는 본문의 앞뒤를 가리고 중간만 보여주면서 문답하게 하는 방법을 쓰기도 하였다.455) 과거의 경서시험이 이러하였기에 성균관 등의 교육방법도 그에 준하였을 것이다.456) 講經의 점수는 通·略·粗·不로 구분하였는데 그

---

454) 『중종실록』, 권 27, 중종 11년 12월 무오. "學術當知要領, 不須博覽爲也. 凡爲儒者雖只爲大學一部, 而亦可措諸事業. 昔趙普不甚賢者, 而猶以爲我讀論語以半部, 佐太祖定天下, 以半部佐太宗致太平. 夫爲學當於性經體認而已, 固不可經意於諸家也."

455) 이성무, 『한국과거제도사』(서울: 민음사, 1997), 127쪽 및 243쪽.

456) 허창무 교수에 의하면, 교학의 교수방법에는 通誦의 방법, 分誦의 방법, 佛誦의 방법 등이 있었다고 한다. 통송은 말 그대로 경서를 완전히 외우

것은 체인의 정도에 따라 매겨진 점수라고 생각된다. 句讀과 訓釋이 精通·能熟하고 글의 뜻을 완전히 이해하여 꿰뚫었으며 辨說에 의문의 여지가 없는 자는 通, 구독과 훈석이 모두 분명하고 비록 大義를 통하기는 하나 아직 완전히 이해하여 꿰뚫는 데까지 이르지 못한 자는 略, 구독과 훈석이 모두 틀림이 없으며 講論이 비록 해통하지는 못하나 一章의 大義를 잃지 않는 자는 粗, 불합격자는 不을 주었다. 그리고 諸書에 融會貫通한 자에게는 특별히 大通(또는 純通)을 주기도 하였다.457) 이상의 과거시험과 강경의 평가방법에서 미루어볼 때, 體認함이란 끝없는 반성적 사고과정을 반복하면서 義理가 내 마음의 心之靈妙와 합일될 때까지 공부(誦)하는 것이라 할 수 있다.

그러나 體認함도 이상에서 본 것처럼 반성적 도덕에 대한 지적 이해로 그치면 안 된다. 행동으로까지 體認되어야 하는 것이다. 도덕적 앎이 곧 행동으로 이어지는 것은 아니기 때문이다. 그래서 誠意공부가 필요하다. 우리가 앞에서 보았지만, 誠意란 情이 發할 때 '비교하고 헤아리는 것'(計較商量)을 진실되게 하여 이치에 부합되도록 행동하는 것, 즉 格物致知하여 理가 밝아지고 마음이 열려서 그 뜻을 성실하게 하는 것이었다. 따라서 講論을 통하여 의리가 드러난 구절에 대해서는 머리로 이해하는 것에 그치지 않고 끝없는 반성적 사고과정과 아울러 誠意의 실천을 통하여 知行의 양면에서 완벽한 體認이 이루어지도록

게 하는 것이고, 분송은 배송의 시험처럼 경서의 한 구절 혹은 첫 구절을 제시하여 나머지 뒤따르는 구절을 외우게 하는 것이고, 불송은 불교의 禪問答처럼 화두를 제시하여 활연관통의 경지를 시험하는 것이라고 한다. 허창무의 口傳에 의함. 아직 연구자는 구체적인 자료를 통해 이들 방법에 대해 연구하지 못했다. 허창무에 의하면 古文書 자료에서 그것을 확인할 수 있다고 하나, 연구자의 고문서자료 접근에 대한 한계로 인하여 이번 연구에서는 반영할 수 없었다. 그리고 이를 검토하는 것은 본 연구의 범위 내에 있는 것도 아니다. 따라서 본격적인 검토는 다음으로 미루어 둘 수밖에 없다.

457) 이성무, 앞의 책, 300쪽 참조.

해야 하는 것이다. 이러한 과정이 지속될 때 어느 지점에서 豁然貫通하게 되고 그 지점에서 心之靈妙와 합일된다. 이것이 正心이 이루어진 본성의 회복이요 덕성의 완성이다.

조광조 등이 포함된 경연교육의 수업장면을 비교적 짧은 사례로 인용하면서 이 소절을 마친다.

조강에 나아갔다. 『大學衍義』를 講論하였다.

上이 臨文하여 이르기를, "여기에 '예전에 잘 다스렸던 이를 본떠 그 道와 같이 행하면 흥하지 않는 법이 없고, 예전에 어지러웠던 이를 본떠 그 일과 같이 행하면 망하지 않는 법이 없을 것이다.' 하였는데, 그 말이 훌륭하다. 참으로 정치를 하는 자의 龜鑑이 된다." 하매,

영사 정광필이 아뢰기를, "역대 임금들이 治亂興亡의 분계를 모르는 것은 아니나, 그 마음을 잘못 쓰므로 처음에 조금 빗나가면 끝에는 천리나 벌어지는 잘못이 되어 마침내 轉轍을 되풀이하게 되건만 그것을 모르니, 이는 마음의 기틀이 지극히 희미하여 끝내 敬을 유지하지 못하기 때문이다." 하였다.

시강관 조광조가 아뢰기를, "아뢴 바가 지당하다. 여기에 '처음부터 끝까지 한결같이 그 본뜨는 것을 삼가는 이는 이미 明哲한 것을 더욱 밝혀 나아가는 임금이다.'하였으니, 비록 堯舜의 정치를 하고자 히더라도 好惡 · 是非에 관한 일에 대하여 잘 분별하지 못하면 아마도 멸망하게 될 것이다. 임금으로서는 好惡 · 是非 · 義利의 분계를 깊이 구명하여 마치 흑백을 가리듯이 해야 한다." 하였다.

광필이 아뢰기를, "여기에 '이제 임금께서 훌륭한 統緖를 이으셨으니 이를 살피소서.'하였는데, 이것은 太甲으로 하여금 成湯을 본받게 하려는 것이다. 뒤를 이은 임금이 祖宗을 본받으면 노력하기가 매우 쉽고, 혹 들은 것이 있거나 본 것이 있는 것이 내 몸에 적절하기 때문이다." 하였다.

광조가 아뢰기를, "옛 임금의 일도 본받을 만한데, 하물며 근대에 있던 조종의 법이겠는가? 더구나 그 사이에 更張한 道가 있었으니

가볍게 여겨서는 안 된다. 三代 이후로는 성탕 같은 임금을 얻을 수 없거니와, 성탕 같은 聖人이 못되면 그 規模와 設施가 어찌 그 요령을 죄다 얻을 수 있겠는가? 뒤를 이은 자손 중에 有爲한 임금이 있으면 조종이 아직 정하지 못한 제도에 얽매여서 행하지 못해서는 안 된다. 만약에 조종이 아직 거행하지 못한 일을 능히 행한다면 전 임금들을 더욱더 빛내게 될 것이요, 한갓 조종의 제도를 지켜서 전 임금들의 일을 확충하지 못한다면 이는 집을 짓고서 꾸미지 않는 것과 같을 것이다. 유위한 임금이라도 高遠한 것만을 힘써서 成王의 법을 변란한다면 도리어 준수하는 것만도 못할 것이나, 밝은 임금과 어진 신하가 서로 만나서 治具가 이미 경장되었다면 한갓 조종의 법에 얽매여서는 안 될 것이다." 하였다.[458]

4) 傳道之師로서의 스승

위에 인용된 수업장면에서 보면, 형식상 임금은 학생이고 정광필과 조광조는 교사임을 짐작할 수 있다. 그러나 정확히 말한다면, 교사와 학생의 구분이 명확하게 드러나지 않고 있다. 서로가 자신의 관점을 피력하고 있을 뿐이기 때문이다. 따라서 교사의 역할이 부각되지 않으며, 교사가 있더라도 그는 수업의 동료자이고 보조자일 뿐이다. 스승과 제자가 더불어 노닐며 공부하는 형태로 가르치고 배우게 된다. 즉 교사는 학생을 이끌어 가는 것이 아니라 함께 나아가는 사람으로서 가르치며 동시에 배우는 '敎學相長'의 위치에 있다고 할 수 있다. 이러한 스승을 '傳道之師'라 부를 수 있다.[459]

요컨대, 傳道之師로서 스승은 講論을 통하여 道가 무엇인가를 보여 주려고 노력하지만 학생들보다 더 우월한 입장에 있는 것은 아니다. 그러기에 조광조는 이러한 스승을 師인 동시에 友라고 말하고 있다.

---

458) 『중종실록』, 권 29, 중종 12년 8월 신해.
459) 최봉영, 「조선시대 儒學敎育과 '敎學'의 의미」, 『敎育史學硏究』 제8집 (1998), 10쪽.

이 글에 '朋友의 도움을 얻어 講論을 오래하면 날로 진취될 것이다.' 하였다. 무릇 사람이 학문을 하는 도리는 항상 師友와 함께 강구하고 연마하며 늘 잊지 않고 착실하게 해야만 그 학문이 날로 진취될 것이다. 옛날에는 배우는 자만 이 師友를 가졌을 뿐 아니라 임금도 師友를 가졌다. 이른바 師友란 것은 예법으로 규정한 것이 아니라, 노성한 신하가 있을 때 그를 마음에 늘 존경한다면 그가 바로 師요, 말을 들어주고 계략을 따라 준다면 그가 바로 友인 것이다. 지금은 비록 스승 삼을 만한 사람이나 벗삼을 만한 사람이 없더라도 공자가 '세 사람이 가게 되면 그 중에는 반드시 내가 스승 삼을 만한 사람이 있다.'하였으니, 비록 한 가지 착한 일만 있더라도 그것을 배우면 그를 스승이라 할 것이다. 지금 좌우의 시종·대간을 하루 세 번 접촉하면 비록 좋은 말은 없다 하더라도 옛날 사람들의 일을 보고 아뢰게 될 때 성상이 듣기에 흡족하게 되면 어찌 도움이 없겠는가? 이것 역시 朋友가 서로 돕는 일인 것이다.460)

한마디로 학문하는 도리는 스승과 벗이 함께 해야 한다는 것이다. 이것이 조광조를 비롯한 중종대 사림들이 보는 師友之道論이다. 이를 정치사상사적으로 읽는다면, 연산군의 폐정과 士禍로 급격히 무너져버린 신진 사대부들의 정치적 세력을 재집결하려는 이데올로기로 볼 수도 있다. 특히 당시 조정에서 조광조 등이 추진했던 정치개혁과 관련해서 보면, 후대에 기묘사림으로 지칭되는 정치세력은 조광조를 필두로 하여 臣權의 확립을 위하여 정치세력의 확대를 꾀했던 측면이 있는 것이다. 따라서 이 師友之道論은 學緣을 매개로 하여 도학정치세력의 勢규합을 이끌었던 이데올로기인 셈이다.461) 그리고 이는 학문적으

---

460) 『중종실록』, 권 31, 중종 13년 1월 경술. "此書云得朋友之助, 講論久則日覺進也. 凡人爲學之道, 常與師友, 講劘切磋, 着實不忘, 然後其學日就矣. 古者非但學者有師友, 人君亦有師友. 所謂師友者, 非以禮法律之也. 有老成之臣, 心常尊敬, 則謂之師, 言聽計從, 則謂之友也. 今則雖無可師可友之人, 孔子曰三人行必有我師, 雖有一善之事, 學則可謂之師, 今左右侍從臺諫一日三接, 雖無善言, 然見古人之事而啓之, 浹洽聖聽, 則豈無所補, 是亦朋友相助之事也."

로는 물론이고 실질적으로 國政의 방향을 이끌어갈 세력은 스승의 반
열에 있는 臣下, 즉 신진 사대부들임을 함의하는 것이라 할 수 있다.

그러나 이 글은 정치사상사를 다루는 논문이 아니기에, 위 인용을
교육학적으로만 읽기로 한다. 학문을 하는 도리는 항상 師友와 함께
강구하고 연마하는 데 있다. 그런데 특정한 師友가 따로 존재하는 것
이 아니다. 학문을 이루는 데 도움을 주어 마음으로 늘 존경하는 사람
이 있다면 그가 바로 師요, 말을 들어주고 계략을 따라 준다면 그가
바로 友인 것이다. 학문하는 자세만 갖추고 있다면, 어떠한 사람도 師
友가 될 수 있다. 한 가지 장점만을 가지고 있는 사람이라 하더라도
그것을 내가 배우게 되면 그를 師友로 삼을 수 있다. 결국 師友로 삼
을 것인가 말 것인가 하는 것은 배우는 학생 자신에게 달려 있다고 해
도 과언이 아니다. 이것이 인용을 글자 그대로 읽은 내용이다. 여기에
서 학생의 입장으로 본다면 임금도 예외가 아니다. 그래서 조광조는
'師友의 道가 있은 이후에 인륜이 밝아지게 되는 법이므로, 임금도 역
시 당시의 가장 현명한 사람으로 스승을 삼고, 그 다음 사람으로는 벗
을 삼아 존대해야 하는 법'[462]이라고 강조하고 있다.

그러나 인용은 王과 臣의 상하구별이 엄격한 현실적 차원에서 임금
에게 師友의 道를 충언하는 글이다. 즉 임금의 입장에서 아랫사람에게
배워야 하는 점을 정당화하려 하다 보니, 師友가 따로 없는 것처럼 이
야기되고 있을 뿐이다. 교육현장에서 스승이 없을 수는 없다. 어떤 방

---

461) 師友之道論은 朋友와 師生의 관계로 五倫 가운데 朋友之道와 관련된다. 이
　　는 南宋대에 學緣을 매개로 하여 사대부 계층의 이익을 반영하며 나타난
　　사상으로 이해된다. 주자학의 조선조적 수용과 함께 이 사상은 특히 성종
　　대 이후 훈구파들과 정치적으로 대립한 사림세력들의 세규합을 위한 이데
　　올로기로 활용되었다고 볼 수 있다. 중종대에 김안국이 『二倫行實圖』를 간
　　행하여 朋友之道를 논하는 것도 이와 관련된다고 김훈식은 보고 있다. 김
　　훈식, 「16세기 〈二倫行實圖〉 보급의 사회사적 고찰」, 『역사학보』 제107집
　　(1980) 참조.
462) 『중종실록』, 권 27, 중종 12년 2월 을축.

식으로든 道를 傳하는 스승인 한 스승의 자격과 자질이 없이 스승 노
릇을 할 수는 없는 것이다. 그래서 조광조 자신도 성균관의 동지부사
에 추천되자 '속에 든 것이 없는데 어찌 남의 스승이 되고, 또한 갑자
기 분수에 지나친 소임을 받는다면 몸을 보전할 수 있겠는가'라 하면
서 사양하고 있다.[463] 다음의 인용은 스승의 자격과 자질이 어떤 것이
어야 하는 가를 분명하게 암시해 주고 있다.

　柳崇祖가 비록 학술이 있다지만 그의 사람됨이 거칠고 경박하여,
　儒者의 일을 알지 못한다. 그때 齋舍를 더 넓히기를 奏請하여 비록
　많이 불러모았지만 한갓 國庫만 허비했을 뿐이다.[464]

　스승은 학술만 있다고 해서 자격을 갖춘 것이 아니다. 덕행이 있어
야 한다. 그리고 이왕이면 노성한 신하 중에서 학술과 덕행을 겸비한
사람을 스승의 자격과 자질을 갖춘 자로 보고 있다.[465] 그러나 스승은
학술과 덕행을 겸비한 자이어야 하지만, 수업현장에서 그는 학생들보
다 우월한 입장에 서지 않는다. 학생과 똑같은 위치에서 서로 講論을
벌이며 간접적인 방식으로 道를 전할뿐이다. 수업에서 교사는 토론의
유도자이고 보조자로서의 역할만을 수행한다.

---

463) 『중종실록』, 권 34, 중종 13년 7월 무신.
464) 『중종실록』, 권 27, 중종 12년 2월 병인. "臣見柳崇祖, 雖曰有學術, 其爲人
　　粗薄, 不知儒者之事, 其時請增置齋舍, 其所招集雖多, 徒費國庫而已." 이에
　　대해 중종도 "유숭조가 대사성일 때, 과연 유생들이 많이 모였다고 했었
　　다. 그러나 한갓 모으기만 힘써서 될 일인가? 모름지기 쓸만한 사람으로
　　양성시켜야지, 단지 많이 모은 명성만 냄은 불가하다."고 호응하고 있다.
465) 姜泰訓에 의하면, 經筵에서 스승격인 經筵官의 이러한 자격과 자질을 훈련
　　시키기 위해 世宗代 이래 賜暇讀書法이 시행되었다고 한다. 강태훈, 『經筵
　　과 帝王敎育』, 앞의 책, 160~164쪽 참조. 또한 丁洛贊에 의하면, 성균관 대
　　사성의 자격과 자질도 첫째 經學에 정통한 자, 둘째 어질고 덕이 있는 자,
　　셋째 나이가 많고 경험이 많은 자 등이었다고 한다. 丁洛贊, 「朝鮮前期 成
　　均館 大司成의 資格 및 資質・任命・任期・待遇」, 『人文研究』 제17집 제1
　　호(영남대학교 인문과학연구소, 1995. 8), 325~351쪽 참조.

3. 소 결

이상의 논의를 요약한다. 교화적 덕교육론은 학생들을 도덕적 문화 전통에 입문시키는 것을 목표로 한다. 그리고 교학적 덕교육론은 교화적 단계의 교육을 바탕으로 궁극적인 인륜의 원리를 터득케 하여 덕성의 완성을 목표로 한다.

먼저 교화적 덕교육론의 교수학습의 원리, 교육과정, 교수기법, 교사의 역할을 본다. 理와 氣가 만나 인간이 탄생할 때부터 본연지성으로서 心之靈妙의 理는 항상 내 마음이 구현할 이념으로써 도덕생활의 방향을 적시해 주고 있지만, 현실적 氣質之性에 가려 빛을 발하지 못할 가능성이 있다. 공부의 출발점에 있는 어린아이에게 性理의 빛은 잘 드러나지 않고 心氣에 가려 惡을 잉태할 수도 있다. '淸心'공부는 처음부터 惡의 가능성을 차단하기 위하여 心의 濁氣를 淸氣로 변화시키는 矯氣質의 공부이다. 그 淸心공부의 원리가 '誠意'이다. 그러나 여기서 '誠意'는 교학적 단계에서의 格物致知 이후의 誠意正心공부와는 다른 의미임에 유의해야 한다. 淸心공부의 원리로서 誠意란 밖의 규범을 내 마음이 받아들여 기질을 교정하고 순화해 나가기 위한 부단한 자기 노력에 다름 아니다. 이를 교육의 측면에서 해석한다면, 그것은 도덕적 사회화 개념과 다르지 않다. 즉 교육은 사회의 합의된 규범과 문화를 학생들에게 가르쳐 사회의 구성원으로 입문시키는 것이다. 이러한 교육의 관점에서 교육과정을 생각한다면, 그것은 사회의 규범과 문화를 대표하는 典範과도 같은 교재가 필요하고, 그런 교재들을 중심으로 교육과정을 편성해야 한다.

중종대 사림들은 많은 日用의 덕목과 규범들을 담고 있는 典範的인 교화서들을 언해하기도 하고 자체적으로 편찬 간행하기도 하였다. 『童蒙須知』·『童蒙先習』·『三綱行實圖』·『續三綱行實圖』·『二倫行實圖』·『正

俗』·『呂氏鄕約』·『警民編』·『小學』 등이 그것이다. 중국의 교화서를 우리말로 諺解한 것 자체에도 우리는 '내셔널리즘'이 깃들어 있는 것으로 보거니와, 특히 자체적으로 편찬한 『續三綱行實圖』·『警民編』 등의 교화서는 더욱 그렇다고 생각한다. 예컨대, 『續三綱行實圖』에서는 80% 정도를 우리나라 인물을 善行의 모범사례로 등록하고 있다. 이것은 조선에서 하는 교육은 조선 사람을 길러내야 한다는 '國籍 있는 교육'의 슬로건과 다르지 않다고 여긴다. 즉 보편적 세계인이 되기 전에 조선 사람이 먼저 되어야 한다는 관점이 교화적 덕교육론에는 담겨 있다.

이처럼, 조선 사람이 되게 하고 조선사회가 요구하는 덕목과 규범을 학생들에게 내면화시키기 위해서는, 교수기법상으로 볼 때 간접적인 講論의 기법보다는 학생들에게 좀 더 가까이 다가가서 그들로 하여금 직접 체험과 실천을 해보도록 하며, 感化하고 說得하는 교수기법이 효과적이다. 때로는 불가피하게 사랑의 매와 채찍이 동원될 수도 있다. 그러나 채찍은 어디까지나 차선책이고 소극적인 방법에 불과하다. 오히려 襃賞과 같은 당근책이 더 우선적이고 적극적인 방법이 된다. 旌表정책은 도덕적 품성과 행위를 모범적으로 보여준 사람들에게 襃賞을 함으로써 다른 사람들을 감화시키고 모방적 행위를 유도하려는 대표적인 당근책의 예이다. 그리고 직접 실천을 통한 덕성교육의 방법으로 鄕飮酒禮와 鄕射禮 등도 주목되는 교수기법으로 볼 수 있다. 서적을 통한 교수기법도 주목되어야 한다. 예컨대 行實圖類書에 나오는 모든 인물사례들은 전통과 역사 속에 빛나는 '도덕적 영웅'들이다. 학생들은 이 책들을 통하여 그 영웅들과 만나며, 교사들은 전통의 도덕적 모범들에 대한 풍부한 이야기를 가지고 학생들을 感化시킨다. 그러나 감화는 영웅적 이야기만으로는 만족할 만한 효과를 거둘 수 없다. 학생들이 그 영웅적 이야기를 듣고 왜 자신들도 이야기처럼 행동을 해야 하는지에 대한 나름대로의 합리적인 이유와 더불어 그 행동의 구체적인 의미까지 들려줄 수 있어야 한다. 교육적 훈화에서 이 점이 빠질 때,

그것은 학생들에게 특정행위를 맹목적으로 강요하는 '인독트리내이션'
과 다르지 않을 것이기 때문이다. 이것이 설득이고 誨諭다. 그리고 전
통에 나오는 '도덕적 영웅'들은 이야기를 듣는 이로 하여금 감동과 감
화는 주지만, 그 영웅적 행위는 너무 높다. 일상생활에서 누구나 행할
수 있고 왜 행해야 하는지를 쉽게 납득할 수 있는 『小學』的 이야기와
훈화가 더 효과적일 수 있다. 그리고 『小學』 등을 교육함에 있어서 스
승의 이야기와 훈화만이 있었던 것이 아니라는 점에도 주목할 필요가
있다. 즉 배운 바의 의미가 명확하지 않더라도 일단 그것을 학생들로
하여금 반복해서 외우게(誦) 했는데, 그것은 현재의 필요보다는 장래
의 필요를 위해서 備蓄하는 성격의 것이었다. 뜻을 모르더라도 자꾸
외우다 보면 기억으로 저장되고 언젠가는 그 뜻을 이해하게 될 뿐만
아니라, 자기도 모르게 도덕적 습성이 되어 행동으로 옮겨지게 되는
것이다.

　도덕교육이 사회적 요구를 반영한 윤리적 가치규범을 典範化하여 백
성들에게 가르쳐 내면화하도록 하는 것이라면, 가르치는 주체로서 교
사는 전통의 안내자이고 실천가이며 모범자이고 권위자가 되어야 한
다. 즉 가르치는 매개체로서 교재가 전통과 사회의 요구를 반영하는
典範이어야 한다면, 교사는 학생들로 하여금 그 典範에 입문시키는 안
내자가 되어야 하고 실천으로 보여주는 典型的 대변자가 되어야 한다.
교사는 학생들보다 모든 면에서 탁월한 소유자가 되어야 한다. 교사는
학생들에게 가까이 다가서서 작은 목소리로 때로는 웅장한 목소리로
성현들의 이야기를 전해주며 그들을 따라 나서기를 종용한다. 이러한
교사를 이른바 '訓蒙之師'라 한다.

　다음으로, 교학적 덕교육론의 교수학습의 원리, 교육과정, 교수기법,
교사의 역할을 본다. 교화적 교육의 단계에서 학생들은 인륜의 근본을
배양함으로써 인간 본성의 선함을 습득하게 된다. 그러나 교화적 단계
에서 길러진 본성은 외부적 힘에 의하여 교화되거나 감화되어 타율적

으로 습득된 것이지, 스스로에 의해 자각적이고 반성적으로 터득된 것은 아니었다. 그래서 교화적 단계에서 길러진 본성은 어른의 세계에 오면 쉽게 상처받을 수 있다. 어른의 세계는 훨씬 더 복잡하고 이익의 泥田鬪狗가 벌어지는 마당이기 때문이다. 그래서 어른이 되면 그동안 길러진 본성이나 습관화된 관습의 도덕이 현실과 맞지 않음을 의심하게 되고, 점차 사회의 利慾에 물들면서 선한 본성은 잊어버리기 일쑤다. 그러나 그것은 잊혀진 것이지 결코 인간에게서 없어진 것은 아니다. 따라서 그것을 다시 회복시켜야 한다. 잊혀져 버렸으나 내 마음이 함장하고 있는 心之靈妙의 도덕성을 자각하고 다시 회복시키며 유지(存心)시키기 위한 修己의 방법론이 '持敬'공부이다. 물론 소학단계의 교화적 교육에서도 敬을 중시했다. 그러나 교화적 단계의 敬은 몸을 엄숙히 하고 가지런히 함과 같은 외재적 측면이 강했다. 대학단계의 교화적 교육의 敬은 잊혀져 버린 선한 본성을 자각하고 회복시키는 '主一無適'의 내재적 敬이다. 이러한 持敬공부가 되어 있을 때 비로소 格物窮理 공부도 의미를 지닌다. 또한 대학에서 격물궁리를 통하여 알게 된 것도 敬이 아니면 지킬 수 없다. 敬이 마음의 주인이 되지 않을 때 理는 체인되지 못하고 글은 글대로 나는 나대로 따로 놀게 되어 있다. 따라서 持敬은 잊혀진 심지영묘를 다시 회복하는 것이고 道를 窮理하기 위한 방법적 전제이다.

持敬의 자세를 견지한 가운데 道, 즉 객관적 理에 대한 탐구(窮理)가 이루어 져야 한다. 그러나 이제부터는 마치 절대자를 대하듯 畏敬의 자세로 天道의 理를 스스로 터득하고 體認하여야 한다. 그런데 道理를 체인하여 道와 心이 하나로 귀일하는, 즉 道心靈妙를 이룸은 남이 가르쳐 준다고 해서 가능한 것이 아니다. 그것이 가르쳐서 가능하다고 생각하는 것 자체가 지적 오만이고 자율성의 침해다. 굳이 가르칠 수 있다는 표현을 쓴다면, 그것은 道心靈妙의 理가 있음을 이해시킬 수 있을 뿐이다. 따라서 교육의 객체인 학생들의 자율성을 존중하는 이러한 교육은 직접적이기보다 간접적이다. 교화적 단계의 교육에서는 日用에 필요한 여러 가지 德目과 규범을 가르치는 것이기에 그러한 덕목과 규범을 典範化한 교재들로 교육과정을 구성하였다. 그리고 그것을 가르침에도 좀 더 직접적인 감화와 설득의 방법으로 가능했다. 그러나 天道의 理를 스스로 터득하고 體認함이란 德目이나 규범들을 내면화하는 것과는 차원이 다른 것이다. 그것은 德目과 규범들의 궁극적 원리인 全德에 대한 탐구이고 그것을 體認하여 德性의 완성을 이루는 일인 것이다. 따라서 교육과정도 天道의 理를 탐구하는 방법론을 담고 있는 교재들로 편성되어야 한다. 그리고 교수방법도 직접적인 것이 아니라 理의 탐구와 體認을 도울 수 있는 간접적인 기법이 적용되어야 한다.

교학적 교육단계의 교육과정은 理를 탐구하고 접근하는 방법을 알려줄 수 있는 기술적 접근 혹은 형식적 접근이다. 따라서 교육과정은 理의 탐구방법론을 담고 있는 經學 중심이 될 수밖에 없다. 經學은 窮理의 방법과 실천을 담고 있는 理論學이기 때문이다. 『小學』·『四書五經』·『性理大全』·『近思錄』 등이 대표적인 교육과정을 구성하는 대표적인 교재들이었다. 특히 이들 중에서도 가장 중요시했던 교재는 『小學』과 『近思錄』이다. 주자가 "수신의 대법은 『소학』에 있고, 의리의 정밀하고 미묘함은 『근사록』에 있다"고 한 것처럼, 『小學』이 일상적인 윤리의 실천에 치중된 것이라면, 『近思錄』은 일상적인 윤리의 실천이 갖는 의미 내지 근거를 밝힌 것이라고 할 수 있다. 그런데 대학단계의 교학적 교육에서 『소학』공부를 중시한 것은 소학단계의 교화적 교육에서 이루어지는 『소학』공부와는 의미가 조금 다른 것이다. 교화적 단계에서 『소학』은 일상적인 윤리의 실천을 통한 근본의 배양을 염두에 두고 있지만, 교학적 단계의 『소학』공부는 그것이 담고 있는 敬사상에 주목하고 있다. 주자가 소학단계의 교화적 교육에서 『소학』을 배우지 못하고 대학단계에 들어온 학생들에게는 學不躐等의 원칙에 따라 『소학』의 敬사상을 배울 것을 강조하는 것처럼, 중종대 사림들이 대학단계인 교학적 교육에서 『소학』 공부를 강조한 것은 주자의 이러한 측면을 주목한 것이라 할 수 있다. 窮理공부가 持敬공부와 유리되면 아무 의미가 없다. 持敬공부와 窮理공부를 병행할 때 道心靈妙의 理는 자각되고 그것이 내 마음으로 體認되는 순간 豁然貫通하게 됨으로써, 비로소 학생은 全德을 터득한 도덕생활의 주체자가 되고 德性의 완성자가 되는 것이다. 그래서 대학단계의 교학적 교육에서 『近思錄』과 같은 經學 중심의 窮理공부와 『小學』의 持敬공부는 함께 이루어진다.

德目과 규범들의 궁극적 원리인 全德에 대해 탐구하고 그것을 體認하여 德性의 완성을 이루는 교학적 덕교육론에서 교수방법은, 직접적인 것이 아니라 理의 탐구와 體認을 도울 수 있는 간접적인 기법이 적용되어야 한다. 道心靈妙의 理를 자각하고 體認하는 것은 전적으로 학생 자신에게 달린 것이기 때문이다. 그래서 교학적 교육론에서는 배우고자 하는 학생들의 학습에 대한 自發性이 무엇보다 중요하다. 학습자의 자발성이 전제될 때 비로소 수업은 활기를 띠게 되며, 자발성에 바탕을 둔 교육은 교사가 일방적으로 이끌어 가는 '일러주기 교육'이 아니라 교사와 학생이 더불어 가는 '탐구식의 교육'이다. 이러한 교육의 전형적 기법이 토론과 대화이다. 즉 학문은 논의를 통해 진전되거니와, 그것도 학생들이 묻고 교사가 그에 답하는 일방적인 문답형식이 아니라, 학생들 상호간의 철저한 토론형식으로 이루어져야 한다는 것이다. 엄밀하고 진지한 지적 탐구와 올바른 판단은, 공평한 입장에서 서로 의견을 주고받음으로써 온전히 이루어진다. 그 결과 학생들은 자신의 정신을 스스로 다잡고, 각자의 생각과 행동에 대해 개인적인 책임을 지는 자세를 지니게 되는 것이다. 이러한 토론과 대화의 교수기법을 중종대 사림들은 '講'과 '論'이라 표현하고 있다. 그러나 수업은 진강과 논란으로만 그쳐서는 안 된다. 講論을 통해 밝혀진 義理에 대해서는 體認되어야 한다. 즉, 體認함이란 끝없는 반성적 사고과정을 반복하면서 義理가 내 마음의 心之靈妙와 합일될 때까지 공부(誦)하는 것이라 하겠다. 그리고 그 體認됨은 반성적 도덕에 대한 지적 이해로 끝나서는 안 되고 행동으로까지 온전하게 이어져야 한다. 그래서 誠意공부는 중요하다. 결국 덕성함양의 공부는 知行을 겸전한다. 그러한 과정이 반복될 때 어느 지점에서 豁然貫通하게 되고 그 지점에서 心之靈妙와 합일된다. 이때가 완벽한 正心을 이룬 본성의 회복이요 덕성의 완성이다.

  講論의 수업현장에서 교사와 학생의 구분은 명확하게 드러나지 않고 있다. 서로가 자신의 관점을 피력하고 있을 뿐이다. 교사가 있더라도 그는 수업의 동료자이고 보조자에 불과하다. 스승과 제자가 더불어 노닐며 공부하는 형태로 가르치고 배우게 된다. 즉 교사는 학생을 이끌어 가는 것이 아니라 함께 나아가는 사람으로서 가르치며 동시에 배우는 '敎學相長'의 위치에 있다고 할 수 있다. 이러한 스승을 '傳道之師'라 부른다. 즉, 傳道之師로서의 스승은 講論을 통하여 道가 무엇인가를 보여주려고 노력하지만 학생들보다 더 우월한 입장에 있는 것은 아니다. 그러기에 이러한 스승을 師인 동시에 友라고 말하고 있다. 학문을 이루는 데 도움을 주어 마음으로 늘 존경하는 사람이 있다면 그가 바로 師요, 말을 들어주고 계략을 따라 준다면 그가 바로 友이다. 학문하는 자세만 갖추고 있다면, 어떠한 사람도 師友가 될 수 있다. 한 가지 장점만을 가지고 있는 사람이라 하더라도 그것을 내가 배우게 되면 그를 師友로 삼을 수 있다. 결국 師友로 삼을 것인가 아닌가 하는 것은 배우는 학생 자신에게 달려 있다고 해도 과언이 아니다. 그러나 교육현장에서 스승이 없을 수는 없다. 어떤 방식으로든 道를 傳하는 스승인 한 스승의 자격과 자질이 없이 스승 노릇을 할 수는 없다. 스승은 학술만 있다고 해서 자격을 갖춘 것이 아니다. 덕행이 있어야 한다. 그러나 스승은 학술과 덕행을 겸비한 자이어야 하지만, 수업현장에서 그는 학생들보다 우월한 입장에 서지 않는다. 학생과 똑같은 위치에서 서로 講論을 벌이며 간접적인 방식으로 道를 전할뿐이다.

제6장 요약 및 결론

1. 논의의 요약

이 연구는 주자학을 정치와 교육의 실천이념으로 삼고자 했던 조선 전기 도학자들의 지적·실천적 고뇌의 일단을 도덕교육론과 관련하여 탐구하는 데에 근본 목적을 두었다. 최근의 도덕교육에 대한 이론적 동향은, 기존의 원리 중심의 윤리에 기반을 둔 인지적 접근에서 탈피 하여, 도덕성에 대한 개념적 지평의 확대와 더불어 그에 기초한 인격 교육 혹은 덕교육적 접근이 주목되고 있다. 그러나 우리의 위대한 전 통인 유교사상에서는 일찍부터 도덕교육의 목표를 인격을 완성시키는 데 두는 인격교육·덕교육을 중시하였다. 특히 주자학과 조선조의 道 學은 세계와 인간을 합리적으로 설명하는 고도의 형이상학적 개념 틀 을 가지고 있었을 뿐만 아니라, 그에 기초한 도덕교육의 문제가 매우 중요한 과제로 설정되고 있었다. 따라서 여기에 나타난 제반 도덕교육 에 대한 관점들을 탐구하여 체계적으로 정리해 본다는 것은, 서양 일 변도의 이론적 논의에서 벗어나 우리 전통에 기반을 둔 도덕교육론을 정초해 보는 의미 있는 작업이 아닐 수 없다. 이 연구는 이러한 문제 의식에서 탐구된 결과이다.

공맹사상에 연원을 둔 주자학은 인간의 도덕질서뿐만 아니라 우주질 서까지도 윤리적으로 해석하려는 고도의 도덕형이상학적 체계를 갖춘 실천철학이다. 즉 주자학은 세계와 인간의 도덕질서를 설명하는 성리 학에 근거하여 인륜의 道를 밝히고 그것의 사회적 실천을 강조하는 修 己治人의 학문이라는 점에서 道學으로 별칭되고 있다. 수기치인이란 먼저 개인의 도덕적 품성과 지도자적 자질을 함양하여, 이를 바탕으로 사회에 나아가서는 백성들을 잘 다스리고 교육한다는 것이다. 따라서 修己治人의 行道에서 〈개인의 인격완성〉과 〈이상사회의 실현〉이라는 두 목표는 道學이 추구하는 이념적 지표이다. 그래서 도학에서는 정치와 더불어 교육의 문제가 매우 중요한 과제로 떠오르며, 이러한 도학적 이념의 교육적 실천이 곧 '도학적 덕교육'인 것이다.

주자의 덕교육론의 궁극적 목적은 인륜을 밝히는 이른바 '明人倫'에 있다. 그리고 明人倫을 통해 달성하고자 하는 도덕적 인간상은 聖人이다. 성인은 性理의 빛으로 어린아이의 마음(赤子之心)을 회복한 자이다. 그래서 그의 知性은 옳고 그름을 분별하는 '是非之心'으로 무장하면서도 그의 마음은 때묻지 않은 어린아이의 良知良能으로 가득 차 있다. 달리 말해, 그는 全德으로서의 仁을 온전히 터득한 사람이다. 그래서 그는 인륜의 궁극적 원리인 仁德에 근거하여 도덕상황을 판단하고 규범을 입법하고 행위를 결정해 나가는 도덕생활의 주체자가 된다.

인간의 본성은 누구나 善하다. 그러나 그 性理의 빛은 氣質에 가려 있다. 사람마다 稟賦받은 氣의 淸濁과 正偏에 따라 가려진 정도가 다르겠지만, 性理의 빛이란 현실적으로 氣質의 교정을 거쳐 앞으로 달성해야 할 선험적 이념이다. 이러한 이론적 관점에 기초하여, 주자는 氣質矯正의 정도에 맞추어 적용될 수 있는 단계적인 덕교육론을 정초하였다. 기존의 일상적 규범의 내면화를 목표로 하여 인륜의 기초를 다지는 小學교육의 단계와, 내면화한 규범에 대한 반성적 성찰을 바탕으로 자율적 도덕원리의 확립을 목표로 하는 大學교육의 단계가 그것이다. 정상적인 교육의 단계를 거칠 때, 누구나 기질을 교정하여 본성의 이념을 달성할 수 있고 聖人이 될 수 있는 것으로 주장되고 있다. 이것이 주자가 정초했던 도학적 덕교육론의 요점이다.

조선조는 이러한 道學과 덕교육론을 수용하여 정치와 교육의 실천이념으로 삼고자 하였다. 그러나 도학이념을 현실 사회에서 경험적으로 실현해 나간다는 것은 말처럼 쉬운 일이 아니었다. 주자학의 도학이념

과 덕교육론을 조선조 유자들 나름대로 이해하게 되는 것은 여러 우여
곡절을 거치는 긴 유보기간을 필요로 하였던 것이다. 적어도 그것은
성종대 이후 사림들이 정계로 진출하면서부터 시작되었고, 중종대에
와서야 본격적으로 정치와 교육 현실에 적용 가능성을 타진하게 되었
다. 중종대 사림들에게 도학의 궁극적 지향처인 修己治人의 行道, 즉
〈개인의 인격완성〉과 〈이상사회의 실현〉이라는 두 목표는 핵심적인 실
천이념으로 작용하였다. 그리고 도학이념의 교육적 구현을 위한 도학
적 덕교육의 문제도 그들에 의해 중요한 과제로 제기될 수 있었다.

중종대 사림들은 도학적 윤리공동체의 구현을 위한 하나의 방안으로
도덕교육의 중요성을 깊이 인식하고 있었다. 그래서 그들은 주자의 도
학과 그에 기초한 교육론을 수용하여 실천적 개혁운동을 전개하였다.
그들은 주자의 도학에 대한 어느 정도의 이해를 바탕으로 인간의 도덕
적 능력의 보편성과 개별성을 신뢰하게 되었고, 교육을 통해서 왕정운
영은 물론 사회질서의 전반을 합도학적인 윤리공동체로 만들어 가고자
하였다. 이를 위해 그들은 『소학』적 질서를 도학적 윤리공동체 구현의
근본으로 인식하고, 근본의 배양을 우선으로 삼는 교육실천을 강조하
였다. 보편적 도덕원리의 습득, 즉 全德으로서의 仁의 터득도 근본의
배양이 전제될 때 가능한 것으로 보는 것이다. 따라서 중종대 사림들
은 소학단계를 거쳐 대학단계의 교육으로 나아간다는 주자의 덕교육론
을 명확히 인식하고 있었다. 소학단계의 교육은 도덕적 사회화를 목표
로 하는 敎化的 덕교육론이다. 그리고 대학단계의 교육은 학생들의 自
得을 통한 도덕성의 발달을 목표로 하는 敎學的 덕교육론이다. 교화적
덕교육론이 도덕적 문화전통으로 학생들을 입문시키는 과정에 적용되
는 교육론이라면, 교학적 덕교육론은 도덕적 문화전통의 습득을 바탕
으로 보편적인 인륜의 원리를 터득케 하는 데 적용되는 교육론이다.

그러나 중종대 사림들은 주자의 덕교육론, 즉 小學－大學階梯說을
이어 받고 있으면서도 이를 제도적인 차원의 교육에 머무르지 않고 그

범위를 확대시켜 사회 전 구성원의 폭넓은 교육을 위한 방안으로 주자의 덕교육론을 활용했다. 그래서 교화적 덕교육론은 유소년과 함께 현실적으로 제도교육에 접근하기 어려웠던 불특정 다수의 일반백성들을 주 대상으로 하는 교육방안으로 확대시켰으며, 교학적 덕교육론은 군왕, 태자와 왕자, 신료 및 사대부들을 주 대상으로 하는 교육적 방안으로 활용하였다. 이하에서는 중종대 사림들이 정초했던 두 교육론에 대해 요약 정리한다.

먼저, 敎化的 덕교육론을 본다.

① 교화적 덕교육의 목표는 日用之道의 내면화를 통한 덕성의 함양에 있다. 그 일용지도란 삼강오륜 등과 같은 인륜에 필요한 기본적 덕목들과 다르지 않다. 그러나 중종대 사림들이 생각했던 일용지도는 중화 보편주의의 맹목적 답습이 아니었다. 여기에는 조선조적 특수주의가 암암리에 내재되어 있다. 중종대 사림들은 보편적 세계인이 되기 이전에 특수적 조선인이 되기를 희망했다. 이를 위해 중화 보편주의를 담고 있는 교화서들을 우리말로 諺解하는 작업이 이루어졌고, 또 조선조 사회와 백성들의 교화에 적절한 교재들을 자체적으로 편찬·간행하기도 하였다.

② 교화적 덕교육에서 길러내고자 하는 도덕적 인간상은 보편적 세계인으로서의 聖人이 되기 이전에 구체적인 생활인으로서의 孝子·忠臣·烈女를 양성하는 것이었다. 삼강오륜을 내면화하여 현실의 장에서 실제적으로 실천하는 사람을 길러내고자 하였다.

③ 교화적 덕교육에서 교수학습의 원리는 誠意이다. 그러나 여기서 誠意는 교학적 덕교육의 단계에서 格物致知 이후의 誠意는 아니라는 점에 유의해야 한다. 誠意란 情이 發할 때 구체적인 행위판단과 결정을 하는 것이기에, 그 이전에 행위판단의 근거를 밝히는 窮理가 전제되어야 한다. 그러나 교화적 단계에서는 지적 탐구로서의 窮理가 있기 전에도 도덕적 행위의 습관을 길러낼 수 있다는 관점이 전제되어 있

다. 따라서 여기서 誠意란 기존의 밖의 규범을 내면화하여 기질을 변화시킴으로써 '淸心'해 나가기 위한 부단한 자기 노력에 다름 아니다.

④ 교육이란 사회의 합의된 규범과 문화를 학생들에게 가르쳐 사회의 구성원으로 입문시키는 것이기에, 교화적 덕교육의 교육과정은 그러한 규범과 문화를 반영하는 典範과도 같은 교재들로 구성된다. 중종대 사림들은 일용의 덕목과 규범들을 담고 있는 전범적인 교화서들을 언해하기도 하고 자체적으로 편찬·간행하기도 하였다.『三綱行實圖』·『續三綱行實圖』·『二倫行實圖』등의 행실도류와,『童蒙須知』·『童蒙先習』·『正俗』·『呂氏鄕約』·『警民編』·『小學』등이 그것이다.

⑤ 교화적 덕교육에서는 스승이 먼저 덕을 닦고(正己) 학생들에게 가까이 다가감으로써 학생들이 스스로 감화되도록 하는 '物正'의 교육 방법론을 내세운다. 이를 위한 교수기법에는 모방과 체험을 통한 실천, 영웅적 이야기를 통한 감화와 설득, 암송의 過學習을 통한 지식습득 등이 있다. 旌表정책은 도덕적 품성과 행위를 모범적으로 보여준 사람들에게 褒賞함으로써 다른 사람들을 감화시키고 모방적 행위를 유도하려는 의도를 담고 있다. 그리고 鄕飮酒禮나 鄕射禮 등은 직접 체험과 실천을 통한 덕성함양의 방법으로 볼 수 있다. 行實圖柳書에 나오는 모든 인물사례들은 전통과 역사 속에 빛나는 '도덕적 영웅'들이다. 학생들은 이 책을 통하여 그 영웅들과 만나며, 교사들은 전통의 도덕적 모범들에 대한 풍부한 이야기와 사례를 가지고 학생들을 감화하고 설득시킨다. 암송을 통한 過學習은 현재의 필요보다는 장차의 필요를 위해서 비축하는 성격의 것이었다. 뜻을 명확히 모르더라도 자꾸 외우다 보면 기억으로 저장되고 언젠가는 그 뜻을 이해하게 될 뿐만 아니라, 자기도 모르게 도덕적 습성이 되어 행동으로 옮기게 되는 것이다.

⑥ 교화적 덕교육에서 교사는 전통의 안내자이고 실천가이며 모범자이고 권위자이다. 교사는 학생들보다 모든 면에서 탁월한 소유자가 되어야 한다. 그래서 교사는 누구보다 먼저 正己하고 있어야 한다. 교사

는 학생들에게 가까이 다가서서 때로는 작은 목소리로 때로는 웅장한 목소리로 성현들의 이야기를 전해주며 그들을 따라 나서기를 종용한다. 이러한 교사를 '訓蒙之師'라 한다.

다음으로, 教學的 덕교육론을 요약한다.

① 교학적 덕교육론에서는 교화적 덕교육의 단계에서 인륜의 기초를 다진 것을 바탕으로 하여 格物窮理와 誠意正心함으로써 인륜적 덕성의 완성을 목표로 한다. 교화적 단계의 교육에서 학생들은 인륜의 근본을 배양함으로써 그것이 인간 본성임을 자각하게 되었다. 그러나 교화적 단계에서 길러진 본성은 외부적 힘에 의하여 타율적으로 습득된 것이지, 스스로에 의해 자각적이고 반성적으로 터득한 것은 아니었다. 그래서 어린 시절에 길러진 본성은 이익의 泥田鬪狗가 벌어지는 어른의 세계에 오면 쉽게 상처받을 수 있다. 어른이 되면 그동안 길들여진 본성이나 습관화된 관습의 도덕이 현실과 맞지 않음을 의심하게 되고, 점차적으로 사회의 利慾에 물들면서 선한 본성은 허물어지거나 잊혀져 버린다. 따라서 잊혀진 본성을 다시 회복시키는 공부와 교육이 요구된다. 그러나 그 공부나 교육은 더 이상 타율적인 것이 아니라 스스로의 자각적인 반성과 성찰을 통한 자기 혁신(正己)으로 이루어진다.

② 본성을 회복하여, 心之靈妙의 자발성과 순수성을 다시 찾은 사람이 덕성의 완성자인 聖人이다. 성인은 性理의 빛으로 어린아이의 마음을 회복하였기 때문에, 그의 知性은 옳고 그름을 분별하는 '是非之心'으로 무장하면서도 그의 마음은 때묻지 않은 어린아이의 良知良能 혹은 心之靈妙로 가득 차 있다. 그래서 성인은 도덕생활의 주체자가 된다. 도덕생활의 주체가 되는 聖人됨이야말로 도학적 덕교육이 궁극적으로 달성하고자 하는 도덕적 인간상이다.

③ 어른의 세계에서 잊혀져 버렸으나 내 마음이 함장하고 있는 心之靈妙의 도덕성을 자각하고 다시 회복시키며 유지(存心)시키기 위한 修己의 방법론이 '持敬'이다. 물론 교화적 덕교육에서도 敬을 중시했다.

그러나 여기서의 敬은 몸을 엄숙히 하고 가지런히 함과 같은 외재적
측면이 강했다. 교학적 덕교육에서의 敬은 잊혀져 버린 선한 본성을
자각하고 회복시키는 '主一無適'의 내재적 敬이다. 이러한 持敬공부가
되어 있을 때 비로소 格物致知의 窮理공부도 의미를 갖는다. 또한 격
물궁리를 통하여 알게 된 것도 敬이 아니면 지킬 수 없다. 敬이 마음
의 주인이 되지 않을 때 理는 體認되지 못하고 글은 글대로 나는 나대
로 따로 놀게 되어 있다. 이처럼 持敬은 교학적 덕교육의 교수학습 원
리이다.

④ 持敬의 자세를 견지한 가운데 道, 즉 객관적 理에 대한 탐구(窮理)
가 이루어져야 한다. 그래서 교학적 교육단계의 교육과정은 理를 탐구하
고 접근하는 방법을 알려 줄 수 있는 기술적 접근 혹은 형식적 접근이
다. 따라서 교육과정은 理의 탐구방법론을 담고 있는 經學 중심이 될 수
밖에 없다. 經學은 窮理의 방법과 실천을 담고 있는 理論學이기 때문이
다. 『小學』・『四書五經』・『性理大全』・『近思錄』 등이 대표적인 교육과
정을 구성하는 대표적인 교재들이었다. 특히 이들 중에서도 가장 중요시
했던 교재는 『小學』과 『近思錄』이다. 그런데 여기서 『소학』공부를 중시
한 것은 교화적 덕교육에서 『소학』공부와는 의미가 조금 다른 것이다.
교화적 단계에서 『소학』은 일상적인 윤리의 실천을 통한 근본의 배양을
염두에 두고 있지만, 교학적 단계의 『소학』공부는 그것이 담고 있는 敬
사상에 주목하고 있다. 이른바 '學不躐等'의 원칙에 따라 『소학』의 敬사
상을 배울 것을 강조하고 있다. 窮理공부는 持敬공부와 유리되면 아무
의미가 없기 때문이다. 持敬공부와 窮理공부를 병행할 때 道心靈妙의 理
는 자각되고 그것이 내 마음으로 體認되는 순간 豁然貫通하게 됨으로써,
비로소 학생은 全德을 터득한 도덕생활의 주체자가 되고 德性의 완성자
가 되는 것이다.

⑤ 인륜의 궁극적 원리를 탐구하고 그것을 體認하여 德性의 완성을
이루는 교학적 덕교육론에서 교수방법은 직접적인 것이 아니라 理의

탐구와 體認을 도울 수 있는 간접적인 기법이 적용된다. 道心靈妙의 理를 자각하고 體認하는 것은 전적으로 학생 자신에게 달린 '正己'의 공부이기 때문이다. 그래서 교학적 교육론에서는 배우고자 하는 학생들의 학습에 대한 自發性이 무엇보다 중요하다. 학습자의 자발성이 전제될 때 비로소 수업은 활기를 띠게 되며, 자발성에 기초한 교육은 교사가 일방적으로 이끌어 가는 '일러주기 교육'이 아니라 교사와 학생이 더불어 가는 '탐구식의 교육'이다. 이러한 교육의 전형적 기법이 토론과 대화이다. 이러한 토론과 대화의 교수기법을 중종대 사람들은 '講'과 '論'이라 표현하고 있다. 그러나 수업은 진강과 논란으로만 그쳐서는 안 된다. 講論을 통해 밝혀진 義理에 대해서는 體認되어야 한다. 즉, 體認함이란 끝없는 반성적 사고과정을 반복하면서 義理가 내 마음의 心之靈妙와 합일될 때까지 공부(誦)하는 것이다. 그리고 그 體認됨은 반성적 도덕에 대한 지적 이해로 끝나서는 안 되고 행동으로까지 온전하게 이어져야 한다. 그래서 誠意공부는 중요하다. 결국 덕성함양의 공부는 知行을 兼全한다. 그러한 과정이 반복될 때 어느 지점에서 豁然貫通하게 되고 그 지점에서 心之靈妙와 합일된다. 이때가 완벽한 正心을 이룬 본성의 회복이요 덕성의 완성단계이다.

⑥ 講論의 수업현장에서 교사와 학생의 구분은 명확하게 드러나지 않고 있다. 교사가 있더라도 그는 수업의 동료자이고 보조자에 불과하다. 스승과 제자가 더불어 노닐며 공부하는 형태로 가르치고 배우게 된다. 즉 교사는 학생을 이끌어 가는 것이 아니라 함께 나아가는 사람으로서 가르치며 동시에 배우는 '敎學相長'의 위치에 있다고 할 수 있다. 이러한 스승을 '傳道之師'라 부른다. 즉, 傳道之師로서의 스승은 講論을 통하여 道가 무엇인가를 보여주려고 노력하지만 학생들보다 우월한 입장에 있는 것은 아니다.

2. 결 론

우리의 위대한 전통에 기반을 둔 유교적 도덕교육론은 인격교육론이
고 덕교육론이다. 그래서 도학적 덕교육론에서는 인격의 본질을 원래
부터 保持하고 있었던 본성의 회복인 德性으로 규정한다. 그 덕성의
실체는 인륜의 궁극적 원리인 仁이다. 이 全德으로서의 仁이 터득될
때 인격의 완성자가 된다. 완성된 인격인 聖人은 仁의 원리에 근거하
여 도덕상황을 판단(知)하고 적절한(義) 규범(禮)을 창출하는 도덕생
활의 주체자가 된다. 그러나 인격의 완성은 하루아침에 이루어지는 것
이 결코 아니다. 덕성의 발달은 공부와 교육을 통하여 점진적으로 이
루어져 간다. 태어날 때부터 聖人인 生知者도 공부를 통하여 다시금
본성을 회복한 이로 보아야 한다. 다만 生知者는 우리 마음속에 함장
되어 있는 性理의 빛을 처음부터 자각했고 남들보다 먼저 회복하였을
뿐이다.

그래서 도학적 덕교육론은 덕성의 발달 정도에 따른 단계적인 교육
방안을 입론하였다. 氣質의 순화 정도에 따라 점차적으로 性理의 빛은
드러난다. '아래로 人間의 일을 배우면서 위로 天理를 통달한다'는 下
學而上達은 덕성이 어떻게 발달해 가는지를 적시해 주는 언표이다. 원
리와 반성의 도덕은 전통과 관습의 마당을 거쳐서 가능하다. 규범이나
전통에 대한 학습과 도덕적 습관의 형성은 자율적이고 합리적인 방식
으로 판단하고 행위하는 데 있어서 필수적인 선행 조건이다. 그래서
도학적 덕교육론은 전통과 관습의 내면화를 위한 소학단계의 교화적
덕교육과 원리와 반성의 도덕을 함양하는 대학단계의 교학적 덕교육으
로 구성되었다. 이처럼 도학적 덕교육론은 '도덕교육에서의 形式과 內
容'을 모두 강조하고 있는 통합적인 덕교육론이고 인격교육론이다. 그
리고 도학적 덕교육론의 교화적 덕교육과 교학적 덕교육은 각각 나름
대로 고유한 교육목표와 도덕적 인간상, 그리고 교육대상을 설정하여

접근하고 있는 독자적인 기획임과 동시에 연속적인 기획이었다. 뿐만 아니라 교화적 덕교육과 교학적 덕교육은 각각 단계의 목표설정에 적절한 특징적인 교육과정으로 운영되며, 교육과정의 달성에 적합한 교수기법과 교사의 역할이 부여되는 이론적 체계를 가지고 있었다.

오늘날 도덕교육의 이론적 경향도 인격교육 혹은 덕교육적 접근으로 회귀하는 모습을 보여주고 있다. 지금까지 탐색해 왔지만, 우리의 도학적 덕교육론에서 최근의 도덕교육론적 경향과 관점이 발견된다는 것은 놀라운 일인지 모른다. 그러나 한편으로 그것은 우리가 놀랄 일이 아니라 어쩌면 부끄러워해야 할 일이 아닌가 한다. 우리는 그동안 서구의 과학적 근대성에 짓눌려 전통을 극복의 대상으로만 여겨왔지 새롭게 재해석해 내려는 시도를 해오지 못했다. 그래서 우리의 학문이나 교육현장을 뒷받침하는 이론적 관점은 여전히 서구 이론의 맹목적 추종일 뿐이다. 물론 오늘날 도덕교육에 대한 패러다임의 이동을 주도하고 있는 덕교육론의 재등장에 힘입어 이 연구도 착수되었다. 이러한 점에서, 이 연구도 그 문제의식의 종속성에서 완전히 자유스러운 것은 아니다. 그럼에도 불구하고 우리의 전통에 바탕을 둔 도덕교육론의 탐색을 시도해 본 것만으로도 충분히 의미가 있다고 믿으며, 앞으로 도덕교육에 대한 주체성과 정체성을 확립해 가기 위한 첫걸음으로 여기고자 한다. 이러한 점에서 오늘날 우리 도덕교육의 이론적 실제적 측면과 관련하여 도학적 덕교육론이 주는 시사점과 그 한계에 대해서도 명확히 해 둘 필요가 있다.

첫째, 교육론의 형이상학적 근거로서, 우주질서로부터 인간의 도덕질서를 유추해 내고 체계를 세우는 유학(주자학)은 근대적 합리성에 깊숙이 물들어 있는 현대인들에게 설득력이 약할지 모른다. 인간의 본성은 善하다고 보는 것이 도학을 비롯한 정통유학의 기본 관점이다. 그 善함의 출처는 하늘(理)이고 그 실체는 하늘의 봄에 비유되는 仁이다. 하늘에서 봄이 사계절을 총괄하듯이 도덕세계에서 仁이 모든 덕들을

총괄하는 全德이요 인륜적 원리인 것이다. 이러한 설명방식은 분명 과
학적 명증성을 요구하는 현대인들에게는 설득력이 약할 수 있다. 아울
러 仁과 같은 사랑과 배려의 원리도 인륜공동체의 사회적 배경 아래에
서는 적절한 도덕원리일 수 있으나, 오늘날과 같이 공동체가 해체되고
익명의 사람들이 모여 구성된 이익사회에서의 적절한 도덕원리로 인정
되기는 어려울지 모른다.

그러나 오늘날 인간성의 상실과 도덕적 혼란은 오히려 형이상학을
몰아낸 합리성과 과학성의 과잉에서 비롯된 것이라 본다. 이러한 점에
서 도덕성에 대한 유학적 설명이 현대인들에게 설득력이 약하다면, 그
것은 우리의 전통사상에 잘못이 있기보다는 현대인들이 지니고 있는
사상과 행동양식에 문제가 있는 것으로 보아야 한다. 인간성을 회복하
고 도덕적 혼란을 치유하는 길은 더 이상 과학이나 사회구조의 개혁에
있지 않다고 생각한다. 궁극적으로 그것은 인간들이 자신에 대한 믿음
을 다시 회복할 때에만 가능한 것이라 믿는다. 따라서 인간 본성에 대
한 믿음을 굳게 세우는 형이상학은 오늘날에 더욱 간절히 요구되는 학
문영역이라 할 수 있다. 이를 위한 출발로 우리는 전통을 다시 볼 필
요도 제기하는 것이다. 나아가 21세기의 전지구적인 인류의 과제 중의
하나가 자연과 환경이라는 지적들에 유의할 때, 인간의 도덕질서뿐만
아니라 우주질서까지 윤리적으로 해석하는 우리의 전통이 새롭게 주목
되어할 필요도 있는 것이다.

한편, 오늘날 익명의 사회에서 필요한 도덕의 궁극적 원리로 주장되
어온 것은 다분히 서양사상사적 전통의 '正義'이다. 정의의 원리는 너
와 나의 다름과 차이를 강조하고 따뜻한 사랑보다는 차가운 이성을 더
선호한다. 그래서 오늘날 우리 사회에는 따뜻함보다는 차가운 기류가
더 흐르고 있는 것인지 모른다. 최근에 몇몇 학자들이 주장하듯, 이제
는 정의의 원리보다 仁德과 같은 따뜻한 사랑과 배려를 더 중요한 도
덕원리로 간주하여야 마땅할 것이다.

둘째, 우리는 그동안 이론적이든 실제적이든 인격적인 사람 혹은 덕스러운 사람 그 자체보다는 덕목이나 가치, 규범을 알게 하거나 또는 그 외의 어떤 부분적인 능력을 육성하는 것이 도덕교육의 전부인 것인 양 생각해 왔다. 그래서 우리는 도덕교육과 관련하여 '무엇을 해야 하는가' 하는 행동을 제시하는 데 더 관심을 두어왔지 '어떤 사람이 되어야 하는가' 하는 데에는 소홀히 해 왔던 것이 사실이다. 이를테면, 가치·태도 교육, 도덕적 사고력의 교육, 도덕적 습관의 교육 등의 말들은 우리 도덕교육의 중점이 어디에 있었는지를 알려주는 예들이다. 도덕교육을 이렇게 실시해 온 이유는 아마도 칸트적인 원리 중심의 윤리에 근거한 교육이론을 우리 도덕교육의 근거로 삼아왔기 때문이 아닌가 한다.

물론 도덕적 가치를 가르치거나 그와 관련된 사고·판단 능력 또는 행동 습관을 기르는 일은 중요하다. 그러나 그것은 도덕교육의 한 부분 또는 한 측면에 불과한 것이지, 그 자체가 본질이거나 궁극적 도달점은 아니라는 데 유의해야 한다. 이 점을 우리의 도학적 덕교육론은 분명히 밝혀주고 있었다. 즉 도학적 덕교육론은 도덕교육의 본질이 단순한 도덕적 기능인이 아니라, 有德한 人格을 함양하는 데 있음을 분명하게 적시해 주고 있다. 그리고 有德한 人格은 善에 대해 알기만 하거나 느끼기만 하거나 무조건 행동의 습관만을 갖게 하는 일면성을 통해서 기를 수 있는 것이 아니라, 사고·판단하는 지적 측면과 느끼고 의욕하는 정의적 측면, 그리고 실천·행동하는 행동적 측면의 통합된 내적 성향으로 구현될 때 가능한 것이다. 따라서 유덕한 인격을 함양하는 도덕교육은 통합적인 접근을 통해서만 가능한 것임을 도학적 덕교육론은 시사하고 있다.

셋째, 그러나 우리의 도학적 덕교육론은 그 이론적 지향과는 달리, 실제적 적용상에 있어서 중세적인 신분적·계급적 입장에서 벗어나지 못하고 있다는 점에서 뚜렷한 한계도 노정하고 있다. 이론적 지향에서 볼 때, 소학단계의 교화적 덕교육론은 유소년들을 대상으로 도덕적 문화전통에 입문시키는 교육이고, 대학단계의 교학적 덕교육론은 소학단계를 마친 학생들을 대상으로 인류의 궁극적 원리를 터득하는 것을 목표로 하는 교육이다. 그러나 실제상으로 그것들은 다분히 신분적 차이를 전제하고 기획된 것임을 부인할 수 없다. 즉 교화적 덕교육은 도덕적으로 열등자로 간주되는 불특정의 일반백성들을 대상으로 한 것이라면, 교학적 덕교육은 지배층의 입장에 있었던 사대부 이상의 儒者들을 대상으로 기획된 것이었다. 이 점은 중세라는 시대적 한계로 돌릴 수밖에 없을 것이다.

그러나 이러한 한계가 도학적 덕교육론의 현대적 의의를 감소시키지는 않는다고 본다. 오히려 우리는 그것을 장점으로 돌려 읽어낼 필요가 있는 것이다. 즉 일반백성을 대상으로 기획된 교화적 덕교육론을 장점으로 읽을 때, 오늘날 우리의 제도교육이 덕성의 발달 정도를 배려함 없이 학년에 따라 획일적으로 교육과정이 부여되고 있는 점에 주목한다면, 교화적 덕교육론은 어른이 되더라도 덕성 발달 정도가 낮으면 계속해서 교화적 단계의 교육을 받아야 마땅하다는 것으로 읽을 수 있는 것이다.

21세기 초두에 적용될 제7차 초·중·고등학교 도덕과 교육과정은 "한국인으로서 바람직한 삶을 살아가는 데 필요한 기본 생활습관과 예절 및 도덕규범을 익히고, 일상생활 속에서 부딪치는 도덕적 문제를 합리적으로 해결할 수 있는 판단 능력을 기르며, 올바른 시민 의식과 국가·민족 의식 그리고 세계 평화와 인류 공영 의식을 함양하고, 삶의 이상과 원리를 체계화하여 실천할 수 있는 도덕적 성향을 기른다."는 데 그 목표를 두고 있다. 여기서 넓게 규정된 도덕교육의 목표를 줄여 말한다면 '한국인으로서의 건전한 인격형성'이라 보아도 무방할 것 같다. 이제 이러한 교육목표에 걸맞게 목표달성을 위한 교육의 방법론도 우리의 도덕교육 전통에 바탕을 둔 교육이론으로 뒷받침되기를 기대해 본다. 이 연구는 이러한 기대를 충족시켜 나가기 위한 첫걸음에 불과하다. 훨씬 더 많은 우리의 위대한 전통들이 빛을 보지 못한 채 연구자들의 손길을 기다리고 있다. 그것들은 연구자 한 사람의 힘만으로는 절대로 감당해 나갈 수 없는 일이기에, 뜻을 같이 하는 많은 연구자들의 동참을 기대하며, 필자도 미력하나마 그 일부분을 앞으로의 연구과제로 삼고자 한다.

제2부
보 론

옛 圖書類에 함의된 덕성교육의

두 가지 접근법

－「行實圖」類書와 『聖學十圖』를 중심으로 －

1. 서 론

圖書를 이용하여 사상을 표현하는 방식은 예로부터 있었고, 특히 송대의 도교사상가들이 자신의 易學사상을 풀이하기 위하여 도서를 사용하는 기풍이 생겼다고 전한다.[1] 이것이 당 시대 성리학자들에게도 영향을 주었는데, 주렴계가 '太極圖'에 근거하여 태극도설을 지은 것도 그 대표적인 사례에 해당한다. 특히, 조선조 철학자들에게 도서를 통한 접근은 성리학 연구의 특별한 방법적 통로였던 것 같다.[2] 권근의 『入學圖說』에서 보듯이, 성리학의 초입단계에서부터 도서가 적극적으로 활용되었고, 정지운의 「天命圖說」은 조선 성리학에서 철학적 논쟁을 촉발하는 계기가 되었던 것이다.

윤사순이 밝혔듯이, 도서를 통한 접근은 "말로 표현하기 어려운 철학을 완벽하게 표현할 수 없음을 자각하고, 언어 이상의 상징방법을 강구한 동양철학의 방법론적 성찰에 그 연원을 두고 있는 것"[3]이라는 주장에 적극 동감한다. 그러나 이 글에서는 이러한 측면의 함의보다는 도서를 통한 접근의 교육적 의의에 더 관심을 두고자 한다. 즉, 도서를 통한 접근은 '온축된 철학사상을 그림과 그에 대한 해설로 표현하는 방식으로, 알기 쉬운 그림과 해설을 사용하여 난해한 철학사상을 초학자들에게 교육하기 위해'[4] 일종의 교수방법을 고려하여 편찬된 책인 것이다. 권근의 『入學圖說』[5]이나 퇴계의 『聖學十圖』 등은 그 대표적인

---

1) 노사광 저, 정인재 역, 『중국철학사』(서울: 탐구당, 1997 四版), 19쪽.
2) 한국사상연구회, 『圖說로 보는 한국 유학』(서울: 예문서원, 2000), 6쪽.
3) 위 책, 7쪽.
4) 위 책, 같은 쪽.
5) 권근은 『입학도설』의 自序에서 다음과 같이 말하고 있다. "나에게 와서 『대학』과 『중용』을 배우는 초학자들이 한둘 있었는데, 거듭 자세히 설명해 주어도 분명히 이해하지를 못하므로, 이에 周子의 『태극도』를 근본으로 하고 장구의 설을 참작하여 그림을 그려 보이고, 다시 先賢들의 격언을 취하여

사례라고 여긴다.

한편, 도서를 통한 접근에는 '온축된 철학사상을 그림과 그에 대한 해설로 표현하는 방식'과는 전혀 성격을 달리하는 경우도 있는데, 바로 『三綱行實圖』처럼 行實圖類書가 그것이다. 여기서의 圖는 五倫的 덕목의 실천사례를 그림으로 표현한 것으로 문자로 된 내용을 보완하는 성격의 것이라 하겠다. 그리고 우리가 아는 한 삼강오륜 「행실도」류서는 조선 세종대 이후 유교윤리의 정착을 위하여 교육적 고려에서 특별히 고안되고 반복적으로 재간행되었던 圖書이다.

'유교윤리의 정착', '교육적 고려'라는 두 가지 측면에서 보면 『삼강행실도』나 『성학십도』는 같은 목적과 동기를 공유하고 편찬 간행된 圖書들이다. 그러나 두 책에 활용된 圖를 들여다보면 확연히 구분되는 것처럼, 『삼강행실도』의 도는 그림이고 『성학십도』의 도는 오히려 도표에 가깝다. 즉, 전자의 도가 오륜덕목의 실천 행위를 표현한 그림이라면, 후자의 도는 온축한 사상내용을 구조화한 도표인 것이다. 이러한 차이의 전제에는 드러난 圖의 차이보다 더 깊고 서로 다른 교육 이론적 함의가 깔려 있는 것이라 여긴다. 이 글은 바로 이러한 가정을 확인해 보기 위한 것이다.

물론 「行實圖」類書와 『聖學十圖』가 조선시대에 편찬된 모든 圖書類를 대표한다고 생각하지는 않는다. 그러나 두 圖書는 성리학적 덕성교육론의 조선조적 원용과 실천이라는 차원에서 깊은 교육적 고려 속에 편찬 간행된 것이라 여긴다. 이 글에서는 이러한 가정을 확인해 보면서,[6] 특히 두 圖書에 함의된 덕성교육의 접근방법을 현대적 관점에서

그 의미를 해석해 주었다." 장숙필, 「권근의 『입학도설』과 그 영향」, 위 책, 15쪽에서 재인용.

6) 사실 연구자는 그동안 이러한 검토를 한 바 있다. 「삼강오륜 〈행실도〉류서에 함의된 전통 도덕교육의 방법과 원리」, 『국민윤리연구』 제46호(한국국민윤리학회, 2001); 「퇴계의 『성학십도』에 함의된 도덕교육론」, 『도덕윤리과교육』, 제19호(한국도덕윤리과교육학회, 2004). 이 글은 앞선 두 연구를 통

탐색해 보려한다. 이를 위해 먼저 예비적 고찰로 성리학적 덕성교육론
과 그 조선조적 원용에 대하여 살펴보고(Ⅱ장), 이를 바탕으로 덕성교
육의 교재로서 「行實圖」類書와 『聖學十圖』의 간행목적과 그 특징을 짚
어 본다(Ⅲ장). 다음으로, 두 圖書의 편찬방식과 체재에 주목하면서 여
기에 함의된 덕성교육의 접근방법, 즉 교수-학습의 모형과 방법적 원
리를 고찰한다(Ⅳ장). 결론에서는 연구를 요약하면서 현대적 의의를
생각해 본다(Ⅴ장).

2. 성리학적 덕성교육의 기본 관점7)

유가적(성리학적) 의미에서 덕성함양(德性 涵養 혹은 涵泳)이란, 마
치 화선지 위에 붓글씨를 쓰거나 묵화를 그릴 때 먹이 종이 속으로 젖
어들어 가듯이, 존재론적 도리(道)가 주체의 심정 속으로 쓰며들어 오
는 것과 다르지 않다.8) 따라서 덕성함양을 하려면, 우선 논리적 순서
로 道가 무엇인지를 밝히는 작업이 선행되어야 하고, 다음으로 밝혀진
道를 내 마음 속으로 체득하는 공부가 뒤따라야 한다. 그래서 성리학
적 덕성함양 방법의 양 날개는 〈尊德性〉과 〈道問學〉인 것이다. 〈존덕
성〉은 마음을 보존하여(存心) 道體의 광대함으로 뻗어 나아가는 것이
며, 〈도문학〉은 앎에 이르러서(致知) 道體의 미세함에 까지 남김없이
밝히는 것이다.9)

합적 관점에서 재 고찰하는 셈이 된다. 따라서 기존연구와의 부분적인 논의
의 중복은 피할 길이 없다.
7) 이 장의 논의는 대체로 연구자의 다른 연구에서 차용한다. 「전통적 덕성함
양교육의 한 접근으로써 '敎化': 교화는 Indoctrination인가?」, 『교육과학연
구 백록논총』(제주대학교 사범대학·교육과학연구소, 2002), 43-54쪽.
8) 김형효, 「율곡적 사유의 이중성과 현상학적 비전」, 김형효 외 4인 공저, 『율
곡의 사상과 그 현대적 의미』(성남: 한국정신문화연구원, 1995), 38-39쪽.
9) 『國譯 栗谷全書(Ⅴ)-聖學輯要』(한국정신문화연구원, 1985), 21쪽.

주희는 바로 이러한 핵심개념을 중심으로 〈존덕성〉의 공부방법으로
〈敬〉을, 〈도문학〉의 공부방법으로 〈格物窮理〉를 주장하였다. 아울러 그
를 위한 교육론까지 입론하였는데, 소학교육과 대학교육이 그것이다.
조선조는 이러한 주자의 공부론 내지 교육론을 수용하여 세종대를 거
치고 중종대에 이르기까지는 나름대로 주자적 틀을 이해하였다고 할
수 있다. 주자의 소학교육과 대학교육을 조선조 나름대로 원용한 표현
이 '教化'와 '教學'이었던 것으로 생각한다. 이 장에서는 이러한 점을
좀 더 자세히 소개하면서 예비적 고찰로 삼고자 한다.

1) 주희의 입론: 小學교육과 大學교육

덕성교육에 관한 주희의 입론을 보기 위해서는 우선, 인간 본성에
대한 성리학적 구명과 德性의 본질에 대한 그의 고찰을 살펴볼 필요가
있다. 주희가 세계 탄생을 설명하고 인간 본성을 구명하기 위해 사용
한 핵심개념은 말할 것도 없이 理와 氣이다. 그에 의하면, 이 우주에는
理도 있고 氣도 있다. 理는 形而上의 道로써 만물을 생성하는 근본이
요, 氣는 形而下의 器로써 만물을 생성하는 도구이다. 따라서 인간과
만물은 모두 이 근본으로서의 理와 도구로서의 氣가 만나게 됨으로써
탄생한다.[10] 理는 情意도 計度도 造作도 없는 속성을 지녔고, 凝結造作
할 수 있는 것은 氣이다. 그러나 氣가 응취하는 곳에는 항상 理가 있
다.[11] 그래서 理는 氣의 원리이다. 원리의 理는 무색무취하지만, 활동
성의 氣는 淸濁厚薄의 속성을 지녔다. 어느 것이 먼저랄 것도 없이 활
동성의 氣에는 理가 따르고 理는 氣에 원리를 제공하여 세상은 탄생한

---

10) 『朱子大全』, 卷 58, 「答黃道夫書」. "天地之間, 有理有氣. 理也者, 形而上之
道也, 生物之本也. 氣也者, 形而下之器也, 生物之具也. 是以人物之生, 必稟
此理, 然後有性, 必稟此氣, 然後有形."

11) 『朱子語類』, 卷 1, 「理氣上」. "蓋氣則能凝結造作, 理却無情意, 無計度, 無造
作. 只此氣凝聚處, 理便在其中."

다. 理가 어떤 속성의 氣에 원리를 제공할 것인지는 우연이지만, 그것이 세상의 다양성을 결정한다. 치우치고(偏) 막힌(塞) 氣와 만나면 동식물이 되고, 바르고(正) 뚫린(通) 氣와 만나면 인간이 된다는 식이다.12) 이렇게 하여 세상의 존재들은 결정되었다.

理氣의 만남은 존재들의 본성(性)까지도 결정하게 마련이었다. 理가 氣와 만나 존재를 이룰 때 性이 된다. 性이 곧 理이다(性卽理). 이렇게 하여 인간과 동식물은 탄생과 함께 각자 부여받은 理를 健順五常의 德으로 삼게 되는데 이것이 곧 본성이다.13) 그러나 존재들의 본성에 대한 자각능력은 역시 어떤 속성의 氣와 만나느냐에 달렸다. 치우치고 막힌 氣로 탄생한 동식물에는 도덕적 자각능력이 거의 없거나 있어도 미미하다. 바르고 뚫린 氣로 탄생한 인간은 도덕적 자각능력이 뛰어나 지각하지 못하는 것이 없고 해나가지 못하는 것이 없다.14) 이처럼 동식물과 인간 사이의 도덕적 자각능력과 관련한 존재의 위상은 엄청나기에 더 이상 인간 외의 性에 대해서는 거론하지 말기로 하자.15) 어쨌든 인간의 性은 비록 氣와 같이 있지만 독자적 속성을 결코 잊지 않고 내재된 도덕성으로서의 역할을 수행한다.16) 이것이 맹자의 性善에 대한 주희의 해석이다.

그러나 엄격히 말하면 理氣가 만나 형성된 인간의 性은 本然之性이

---

12) 『朱子語類』, 卷 4, 「性理 1」. "自一氣言之, 則人物皆受是氣而生, 自精粗而言, 則人得其氣之正且通者, 物得其偏且塞者."

13) 『中庸章句』. "性卽理也. 天以陰陽五行化生萬物, 氣以成形而理亦賦焉, 猶命令也. 於是人物之生, 因各得所賦之理, 以爲健順五常之德, 所謂性也."

14) 『朱子語類』, 권 4, 「性理 1」. "物之間有知者, 不過只通得一路, 如鳥之知孝, 獺之知祭, 犬但能守禦, 牛但能耕而已. 人則無不知, 無不能." 인용에서 보듯, 주자가 동물들의 도덕적 자각능력을 인정하고 있는 것은 흥미로운 일이다.

15) 주희도 제자가 생명이 없는 붓에도 仁義가 있느냐는 질문에 대해 극히 미소하니 굳이 찾으려 애쓸 필요가 없다고 답하고 있다. 『朱子語類』, 권 4, 「性理 1」. "又問, 筆上如何分仁義. 曰, 小小底. 不消恁地分仁義."

16) 『朱子大全』, 卷 46. 「答劉叔文 第2書」. "未有此氣, 已有此性. 氣有不存, 性卻常在. 雖其方在氣中, 然氣自氣, 性自性, 亦自不相夾雜."

아니라 氣質之性이다. 본연지성은 理氣가 만나기 전 理의 도덕적 순수
성을 염두에 두고, 理氣가 만나 기질지성을 형성하더라도 계속하여 내
재된 도덕성으로 역할 한다는 점을 강조하기 위해 채택된 용어라 본
다. 본연지성은 善함 그 자체이고 仁義禮智의 德이다. 四德 중에서도
주자는 〈仁〉을 性卽理의 德으로, 四德을 포괄하는 全德으로 보고 있다.
이것은 孔·孟을 이은 관점이겠지만, 주희는 그 점을 〈仁說〉에서 명쾌
하게 정리하고 있다. '心之德으로서의 仁'개념이 바로 그것이다. 仁의
의미는 두 가지다. 하나는 '愛之理로서의 仁'이고, 또 다른 하나는 '心
之德으로서 仁'이다. 전자는 仁의 전통적 의미인 사랑(仁愛) 혹은 사랑
의 두터움(仁厚)의 뜻으로 그것은 仁義禮智의 四德 속의 협의의 仁개
념이다. 후자는 全德으로서의 광의의 仁개념이다. 이 全德으로서의 仁
은 나머지 모든 德들을 포괄하는 德으로써, 말하자면 도덕의 제일원리
이고 도덕실천의 내적 근거라 할 수 있다.17) 그리고 全德으로서의 仁
을 터득한 사람은 도덕의 주체자가 되어 規範을 입법하고 집행할 수
있는 능력의 소유자가 되고,18) 그가 곧 聖人이다.

그러나 불행하게도 가장 청명하고 뚫린 氣를 받고 태어난 성인과 같
은 生知之者가 아닌 한 仁을 터득해 내기가 쉽지 않은 일이다. 氣質이
性의 표출을 가리고 있기 때문이다. 따라서 性의 표출을 온전하게 하
고 仁의 터득을 완성해 나가기 위해서는 혼탁한 氣質을 교정하고 순화
시키는 공부나 교육이 필요한 것이라 할 수 있다. 기질의 순화 정도에

---

17) 『朱子大全』, 卷 67, 「仁說」. "蓋天地之心, 其德有四, 曰元亨利貞, 而元無不
統. 其運行焉, 則爲春夏秋冬之序, 而春生之氣無所不通. 故人之爲心, 其德亦
有四, 曰仁義禮智, 而仁無不包. 其發用焉, 則爲愛恭宜別, 而惻隱之心無所不
貫. 故論天地之心者, 則曰乾元坤元, 則四德之體用不待悉數而足. 論人心之妙
者, 則曰仁人心也, 則四德之體用亦不待遍擧而該."

18) 『朱子大全』, 卷 67, 「仁說」. "蓋仁之爲道, 乃天地生物之心, 卽物而在. 情之
未發而此體已具, 情之旣發而其用不窮. 誠能體而存之, 則衆善之源, 百行之本,
莫不在是."

따라 점차적으로 덕성이 함양되고 본성이 회복되어 간다. 이러한 점에서 볼 때, 주자에게 있어 본연지성은 공부나 교육의 궁극적 목표를 적시하고 있다면, 기질지성은 공부나 교육의 출발점이라 할 것이다.

기질지성을 교정하고 본연지성을 회복하는 길은 우선적으로 德目이나 규범을 내면화하는 것에서부터 시작되어야 한다. 이것이 格物致知 이전에 涵養 · 實踐해야 한다는 〈小學의 단계〉이다.[19] 규범을 내면화하는 소학의 단계가 끝나고 〈大學의 단계〉에 오면 그동안 맹목적으로 수용해온 규범에 대한 반성적 성찰이 이루어진다. 格物의 단계가 그것이다.[20] 格物이란 사물의 理를 궁구하는 것으로, 현대적 의미에서 도덕행위의 원리와 근거를 밝히는 것이라 할 수 있다. 이러한 반성적 성찰이 계속될 때 어느 순간에 豁然貫通하는 致知의 단계에 다다르게 된다. 이때가 全德으로서의 仁을 터득하게 됨으로써 性理와 天理가 합일하는 순간이다.

이것이 이른바 주희가 입론한 '小學 – 大學階梯說'에 기초한 덕성함양의 교육론이다. 부연해 두자면, 8~15세까지를 대상으로 하는 小學教育의 단계는 미성숙한 개인이 사회의 문화적 전통에 처음 입문하게 되는 단계로써 윤리적 행위규범의 실천을 위한 교육(教之以事)을 통하여 개인의 도덕적 품성을 함양하는 것을 목표로 하고 있다. 그리고 그 주요 교육과정은 일상생활의 일을 처리하는 방법(灑掃應對進退之節)과 실용적 지식이 포함된 기본 교양으로서 六藝(禮樂射御書數)를 배운다. 그리고 도덕교육과 관련해서는 孝 · 悌 · 忠 · 信의 덕목과 愛親 · 敬長 · 隆師 · 親友의 道를 배운다.[21] 이러한 교육과정은 모두 일상생활의 실천

---

19) 『朱子大全』, 卷 42, 「答吳晦叔」(제9서). "蓋古人之敎, 自其孩幼, 而敎之以孝悌誠敬之實, 及其少長, 而博之以詩書禮樂之文, 皆所以使之卽夫一事一物之間, 各有以知其義理之所在, 而致涵養踐履之功也."

20) 『朱子大全』, 卷 42, 「答吳晦叔」(제9서). "及其十五, 成童學於大學, 則其灑掃應對之間, 禮樂射御之際, 所以涵養踐履之者, 略已小成矣. 於是不離乎此, 而敎之以格物以致其知焉."

적 행위(事)를 위한 현실적 도덕규범이라 할 수 있다. 이 소학단계에서 배우는 가장 기본적인 교재가 『小學』이었다. 한편, 15세 이상을 대상으로 하는 大學教育의 단계는 소학단계에서 습득한 도덕규범의 이론적 근거를 탐색(窮理)하는 교육(教之以理)을 주로 하여 인륜의 궁극적 원리, 즉 全德인 仁을 터득케 하는 것을 목표로 하고 있다.[22] 대학단계의 교육과정으로 주희는 '폭넓은 배움(博學)'을 강조하는 바, 여기에는 四書三經 등의 經書를 비롯한 역사서 등이 포함된다.

그리고 주희는 교육의 대상으로 사회구성원 모두를 상정했었고, 특히 대학의 입학대상에 대해서도 군왕의 태자와 왕자, 공경대부와 선비들을 비롯한 일반백성의 준수한 자제까지 포함하였다. 그리고 주희의 교육론에서 주목을 끄는 것은 이른바 '學不獵等'의 원칙이다. '학불엽등'의 원칙이란 배움에 순서를 넘어서면 안 된다는 것으로, 소학단계를 거치지 않고 대학단계의 공부로 넘어가면 안 된다는 것이다. 그렇다면 소학단계의 교육대상은 유소년들에서 훨씬 범위가 넓어질 수 있다. 현실적으로 대학의 입학대상은 儒者들로 상당히 제한되었을 것으로 상정할 때, 주자가 '학불엽 등'의 원칙을 제시하며 소학단계의 교육대상은 넓히려는 데는 실제 소학공부를 못한 유자들을 포함하면서도 제도교육에의 접근이 어려웠을 일반백성들을 염두에 두었던 것이라 생각한다.

---

21) 『大學』, 「大學章句序」. "三代之隆, 其法浸備, 然後王宮國都以及閭巷, 莫不有學. 人生八歲, 則自王公以下, 至於庶人之子弟, 皆入小學, 而教之以灑掃應對進退之節, 禮樂射御書數之文."

22) 『大學』, 「大學章句序」. "及其十有五年, 則自天子之元子衆子, 以至公卿大夫元士之適(嫡)子, 與凡民之俊秀, 皆入大學. 而教之以窮理正心修己治人之道, 此又學校之教, 大小之節, 所以分也." 비슷한 내용이 語類에서도 보인다. 『朱子語類』, 卷 7, 「小學」. "古者初年入小學, 只是教之以事, 如禮樂射御書數及孝弟忠信之事. 自十六七入大學然後, 教之以理, 如致知格物及所以爲忠信孝弟者. 小學是直理會那事, 大學是窮究那理因甚恁地. 小學者學其事, 大學者學其小學所學之事之所以. 小學是事, 如事君事父事兄處友等事, 只是教他依此規矩去, 大學是發明此事之理."

어쨌든, 이 두 단계를 거칠 때 有德한 人格으로서의 聖人이 된다고
할 수 있다. 인간에게 자기완성의 최고 경지는 知·情·行의 合一에
있으며, 스스로 도덕상황을 판단하고 이에 적절한 도덕규범을 입법하
고 지켜 나갈 수 있는 도덕적 자율성의 단계가 된다. 그가 곧 성인으
로서의 有德한 人格人이다. 말하자면 유덕한 인격인으로서 성인은 인
간 스스로에게 내재된 도덕성(性)을 함양하고 도덕규범(禮)의 실천의
지와 더불어 도덕적 행위의 원리(仁)에 대한 고도의 인지적 안목을 갖
는다. 따라서 성인이란 사고·판단하는 지적 측면과 느끼고 의욕하는
정의적 측면, 그리고 실천·행동하는 행동적 측면의 통합된 내적 성향
을 함양한 사람이라 할 수 있다.

2) 주희 교육론의 조선조적 원용: 敎化와 敎學

조선왕조실록 등에서 자주 눈에 띠는 교육관련 용어들을 유형화하여
제시하면, ① 修己而安百姓·成己成物·修齊而治平·修己治人, ② 內聖
外王·聖學·正君心·格君, ③ 敎育·位育·敎學·講學, ④ 敎化·風
化·儒化·敦化·敎人·德化·敎民·牧民·敎誨·王化·正人心 등이다.
사실 여기서 교육관련 용어라 하였지만, 이들을 반드시 교육용어로만
볼 수는 없다. 실천적 학문으로서의 유학 자체가 정치사상인 동시에
교육사상이라 할 것이기 때문이다. 조선시대 유자들에게 있어서도 정
치와 교육은 분리되어 있는 것이 아니었다. 이를테면, "풍속은 국가의
원기요, 교화는 국가의 급무이니 교화가 이루어지면 풍속이 후해지고
국가가 다스려진다."[23)]라고 하는 것처럼 당시 儒者들에게 교육은 治道
의 요체로 부각되고 있었다. 이러한 점과 아울러 고려되어야 할 것은,
이상의 용어들이 모두 儒者들에 의해 사용된 것들이라는 점이다. 현실

---

23) 『태종실록』, 권 19, 태종 10년 4월 갑진. "風俗國家之元氣, 敎化國家之急務,
   敎化修則風俗厚, 而國家治矣."

적으로 조선시대에 있어 정치와 교육의 주체(이념집단)는 儒者인 사대
부들이었다. 따라서 이들 용어들도 그들의 입장에서 특별한 대상을 염
두에 두고 사용했던 것들로 이해된다.

①은 유자들 자신들을 향하여 썼던 비슷한 뜻의 용어들이다. 즉, 먼
저 자신의 도덕적 품성과 지도자적 자질을 함양하여, 이를 바탕으로
국가에 나아가서는 백성들을 잘 다스리고 敎化한다는 것이다. 이것은
모든 유자들이 공통적으로 가졌던 기대였고 희망이었다. ②는 유자들
이 君王을 대상으로 하여 사용했던 용어들로 이해된다. 內聖外王은 修
己治人의 논리를 그대로 왕에게 적용한 용어이고, 나머지는 왕의 학문
내지 교육을 말할 때 사용한 용어들이라 하겠다. ③은 유자들 자신들
을 위한 교육과 학문을 지칭할 때 썼던 용어로 이해된다. 끝으로 ④는
유자들이 혹은 왕이 불특정 다수인 일반백성들을 향하여 썼던 용어로
이해된다. 이렇게 이해할 때, 결국 이들 용어 중 ①·②·③은 유자들
자신이나 군왕, 즉 현실적인 사회의 지도층을 대상으로 하여 사용했던
학문 내지 교육을 지칭하는 용어이고, ④의 경우만이 불특정 다수인
일반백성들을 대상으로 하여 통치나 교육을 지칭하는 용어였다고 볼
수 있겠다.

이러한 점에 착안하여 이 연구에서는 주자 교육론의 조선조적 원용
을 나타내는 뜻으로 소학교육과 대학교육 대신에 '敎化'(교화적 덕성교
육론)와 '敎學'(교학적 덕성교육론)이란 용어를 사용한다. 여기에는 다
음과 같은 몇 가지 근거를 바탕으로 한다.

우선, 조선조의 교육을 봄에 있어 그 범위를 제도적 교육에 한정할
수 없는 사정과 관련된다. 조선조가 선초부터 주자학을 사회이념으로
수용한 것은 주지의 사실이거니와, 교육이론과 관련해서도 세종대를
거쳐 중종대에 이르면 주자의 틀을 거의 이해하게 되었던 것으로 볼
수 있다. 이를테면, 중종대의 司經 奇遵은 한 朝講에서 "사람이 나서 8
세가 되면 소학에 입학시키고 15세에는 대학에 입학시켜, 효제와 몸을

닦고 사람을 다스리는 도리로 교도했기 때문에 인재가 많이 배출되고 풍속과 교화가 아름다웠습니다."라 하고 있고, 또한 대사헌 金璫도 "사람이 나서 8세가 되면 소학에 들어가고 15세에는 대학에 들어가는 것이 본래부터 순서가 있는 것"이라 주장하고 있다.[24] 그리고 이러한 인식은 김안국과 조광조 등 여러 신료들의 건의를 받아들여 예조에 내린 중종의 전교에서도 명확하게 드러난다.[25]

그런데 주희나 조선의 유자들이 말하는 소학단계의 교육과 대학단계의 교육은 일단 '소학'과 '대학'이라는 제도적인 학교의 명칭이라 할 수 있다. 이를 따라 조선의 제도적인 교육으로 '소학'을 향교 등의 교육으로, '대학'을 성균관교육으로 볼 수 있겠지만, 현실적으로 어렵다. 주희가 소학 및 대학단계에서 의도하고 있던 교육목표와 대상 및 방법적 특성에 주안점을 두어 그 특성을 드러내는 적절한 교육용어를 선택하는 것이 적절하다. 그렇더라도 왜 '교화'와 '교학'이어야 하는가?

둘째, 우선 '교화'는 불특정 다수인 일반백성들을 대상으로 하여 사용하였을 ④의 용례 중에서도 가장 많이 등장하는 용어이기 때문이다. 그런데 '교화'라는 용어는 누가 사용하느냐에 따라 뉘앙스가 조금씩 달라지고 있다. 이를테면 군왕이 사용할 때 교화의 대상은 왕 자신을 제외한 모든 사람이고, 유자들이 사용할 때는 역시 그들 자신을 제외한 불특정 다수의 民을 대상으로 하는 경우가 많다. 이렇게 볼 때 교화는 오히려 교육일반을 지칭하는 말이라고 할 수 있을 정도이다. 예컨대, 중종대 사림인 김안국이 "모름지기 위로는 公卿大夫에서 아래로는 閭

---

24) 『중종실록』, 권 26, 중종 11년 11월 신사.

25) 『중종실록』, 권 26, 중종 11년 11월 계미. "學校風化之源, 首善之地, 敎學所尙而習俗隨焉. 古昔帝王能盡君師之責者, 莫不謹於敎尙以導率之, 設爲塾庠序學. 盖人生八世, 令入于小學, 敎之以灑掃應對, 進退之節, 愛親敬長, 隆師親友之道, 使之收其放心, 養其德性, 以立其大本. 至于十有五而入大學, 則特因小學已成之功, 順序而進以達夫窮理正心, 修己治人之術, 而已蒙養得正, 源本旣厚, 故士敦於德, 民興於行, 風俗淳美, 人材衆盛."

巷小民까지 國學과 鄕校와 家塾에 이르기까지 朱子의 小學을 학습시켜
서 幼少로부터 習熟해서 성격을 이루고 長年이 되어 德性을 이루게 함
으로써 德化가 사방으로 확대될 수 있는 것"26)이라 한 것은 대표적인
용례에 해당할 것이다. 따라서 '교화'개념을 사용할 때는 엄격히 그 범
위와 내용을 제한해서 써야 할 것으로 보인다.

그래서 연구자는 교화를 '광의의 뜻'과 '협의의 뜻'으로 구분하여 사용
한다. 즉 광의의 뜻은 교육일반을 지칭하는 것으로 주희 교육론에서 소
학과 대학의 모든 교육단계를 포함한다. 협의의 교화는 주희의 교육론에
서 소학단계의 교육에 해당하는 것을 지칭한다. 이렇게 보는 이유는 세
종대에서 중종대에 이르는 동안 위정자나 사대부들이 주력해온 교육은
「行實圖」와 「小學」 등 이른바 小學類의 교육이었다는 데 있다. 중종대의
예를 보면, 『소학』은 사대부들의 필독서였을 뿐만 아니라 經筵에서도 講
論의 과목이었고,27) 신료들을 일반백성과 부녀자들의 교화서로도 확대
보급하고 있다.28) 삼강오륜 「행실도」류서만 해도 그렇다. 『三綱行實圖』
의 서문은 그 보급대상으로 愚夫愚婦를 망라한 불특정 다수의 모든 民
이라 하고 있거니와, 세종은 『三綱行實圖』가 만들어지자 가장 먼저 종친
과 신하들에게 내려주고 있다.29) 『三綱行實圖』는 『小學』과 함께 四學과
書堂의 필수 교과목이었고, 역대의 군왕들은 불특정 다수의 民을 대상으
로 이 책을 계속적으로 간행 보급하여 왔던 것이다. 그래서 중종대에는
呂衡이라는 노비까지도 『小學』을 읽었을 정도였던 것이다.30)

---

26) 『慕齋集』, 卷 14, 「行狀」. "徒知爲治以孝悌之爲美, 不知行之之事則無益矣.
欲使一國敦行孝悌, 須今上自公卿大夫, 下至閭巷小民, 國學鄕校家塾, 崇習朱
文公小學, 自其幼少習與性, 成長而成, 德化達四境, 人敦於行則自然風俗淳美,
人材亦盛矣."

27) 예컨대, 『중종실록』, 권 25, 중종 11년 1월 정유; 권 31, 중종 12년 윤 12
월 을유.

28) 『중종실록』, 권 28, 중종 12년 6월 신미; 권 32, 중종 13년 7월 갑자.

29) 『세종실록』, 권 66, 세종 16년 11월 무술.

30) 『慕齋集』, 「附錄」, 〈諸書撮錄: 國朝寶鑑〉. "侍講官 奇公遵曰, (中略) 金安

이러한 맥락에서 연구자는 주희의 소학단계에 해당하는 조선조적 교육을 '교화' 혹은 '교화적 덕성교육론'이라 부른다. 주희도 소학단계 교육대상을 王公으로부터 이하 庶人까지라 했거니와, 나이를 넘어선 사람 중에 소학공부를 하지 않은 사람으로 사대부들도 많았겠지만, 현실적으로 일반서인들이 훨씬 더 많았을 것이다. 이러한 점에서 보면, 주희의 소학단계의 교육은 유소년부터 소학공부를 못하고 나이를 넘긴 불특정 다수의 모든 백성까지를 대상으로 한 것이었고, 조선조의 교화는 바로 그가 설정한 소학단계의 교육적 관점을 이어받은 것이라 할 것이다. 한편, 주희는 대학단계의 교육대상으로 일반서인의 준수한 자제까지를 포함한다고 했지만 이는 현실적으로 어려웠을 것이고, 이 점 또한 조선조의 경우도 마찬가지라 할 수 있다. 따라서 주희의 소학단계의 교육과 조선조의 교화는 모두 기존의 도덕적 문화에 대한 입문을 목표로 하는 현대적 의미의 사회화론적 도덕교육의 단계에 해당하는 것으로 볼 수 있다.

다음으로, '교학'은 협의적 의미의 교화에 대비시켜 주희의 교육론에서 대학단계의 교육을 지칭하는 용어로 사용한다. 그것은 앞서 유자들 자신이나 군왕, 즉 현실적인 사회의 지도층을 대상으로 하여 사용했던 학문 내지 교육을 지칭하는 ①·②·③의 용례 중에 주희의 대학단계의 교육의 성격에 가장 잘 부합하는 용어로 생각되기 때문이다. '敎育'이라는 용어를 쓸 수도 있지만, 『說文』의 글자풀이 그대로 그것은 '윗사람이 베풀어 아랫사람을 육성하는' 교사 중심적인 개념으로 이해될 뿐만 아니라, 보통명사로서의 교육일반을 지칭하는 경우와 구별할 필요에서 적절치 못하다. 그리고 '講學'은 講하는 주체가 교사일 수도 학생일 수도 있다. 일반적으로 우리가 교육의 장을 생각할 때 교사와 학

國 向在嶺南, 以小學敎一道, 正其趨向, 士多言 科學之外, 自有樂地. (中略) 有私奴呂衡者, 求讀小學, 上書安國曰, 義理出於天理, 父子君臣之道明然後, 天理正而人道立矣. 僕隷之人, 猶能興起如此, 況士君子乎."

생의 구분은 명확히 있어야 한다. 주자의 대학교육의 단계에서도 교사의 역할이 어떤가 하는 점은 소학교육의 단계와 다르더라도 교사는 분명히 있었다. 이러한 점에서 교사가 명확치 않은 '講學'도 적절한 용어가 되지 못할 것 같다. 한편, '敎學'은 본래 가르치고 배우는 일의 통칭으로써 교육일반이나 교육사상을 뜻하기도 하지만, 대학단계의 교육을 지칭하는 용어로 가장 적절할 것 같다. 일단 '敎學'은 가르치고 배우는 자의 구분이 명확하다. 특히 '敎學'은 '敎學相長'에서 따온 말로서[31], 교사가 일방적으로 이끌어 가는 것이 아니라 학생들과 함께 나아가는 사람으로서 가르치며 동시에 배우는 것을 뜻한다. 즉, 교사의 역할이 일방적인 것이 아니라 스승과 제자가 더불어 노닐며 공부하는 형태로 가르치고 배우는 것이다.

셋째, 선행연구에서 사용한 사례가 있다는 점이다. 정재걸은 지배층(양반)을 위한 교육과 피지배층(서민)을 위한 교육을 구분하면서 전자의 교육을 '교학'으로, 후자의 교육을 '교화'로 지칭하고 있다.[32] 그러나 그의 연구는 교화와 교학의 대상을 양반과 서민으로 단정 짓는 한계가 있다.[33]

이상과 같은 사정에서, 연구자는 주희가 소학 및 대학의 각 단계에

---

31) 『禮記』, 「學記」. "學然後知困, 知不足, 然後能自反也, 知困, 然後能自强也, 故曰, 敎學相長也."
32) 정재걸, 「조선시대 서민교육으로서의 교화에 관한 연구」(서울대학교 대학원 석사학위논문, 1983). 26-28쪽.
33) 정재걸은 교화와 교학의 차이점을 다음과 같이 대비시키고 있다. 그리고 이러한 관점은 그의 박사학위논문인 「조선전기 교화연구」: 성종·중종(1469-1544)년간을 중심으로」(서울대학교 대학원 박사학위논문, 1989)에서도 그대로 이어지고 있는 것 같다.

	교육대상	교육기관	교육목적		교육내용	교육방법
			國定	兩班		
교학	양반	정규학교기관	取才	修身	經學	講經
교화	서민	각종시책 및 행사	治人	향촌질서 유지	윤리규범	禮의 보급 (非禮단속)

서 의도했던 교육의 목표와 대상, 교육과정과 교수방법 등에 주안점을
두어, 각 단계의 교육적 특성을 드러낸다고 판단되는 '敎化的 덕성교육
론'과 '敎學的 덕성교육론'이란 용어를 사용한다.

3. 덕성교육 교재로서 「行實圖」類書와 □聖學十圖□

'교화적 덕성교육론'은 아직 도덕성의 발달이 충분치 못한 학습자들
을 대상으로 하는 도덕교육론이고, '교학적 덕성교육론'은 도덕성의 발
달이 어느 정도 이루어진 학습자들을 대상으로 하는 도덕교육론이다.
주희의 입론에서 소학단계의 주 교재는 『小學』이었고, 대학단계의 교
재는 『大學』을 비롯한 경전 등이었다. 조선조의 위정자와 사대부들은
주희의 입론을 원용하여 조선의 사정에 걸 맞는 교재개발의 필요성을
인식했고, 바로 그 대표적인 예가 「行實圖」類書와 『聖學十圖』 등의 圖
書들이었던 것으로 이해된다.

1) 「行實圖」類書의 편찬 목적과 특징

조선시대 위정자와 사대부들은 유교적 실천윤리를 사회의 근간으로
삼아 가정에서부터 국가사회질서의 기틀까지 연결시키고자 하였다. 여
기서 '유교적 실천윤리'라 함은 말할 것도 없이 '三綱五倫'이라 할 것이
며, 조선의 위정자와 사대부들이 바로 삼강오륜윤리의 정착을 위하여
부단하게 政策的·敎育的 노력을 기울였다. 이를테면, 『朱子家禮』의 보
급과 실시 장려·『五禮儀注』의 편찬·『小學』의 보급·里社制와 祠廟의
실시권장·『孝行錄』의 重修·旌表政策의 실시·鄕約의 보급과 실시 등
은 그 대표적인 예이다. 三綱五倫 「行實圖」類書의 편찬 간행과 보급도

이러한 정책적·교육적 노력의 일환에 다름 아니다. 『三綱行實圖』의
序의 기록을 보면 그 점을 충분히 짐작할 수 있다.

> 天下에 達道 다섯에서 三綱이 그 으뜸에 해당하니, 이는 진실로
> 經綸의 큰 법이며 온갖 敎化의 本源이다.(중략) 三代의 정치는 모
> 든 人倫을 밝히는 것이었는데, 後世에는 교화가 침체되어 백성들이
> 親睦하지 않아서 君臣·父子·夫婦의 큰 인륜이 모두 타고난 本性
> 이라는 것을 몰라 항상 薄한 데로 흐른다. 그러나 때로는 탁월한
> 행실과 높은 절개를 지켜 세속에 휩쓸리지 아니하여 사람의 耳目
> 을 聳動시키는 자가 또한 많다. 나는 그 특이한 자를 뽑아서 그림
> 을 그리고 讚을 짓게 하여 서울과 지방에 반포하고자 하니, 이렇게
> 하면 어리석은 夫와 婦가 보고 느끼어 興起할 것인 즉 이것도 백
> 성을 교화시키고 풍속을 이루는 한 가지 방법이다.[34]

세종 때에 처음으로 『三綱行實圖』(世宗 13년, 1431)가 간행된 이래,
『續三綱行實圖』(中宗 9년, 1514), 『二倫行實圖』(中宗 12년, 1517), 『東
國新續三綱行實圖』(光海君 6년, 1614), 『五倫行實圖』(正祖 21년, 1797)
등이 편찬 간행되었다. 여기에 거명된 삼강오륜 「行實圖」類書는 本을
새로이 하여 내용이나 형식면에서 변동이 있는 경우이고, 같은 本이
여러 번에 걸쳐 재간행된 경우가 많았다.[35] 당시 편찬 사업이 쉽지 않
았을 것이라는 점에서 본다면, 얼마나 이 책의 편찬에 정책적 배려를
기울였는지를 알 수 있다.

---

34) 『三綱行實圖』序 및 『세종실록』, 권 56, 세종 14년 6월 병신. "天下之達道
　　五, 而三綱居其首. 實經綸之大法, 而萬化之本源也. (中略) 三代之治, 皆所以
　　明人倫也, 後世敎化陵夷, 百姓不親, 君臣父子夫婦之大倫, 率皆昧於所性, 而
　　常失於薄. 間有卓行高節不爲習俗 所移, 而聳人觀聽者亦多, 予欲使取其特異
　　者, 作爲圖讚, 頒諸中外. 庶幾愚婦愚夫, 皆得易以觀感吏興起, 則亦化民成俗
　　之一道也."

35) 金元龍, 「三綱行實圖刊本攷」, 『東亞文化』 제4집(서울대학교 동아문화연구
　　소, 1965. 10), 97-120쪽.

〈표 1〉「行實圖」類書에 반영된 한국인과 중국인 인물사례 비교[37]

구 분		한국인	중국인
三綱行實圖(세종)	효자(110명)	22(20%)	88(80%)
	충신(110명)	17(15%)	93(85%)
	열녀(110명)	15(14%)	95(86%)
三綱行實圖(성종)	효자(35명)	4(11%)	31(89%)
	충신(35명)	6(17%)	29(83%)
	열녀(35명)	6(17%)	29(83%)
續三綱行實圖(중종)	효자(36명)	33(92%)	3(8%)
	충신(6명)	3(50%)	3(50%)
	열녀(28명)	20(71%)	8(29%)
二倫行實圖(중종)	형제(25명)		28
	종족(7명)		7
	붕우(11명)		11
	사생(5명)		5
東國新續三綱行實圖 (광해군)	효자(705명)	705	
	충신(90명)	90	
	열녀(732명)	732	
五倫行實圖(정조)	효자(33명)	4(12%)	29(88%)
	충신(35명)	6(17%)	29(83%)
	열녀(35명)	6(17%)	29(83%)
	형제(24명)		24
	종족(7명)		7
	붕우(11명)		11
	사생(5명)		5

　　세종대의 『三綱行實圖』는 우리나라와 중국문헌에서 孝子·忠臣·烈女 각각 110명(모두 330명)을 뽑아 그림과 漢文의 설명과 詩, 贊을 붙여 3권 3책으로 구성되었다.[38] 성종대의 『三綱行實圖』는 3책을 1책으

37) 최순권의 연구를 참조하여 재구성함. 최순권, 「조선조 〈삼강행실도〉의 간행과 보급」, 『옛 사람들의 삶과 윤리』(국립민속박물관, 1996), 153-164쪽.
38) 河宇鳳, 「世宗代의 儒敎倫理 普及에 대하여: 〈孝行錄〉과 〈三綱行實圖〉를 중심으로」, 『全北史學』, 제7집(1983. 11), 38쪽.

로 축소하여 효자·충신·열녀 각각 35명(모두 105명)으로 구성되었고, 각 장의 체재는 앞뒷면의 상단에는 해당 사실에 대해서 諺文으로 기록하고, 앞면의 중하단에는 그림을, 뒷면에는 한문 설명과 詩 혹은 贊이 실려 있다.

중종대의 『續三綱行實圖』는 80% 이상을 한국의 인물사례에서 효자 36명, 충신 6명, 열녀 28명(모두 70명)을 뽑아 편찬되었고, 각 장의 체재는 성종대의 예를 그대로 따르고 있다. 『二倫行實圖』는 兄弟 25명, 宗族 7명, 朋友 11명, 師生 5명(모두 50명)을 중국문헌에서 뽑았고, 각 장의 체재는 역시 성종대의 예를 따르고 있다. 광해군대의 『東國新續三綱行實圖』는 100% 한국인물로 효자 편이 8권 705명, 충신 편이 1권 90명, 열녀 편이 8권 732명, 그리고 續附 1권 72명으로 모두 18권 1509명으로 구성되었다. 각 장의 체재는 앞면에 그림을, 뒷면에는 漢文과 諺文 순으로 해당 사실을 소개하고 있다.

끝으로, 정조대의 『五倫行實圖』는 세종대의 『三綱行實圖』와 중종대 김안국의 『二倫行實圖』에서 효자 33명, 충신 35명, 열녀 35명, 형제 24명, 종족 7명, 붕우 11명, 사생 5명(모두 150명)을 각각 뽑아 편집되었다. 각 장의 체재는 그림, 漢文설명 및 詩·贊, 諺文설명 순으로 되어 있고, 활자의 크기가 다른 책보다 훨씬 크다. 그래서 해당 사실에 대한 소개가 여러 쪽에 걸쳐 할애되는 경우도 있다.[39]

선택된 인물사례를 국적별로 볼 때, 『三綱行實圖』가 84%가 중국인들인 데 반하여 『續三綱行實圖』는 80% 정도가 한국인물이고 『東國新續三綱行實圖』에서는 100%가 한국인물들이다. 임란 이후 정표정책의 일환으로 만들어진 『東國新續三綱行實圖』는 논외로 하더라도, 『三綱行實圖』와 『續三綱行實圖』에서 국적별 인물사례의 전환에 대해서는 생각

---

[39] 세종대의 『三綱行實圖』를 제외하고, 이하는 모두 弘文閣에서 影印한 『三綱行實圖』(成均館大本, 奎章閣本), 『續三綱行實圖』(原刊本, 重刊本 合本), 『二倫行實圖』, 『東國新續三綱行實圖』, 『五倫行實圖』를 참조하였다.

해 볼 여지가 있다고 본다. 세종대와 성종대는 중앙집권체제의 守成期에 해당하거니와, 따라서 보편적 유교윤리의 정착이 필요했던 시기라볼 수 있다. 그래서 『三綱行實圖』에 반영된 인물도 중국인들을 중심으로 했던 것이라 생각한다. 그러나 중종대의 『續三綱行實圖』에서 인물사례를 우리나라 인물로 선정한 것은 보편주의 속에 특수주의가 반영된 것이라고 본다. 이미 三綱의 윤리가 조선조적 사회규범으로 보편화되어 가는 상황이라면, 그것을 백성들에게 가르치는 것도 이왕이면 좀더 친화력을 가질 수 있도록 우리 역사 속에서 모범적 사례를 뽑아서교육하는 것이 더 효과적이라는 판단이 깔려 있는 것이다.

인물사례의 내용별 특징을 보면, 먼저 세종대와 성종대의 『三綱行實圖』에서 孝行의 사례는 삼년간의 여묘살이, 부모의 봉양을 위해 관직을사직한 경우, 난을 당하여 효심으로 위험을 극복한 경우, 지극한 정성에의해 기적이 일어난 경우, 자기의 손가락이나 허벅지를 잘라 부모님께효도한 경우 등이다. 忠臣의 사례는 삼국간의 전쟁이나, 대몽고, 대왜구와의 항쟁에서 충절을 지켜 순절한 경우나, 반역에 대해 반대하다가 죽은 경우, 不事二君의 충절을 지킨 경우 등이다. 烈女의 사례는 외침을당하여 정절을 지킨 경우나, 남편을 따르거나 구하기 위해 목숨을 던지고 죽은 경우, 개가하지 않고 시부모를 모시는 경우 등이다. 그리고 『續三綱行實圖』의 인물사례들은 대체로 『朱子家禮』의 실천자나 3년간의 시묘살이를 한 효자, 충절한 자, 정절을 지킨 자 등으로, 사림의 등장과 함께 보편화되는 유교적 의례를 실천한 내용이 주로 강조되고 있다. 『東國新續三綱行實圖』에서는 왜란 등의 어려움을 극복할 수 있었던 효행과충절, 그리고 왜적의 침략에 굴하지 않고 절개를 지킨 열녀들을 내세우고 있다. 한편, 『二倫行實圖』는 『三綱行實圖』類書와는 전혀 다른 내용인兄弟, 宗族, 朋友, 師生에 대한 인물사례들을 담고 있다.

이상에서 「행실도」류서의 편찬 목적과 그 특징들에 대해 고찰해 보았거니와, 무엇보다 여기에 함의된 도덕교육의 방법론은 '德目과 行爲' 중심의 교육론이라 할 것이다. 말할 것도 없이, 「행실도」류서는 삼강의 忠・孝・烈의 덕목과 오륜의 親・義・別・序・信의 덕목을 주 내용으로 담고 있기 때문이다. 「행실도」류서에 함의된 도덕교육의 방법론적 위상은 주희의 덕성함양론에서 소학단계의 교육에 해당하는 교화적 덕성교육론이다. 교화적 덕성함양의 교육목표는 유소년을 비롯하여 제 나이에 교육적 혜택을 받지 못한 불특정 다수의 모든 民을 대상으로 기존의 도덕적 문화에 입문시키는 것이다. 요컨대, 「행실도」류서는 이러한 교육목표의 달성에 걸맞게 특별히 개발되고 간행된 교재인 것이다.

2) 『聖學十圖』의 저술 목적과 특징

퇴계(1501~1570)는 생애 후반 약 20년 동안의 隱居講學의 시기에 많은 학문적 업적을 남겼다.[40] 그의 대표적인 저술로 『朱子書節要』, 『啓蒙傳疑』, 『宋季元明理學通錄』, 『論四端七情書辨』, 『自省錄』, 『聖學十圖』 등을 드는 데 별로 異見이 없을 것이다. 이들 대표적 저작들 중에서도 퇴계가 말년에 지은 『聖學十圖』는 다른 저술과 특별히 대비되는 것 같다. 다른 저술들은 대체로 일정한 주제에 대해 퇴계 자신의 사고가 적극적으로 반영된 著作이라면, 『성학십도』는 상대적으로 자신의 사고가 덜 반영된 일종의 編著이기 때문이다. 즉, 이 책에는 宋・元代 이래 程朱學派의 저술 속에서 10개의 圖象과 解說을 선택하여 수록하고 있는 것이다. 그것도 분량으로 따질 때 漢籍本으로 겨우 54쪽, 그나마 왕에게 올리는 箚子를 제외하면 43쪽에 지나지 않은 소책자에 불과하다.[41]

그렇다면 창작품도 아닌 『성학십도』를 묶어낸 퇴계의 의도는 무엇일까? 우선 그의 교육관이 그 실마리가 될 수 있다. 퇴계는 68세 때인

---

40) 이상은, 「퇴계의 생애와 그 인간」, 예문동양사상연구원, 『퇴계 이황』(서울: 예문서원, 2002), 70-79쪽.

41) 윤사순, 「이황의 『성학십도』」, 한국사상연구회, 앞의 책, 91쪽.

戊辰年(1568년) 11월 초삼일 선조를 위한 夕講에서 공부의 "차례를 말씀드린다면 마땅히 『소학』을 먼저 강한 다음에 『대학』을 강하는 것이 옳습니다."[41]라 하고, 또 선생이 "자손을 교육하실 때문 반드시 『효경』이나 『소학』 등의 책을 먼저 가르쳤다. 그리고 글의 뜻을 대략 통하게 된 후에 四書를 가르치셨다. 교육에 있어서는 차근차근 순서를 좇았으며, 함부로 단계를 뛰어넘지 않으셨다."[42]고 김성일은 전하고 있다. 간략한 인용이지만, 퇴계 역시 교육에 관한 한 주희의 입론을 이해하고 그대로 실천하였음을 보여주는 대목이라 할 것이다.

그런데 퇴계는 선조에게 『대학』을 먼저 강한 다음에 『소학』을 강한 것 같다.[43] 퇴계가 선조에게 『대학』을 먼저 강하고 『소학』을 강한 것은 일단 주희가 강조했던 學不獵等의 원칙에 의거한 것이라 할 수 있다. 『소학』은 8~15세의 소학단계의 교육에서 다루어지던 필수 교재였다. 그러나 주희는 나이가 들었다 하더라도 소학교육을 받지 못한 사람은 학불엽 등의 원칙에 의거 대학단계에서도 『소학』을 배워야 한다고 하였다. 퇴계는 이러한 주희의 입론에 유의하여 당시 선조 임금이 17세로 대학단계의 교육을 받을 시기였기에 『대학』을 강한 것이었고, 학불엽 등의 원칙에 의거하여 『소학』도 강한 셈이다. 이 점은 "비록 『소학』을 연소자들의 글이라고 하지만, 대학에 들어간 뒤에 『소학』의 가르침을 버리고 오로지 『대학』에만 힘쓸 수는 없는 것"[44]이라는 퇴계의 주장에서도 확인된다.

이처럼, 퇴계가 교육에 관한 주희의 입론을 그대로 따르고 있는 것

---

41) 『增補 退溪全書』(四), 「言行錄」, 卷 1, 〈讀書〉. "戊辰十一月初三日 入侍夕講, 講小學畢, 進啓曰, 小學今已畢講, 以次第言之, 當先講小學, 而次大學."

42) 『增補 退溪全書』(四), 「言行錄」, 卷 2, 〈家訓〉. "訓誨子孫, 必先以孝經小學等書, 略通文義, 然後及於四書, 循循有序, 未嘗獵等焉."

43) 『增補 退溪全書』(四), 「言行錄」, 卷 1, 〈讀書〉. "小學今已畢講, 以次第言之, 當先講小學, 而次大學. 今反先講大學, 而次小學矣."

44) 『增補 退溪全書』(四), 「言行錄」, 卷 1, 〈讀書〉. "小學雖釋之以小子之學, 入大學後, 亦不可舍此, 而專事大學也."

으로 볼 때, 17세의 선조를 위해 찬술하여 바친 『성학십도』에 함의된 교육론적 위상에 대해서도 추론해 볼 수 있다. 즉, 『성학십도』는 대학 단계의 교육을 받을 16세 이상의 학생들을 위하여 쓰여진 교재의 하나인 것이다. 『성학십도』는 제목 그대로 '聖人이 되기 위한 학문론 혹은 공부론'과 관련하여 주목해야 할 열 개의 圖, 그리고 각 圖의 바탕이 된 說(혹은 銘, 箴) 등으로 구성되어 있다. 그리고 각 도설의 뒤에는 퇴계의 보충적 설명도 곁들여져 있다. 도설의 제목과 핵심 내용을 제시해 두면 다음과 같다.

[성학십도]를 올리는 箚와 圖: 圖說을 지어 올림에 부치는 序文

제1 태극도(太極圖) / 태극도설(太極圖說): 세계와 인간의 기원, 천도와 인도의 관계를 밝힘.

제2 서명도(西銘圖) / 서명(西銘): 理一分殊, 즉 원리는 같으나 품부 받은 분수는 다름을 밝힘.

제3 소학도(小學圖) / 소학제사(小學題辭): 인륜과 교육의 기초를 밝힘.

제4 대학도(大學圖) / 대학경문(大學經文): 학문의 목표, 내용, 방법과 至善의 길을 밝힘.

제5 백록동규도(白鹿洞規圖) / 동규후서(洞規後敍): 道問學의 방법 및 知行공부의 중요성을 밝힘.

제6 심통성정도(心統性情圖) / 심통성정도설(心統性情圖說): 마음의 體用과 中和의 道를 밝힘.

제7 인설도(仁說圖) / 인설(仁說): 도덕의 궁극적 원리[全德]으로서 仁을 밝힘.

제8 심학도(心學圖) / 심학도설(心學圖說): 마음의 구조와 덕성, 그리고 敬의 관계를 밝힘.

제9 경재잠도(敬齋箴圖) / 경재잠(敬齋箴): 공간적 상황에 따른 敬공부의 요체를 밝힘.

제10 숙흥야매잠도(夙興夜寐箴圖) / 숙흥야매잠(夙興夜寐箴): 시간적 상황에 따른 敬공부를 밝힘.

퇴계는 10도에 대하여 상이한 두 가지 구조로 나누어 설명하고 있다.

첫째, 1도~5도와 6도~10도, 즉 전반 5도와 후반 5도로 나누어, 전반 5도는 "天道에 근본하고 있지만 목적은 人倫을 밝혀 德業에 힘쓰게 하는 데"[45] 있고, 후반 5도는 "心性에 근원하고 있지만, 요점은 일상생활에서 힘을 써서 敬畏하는 마음을 높이는 것"[46]이라 설명하고 있다. 이 첫째 구조를 철학적 구조 혹은 근본 체계의 구조라고 규정하는 금장태에 의하면, 전반 5도가 규범의 초월적 기준을 발견하여 인격에 정착시키는 것이라면, 후반 5도는 주체의 내면적 기반을 발견하여 행동에 정착시키는 것이라는 것이다. 그래서 『성학십도』 전체는 天道와 心性의 두 근원이 인간주체를 결합 점으로 상호작용 하여 균형을 이루고 있는 것이라 한다.[47]

둘째, 3도와 4도를 중심으로 하여 앞의 1~2도와 뒤의 5~10도로 나누어, "위의 1~2도는 단서를 찾아 확충하게 하고 天을 체득하여 道를 다하게 하는 지극한 경지로서 『소학』과 『대학』의 표준이며 본원이 되고", "아래 5~10도는 明善, 誠身, 崇德, 廣業을 힘쓰는 곳으로 『소학』과 『대학』의 밭이며 결과가 된다."고 설명하고 있다.[48] 이 둘째 구조를 금장태는 교육적 구조 혹은 학문방법의 구조라 규정하는데, 그에 의하면 10도의 중심을 이루는 『소학』과 『대학』은 유교교육에서 기본 경전

---

45) 『增補 退溪全書』(一), 卷 7, 「聖學十圖」, 〈白鹿洞規圖〉. "以上五圖, 本於天道, 而功在明人倫懋德業."

46) 『增補 退溪全書』(一), 卷 7, 「聖學十圖」, 〈夙興夜寐箴圖〉. "以上五圖, 原於心性, 而要在勉日用, 崇敬畏."

47) 금장태, 『한국유학의 탐구』(서울대학교 출판부, 1999), 111-112쪽.

48) 『增補 退溪全書』(一), 卷 7, 「聖學十圖」, 〈大學圖〉. "然非但二說當通看, 并與上下八圖, 皆當通此二圖而看. 蓋上二圖, 是求端擴充體天盡道極致之處, 爲小學大學之標準本原. 下六圖, 是明善誠身崇德廣業用力之處, 爲小學大學之田地事功."

적 위치를 갖고 있으며, 유교의 규범체계와 실천방법에서부터 유교적
인격의 실현과정을 그 출발점에서 목표까지 포함하고 있는 것이라 보
고 있다.[49)

유교교육의 목표는 有德한 人格으로서의 聖人이 되도록 하는 데 있
다. 인간에게 자기완성의 최고 경지는 知·情·行의 合一에 있으며, 스
스로 도덕상황을 판단하고 이에 적절한 도덕규칙을 입법하고 지켜 나
갈 수 있는 도덕적 자율성의 단계가 된다. 그가 곧 성인으로서의 有德
한 人格人이다. 그러나 유덕한 인격으로서의 성인됨이란 하루아침에
이루어지는 것이 아니다. 공부와 교육을 통하여 점진적 이루어져 간다.
주희의 '소학-대학계제설'은 바로 이러한 도덕성의 발달 단계성을 염
두에 두고 정초된 덕성함양의 교육론이다. 이러한 점을 퇴계도 충분히
알고 있었다. 그러나 한편, 대학단계의 교육을 거친다 해서 바로 성인
이 될 수 있는 것도 아닌 것 같다. 이 점을 퇴계는 〈聖學十圖를 올리
는 箚〉에서 간명하면서도 자세하게 밝히고 있다. 그것은 다음과 같이
3단계를 거친다.

> 1단계: "처음에는 마음대로 안 되고 서로 모순됨이 있는 근심이
> 없을 수 없고, 또 때로는 지극히 괴롭고 불쾌한 병통도 있겠지만,
> 이것은 바로 옛사람이 말한 장차 크게 나아갈 기미이며 또한 좋은
> 소식의 단서라 할 수 있습니다."[50)

> 2단계: "진리가 많이 쌓이고 노력이 오래되면 자연히 마음이 진
> 리와 서로 머금게 되어 자신도 모르는 사이에 융회하여 관통하게
> 됩니다. 그리고 익힘과 일이 서로 익숙해져서 차츰 모든 행동이 순

---

49) 금장태, 앞의 책, 같은 쪽.
50) 『增補 退溪全書』(一), 卷 7, 「聖學十圖」, 〈進聖學十圖箚(幷圖)〉. "其初猶未
    免或有掣肘矛盾之患, 亦時有極辛苦不快活之病, 此乃古人所謂將大進之幾, 亦
    爲好消之端, 切毋因此而自沮, 尤當自信而益勵."

탄하고 자연스럽게 됨을 보게 될 것입니다. 처음에 일을 한 가지씩만 다스렸지만, 이제는 하나의 근원과 만나게 될 것입니다. 이는 실로 맹자가 말한 '도에 깊이 나아가 도를 자득한'(深造自得) 경지이며, '내면에서 우러난다면 어찌 그만둘 수 있겠는가?'의 체험입니다."51)

3단계: "계속해서 부지런히 힘써 나의 재능을 다하면 안자의 '인을 어기지 않는 마음'과 '나라를 다스리는 사업'이 다 그 속에 있게 될 것이며, 증자가 말한 '충서'로 일관되어 도를 전할 책임이 자기 몸에 있게 될 것입니다. 일상생활에서 경외함이 떠나지 않게 되어 '중화를 극진하게 이루어 천지가 제자리에서 운행되고 만물이 육성되는' 공을 이룰 수 있고, 덕행이 일상의 윤리를 벗어나지 않는 가운데 천인합일의 오묘함을 여기서 얻을 수 있는 것입니다."52)

편의상 위의 단계에 각각 명칭을 부여하면, 1단계는 '도로 들어가는 문'으로의 입문과 '덕을 쌓은 기초'의 함양 단계, 2단계는 '도에 깊이 나아가 도를 자득한 경지'의 단계, 3단계는 '인을 어기지 않은 마음'과 천인합일의 단계라 할 수 있다.

소학교육 단계에서의 교육은 日用之道의 내면화를 통한 덕성의 함양에 있기에, 여기서 길러진 본성은 외부적 힘에 의하여 타율적으로 습득된 것이지, 스스로에 의해 자각적이고 반성적으로 디득한 것은 아니다. 그래서 어린 시절에 길러진 본성은 이익의 泥田鬪狗가 벌어지는

---

51) 『增補 退溪全書』(一), 卷 7, 「聖學十圖」, 〈進聖學十圖箚(幷圖)〉. "至於積眞之多, 用力之久, 自然心與理相涵, 而不覺其融會貫通, 習與事相熟, 而漸見其坦泰安履, 始者各專其一, 今乃克協于一, 此實孟子所論 '深造自得'之境, '生則烏可已'之驗."

52) 『增補 退溪全書』(一), 卷 7, 「聖學十圖」, 〈進聖學十圖箚(幷圖)〉. "又從而俛焉孶孶, 旣竭吾才, 則顏子之心不違仁, 而爲邦之業在其中. 曾子之忠恕一貫, 而傳道之責在其身. 畏敬不離乎日用, 而中和位育之功可致. 德行不外乎彝倫, 而天人合一之妙斯得矣."

어른의 세계에 오면 쉽게 상처받을 수 있다. 어른이 되면 그동안 길들여진 본성이나 습관화된 관습의 도덕이 현실과 맞지 않음을 의심하게 되고, 스스로의 자각적인 반성과 성찰을 통한 자기 혁신이 모색된다. 이즈음이 대학단계의 교육이고, 콜버그식으로 관습 수준의 도덕성에서 관습 이후 수준의 도덕성으로의 이행과정과 다르지 않으리라 여긴다.

특히, 관습 이후 수준의 첫 단계에서는 퇴계의 언표처럼 "처음에는 마음대로 안 되고 서로 모순됨이 있는 근심이 없을 수 없고, 또 때로는 지극히 괴롭고 불쾌한 병통"이 있을 수밖에 없다. 철들어 맞게 된 어른의 세계란 훨씬 더 복잡하며 비도덕적이어서, 순진무구함으로 무장해왔던 도덕적 마음이 흔들이고 분열되어 버리기 십상이기 때문이다. 효도 안하면 어때? 나는 왜 도덕적이어야 하는가? 등 그동안 당연시했던 도덕규범에 관한 의혹이 제기된다. 泥田鬪狗의 마당에 휩쓸려 私慾과 利慾으로 선한 본성을 잃어버릴 것인지, 아니면 흔들이고 분열되는 도덕적 마음을 다잡아 天性을 회복할 것인지는 바로 이러한 물음들에 대해 주체적이고 자각적인 성찰을 할 수 있느냐에 달렸다. 전자로 낙착할 경우 맹자가 말한 바의 '自暴自棄'한 사람이 되고, 氣稟의 지배에 놓인 소인배가 되고 만다. 사정이 이러하다면, 이 즈음이 교육적으로 얼마나 중요한 시기인지를 짐작할 만 하다. "이것은 바로 옛사람이 말한 장차 크게 나아갈 기미이며 또한 좋은 소식의 단서라 할 수 있습니다."라는 퇴계의 언표도 바로 이러한 각도에서 읽어야 한다. 그러기에 퇴계는 이 1단계를 설명하는 말미에 "절대 이 때문에 스스로 그만두지 마시고, 더욱 자신감을 가지고 힘써야 할 것"이라 당부하고 있는 것이다.

퇴계가 『성학십도』를 선조에게 올리며 의도했던 교육의 목표도 바로 여기에 있는 것으로 여긴다. 즉, '도에 들어가는 문'으로의 입문과 '덕을 쌓는 기초'의 함양이 그것이다.[53] 물론 『성학십도』에는 "도를 이루어 성인이 되는 요령과 근본을 바로 잡아 정치를 경륜하는 근원이 모두 갖추어져" 있다. 그러나 이 경지를 실제로 갖추는 것은 1단계인 '도에 들어가는 문'으로의 입문과 '덕을 쌓은 기초'의 함양이 이루어진 다음의 일이다. 어쩌면 1단계의 교육목표를 성공적으로 달성한다면, 2단계의 '도에 깊이 나아가 도를 자득한 경지'의 단계와, 3단계의 '인을 어기지 않은 마음'과 천인합일의 단계는 내친걸음이라 할 수 있을지 모른다. 이처럼, 『성학십도』는 대학단계의 교육으로 입문하는 초학자를 배려하여 저술된 교재인 것이다. 한편, 『성학십도』는 상대적으로 퇴계 자신의 사고가 덜 반영된 일종의 編著이다. 물론, 圖說 중에는 퇴계의 저작이 전혀 없진 않으며, 각 도설에 대한 퇴계의 補說이 곁들여지고는 있다. 각 도설에 대한 저자에 주목하여 『성학십도』의 체재구성을 제시해 보면 다음의 〈표 2〉와 같다.

---

53) 『增補 退溪全書』(一), 卷 7, 「聖學十圖」, 〈進聖學十圖箚(幷圖)〉. "聖學有大端, 心法有至要, 揭之以爲圖, 指之以爲說, 以示人入道之門, 積德之基, 斯亦後賢之所不得已而作也."

〈표 2〉 圖說의 구성에 따른 저자[54]

구 분	구성에 따른 저자			
	도(圖)	설(說)	해설(인용자)	보설(補說)
제1 태극도	주렴계	주렴계	주희	퇴계
제2 서명도	정복심(程復心)	장횡거 (의 「西銘」)	주희, 양귀산, 쌍봉 요씨	퇴계
제3 소학도	퇴계	주희 (의 「小學題辭」)	주희	퇴계
제4 대학도	권근(權近)	「大學」의 經文	주희	퇴계
제5 백록동규도	퇴계	주희 (의 「洞規後敍」)		퇴계
제6 심통성정도	上圖: 정복심 中下圖: 퇴계	상도: 정복심 중하도: 퇴계		퇴계
제7 인설도	주희	주희 (의 「仁說」)		퇴계
제8 심학도	정복심	정복심		퇴계
제9 경재잠도	왕백(王栢)	주희 (의 「敬齋箴」)	오임천, 진서산	퇴계
제10 숙흥야매잠도	퇴계	진백(陳柏) (의 「夙興夜寐箴」)		퇴계

4. 두 圖書에 함의된 덕성교육의 접근법

소학단계의 교육(교화적 덕성교육)이 자라나는 세대들을 대상으로 도덕적 문화에 입문시키기 위해 고안된 것이라면, 대학단계의 교육(교학적 덕성교육)은 소학단계를 마친 학생들을 대상으로 기존 규범에 대한 지적 반성의 과정을 거치면서 인륜의 궁극적 원리(仁)의 터득케 하기 위해 고안된 것이다. 「행실도」류서는 전자의 교육을 위해 개발된

---

54) 이상린, "성학십도를 통해 본 퇴계사상의 윤리교육적 의미,"(영남대학교 대학원 석사논문, 2004), 20쪽 참조하여 재구성.

교재이고, 『성학십도』는 후자의 교육용 교재인 셈이다. 특히, 두 교재의 체재가 '圖'의 형식을 취하고 있다는 점에서 구체적인 교육실천상의 교수-학습의 방법적 원리까지 고려하여 간행한 것으로 여겨진다. 이제 이 점을 본격적으로 고찰해 보기로 한다.

1) 『三綱行實圖』에 함의된 교수-학습의 모형과 원리

「행실도」류서의 각 장의 체재는 ① 해당 사실에 대한 기록(한문, 언문), ② 그림, ③ 詩 혹은 贊으로 구성되었다. 이러한 체재는 마치 교수-학습의 전개단계에 따른 구성이라 보아도 무리가 아니라 생각한다. 이를 현대적 교수-학습 모형으로 구성해 보면 다음과 같다.

〈표 3〉 『삼강행실도』에 함의된 교수-학습 모형

1단계	2단계	3단계	4단계	5단계
· 도입	· 이야기하기 (해당사실에 대한 기록)	· 행동실천해 보기 (그림, 圖)	· 실천의지 다지기 (시, 찬)	· 마무리하기

위 〈표 3〉에서 보듯이, 교수-학습의 단계는 모두 5단계로 구성된다. 다만 책에서 1단계와 마지막 5단계는 생략되어 있을 뿐인 것이다. 이러한 교수-학습의 단계적 모형에 유의하면서 여기에 함의된 교수-학습의 방법적 원리를 제시해 보면 다음과 같다.

가. 지·정·행의 통합적 접근의 원리

「행실도」류서에 함의된 교수-학습의 방법적 원리 중의 하나는 인지·정의·행동의 통합적 접근이라 본다. ① 해당 사실에 대한 기록 (한문, 언문)은 도덕교육에 대한 인지적 접근, ② 그림은 행동적 접근, ③ 詩 혹은 贊은 정의적 접근의 통합적 접근을 시도한 것으로 읽을 수 있을 것이다.

『三綱行實圖』의 서문이 이를 직접적으로 적시해 주고 있다. 즉, "이 책을 만들어 민간에 널리 반포해서 어진 자나 어리석은 자, 귀한 자나 천한 자, 어린 자나 부녀자를 막론하고 모두 즐겨 보고 익히 들어 그 그림을 구경하고는 그 모습을 상상하며, 그 詩를 읊조리고는 그 情을 체득하게 하여 모두 부러워하고 사모하여 근면하고 격려하지 않는 사람이 없어서 그 同然한 善心을 感發시키어 자기가 마땅히 해야 할 職分을 다하게 할 것이다."55)고 말하고 있다. 이러한 통합적 접근의 유용성에 대해 예문대제학 鄭招는 "하물며 친히 그 형용을 보고 그 사적을 읊고 稱嘆함에 있어서리까? 감동함은 반드시 깊을 것이며 그 분발하는 것을 반드시 빠를 것이다."56)고 하였고, 또한 좌의정 孟思誠도 "무릇 눈으로 보고는 자는 누가 마음이 감동하지 않겠는가? 거의 감격하여 薰陶됨을 볼 것이고 마침내 鼓舞되어 착하게 변하는 데 이를 것이다."57)라 하고 있다. 그리고 『二倫行實圖』를 간행했던 金安國도 이러한 점에 찬동하여 "조종대에 三綱行實을 撰述해서 圖書로 보이고 歌詠을 부기하였으니 그것을 中外에 반포하여 백성으로 하여금 익히도록 함이 아주 좋은 방법이라 생각한다."58)라 하고 있다.

---

55) 『三綱行實圖』序 및 『세종실록』, 권 56, 세종 14년 6월 병신. "乃爲此書廣布民間, 使無賢愚貴賤孩童婦女, 皆有以樂觀而習聞, 披玩其圖以相形容, 諷詠其詩以體情性. 莫不歆羨嘆慕勸勉激勵, 以感發其同然之善心, 而盡其職分之當爲矣."

56) 『三綱行實圖』跋: 『세종실록』, 권 59, 세종 15년 2월 무신. "何況親見形容詠嘆其事乎, 其感之也必深, 其興之也必速矣."

57) 『三綱行實圖』, 「進三綱行實圖箋」. "凡諸寓目, 孰不竦心, 庶見感激而薰陶, 終鼓舞而於變."

58) 『慕齋集』, 권 14, 「行狀」. "祖宗朝, 撰三綱行實, 形諸圖畫播之歌詠, 頒諸中外, 使民勸習, 甚盛意也."

　도덕교육에 대한 지·정·행의 통합적 접근의 타당성에 대해서는 현대 덕교육 혹은 인격교육론자들에 의해서도 인정되고 있다. 콜버그(L. Kohlberg)의 인지발달론이나 라스(E. Raths) 등의 가치명료화론을 중심으로 하는 기존의 도덕교육은 도덕성의 인지적 측면이나 정의적 측면의 어느 한 측면만을 강조하여 왔다. 그러나 인격교육의 대표 주자인 리코나(T. Likona)에 의하면, 도덕성은 도덕적 인지, 도덕적 느낌, 도덕적 행위를 포함하는 개념이며, 따라서 훌륭한 인격이란 선을 아는 것, 선을 바라는 마음, 선을 행하는 것, 즉 사고의 습관, 심정의 습관, 행동의 습관으로 구성된다는 것이다.59) 따라서 덕을 기르는 교육적 접근도 지·정·행의 통합적 접근이 되어야 할 것을 주장하고 있다.

　우리의 전통적 도덕교육론에서는 일찍부터 덕성함양의 통합적 접근의 유용성을 인식하여 왔던 터이다. 예컨대, 孝의 덕을 습득케 하려면, 孝에 대해서 알뿐만 아니라, 孝心과 孝行의 습관이 동시에 길러져야 되는 것이다. 이러한 점에서 「행실도」류서에 함의된 통합적 접근의 원리는 중요한 의미를 갖는 것이라 아니할 수 없다. 그야말로 사적을 읽음으로써 孝를 어떻게 하는 것인지 알게 되고, 詩을 읊음에 감흥하여 孝心을 불러일으킬 것이며, 그림을 보며 孝行을 결심하게 될 것이기 때문이다.

　나. 도덕적 영웅 따라 배우기의 원리

　「행실도」류서에 함의된 교수-학습의 방법적 원리 중의 하나는 도덕적 영웅 따라 배우기라고 할 수 있다. 말할 것도 없이, 「행실도」류서는 '탁월한 행실과 높은 절개를 지켜 세속에 휩쓸리지 않고 세상 사람들의 耳目을 聳動시켰던 특이 자를 뽑아서'60) 편집한 도덕교과서이기 때

---

59) Thomas Likona, *Education for Character: How our School can Teach Respect and Responsibility*(New York: Bantam Books, 1991), pp.53-62.

문이다. 한마디로 여기에 뽑힌 특이 자들은 도덕적 품성과 행위를 모범적으로 보여준 '도덕적 영웅'들에 다름 아니다. 하나의 사례만 보자.

> 맹희는 촉나라 사람이다. 집이 몹시 가난하였으나 부모를 정성껏 섬겨 자신이 고생하는 것을 조금도 꺼리지 않았다. 그 아버지도 아들의 이러한 효성을 알아 항상 말하기를 '나는 비록 가난하지만 증삼 같은 아들 하나를 길렀다'고 자랑했다. 아버지가 죽으매 맹희는 곡기를 끊고 슬피 우니, 몸이 파리해져서 거의 죽게 되었다. 거적을 깔고 거처하며 3년 동안 소금이나 장물을 입에 넣지 아니하니 원근 사람들은 그의 효성에 탄복했다. 어느 날 쥐 한 마리가 땅을 파들어 가는 것을 보고 그 땅을 파보니 황금 수천 냥을 얻게 되어 큰 부자가 되었다.[61]

저 서양에서 인격적 '전형'의 도덕교육적 유용성에 대해 제대로 자리매김한 가치윤리학자가 셸러(M. Schler)이다. 그에 의하면, 인격전형은 도덕적 세계에서 선을 실행하도록 하는 가장 효과적인 자극제이고 발전과 변화를 위한 가장 중요한 근원이라고 말한다. 한 인간이 도덕적 행동을 하고 도덕적 존재가 되는 것은 규범을 따르는 것보다 하나의 전형을 따를 때이다. 그래서 셸러는 "윤리적 세계에 대한 선한 인간의 가장 큰 작용은 자신의 의욕이나 행동에 토대를 두는 것이 아니라, 직관과 사랑에 의해 접근 가능한 존재와 '그렇게 있음'에 의해 그가 배타적으로 소유하고 있는 잠재적인 전형가치에 근거를 두고 있다."고 말하고 있다. 그러나 학생들은 전형자가 의욕하고 행동하는 것을 그대로 배우는 모방이나 복종이라기보다는 인격의 전형자가 의욕하고 행동했던 것처럼 의욕하고 행동하는 방법을 배우는 것으로, 그것은 전형적인 인격의 가치내용에 대한 진실한 헌신이고 추종이다.[62]

---

60) 『三綱行實圖』, 序. "間有卓行高節, 不爲習俗, 所移而聳人觀聽者亦多."
61) 『三綱行實圖』, 「孝子編」.

이처럼 셸러가 말하는 전형의 도덕교육적 의의가 우리의 「행실도」류
서에도 함의되어 있는 것으로 여긴다. 그야말로 이들 책 속의 모든 인
물들은 전통과 역사 속에 빛나는 '인격적 전형'들이다. 학생들은 이 책
을 통하여 그 전형과 영웅들을 만나며, 이 영웅들을 '되어야 할 당위'
로 체험하게 되는 것이다. 물론 교사들은 전통의 도덕적 모범들에 대
한 풍부한 이야기를 가지고 학생들을 훈화할 것이다. 여기에 지극한
先行만이 하늘을 감동시키고 福을 내릴 것이라는 교훈적 사실도 곁들
일 것은 말할 것도 없으리라. 그래서 「행실도」류서에는 감화설득의 교
수-학습 원리도 함의되어 있다.

다. 행동실천을 통한 배우기의 원리

「행실도」류서에 함의된 또 하나의 교수-학습의 원리는 행동실천을
통한 배우기의 원리라고 본다. 책의 체재가 '圖'의 형식으로 만들어진
본의도 여기에 있다고 여긴다. 감동감화나 설득도 구체적인 도덕적 행
동의 실천으로 이어지지 않으면 아무런 의미가 없다. 그래서 감정의
습관 못지않게 행동의 습관은 중요한 것이라 할 수 있다.
「행실도」류서에 함의된 도덕생활은 합리적인 도덕생활(반성적 사고
의 습관)을 함의하기보다는 행동의 습관으로서의 도덕생활을 염두에
두고 있다. 요컨대, 「행실도」류서에 나타난 도덕적 진리는 행동실천을
통해서라야 비로소 확인되는 진리들인 셈이다. 이는 저 피터스(R. S.
Peters)가 말한 이성의 궁전에 들어가기에 앞서 관습의 뜰을 지나야
한다는 함의와도 다르지 않다고 본다. 이 점에 대해서 누구보다 주희
가 명쾌히 밝히고 있다.

---

62) 이인재, 「셸러의 가치윤리학과 도덕교육」, 진교훈 외, 『윤리학과 윤리교육』
(서울: 경문사, 1997), 416-418쪽.

먼저 涵養·實踐하지 않고 바로 格物致知에 들어간다는 뜻은 아니다. 또 格物致知를 먼저 하지 않으면 誠意·正心·修身·齊家를 할 수 없다는 것도 아니다. 다만 모름지기 안 뒤에야 治己治人의 道를 다할 수 있다는 것이다. 만일 반드시 知가 이르는 것을 기다린 뒤에야 行할 수 있다고 말한다면, 事親·從兄·承上·接下 등은 사람이 살아가면서 하루도 폐하지 못할 것인데, 어떻게 내가 아직 알지 못하니 충분히 안 뒤에 행하겠다고 말할 수 있겠는가?[63]

事親·從兄·承上·接下 등의 日用之道는 하루라도 폐할 수 없는 긴요한 것인데 언제 모든 인륜의 원리와 근거를 명확히 파악된 다음에야 행동할 수 있겠는가라고 주희는 반문하고 있다. 아직 소학단계에 있는 학생들에게는 지적인 공부보다는 행동적 측면의 함양공부를 시키고 점차 지적능력이 향상됨에 따라 도덕적 지식의 탐구로 나아가야 하는 것이다. 이러한 점에서 소학단계에서의 知的인 공부란 人倫의 基礎로서의 일상적 규범에 대한 지적 이해와 내면화인 것으로, 그것은 행동과 실천을 통하여 확인되는 지식인 것이다. 이미 언급한 바이지만, 「행실도」류서에도 주희의 이러한 관점이 함의되어 있는 것으로 본다.

행동의 습관을 위한 涵養·實踐의 교수는 어떻게 가능한가? 아리스토텔레스를 빌릴 것도 없이, 학생들로 하여금 孝行을 직접 해보도록 하는 것에 다름 아니다. 孝行을 함으로써 효를 알고 효자가 되고, 충성스런 행동을 해보도록 함으로써 충성이 무엇인지 알게 되고 충신이 될 수 있다.

---

63) 『朱子大全』, 卷 42, 「答吳晦叔」(第9서). "雖以格物致知爲用力之始, 然非謂初不涵養履踐, 而直從事於此也. 又非謂物未格知未至, 則意可以不誠心, 可以不正身, 可以不修家, 可以不齊也. 但以爲必知之至, 然後所以治己治人者, 始有以盡其道耳. 若曰必俟知至而後可行, 則夫事親·從兄·承上·接下, 乃人生之所能一日廢者, 豈可謂吾知未至, 而暫輟以俟其至而後行哉."

라. 감화설득의 원리

「행실도」류서에 함의된 또 하나의 교수−학습의 방법적 원리는 감화
설득의 원리이다. 감화는 학생들로 하여금 마음으로 설복되도록 하는
정의적 접근이다. 그래서 「행실도」류서에는 마음을 흥기시키는 도덕적
영웅들과 그들의 행위를 찬양하는 詩와 贊이 실려 있다. 그러나 영웅
에 대한 찬양을 통한 접근은 학생들에게 도덕적 감화는 줄지언정 일상
생활에서 구체적 행동의 실천으로 이끄는 데는 만족할만한 효과를 거
두기 어려울 수 있다. 왜냐하면, 「행실도」류서에 나오는 도덕적 전형과
영웅들은 "거의가 변고와 위급한 때를 당했을 때의 특수한 몇 사람의
激越한 행실이지, 일상생활 가운데에서 행하는 도리는 아니다." 따라서
이 책을 읽는 이로 하여금 감동과 감화를 줄지언정, 그 영웅적 행위는
너무 높아 "누구에게나 그것을 요구할 수는 없는 것"일 수 있기 때문
이다.64) 이러한 점에서 「행실도」류서는 한계를 가지고 있는 것으로 보
인다. 따라서 激越한 행실을 일상생활의 영역으로 끌어내리면서 학생
들의 도덕적 실천을 종용하는 것은 결국 교사의 설득에 달렸다.

교사의 설득에 있어 영웅적 이야기를 들려주는 감화만으로는 만족할
만한 효과를 얻기 또한 어려울 것이다. 여기에 지적이고 합리적인 설
득이 가미될 때 학생들의 도덕적 동기를 더욱 강화시킬 수 있다. 따라
서 영웅에 대한 찬양만이 아니라 학생들이 그 영웅적 이야기를 듣고
왜 자신들도 이야기처럼 행동을 해야 하는지, 또 일상생활의 영역에서
어떻게 실천할 수 있는 것인지 등에 대한 나름대로 합리적인 이유와
방법, 그리고 그 행동의 구체적 의미까지 들려줄 수 있어야 한다.

---

64) 『중종실록』, 권 28, 중종 12년 6월 신미. "三綱行實所載, 率皆遭變故難危之
際, 孤特激越之行, 非日用動靜常行之道, 固不可人人而責之."

2) 『聖學十圖』에 함의된 교수-학습의 모형과 원리

앞의 〈표 2〉에서 보듯이, 『성학십도』의 체재는 ① 圖, ② 說, ③ 圖說에 관한 해설, ④ 퇴계 자신의 補說로 구성되었다. 이 역시 교육실천상의 교수-학습의 전개단계에 따른 체재구성이라 생각한다. 이를 현대적 교수-학습의 단계적 모형으로 제시해 보면 다음 〈표 4〉와 같다.

〈표 4〉『성학십도』에 함의된 교수-학습 모형

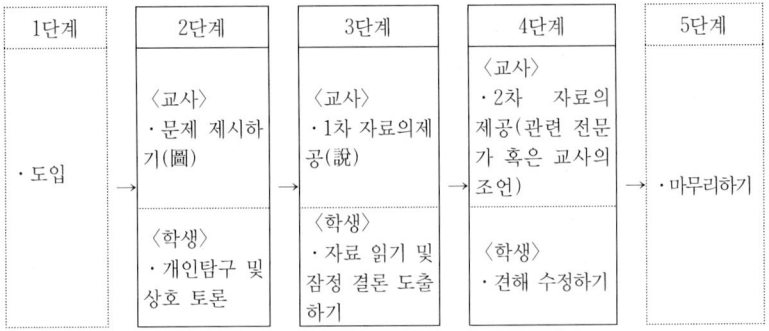

〈표 4〉에서 역시 1단계와 5단계는 생략되어 있는 것이고, 또한 2~4단계에서도 점선 아래의 〈학생〉의 활동사항은 생략된 것으로 읽을 수있을 것이다. 이제 여기에 유의하여 함의된 교수-학습의 방법적 원리들을 제시해 보면 다음과 같다.

가. 인지 중심 접근의 원리

『성학십도』에 함의된 교수-학습의 방법적 원리의 하나는 인지 중심접근의 원리이다. 앞의 「행실도」가 통합적 접근이면서 특히 정의적, 행동적 접근을 강조했다면, 『성학십도』에서는 인지적 접근이 중시되고 있다.

우선 圖에서부터 이를 알 수 있다. 여기서의 圖는 저 '三綱五倫行實
圖'類書의 圖와도 그 의미가 다른 것이다. 行實圖類書에서의 圖는 도덕
교육의 행동적 접근이라는 의의를 갖는 것이었다. 여기서의 圖는 오륜
적 덕의 실천사례를 그림으로 표현한 것으로 문자로 된 내용을 보완하
는 성격의 것이기 때문이다. 그러나 『성합십도』에서의 圖는 그림이기
보다는 도표적인 성격의 圖이다. 그것은 교재의 내용을 구조화하여 제
시함으로써 명료하게 인식할 수 있도록 돕기 위한 인지적 접근인 셈이
다. 여기서 圖는 행동실천해보기가 아니라, 학생들에게 사고와 토론의
문제를 제기하는 기제로 등장하고 있다. 뒤따르는 說이나 補說을 보아
도 역시 인지적 접근임을 알 수 있다. 교수－학습의 과정에서 교사는
먼저 圖만을 학생들에게 제시할 수 있다. 학생들은 제시된 圖를 탐구
한다. 그런 다음에 동료들과 상호 토론을 벌린다. 토론의 잠정적 결론
이 도출되면, 이번에는 교사가 說을 제시한다. 그러면 다시 학생들은
자신들의 잠정적 결론과 교사가 제시한 說을 대비시켜보면서 다시 토
론과 의견수정을 거친다. 이러한 일련의 교수－학습 과정은 오늘날의
탐구식 도덕수업과 그리 멀지 않은 방식처럼 여겨진다. 이것이 바로
위의 〈표 4〉인 것이다.

그러나 『성학십도』에서는 이상에서처럼 인지 중심 접근이 강조되고
있지만, 그렇다고 행동실천적 측면을 간과하고 있는 것은 결코 아님에
유의해야 한다. 실제 『성학십도』에서는 學思竝進의 원리와 함께 知行
竝進의 원리를 매우 강조하고 있다. 특히 『성학십도』 전체를 일관하는
하나의 사상이 敬사상이라 할 정도로 경공부를 중시하고 있다. 따라서
『성학십도』에 함의된 교수－학습의 원리도 지·정·행 통합적 접근이
라 보아야 할 것이다. 그러나 다만 여기서는 구체적인 교육실천장에서
이루어질 교수－학습 과정에 주안점을 두었기 때문에 인지 중심 접근
으로 읽는 것이다.

나. 자료로서의 교재 제공의 원리

『성학십도』는 제목 그대로 '성인이 되기 위한 학문론 혹은 공부론'과 관련하여 주목해야 할 열 개의 說(혹은 銘, 箴)을 가려 뽑고, 또한 그 것을 도상화한 圖(기존에 없던 것은 퇴계가 도상화하여)를 모아 편집 된 교재이다.

그러나 사실 교재라 하여 남의 글을 모아 편저해야 할 것인지는 의 문이다. 바로 이 지점에 교재에 관한 퇴계 나름의 관점이 함의되어 있 는 것이다. 금장태에 의하면, 『성학십도』는 왕실에서 역대 군왕이 병풍 으로 만들거나 서첩으로 만들어 항상 곁에 놓고 窮理하고 體認하는 典 範으로 삼았다고 한다. 그러나 한편으로, 이 책은 經筵에서 거듭 강의 되는 敎材였고, 17세기부터 20세기 전반까지 계속해서 다양한 註釋과 應用이 이어지고, 그 註釋에서 제기되는 문제는 가히 한국철학사의 중 요문제에 다름 아니라고 한다.65) 이러한 금장태의 연구결과에서 특히 주목할 부분은 후자이다.

이처럼 다양한 논의와 주석, 그리고 그 응용이 가능했던 연유는 어 디에 있을까? 연구자는 바로 『성학십도』라는 교재의 특성에 있다고 생 각한다. 교재는 크게 두 가지 유형으로 분류됨직 하다. 하나는 〈典範으 로서의 교재〉요, 다른 하나는 〈자료로서의 교재〉이다.

〈典範으로서의 교재〉는 도덕적 문화전통을 대변하며 객관화된 도덕 적 진리를 담고 있다. 사회구성원이 합의하는 바람직한 덕목과 규범, 공동체의 위대한 전통 등이 실린 이 교재는 말 그대로 자라나는 세대 들이 익혀야만할 전범으로 등장한다. 반면에, 〈자료로서의 교재〉는 교 수-학습의 상황에서 제공됨직한 하나의 교수-학습 자료일 뿐이다. 물론 이 교과서에도 바람직한 덕과 규범, 도덕적 원리와 규칙 등이 실

---

65) 금장태, 「〈聖學十圖〉 註釋과 朝鮮後期 退溪學의 展開」, 『退溪學報』, 제48집 (1985), 7쪽.

리지만, 그것은 어디까지나 교수－학습을 돕는 자료일 뿐이다. 여기서
는 자료를 읽고 토론하는 교수－학습의 과정을 통하여 도덕적 진리를
구성해 가야하는 것이라 말할 수 있다. 요컨대, 전자의 수업에서 학생
들은 교사의 말씀과 교재의 내용을 진리 그 자체로 습득토록 하는 依
樣之味를 추구한다면, 후자의 수업에서는 교사가 제시하는 교수학습
자료에 대하여 서로 토론하고 대화하면서 진리를 구성해 가는 自得之
味를 추구한다.

　　이 중 『성학십도』에 함의된 퇴계의 교재관은 말할 것도 없이 〈자료
로서의 교재〉라 생각한다. 그 가장 뚜렷한 증거가 바로 『성학십도』를
다른 사람들이 저작한 圖說을 모아 편저했다는 점이라고 본다. 주지하
듯이, 이 책은 퇴계 자신의 학문적 혹은 사상적 체계에 완숙함을 갖춘
시기 중에서도 가장 생애의 말년에 쓰여졌다. 성인이 되는 학문론 혹
은 공부론에 관한 책을 얼마든지 퇴계 자신의 독자적인 사상과 문법으
로 저술할 수도 있다.

　　예컨대, 퇴계 이전부터 주렴계의 「태극도설」을 어떻게 이해할 것인
가를 놓고 이미 조선의 학자들 간에는 철학적 논쟁을 벌이거나 의견을
달리하는 사례들이 있다. 논쟁의 한 사례로 회재 이언적(晦齋 李彦迪)
과 망기당 조한보(忘機堂 曺漢輔)가 벌인 이른바 '무극태극논쟁'이 있
다[66] 또한 특정 학자들 간에 직접 논쟁을 하지는 않았으나 의견을 달
리하는 사례로 태극과 음양의 관계를 어떻게 볼 것인가에 관해 '太
極・陰陽一體說'(정여창, 이항 등)과 '太極・陰陽二物說'(기대승, 김인후

---

66) '無極太極論爭'의 중심 주제는 인간의 도덕 근거가 무엇이며 그 본질을 어
　　떻게 체득하여 이를 바탕으로 한 실천이 나올 수 있겠는가에 관한 논쟁이
　　다. 예컨대, '태극'에 앞서 '무극'을 강조하는 조한보가 도덕의 근거를 초월
　　적인 데서 찾으려 하고 있다면, 무극이태극을 동시적이고 하나로 보는 이
　　언적은 도덕성의 근원을 현실 속에서 찾으려고 한 것으로 볼 수 있다. 이
　　에 관한 자세한 고찰은 김교빈, 「태극논쟁: '태극'을 둘러싼 주자학적 이해
　　와 비주자학적 이해의 대립」, 한국철학사상연구회 지음, 『논쟁으로 보는
　　한국철학』(서울: 예문서원, 1995), 111-128쪽.

등) 등의 주장이 있다.[67] 특히 후자의 사례에서 퇴계는 '태극·음양이
물설'을 옹호하는 대표적인 사상가이다.[68] 그리고 이외에도 퇴계사상의
독창적인 요소로 우주론에서의 理動說, 사칠론에서의 理發說, 격물설에
서의 理自到說 등이 거명된다.[69] 조선철학사에 있어서 이들 주제들은
모두 논쟁적인 것이었다. 이처럼 논쟁적인 주제들에 대해 퇴계 자신의
확고한 관점을 가지고 있지만, 『성학십도』의 교재에서는 예외가 없지
않지만 그런 자신의 주장을 거의 제시하지 않고 있는 것이다.

만약 『성학십도』에 포함된 모든 주제들에 대하여 퇴계 자신의 사상
과 문법으로 교재를 저술하였다면 그것은 전혀 성격을 달리하는 교재,
즉 〈전범으로서의 교재〉가 되고 말았을 것이다. 이미 당시 퇴계는 조
선성리학은 대표하는 거장이었기 때문이다. 만약 그랬다면 당시 학생
들은 퇴계의 관점에 이의를 제기하기보다는 우선 그것을 부동의 진리
로 받아들이는 데 급급했을 것이다. 그러나 퇴계는 그렇게 하지 않았
다. 바로 이 점에서 퇴계의 깊은 교육적 고려와 안목을 엿볼 수 있는
것이다.

이처럼 『성학십도』에 함의된 퇴계의 교재관은 〈자료로서의 교재〉이
다. 〈자료로서의 교재〉는 교수-학습의 상황에서 제공됨직한 하나의
교수-학습 자료일 뿐이다. 다시 말해, 이 교재는 교수-학습 과정상의
읽을거리, 토론거리가 될 뿐이라는 것이다.

---

67) 오병무, 「한국 성리철학의 특성에 관한 연구」(전북대학교 박사학위논문,
    1992).
68) 『增補 退溪全書』(二), 卷 41, 「雜著」, 〈非理氣爲一物辨證〉. "理與氣決是二
    物, 但在物上看, 則二物渾淪, 不可分開各一處, 然不害二物之各爲一物也, 若
    在理上看, 則雖未有物而有物之理, 然亦但有其理而已, 未嘗實有是物也."
69) 尹絲淳, 「退溪의 理氣哲學에 대한 現代的 解釋」, 『退溪學報』, 제110집
    (2001. 10.), 119-144쪽; 文錫胤, 「退溪에서 理發과 理動, 理到의 의미에
    대하여-理의 능동성 문제」, 『퇴계학보』, 같은 책, 161-201쪽.

다. 대화와 토론의 원리

『성학십도』에 함의된 퇴계의 교재관은 〈자료로서의 교재〉라면, 이에
따른 교수방법은 대화와 토론이 주가 될 것이라 짐작할 수 있다. 그리
고 교사의 역할도 주도적이기보다는 간접적인 방법으로 학생들의 학습
을 도울 것이다.[70] 이러한 퇴계의 관점은 『言行錄』 등에 남겨진 후학
들의 증언자료를 통하여 실제로 확인된다.

　　선생은 남과 논변할 때에 서로 의견이 맞지 않으면 자기의 의견
　이 혹시 미흡하지 않은가 하여 자기의 선입을 주장하지 않았으며
　남과 자신을 분별하지 않고 허심하게 이리저리 따지되 뜻과 이치
　에 근거해 구하고 전훈에 근거해 물어보아 자기의 말이 이치에 맞
　고 전훈에 일치함이 있으면 곧 더불어 변설하여 상대의 의혹은 풀
　어주었다. 자기의 오래 전의 견해에 때로 미안함이 있으면 곧 자기
　를 버리고 상대를 좇았기 때문에 사람들이 기쁘게 복종하지 않음
　이 없었다.[71]

　　후학들을 가르침에 싫어하거나 게을리 하지 않았으며 친구처럼
　대접해서 끝까지 스승으로 자처하지 않았다.[72]

교수－학습의 전개과정에 의할 때 적어도 2단계와 3단계에서 학생과
학생 간, 학생과 교사 간에는 열띤 토론이 전개될 것으로 짐작해 볼

---

70) 퇴계의 師道觀에 관한 보다 자세한 연구는 尹用南, "退溪 李滉의 師道觀,"
　　『退溪學報』 제95집(퇴계학연구원, 1997. 9), 51~84쪽 참조.
71) 『增補 退溪全書』(四), 「言行錄」 卷 2, 〈講辯〉. "與人論辯有所不合, 則猶恐
　　己之所見, 或有未盡不主先入, 不分人己, 虛心紬繹, 求之於義理, 質之於典訓,
　　己言合理而有稽, 則更與辯說, 期於解彼之惑, 舊見或有未安, 卽舍己而從人,
　　故人莫不悅服."
72) 『增補 退溪全書』(四), 「言行錄」 卷 1, 〈敎人〉. "訓誨後學, 不厭不倦, 待之如
　　朋友, 終不以師道自處."

수 있다. 인용에서 보듯, 이때 교사는 학생들보다 우위에 있다기보다는 토론의 상대방일 뿐이다.

라. 개별화 교수의 원리

뿐만 아니라, 퇴계는 후학들을 가르침에 개별화 교수에도 매우 신경을 쓴 것으로 보인다. 즉, 일찍이 공자가 주장했던 인재시교(因材施敎)와 수인이교(隨人異敎)의 방법을 퇴계는 성실히 실천에 옮겼던 것이다.

　　옛 문인들의 자질이나 병통이 만 가지로 다름을 안다. 그러므로 재주에 따라 가르침을 베풀고 증세에 대응해서 약을 쓰는 것이다.[73]

　　배우려는 자가 가르침을 묻고 청하면, 그 자질의 얕고 깊음에 따라 가르쳐주고, 만약 깨닫지 못하는 곳이 있으면, 거듭해서 자세히 설명하여 깨우쳐주고야 그쳤다.[74]

5. 결 론

이 글은, 「行實圖」類書와 『聖學十圖』 등의 圖書가 성리학적 인격교육론의 조선조적 원용과 실천이라는 차원에서 깊은 '교육적 고려' 속에 편찬 간행된 것이라는 가정하에, 여기에 함의된 덕성교육의 접근법을 교수-학습의 모형과 방법적 원리를 중심으로 탐구한 것이다.

우선, 예비적 고찰로 소학-대학계제론에 입각한 주희의 덕성교육론을 검토하면서, 그것의 조선조적 원용을 각각 교화적 덕성교육과 교학

---

73) 『增補 退溪全書』(四), 「言行通錄」 卷 2. "知舊門人資質病痛, 有萬不同, 故因材施敎, 對症下藥."
74) 『增補 退溪全書』(四), 「言行錄」 卷 1, 〈敎人〉. "學子質業請益, 隨其淺深而告詔之, 若有未曉處, 則反復詳說, 啓發乃已."

적 덕성교육으로 정리하였다. 요컨대, '교화적 덕성교육론'은 아직 도덕성의 발달이 충분치 못한 학습자들을 대상으로 하는 도덕교육론이고, '교학적 덕성교육론'은 도덕성의 발달이 어느 정도 이루어진 학습자들을 대상으로 하는 도덕교육론이다. 이러한 두 가지 교육단계를 거칠 때 비로소 有德한 人格이 된다.

「行實圖」類書와 『聖學十圖』 등의 圖書는 이러한 덕성교육론을 잘 이해하고 있었던 조선조의 위정자와 사림들이 특별한 고려 속에 개발된 교재인 셈이다. 「行實圖」類書는 삼강의 忠·孝·烈의 덕목과 오륜의 親·義·別·序·信의 덕목을 주 내용으로 담고 있는 '덕목과 행위' 중심의 교육론이요, 교화적 덕성교육의 목표달성에 걸맞게 특별히 개발되고 간행된 교재이다. 『聖學十圖』는 제목 그대로 '聖人이 되기 위한 학문론 혹은 공부론'과 관련하여 주목해야 할 열 개의 圖, 그리고 각 圖의 바탕이 된 說(혹은 銘, 箴) 등으로 구성되었고, 대학단계의 교학적 덕성교육에 입문할 초학자를 위해 깊은 교육적 안목에서 개발된 교재이다.

나아가 각 교재의 저변에는 이러한 교육에 관한 철학, 교육의 방향과 목표 등에 관한 기본관점들 외에도 교수-학습의 방법적 원리도 함축되어 있다. 「행실도」류서의 체재는 해당 사실에 대한 기록(한문, 언문), 그림(圖), 詩 혹은 贊으로 구성되었다. 이러한 체재는 교수-학습의 전개단계에 따른 구성이라 해석할 수 있다. 즉, 그것은 〈① 도입단계 →② 이야기하기 단계 → ③ 행동실천해보기 단계 → ④ 실천의지 다지기 단계 → ⑤ 마무리 단계〉라는 교수-학습 모형으로 정리해 볼 수 있다. 여기에 함의된 교수-학습의 원리로는 ① 지·정·행의 통합적 접근의 원리, ② 도덕적 영웅 따라 배우기의 원리, ③ 감화설득의 원리, ④ 행동실천을 통한 배우기의 원리 등이다. 『성학십도』의 체재는 圖, 說, 解說, 퇴계의 補說 등으로 구성되었고, 이 역시 교수-학습의 단계를 고려한 것으로 읽을 수 있다. 즉, 그것은 〈① 도입 → ② 문제의 제시(圖) / 탐구 및 상호 토론의 단계 → ③ 1차 자료의 제공(說) / 자료읽기 및 잠정결론 도출하기 단계 → ④ 2차 자료의 제공(관련 전문가 혹은 교사의 조언) / 견해 수정하기 단계 → ⑤ 마무리하기 단계〉의 교수–학습 모형으로 정리해 볼 수 있다. 여기에 함의된 교수–학습의 원리로는 ① 인지 중심 접근의 원리, ② 자료로서의 교재 제공의 원리, ③ 대화와 토론의 원리 ④ 개별화 교수의 원리 등이다.

　우리는 그동안 유교적 전통 도덕교육론을 '德目과 行爲' 중심의 교육론으로 이해하여 왔던 것이 사실이다. 유교교육론에서는 三綱의 孝·忠·烈의 덕목과 五倫의 親·義·別·序·信의 덕목, 나아가 五常으로서 仁·義·禮·智·信의 덕목 등을 가르칠 것을 함의하고 있기 때문이다. 그러나 더 이상 유교적 도덕교육론은 덕목과 행위 중심의 교육론이 아니다. 『성학십도』에 함의된 교수–학습의 방법적 원리들은 이 점을 분명하게 알려주고 있다. 유교적 도덕교육론은 '도덕교육에서의 형식과 내용'을 모두 강조하고 있는 '인격교육론' 혹은 '덕교육론'으로 읽을 수가 있다. 아니 처음부터 유교 도덕교육론은 인격(지·정·행)의 분열도, 형식과 내용의 구분도 없었던 통합적 인간관과 그에 토대한 교육론이었다.

　『성학십도』의 교수–학습의 방법적 원리로 인지 중심 접근이 강조되고 있지만, 그렇다고 행동실천적 측면을 간과하고 있는 것은 결코 아님에 유의해야 한다. 실제 『성학십도』에서는 學思竝進의 원리와 함께 知行竝進의 원리를 매우 강조하고 있다. 특히 『성학십도』 전체를 일관하는 하나의 사상이 敬사상이라 할 정도로 경공부를 중시하고 있다. 따라서 『성학십도』에 함의된 교수–학습의 원리도 지·정·행 통합적 접근이라 보아야 할 것이다. 그러나 다만 여기서는 구체적인 교육실천 장에서 이루어질 교수–학습 과정에 주안점을 두었기 때문에 인지 중심 접근으로 읽은 것이다.

　분열된 인격과 그에 토대한 교육은 근대 이후의 산물이다. 그래서 최근까지만 해도 이론적이든 실제적이든 인격적인 사람 혹은 덕스러운 사람 그 자체보다는 덕목이나 가치, 규범을 알게 하거나 또는 그 외의 어떤 부분적인 능력을 육성하는 것이 도덕교육의 전부인 것인 양 생각해 왔다. 그래서 우리는 도덕교육과 관련하여 '무엇을 해야 하는가' 하는 행동을 제시하는 데 더 관심을 두어왔지 '어떤 사람이 되어야 하는가' 하는 데에는 소홀히 해 왔던 것이 사실이다.

물론 도덕적 가치를 가르치거나 그와 관련된 사고·판단 능력 또는 행동 습관을 기르는 일은 중요하다. 그러나 그것은 도덕교육의 한 부분 또는 한 측면에 불과한 것이지, 그 자체가 본질이거나 궁극적 도달점은 아니라는 데 유의해야 한다. 이 점을 우리의 유교적 덕성교육론은 분명히 밝혀주고 있었다. 즉 유교적 덕성교육론은 도덕교육의 본질이 단순한 도덕적 기능인이 아니라, 有德한 人格을 함양하는 데 있음을 분명하게 적시해 주고 있다. 그리고 有德한 人格은 善에 대해 알기만 하거나 느끼기만 하거나 무조건 행동의 습관만을 갖게 하는 일면성을 통해서 기를 수 있는 것이 아니라, 사고·판단하는 지적 측면과 느끼고 의욕하는 정의적 측면, 그리고 실천·행동하는 행동적 측면의 통합된 내적 성향으로 구현될 때 가능한 것이다. 따라서 유덕한 인격을 함양하는 도덕교육은 통합적인 접근을 통해서만 가능한 것임을 유교적 덕성교육론은 시사하고 있다.

참고 문헌

1. 典 籍

『慕齋集』. 韓國文集叢刊 20. 民族文化推進委員會, 1988.

『靜菴集』. 韓國文集叢刊 22. 民族文化推進委員會, 1988.

『思齋集』. 韓國文集叢刊 23. 民族文化推進委員會, 1988.

『花潭集』. 韓國文集叢刊 24. 民族文化推進委員會, 1988.

『退溪全書』. 成均館大學校 大同文化研究院, 1978.

『增補 退溪全書』. 成均館大學校 大同文化研究院, 1997.

『栗谷全書』. 成均館大學校 大同文化研究院, 1978.

『朝鮮王朝實錄』(태종실록·세종실록·중종실록 등).

『CD-ROM 국역 조선왕조실록』(서울시스템).

『經國大典』.

『燃藜室記述』.

『東儒師友錄』.

『三綱行實圖』. 弘文閣 影印本, 1990.

『續三綱行實圖』. 弘文閣 影印本, 1990.

『二倫行實圖』. 弘文閣 影印本, 1990.

『呂氏鄕約·正俗諺解』. 原文社 影印本, 1976.

『大學·論語·孟子·中庸』. 成均館大學校 大同文化研究院, 1985.

『荀子集解』. 漢文大系 15. 東京: 富山房, 昭和 59.

『小學纂註』. 漢文大系 5. 東京: 富山房, 昭和 59.

『近思錄』. 漢文大系 22. 東京: 富山房, 昭和 59.

『性理大全』. 孔子文化大全. 山東友誼書社, 1989.

『二程全書』. 臺灣中和書局, 民國 75.

『朱子大全』. 台北: 大化書局印行, 民國 74.

『朱子語類』. 黎靖德(宋) 編. 北京: 中華書局, 1983.

『說文解字注』. 許愼撰. 段玉裁注. 黎明文化事業公司, 民國 65.

2. 국내 논저

가. 단행본

강봉수.『유교 도덕교육론』. 서울: 원미사, 2001.

강광식 외.『조선시대 개혁사상 연구』. 한국정신문화연구원, 1998.

姜泰訓.『經筵과 帝王敎育』. 서울: 載東文化社, 1993.

교육부.『중학교 교육과정 해설(Ⅱ)』. 교육부, 1999.

金勝惠.『原始儒敎』. 서울: 民音社, 1990.

금장태.『한국유학의 탐구』. 서울대학교 출판부, 1999.

金炯孝.『東西哲學에 대한 主體的 記錄』. 서울: 高麗苑, 1985.

_____ 외.『栗谷의 사상과 그 현대적 의미』. 한국정신문화연구
    원, 1995.

_____ 외.『退溪의 사상과 그 현대적 의미』. 한국정신문화연구
    원, 1997.

_____.『데리다의 해체철학』. 서울: 민음사, 1993.

_____.『孟子와 荀子의 哲學思想』. 서울: 三知院, 1990.

_____.『베르그송의 철학』. 서울: 민음사, 1991.

_____.『韓國社會史硏究』. 서울: 지식산업사, 1986.

_____.『韓國精神史의 現在的 認識』. 서울: 高麗苑, 1985.

_____.『韓國人의 傳統家庭敎育思想』. 한국정신문화연구원, 1993.

김대용.『조선 초기 교육의 사회사적 연구』. 서울: 한울아카데미, 1994.

김성태.『敬과 注意』. 고려대학교 출판부, 1989.

勞思光.『中國哲學史』(宋明篇). 鄭仁在 譯. 서울: 探求堂, 1987.

드 배리.『중국의 '자유' 전통』. 표정훈 옮김. 서울: 이산, 1998.

리코나.『인격교육론』. 박장호·추병완 옮김. 서울: 백의, 1998.

맥킨타이어.『덕의 상실』. 이진우 옮김. 서울: 문예출판사, 1997.

蒙培元.『中國 心性論』. 李尙鮮譯, 서울: 法仁文化社, 1996.

미우라 도우사꾸.『중국윤리사상사』. 강봉수 외 옮김. 서울: 원미사, 1997.

朴 珠.『朝鮮時代의 旌表政策』. 서울: 일조각, 1990.

박병기·추병완.『윤리학과 도덕교육』. 서울: 인간사랑, 1996.

朴翼煥.『朝鮮鄕村自治社會史』. 서울: 三英社, 1995.

邊太燮.『韓國史通論』改訂版. 서울: 三英社, 1989.

성균관대학교 교재편찬위.『儒學原論』. 성균관대학교출판부, 1982.

守本順一郞.『동양정치사상사연구』. 김수길 옮김. 서울: 동녘신서, 1985.

스누크.『敎化와 敎育』. 尹八重 옮김. 서울: 배영사, 1993(중판).

스트로앤.『도덕철학과 도덕교육: 우리는 아이들을 선하게 가르칠 수 있는가』. 남궁달화 譯. 서울: 교육과학사, 1996.

시마다겐지. 『주자학과 양명학』. 김석근·이근우 옮김. 서울: 까치, 1986.

심성보. 『교육윤리학입문』. 서울: 내일을 여는 책, 1995.

아리스토텔레스. 『니코마코스윤리학』. 최명관 옮김. 서울: 서광사, 1984.

柳正東 외. 『靜菴硏究論叢』. 趙光祖先生生誕五百周紀念 國際學術大會 論文集. 靜菴先生生誕五百周紀念事業會, 1982. 12. 31.

이계학 외. 『덕성함양의 전통적 방법론』. 한국정신문화연구원, 1998.

李啓鶴. 『人格敎育論』. 서울: 星苑社, 1991.

이기동 외. 『東洋三國의 朱子學』. 성균관대학교 출판부, 1995.

李秉烋. 『朝鮮前期 畿湖士林派硏究』. 서울: 일조각, 1984.

이성무. 『한국과거제도사』. 서울: 민음사, 1997.

이수건. 『영남사림파의 형성』. 영남대학교 출판부, 1984.

이재룡. 『조선, 예의 사상에서 법의 통치까지』. 서울: 예문서원, 1995.

이지헌·김선구 편. 『개인, 공동체, 교육 Ⅲ』. 서울: 교육과학사, 1997.

李泰鎭. 『朝鮮儒敎社會史論』. 서울: 지식산업사, 1993(3판).

李烘雨. 『敎育의 槪念』. 서울: 문음사, 1998.

이 황. 『성학십도』. 이광호 옮김. 서울: 홍익출판사, 2001

임병덕 외. 『초등학교 도덕과교육론』. 서울: 교육과학사, 1998.

장성모. 『주자와 왕양명의 교육이론』. 서울: 교육과학사, 1998.

정세구 외 편역. 『인격교육과 덕교육』. 서울: 배영사, 1997.

丁淳睦. 『退溪의 敎育哲學: 교육인간학적 고찰』. 서울: 지식산업사, 1986.

조남국. 『율곡의 삶과 철학, 그리고 경제윤리』. 서울: 교육과학사, 1997.

조셉 니담. 『中國의 科學과 文明 Ⅲ』. 李錫浩・李鐵柱・林禎埰 譯. 서울: 乙酉文化社, 1988.

朱紅星 외. 『한국철학사상사』. 김문용・이홍용 옮김. 서울: 예문서원, 1993.

진교훈 외. 『윤리학과 윤리교육』. 서울: 經文社, 1997.

陳立夫. 『中國哲學의 人間學的 理解』. 鄭仁在 옮김. 서울: 民知社, 1980.

최병태. 『德과 規範: 도덕교육의 이해』. 서울: 교육과학사, 1998(초판 2쇄).

추병완. 『도덕교육의 이해』. 서울: 백의, 1999.

平嚴 李啓鶴 博士 華甲紀念論文選集 刊行委員會. 『人格의 形成과 敎育』. 平嚴 李啓鶴 博士 華甲紀念論文選集. 서울: 원미사, 1997.

폴 테일러. 『윤리학의 기본원리』. 김영진 옮김. 서울: 서광사, 1985.

馮友蘭. 『中國哲學史』. 鄭仁在 譯. 서울: 형설출판사, 1983(11쇄).

피터스. 『道德發達과 道德敎育』. 南宮達華 譯. 서울: 文音社, 1998(제1판 제2쇄).

한국도덕윤리과교육학회. 『도덕・윤리 교과교육학 개론』. 서울: 교육과학사, 1998.

韓國東洋哲學會 編. 『東洋哲學의 本體論과 人性論』. 연세대학교 출판부, 1982.

한국사상사연구회 편. 『조선 유학의 학파들』. 서울: 예문서원, 1996.

한국정신문화연구원. 『한민족대백과사전』. 1991.

韓永愚. 『朝鮮前期社會思想硏究』. 서울: 지식산업사, 1983.

홍희유・채태형. 『조선교육사 1』. 평양: 사회과학출판사, 1995.

황갑연. 『공맹 철학의 발전』. 서울: 서광사, 1998.

342

나. 학위논문

孔泳立. 「朱子 倫理思想의 本質에 관한 硏究: 禮思想을 中心으로」. 성균관대학교 대학원 박사학위논문, 1986.

權美淑. 「荀子 禮治思想의 社會倫理學的 硏究」. 韓國精神文化硏究院 韓國學大學院 博士學位論文, 1997.

金鎔坤. 「朝鮮前期 道學政治思想 硏究」. 서울대학교 대학원 박사학위논문, 1994.

김일환. 「모재 김안국의 정치활동」. 고려대학교 대학원 석사학위논문, 1987.

金弘炅. 「朝鮮初期 儒學思想에 관한 硏究: 太宗～世祖代 官僚儒學者를 중심으로」. 성균관대학교 대학원 박사학위논문, 1993.

목영해. 「퇴계와 칸트 도덕관의 교육론적 탐구」. 부산대학교 대학원 박사학위논문, 1994.

朴連鎬. 「朝鮮前期 士大夫敎養에 관한 硏究」. 한국정신문화연구원 한국학대학원 박사학위논문, 1994.

朴翼煥. 「朝鮮前期 鄕村敎化史 硏究」. 동국대학교 대학원 박사학위논문, 1987.

서은숙. 「孔孟思想에 나타난 德性涵養에 關한 硏究」. 서울대학교 대학원 박사학위논문, 1998.

宋永日. 「靜菴 趙光祖의 敎育思想 硏究: 實踐道學理念을 中心으로」. 한국교원대학교 대학원 석사학위논문, 1989.

申孝淑. 「孟子와 荀子의 敎育思想 比較硏究」. 한국정신문화연구원 한국학대학원 석사학위논문, 1987.

吳炳武. 「韓國 性理哲學의 特性에 關한 硏究」. 전북대학교 대학원 박사학위논문, 1992.

오석종. 「〈小學〉의 德敎育論 硏究」. 서울대학교 대학원 박사학위논문, 1999.

이은송. 「조광조의 교학관 연구」. 이화여자대학교 대학원 석사학위논문, 1993.

鄭在傑. 「조선시대 서민교육으로서의 교화에 관한 연구」. 서울대학교 대학원 석사학위논문, 1983.

_____. 「朝鮮前期 敎化硏究: 성종·중종(1469~1544)년간을 중심으로」. 서울대학교 대학원 박사학위논문, 1989.

趙天熙. 「道德的 知識과 行爲에 대한 合理主義的 接近의 批判的 考察」. 한국정신문화연구원 한국학대학원 석사학위논문, 1998.

池富一. 「元·明 交替期 朱子學의 東傳과 朝鮮初의 鄕村敎化」. 경희대학교 대학원 박사학위논문, 1992.

池政敏. 「朝鮮前期 敎化書 諺解의 敎育的 意味: 慕齋 金安國의 活動을 中心으로」. 서울대학교 대학원 석사학위논문, 1995.

崔桂花. 「朝鮮前期 儒敎書의 輸入과 普及」. 한국정신문화연구원 한국학대학원 석사학위논문, 1997.

韓寬一. 「朝鮮前期 〈小學〉敎育 硏究」. 중앙대학교 대학원 박사학위논문, 1992.

한형조. 「朱熹에서 정약용에로의 철학적 사유의 전환」. 한국정신문화원 한국학대학원 박사학위논문, 1992.

다. 일반 논문

강봉수. 「삼강오륜 〈행실도〉류서에 함의된 전통 도덕교육의 방법과 원리」. 『국민윤리연구』 제46호(한국국민윤리학회, 2001).

강봉수. 「전통적 덕성함양교육의 한 접근으로써 '敎化'-교화는 Indoc-trination인가?」. 『교육과학연구 백록논총』(제주대학교 사범대학·교육과학연구소, 2002).

강봉수. 「퇴계의 『성학십도』에 함의된 도덕교육론」. 『도덕윤리과교육』. 제19호(한국도덕윤리과교육학회, 2004).

姜光植. 「체제 정비·난숙기의 개혁사상」. 강광식 외 공저. 『조선시대 개혁사상 연구』. 한국정신문화연구원, 1998.

_____. 「朝鮮朝 儒敎政治文化의 構造와 機能」. 『한국의 정치와 경제』 제1집. 한국정신문화연구원, 1992.

_____. 「朝鮮朝 儒敎政治文化의 社會化와 變容에 관한 體系的 硏究」. 『한국의 정치와 경제』 제2집. 한국정신문화연구원, 1992.

_____. 「儒敎政治理念의 基本構造와 그 朝鮮朝的 變容」. 『論文集』 제6집. 한국정신문화연구원 한국학대학원, 1991.

고대혁. 「朱子의 敎育論과 聖人의 敎育的 意味」. 『東洋古典硏究』 제4집. 1995.

高英津. 「15·16세기 朱子家禮의 施行과 그 意義」. 『한국사론』 21. 1989.

금장태. 「〈聖學十圖〉 註釋과 朝鮮後期 退溪學의 展開」. 『退溪學報』. 제48집. 1985.

금장태. 「정암과 조선시대의 선비정신」. 『한국학보』 10호. 1978.

김교빈. 「태극논쟁: '태극'을 둘러싼 주자학적 이해와 비주자학적 이해의 대립」. 한국철학사상연구회. 『논쟁으로 본 한국철학』(서울: 예문서원, 1995).

김기현. 「조정암의 도학관」. 『민족문화연구』 14호. 1979.

金成俊. 「朝鮮守令七事와 〈牧民心鑑〉」. 『民族文化硏究』 제21호. 고려대

민족문화연구소, 1988. 2.

金元龍. 「三綱行實圖刊本攷」. 『東亞文化』 제4집. 서울대 동아문화연구소, 1965. 10.

金永植. 「朱熹의 〈氣〉 槪念에 관한 몇 가지 考察」. 『民族文化硏究』 제19호. 고려대 민족문화연구소, 1986.

金允濟. 「朝鮮 前期 〈心經〉의 이해와 보급」. 『韓國文化』 18. 서울대 한국문화연구소, 1996. 12.

金在求. 「朝鮮初 '小學主義'傳統 硏究」. 『石堂論叢』 제16집. 동아대학교 석당전통문화연구원, 1990.

金丁鎭. 「靜菴의 春秋義理精神과 道德哲學」. 『儒敎思想硏究』 2호. 1987.

_____. 「靜菴 趙光祖의 道學思想과 春秋義理精神」. 『東方思想論攷: 그 本質과 現代的 解釋』. 道原 柳承國博士 華甲紀念論文集, 1983.

金恒洙. 「16세기 經書諺解의 思想史的 考察」. 『奎章閣』 10. 1987.

金恒洙. 「16세기 士林의 性理學 理解: 書籍의 刊行·編纂을 중심으로」. 『韓國史論』 7. 1981.

김형동. 「정암사상의 칠학적 연구」. 『한국학보』 10호. 1978.

金炯孝. 「동양사상에서의 인간의 존엄성: 유교사상을 중심으로」. 『東西哲學에 대한 主體的 記錄』. 서울: 고려원, 1985.

_____. 「栗谷的 思惟의 이중성과 현상학적 비전」. 김형효·이기동 외. 『율곡의 사상과 그 현대적 의미』. 성남: 한국정신문화연구원, 1995.

_____. 「도덕과 종교의 두 가지 원천」. 『베르그송의 철학』. 서울: 민음사, 1991.

金勳埴. 「16세기 〈二倫行實圖〉 보급의 社會史的 考察」. 『歷史學報』. 제

107집. 1985. 9.

金勳埴. 「中宗代 〈警民編〉 보급의 고찰」. 『李載龒博士還曆紀念 韓國史學論叢』. 서울: 한울, 1990.

睦晠海. 「退溪와 Kant 道德觀의 教育論的 探索」. 『退溪學報』 제66집. 퇴계학연구소, 1990. 6.

文錫胤. 「退溪에서 理發과 理動, 理到의 의미에 대하여 - 理의 능동성 문제」. 『퇴계학보』, 제110집(2001. 10).

박병춘. 「초등 도덕과교육의 목표설정을 위한 통합적 도덕성 연구」. 『道德倫理科教育』 제10호. 한국도덕윤리과교육학회. 1999. 6.

朴連鎬. 「조선시대 禮教에서 〈小學〉과 〈家禮〉의 위치」. 한국정신문화연구원 연구과제 중간보고용 발표자료. 1999. 7. 20.

朴連鎬. 「朱子學의 根本培養說과 朝鮮前期의 〈小學〉教育」. 『淸溪史學』 2. 1985. 12.

朴鐘培. 「朝鮮前期 儒學教育에서의 文學의 地位」. 『教育史學研究』 제6·집. 1996.

朴在文. 「李退溪의 教育理論 研究」. 『退溪學報』 제70집. 퇴계학연구소, 1991. 6.

배병삼. 「율곡(栗谷)사상의 정치학적 해석」. 김형효 외. 『栗谷의 사상과 그 현대적 의미』. 한국정신문화연구원, 1995.

徐鳳延. 「傳統的 生活世界와 兒童生活」. 姜信杓 외. 『傳統的 生活樣式의 研究』 中. 한국정신문화연구원. 1982.

孫仁銖. 「寒暄堂先生의 教育思想」. 裵宗鎬·姜周鎭 編著. 『寒暄堂의 生涯와 思想』. 寒暄堂先生紀念事業會, 1980.

楊祖漢. 「退溪와 朱子의 持敬工夫論의 涵義」. 『退溪學報』 第八十七·八輯. 退溪學研究所, 1995. 12.

吳鍾逸. 「傳統的 道槪念과 靜庵道學思想의 性格」. 『東方思想論攷: 그 本質과 現代的 解釋』. 道原 柳承國博士 華甲紀念論文集, 1983.

柳柄烈. 「道德敎育의 目標로서의 '道德的 人格'에 관한 硏究」. 한국도덕윤리과교육학회. 『도덕윤리과교육』 제7호. 1996. 7.

_____. 「공동체주의 도덕교육론 연구」. 서울교육대학교 초등교육연구소 연구보고서. 1999.

柳正東. 「靜菴 哲學思想의 一考察」. 『靜菴硏究論叢』 趙光祖先生生誕五百周紀念 國際學術大會 論文集. 靜菴先生生誕五百周紀念事業會, 1982. 12. 31.

尹炳喜. 「朝鮮 中宗朝 士風과 〈小學〉: 新進士類들의 道德政治 具現과 관련하여」. 『歷史學報』 제103집. 1984. 9.

尹絲淳. 「東洋 本體論의 意義」. 韓國東洋哲學會 編. 『東洋哲學의 本體論과 人性論』. 연세대학교 출판부, 1982.

윤사순, 「이황의 『성학십도』」, 한국사상연구회, 『圖說로 보는 한국유학』 (서울: 예문서원, 2000).

尹絲淳, 「退溪의 理氣哲學에 대한 現代的 解釋」, 『退溪學報』, 제110집 (2001. 10.).

李啓鶴. 「敬槪念의 分析的 考察: 『聖學十圖』를 중심으로」. 平巖李啓鶴博士 華甲紀念論文選集 刊行委員會. 『人格의 形成과 敎育』. 平巖李啓鶴博士 華甲紀念論文選集. 서울: 원미사, 1997.

李秉烋. 「慕齋 金安國의 改革政治」. 『碧史 李佑成 敎授 定年退職紀念論叢 民族史의 展開와 그 文化』上. 벽사 이우성 교수 정년퇴직기념논총 간행위원회, 1990. 9.

李相益. 「理氣一元論과 理氣二元論의 哲學的 特性: 退溪와 栗谷을 중심으로」. 『退溪學報』 제91집. 퇴계학연구소, 1996. 9.

이상은. 「퇴계의 생애와 그 인간」. 예문동양사상연구원·윤사순 편저. 『퇴계 이황』(서울: 예문서원, 2002).

李碩圭. 「朝鮮初期 官人層의 民에 대한 認識: 民本思想과 관련하여」. 『歷史學報』 제151집. 1996. 6.

李樹健. 「李朝時代 〈小學〉敎育에 대하여」. 『嶺南大學校論文集』 2. 1969.

이용주. 「朱熹 道統論의 形成과 思想的 課題」. 『退溪學報』 제101집. 퇴계학연구원, 1999. 3.

李乙浩. 「茶山實學의 洙泗學的 構造」. 『實學思想의 探究』. 서울: 玄岩社, 1974.

李泰鎭. 「士林派의 留鄕所 復立運動(下)」 『震檀學報』 35. 1973.

_____. 「士林派의 鄕約普及運動」 및 「士林派의 留鄕所 復立運動」. 『韓國社會史研究』. 서울: 지식산업사, 1986.

李烘雨. 「理氣哲學에 나타난 敎育理論」. 『師大論叢』 第30輯. 서울대학교, 1985.

_____. 「社會化 槪念: 뒤르껭」. 『敎育의 槪念』. 서울: 문음사, 1998.

林宗鎭. 「朱子의 〈仁說〉研究」. 『泰東古典研究』 第10輯. 한림대학교 부설 태동고전연구소, 1993.

張承姫. 「退溪와 茶山의 敎育思想 比較研究」. 『退溪學研究』 제10집. 단국대학교 퇴계학연구소, 1996.

전락희. 「체제 개창기의 개혁사상」. 강광식 외. 『조선시대 개혁사상 연구』. 한국정신문화연구원, 1998.

丁洛贊. 「朝鮮前期 成均館 大司成의 資格 및 資質·任命·任期·待遇」. 『人文研究』 제17집 제1호. 영남대학교 인문과학연구소, 1995. 8.

丁炳連. 「靜庵의 道學唱明과 至治의 理念」. 『儒敎思想研究』 2호. 1987.

정인재.「도덕성 회복을 위한 동양철학의 한 시론: 인륜의 현대적 해
　　　석을 중심으로」. 황경식·정인재 외.『한국사회의 도덕적 위
　　　기극복을 위한 철학적 처방』. 한국정신문화연구원. 1993.

丁淳佑.「조선전기 영남지역 평민층에 대한 교화와 교육」.『정신문화연
　　　구』제22권 제3호. 통권 76호. 한국정신문화연구원. 1999. 가
　　　을호.

조남욱.「조정암의 정치이념과 그 실현의 모색」.『동양철학연구』1호.
　　　1980.

＿＿＿＿＿.「道德 知識과 行爲: 儒家的 觀點」.『도덕적 지식과 실천』.
　　　한국정신문화연구원 '96 교육·윤리분야 세미나 자료. 1996. 11.
　　　29.

지정민.「조선전기 庶民 文字敎育에 관한 연구: 慕齋 金安國의 敎化書
　　　諺解事業을 中心으로」.『敎育史學硏究』제6·7집. 서울대 교
　　　육사학회. 1996.

최봉영.「조선시대 儒學敎育과 '敎學'의 의미」.『敎育史學硏究』제8집.
　　　1998.

최순권.「조선조〈삼강행실도〉의 간행과 보급」.『옛 사람들의 삶과 윤
　　　리』. 국립민속박물관. 1996.

崔珍玉.「中宗朝 鄕約成立에 관한 硏究」.『韓國史學』6. 1985.

추병완.「미국 도덕교육의 최근 동향」. 서울대학교 대학원 국민윤리교
　　　육과.『社會와 思想』제13집. 1994.

＿＿＿＿＿.「인격교육이론의 이해」.『도덕교육의 이해』. 서울: 백의.
　　　1999.

＿＿＿＿＿.「공동체주의적 도덕교육론」. 진교훈 외.『윤리학과 윤리
　　　교육』. 서울: 경문사. 1997.

河宇鳳.「世宗代 儒教倫理 普及에 대하여:〈孝行錄〉과〈三綱行實圖〉를 중심으로」.『全北史學』제7집. 1983. 11.

韓沽劤.「朝鮮王朝初期에 있어서의 儒教理念의 實踐과 信仰·宗教」.『韓國史論』3. 1976.

許昌武.「中國 傳統正義觀의 脈絡과 性格」.『정신문화연구』제16권 제2호. 한국정신문화연구원. 1993.

_____.「禮樂觀과 禮樂思想의 조선조적 變容樣相에 관한 研究」. 全世營 외.『禮樂教化思想과 韓國의 倫理的 課題』. 한국정신문화연구원. 1995.

3. 외국 논저

屈萬里.『古籍導讀』. 臺灣: 開明書店, 民國 72.

牟宗三.『心體與性體(二)』. 臺北: 學生書局, 1969.

許昌武.「三民主義倫理教育的研究」, 中國文化大學 三民主義研究所 博士學位論文, 民國 73.

Bergson, H. Les deux sources de la morale et de la religion. Alccan, 1932.

Chazan, B. Contemporary Approaches to Moral Education: Analyzing Alternative Theories. New York and London: Colombia University Press, 1985.

Durkheim, Emile. Moral Education. New York: Free Press, 1961.

Fleischacker, Samuel. The Ethics of Culture. New York: Cornell University Press, 1994.

Frankena, William K. Ethics. Englewood Cliffs, New Jersey:

Prentice Hall, Inc., 1973.

Geertz, Cliford. *The Interpretation of Cultures.* New York: Basic Books, 1973.

Gilligan, Carol. *In a Different Voice: Psychological Theory and Women's Development.* Cambridge: Harvard University Press, 1982.

Haste, H. Communitarianism and the social construction of morality. *Journal of Moral Education.* 25(1). 1996.

Kohlberg, Lawrence. *The Philosopy of Moral Development.* New York: Harper and Row, 1981.

Laszlo, Ervin. "Shaping 21st Century Civilization: Food for Thought for World Citizens of the Future". Choue Young Seek ed. *Textbook on World Citizenship.* Seoul: Kyung Hee University Press, 1986.

Lickona, Thomas. *Educating for Character.* New York: Bantam Books, 1991.

Macintyre, A. *After Virtue.* 2nd ed. Notre Dame: University of Notre Dame Press, 1984.

_____. *Whose Justice? Which Rationality?* Indiana: University of Notre Dame Press, 1988.

Noddings, Nel. *Caring: Feminine Approach to Ethics and Moral Education.* LA: University of California Press, 1984.

Peters, R. S. *Moral Development and Moral Education.* Gorge Allen & Unwin Ltd., 1981.

Sahakian, William S. *Ethics: An Introduction to Theory and*

Problems. New York: A Division of Happer & Row Publishers, 1974.

Smart, Patricia. "The concept of Indoctrination". in Glenn Langford and D. J. O'connor(eds). *New Essay in the Philosophy of Education*. London: Routledge & Kegan Paul, 1973.

Snook, I. A. *Indoctrination and Education*. London and Boston: Routledge and Kegan Paul, 1972.

Tayler, Paul W. *Principles of Ethics*. Dickenson Publishing Company Inc., 1975.

· 저자 ·

강봉수
姜奉秀

· 약 력 ·

제주도 중산 간에 위치한 어름비(어음2리)라는 고을에서 태어났다.
제주대학교 사범대학 윤리교육과를 졸업하고, 한국학중앙연구원(구,
한국정신문화연구원) 한국학대학원에서 전통윤리와 도덕교육을 전공
하여, 문학석사와 철학박사 학위를 취득하였다.
제주교육대학교 강사, 제주대학교 교육과학연구소 연구교수 등의 직
을 거치고, 현재는 제주대학교 사범대학 윤리교육과 교수로 재직 중
이다.

· 주요논저 ·

논문으로 「조선전기 도학적 덕교육론 연구」(박사학위논문), 「서경덕
의 '머무름'의 윤리학과 自得的 공부론」, 「퇴계의 "聖學十圖"에 함의
된 도덕교육론」등이 있으며, 공역서로 『중국윤리사상사』, 단행본 저술
로 『유교 도덕교육론』등을 펴냈다.

● **한국, 전통 도덕교육론**

· 초판 인쇄	2006년 5월 30일
· 초판 발행	2006년 5월 30일
· 지 은 이	강봉수
· 펴 낸 이	채종준
· 펴 낸 곳	한국학술정보(주)
	경기도 파주시 교하읍 문발리 526-2
	파주출판문화정보산업단지
	전화 031) 908-3181(대표) · 팩스 031) 908-3189
	홈페이지 http://www.kstudy.com
	e-mail(e-Book사업부) ebook@kstudy.com
· 등 록	제일산-115호(2000. 6. 19)
· 가 격	33,000원

ISBN 89-534-5092-6 93370 (Paper Book)
        89-534-5093-4 98370 (e-Book)